教育者的
法律风险防范指南

宋纪连 著

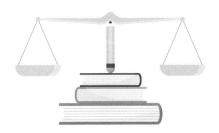

上海人民出版社

目 录

1

绪论：依法治教——应对无处不在的教育法律风险

现代社会是一个风险社会。法律是一把双刃剑，既能惩治违法，保护自己的合法权益，又可能面临自己不合规行为带来法律责任的风险。①教育者防范法律风险，同样不应当只着眼于风险来袭时对风险的解决与处理，更应当注重风险发生前以及贯穿整个职业生涯的各种潜在法律风险。

一、风险和风险管理

风险是指未来可能发生不好的事情或产生不利结果的可能性，包括这种风险的程度和可能造成的损失。风险具有以下特点：(1)不确定性。风险涉及未来可能发生的事情或结果，因此存在不确定性。(2)潜在损失。风险存在的原因是可能发生不好的事件或结果，这可能导致损失、伤害或负面影响。例如财产损失、人身伤害、声誉受损等。潜在损失的大小体现了风险的严重程度。(3)可能性。风险的可能性是指特定事件或结果发生的概率。它可以是低概率事件，也可以是高概率事件。评估风险的可能性有助于确定其相应的大小和优先级。(4)多样性。风险可以以各种形式存在，包括经济风险、健康风险、安全风险，在法治社会中通常体现为法律风险。(5)影响范围。风险可能对个人、组织、社会或环境产生影响。它可以是局部的，也可以是全局性的。

风险还具备可管理性的特点。尽管我们无法完全确定风险的发生，但通过风险管理可以降低风险的可能性或影响。风险管理是一种系统化的方法，帮助

---

① 例如，在威科先行·法律信息库以"校长""受贿"为关键词搜索，近五年有相关案件 1 121 起，其中刑事案件 640 起。以"校长""贪污"为关键词搜索，近五年有相关案件 1 023 起，其中刑事案件 874 件。可见对于校长这个职位，贪污受贿成为当下一个需要认真面对的刑事法律风险。

我们发现、评估和处理风险,以尽量减少负面影响并最大限度地利用机会。

　　风险管理是一个动态的过程,需要不断地监测、评估和调整。通过有效的风险管理,组织可以更好地应对不确定性,减少损失并提高绩效。

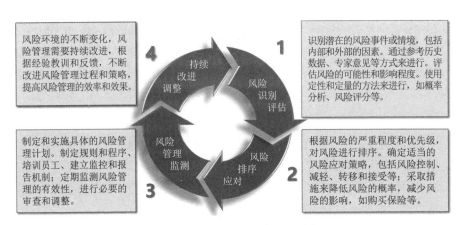

图1　风险管理的一般步骤和过程

二、法律风险和法律风险管理

　　教育者是指在幼儿园、中小学、大学、培训机构以及教育主管部门中从事教育工作和教育管理的人,包括学校教职工、教辅人员、校长和教育主管机构中的公务人员。

　　法律风险是指组织或个人在法律领域面临的法律问题和潜在风险。它涉及可能违反法律、法规和合同的行为或情况,可能导致法律纠纷、法律责任、经济损失或声誉损害等后果。如法律合规性要求组织或个人在业务运作中必须遵守适用的法律、法规和政策规定。如果未能遵守相关要求,可能会面临法律风险。

　　法律风险通常由以下要素组成:(1)法律规定。法律风险的首要要素是相关的法律规定和法律要求。这包括宪法、法律、行政法规、司法解释等。法律是一个复杂不断变化的领域,法律规定和解释可能存在模糊、不明确或不一致的情况。这种不确定性增加了法律风险的存在。(2)行为或情况。法律风险与特定的行为或情况相关联。这可能是违反法律规定、合同条款或其他法律义务,例如侵权行为、合同违约、违反劳动法规定等。(3)潜在法律后果。法律风险存在的原因是可能发生的法律后果。这可能包括法律纠纷、经济损失、法律责任、合同终止、声誉损害等。(4)可能性。法律风险的可能性是指特定行为或情况导致法律后果发生的概率。(5)影响范围。法律风险可能对个人、组织、社会产生影响。这包括经济影响、声誉损害、法律责任和合规要求等。

对于组织或个人来说,了解并管理法律风险是至关重要的。这包括合规性审查、制定合规方针和程序、与法律顾问合作等措施,以最大程度地减少法律风险的发生,并及时应对和解决已发生的法律问题。法律风险管理是指组织或个人在日常经营、投资或行为中,对可能涉及的法律风险进行识别、评估、预防和控制的过程。它旨在保护组织或个人的利益,避免法律纠纷的发生,减少法律风险所带来的不利影响。

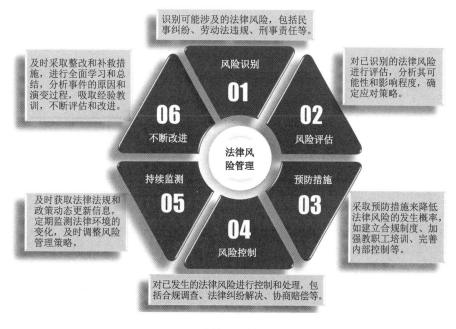

图 2 法律风险管理过程

法律风险管理是一个持续的过程,需要不断监测法律环境的变化,并进行相应的调整和改进。

三、教育法律风险的概念和种类

教育法律风险是指在教育领域中可能出现的与法律相关的法律问题和潜在

风险。发生在不同教育领域的法律风险大致可分为：

第一，教育机构的设立、合并、分立和终止过程中存在的法律风险，如教育机构在设立过程中需要遵守相关的法律法规，包括教育法、劳动法、民法等。违反法律规定可能导致设立无效或面临处罚。如果办学许可证的申请未能按照规定程序获得审批，可能会面临被责令停止和处罚的风险。

第二，学校招生、考试、教学管理、实习就业、证书颁发的法律风险。如学校在招生过程中需遵守相关的法律法规，不能有歧视性招生或不公平待遇，招生中不得虚假宣传；考试管理中的风险，学校需要采取措施防止考试作弊，如制定严格的考场管理规定和监考制度；还有教学管理的风险、实习就业风险等。

第三，学校教师入职、人事管理、劳动合同、离职和解聘中的法律风险。人事管理、劳动合同、职称晋升、解聘都要合法合规，特别是解聘程序也应当符合法定程序。

第四，学校经费使用、合同管理和财产安全的法律风险。学校在使用经费时，应当按照法律法规和相关规定进行合理、合法地支出。避免滥用经费、挪用公款、违规招投标等行为。学校需要加强对合同的审查和管理，确保合同的有效性和履约情况。学校需要建立健全安全管理制度，以确保财产的安全性和校舍教学设施的使用安全等。

第五，师生人格权保护的法律风险。在师生关系中，保护师生的人格权是非常重要的。学校应当确保师生的人身权得到尊重和保护。如杜绝体罚、校园霸凌、性骚扰等行为。保护师生的名誉权，不得进行诽谤、侮辱等损害名誉的行为等。

第六，学生伤害事故预防与应对的法律风险。学生伤害事故的预防与应对是学校管理中非常重要的一环。学校应当建立安全管理制度，对未成年人进行安全教育，完善安保设施、配备安保人员，保障未成年人在校（园）期间的人身和财产安全，建立突发事件的报告、处置和协调机制。

第七，教师违反职业道德行为的法律风险。教师作为专业人士，有一定的职业道德要求。在常态化开展师德教育的同时加强警示教育，划"红线"、守"底线"、筑"防线"，维护教师职业形象，提振师道尊严。对师德失范行为从严依规处理，对情节严重、影响恶劣的教师，根据《教师法》《教师资格条例》，依法依规撤销其教师资格，列入教师资格限制库，清除出教师队伍。

第八，从法律责任的角度也可以把教育法律风险分为行政法律风险、民事法律风险、劳动人事法律风险和刑事责任风险，需要更有效地从诉讼程序上应对法律风险引发的争议和法律纠纷。

四、教育者行为的合规区、风险区、责任区以及法律风险防范机制

教育者的行为可以被划分为合规区、风险区和责任区,不同区域的法律风险有不同的应对策略。

合规区与风险前期预防。合规一般是指学校及教育者的教育管理和从业行为符合有关法律法规、行业准则、党纪党规、伦理道德与职业操守,以及学校依法制定的章程及规章制度等要求。①合规区是指教育者在教育过程中遵守法律法规并符合相关规定的行为范围。在合规区内,教育者可以依法履行其职责和义务,提供教育服务,并享有相应的权益和保护。例如学校有权按照国家关于教学计划、课程、专业设置等方面的规定和要求,遵循学校章程所确定的原则,结合本校的实际情况,为实现办学宗旨、培养目标而自主地实施日常教育教学活动。教师可依据教学计划、课程标准等要求,结合自身的教学特点,自主地组织课堂教学。

风险区是指教育者没有很好地履行法定义务或合同义务,进而产生导致权益受损的可能性。教育者因为违法违规行为导致相应当事人权益受损,或违法

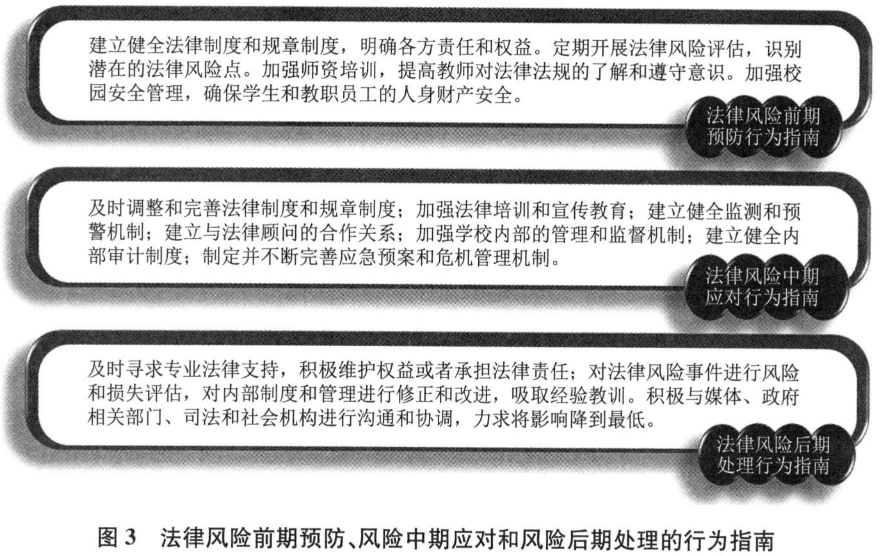

建立健全法律制度和规章制度,明确各方责任和权益。定期开展法律风险评估,识别潜在的法律风险点。加强师资培训,提高教师对法律法规的了解和遵守意识。加强校园安全管理,确保学生和教职员工的人身财产安全。 —— 法律风险前期预防行为指南

及时调整和完善法律制度和规章制度;加强法律培训和宣传教育;建立健全监测和预警机制;建立与法律顾问的合作关系;加强学校内部的管理和监督机制;建立健全内部审计制度;制定并不断完善应急预案和危机管理机制。 —— 法律风险中期应对行为指南

及时寻求专业法律支持,积极维护权益或者承担法律责任;对法律风险事件进行风险和损失评估,对内部制度和管理进行修正和改进,吸取经验教训。积极与媒体、政府相关部门、司法和社会机构进行沟通和协调,力求将影响降到最低。 —— 法律风险后期处理行为指南

图 3　法律风险前期预防、风险中期应对和风险后期处理的行为指南

① 梁枫主编:《大合规时代:企业合规建设指引与案例解析》,中国法制出版社 2023 年版,第 257 页。

违规的教育者进入责任区,进而被追究行政法律责任、民事法律责任和刑事法律责任等。

在合规区,教育者大胆行使权利、认真履行义务、对于侵权者造成的权益损失进行积极维权行动。法律风险区和责任区可分为风险前期预防、风险中期应对和风险后期处理三个阶段。

第一章　学校设立、专业审批和民办学校的法律风险

第一节　学校设立、专业审批、学校分立、合并、终止的法律风险

一、学校的法人地位和学校法定代表人的法律风险

【典型案例】

2013 年 7 月 18 日,湛江某开发区教育局批复同意开办某幼儿园,沈某影任该幼儿园园长。2013 年 12 月 5 日 8 时许,沈某影将小班新生王某科交给大班老师李某焕看管。当天 15 时许,李某焕在搞完卫生后获悉王某科不在其负责的大班内,而在学前班的教室里玩积木,遂没有将王某科带回自己的班级。当天 15 时 45 分,王某科被发现倒躺在该幼儿园一栋五层楼房的一楼楼梯阳台下,后经送医院抢救无效死亡。经法医鉴定,王某科符合高坠重度颅脑损伤死亡。另查明,该栋五层楼房的楼梯通道没有安装门锁、防护栏和设立警示标志等安全措施,且在通向五楼楼顶的楼梯口没有安装门锁,楼顶平面亦没有防护栏和设立警示标志。①

【法律问题】

被告人沈某影作为幼儿园的法定代表人,需要承担什么法律责任?

【法理解读】

学校是指经主管机关批准设立或登记注册的实施教育教学活动的机构。学校既包括实施学历教育为主的小学、中学、大学,也包括各类实施非学历教育的机构,如培训中心等;既包括国家以财政性经费举办的各级各类公立学校,也包

---

① 广东省湛江经济技术开发区人民法院(2014)湛开法刑初字第 148 号。

括国家机构以外的社会组织或者个人利用非国家财政性经费举办的各级各类民办学校等。

公立学校与民办学校在法人资格的取得上是有区别的。国家举办的学校,经教育主管部门批准设立就具有法人资格;而由社会力量举办的学校,经教育主管部门批准设立后,还应持教育行政部门的办学许可证,按照国务院颁发的《民办非企业单位登记管理暂行条例》向有关部门(一般是民政部门)履行登记手续才能成立。

取得法人资格的学校,就具有民法上的法人地位。公办学校是民法上的非营利法人、事业单位法人。民办学校按照办学性质,可以分为营利性和非营利性两类法人。法人是具有民事权利能力和民事行为能力,依法独立享有民事权利和承担民事义务的组织。法人财产属于法人所有,独立于出资人,也独立于其成员。学校法人资格的取得,意味着学校依法享有法律赋予的各项民事权利,如法人财产权、人格权等,并依法对自己在民事活动中的民事行为承担民事责任。

法定代表人在代表权限范围内以法人名义从事的民事活动,其法律后果由法人承受,签订的合同约束法人和相对人。法定代表人可能因自身原因或学校原因,触犯刑法,受到刑事制裁。通常以单位的意志、单位的名义实施违法行为的,大部分情况下构成单位犯罪,单位犯罪不仅仅处罚单位,对单位判处罚金,很多情况下会追究主管人员和主要负责人的责任。对于公司制民办学校的法定代表人因执行职务造成他人损害的,由学校承担民事责任。学校承担民事责任后,依照法律或者学校章程的规定,可以向有过错的法定代表人追偿。①

学校法定代表人或者教职工的侵权行为,如果是在履行职务过程中发生,根据法律规定,学校要承担民事责任。主要的原因在于:(1)学校与法定代表人(教职工)之间存在职务代理关系。(2)教职工在履行职务时,其行为被视为学校的职务行为。(3)学校作为教育机构,对教职工的行为承担一定的监管责任。(4)学校对学生和其他相关方的人身安全负有保障义务。

本案法院判决被告人沈某影犯教育设施重大安全事故罪,判处有期徒刑六个月,缓刑一年(缓刑考验期限从判决确定之日起计算)。

【法条链接】

《教育法》第 26 条、第 31—32 条,《民法典》第 57—61 条、第 87—88 条、第 95 条,《公司法》第 11 条。

---

① 《公司法》(2023 年 12 月 29 日修订)第 11 条第 3 款。

【风险防范】

1	校（园）长和教职员工的职务行为符合法律的规定，校舍、教育设施建设和维护符合安全制度和法律法规的要求。
2	校舍、教育设施建设和维护不当，安全管理不到位，教职工违规操作、设施管理人员疏忽大意，自然灾害、意外事件以及设施老化、技术陈旧导致事故的发生。相关责任人员明知校舍或者教育教学设施有危险，而不采取措施或者不及时报告。
3	学校承担民事赔偿责任，法定代表人和直接责任人员要为学校的教育设施重大安全事故承担刑事责任。发生重大伤亡事故的，侵犯了学生的健康权和生命权，需要承担侵权民事责任。对直接责任人员，处三年以下有期徒刑或者拘役；后果特别严重的，处三年以上七年以下有期徒刑。
4	预防教育设施重大安全事故罪的方法主要是通过建立完善的安全管理制度、安全风险评估、安全培训教育、安全设施设备、安全巡查检查和安全应急预案等措施，确保教育设施的安全性，从而避免发生重大安全事故。

二、学校的权利与义务

【典型案例】

王某系中国某大学 2016 级学生,于 2020 年 3 月 11 日曾对在校期间无假外出作出过检讨,但又于 2020 年 4 月 28 日出具情况说明进行否认:"关于学校向我核实的无假外出情况,我确实是记不清。"2020 年 5 月 21 日,学校认定王某于2019 年 9 月至 11 月期间,多次违规无假外出;捏造关于向学院领导干部行贿行为,导致相关人员名誉及学校声誉受到损害;在接受调查过程中,对于无假外出行为拒不认错,不配合调查,具有违纪处分从重情节,给予王某留校察看处分。王某接到处分决定后,提出申诉,学生申诉处理委员会经复查于 2020 年 7 月 9 日维持处分决定。王某起诉学校要求撤销处分。[①]

【法律问题】

对王某的处分体现了学校什么权利?

【法理解读】

学校享有自主办学的各项权利:(1)按照章程自主管理。学校通过制定符合法律规定的章程,并依据章程组织、实施学校各项管理活动,实现自主办学。(2)组织实施教育教学活动。学校有权按照国家关于教学大纲、课程标准、专业

---

① 北京市西城区人民法院(2020)京 0102 行初 703 号。

设置等方面的规定和要求实施日常教育教学活动。(3)招收学生或者其他受教育者。学校有权根据国家的有关招生制度以及上级教育主管部门制定的招生文件,结合本校的实际情况,依法制订招生计划,发布招生广告,实施招生活动。(4)对受教育者进行学籍管理,实施奖励或者处分。学校根据教育主管部门制定的学籍管理规定制定本校的学籍管理办法,对本校学生的入学、考勤、转学、借读、休学、复学、退学、毕业、结业、肄业等学籍事项进行管理。为了实现教育目的,学校有权根据学生的行为表现,按照本校制定的学生奖惩制度对学生进行奖励或实施处分。(5)对受教育者颁发相应的学业证书。学校有权根据国家关于学业证书的管理规定制定本校的学业证书管理制度,对受教育者根据其学业情况颁发相应的学业证书。(6)聘任教师及其他职工,实施奖励或者处分。学校作为法人、作为用人单位,有权自主地聘任符合本校工作要求的教职工,学校聘任的教职工应当符合国家规定的资质条件。在用工过程中,学校有权根据教职工的行为表现、工作业绩,按照法律、规章制度、学校与教职工签订的聘任合同对教职工实施奖励或处分。(7)管理、使用本单位的设施和经费。学校享有法人财产权,有权依法自主地管理、使用本单位的校舍、场地、设施、设备和经费,有权制止或要求有关部门制止他人做出的侵犯学校设施和经费的行为,并有权依法追究其法律责任。(8)拒绝任何组织和个人对教育教学活动的非法干涉。对于非法干涉学校教育教学活动的行为,学校有权予以拒绝,并提请有关部门予以制止或追究其法律责任。(9)法律、法规规定的其他权利。

学校承担的义务包括:(1)遵守法律、法规。作为履行义务的主体,学校不仅应履行一般意义上的对于社会组织的义务,而且应履行教育法律、法规、规章中为学校确立的特定意义上的义务。(2)贯彻国家的教育方针,执行国家教育教学标准,保证教育教学质量。(3)维护受教育者、教师及其他职工的合法权益。(4)以适当方式为受教育者及其监护人了解受教育者的学业成绩及其他有关情况提供便利。(5)遵照国家有关规定收取费用并公开收费项目。(6)依法接受监督。学校必须接受来自权力机关、行政机关、监察机关、司法机关的监督,以及来自社会的监督。高等学校应当以培养人才为中心开展教学、科学研究和社会服务,保证教育教学质量达到国家规定的标准。国家举办的高等学校实行中国共产党高等学校基层委员会领导下的校长负责制。

本案中学校具有对受教育者实施奖励或者处分的权利,学校处罚认定事实清楚,处罚幅度得当,并保障了王某申诉的权利。法院判决王某败诉。

【法条链接】

《教育法》第29—30条,《高等教育法》第31条、第39条。

【风险防范】

1. 学校权利的行使和义务的履行:遵守法律法规和国家的相关政策、遵守诚实信用的原则。如按照章程自主管理,组织实施教育教学活动;对受教育者进行学籍管理,实施奖励或者处分等。

2. 学校在行使权利时,没有按照法律的要求,存在违反相关法律法规规定的情形。如签订合同时,未能仔细审查合同条款,履行义务存在违反合同条款的情形。学校在履行义务时存在违反法律规定,损害国家、集体的利益或者他人(主要是指受教育者和教师)合法权益的行为。

3. 如果学校在行使权利和履行义务时违反法律规定或合同约定,会面临法律责任。这包括民事责任、行政责任或刑事责任,具体情况将根据违法行为的性质和后果而定。如违反国家有关规定向受教育者收取费用的,由教育行政部门或者其他有关行政部门责令退还所收费用;对直接负责的主管人员和其他直接责任人员,依法给予处分。

4. 学校的一切办学行为都应当在法律、法规的框架内进行,做到依法办学。贯彻国家的教育方针,执行国家教育教学标准,保证教育教学质量。维护受教育者、教师及其职工的合法权益。以适当方式为受教育者及其监护人了解受教育者的学业成绩及其他有关情况提供便利。遵照国家有关规定收取费用并公开收费项目,依法接受监督等。

三、高等学校设立和专业审批的法律风险

【典型案例】

案例1:经上海市松江区人民政府申请,并经由上海市高等学校设置评议专家组考察评议,上海教育委员会拟报请上海市人民政府批准设置上海科创职业技术学院等4所高等职业学校。2021年11月,松江区教育局发布消息:为服务松江区战略定位,对接区域产业经济转型升级需求,松江区拟筹建一所新型高等职业技术学院(地址:松江区人民北路925号)。上海科创职业技术学院是由松江区人民政府举办的公办高等职业技术学院。2022年5月25日,上海市人民政府发布《关于同意设置上海科创职业技术学院等4所高等职业学校的批复》。2023年2月15日,教育部办公厅发布《关于公布实施2022年度专科教育高等学校备案名单的函》,其中包括上海科创职业技术学院。[①]

案例2:2023年4月,教育部公布了2022年度普通高等学校本科专业备案和审批结果,新增备案专业1641个,审批专业176个(含150个国家控制布点专业和21种、26个目录外新专业),调整学位授予门类或修业年限专业点62个。

---

① 载"中国教育在线"微信公众号,2023年2月17日发布。

本次备案、审批和调整的专业,将列入相关高校 2023 年本科招生计划。另对部分高校申请撤销的 925 个专业点予以备案。①

【法律问题】

一所公办高校的设立需要哪些条件? 高校专业审批调整需要哪些条件?

【法理解读】

高等学校是指大学、独立设置的学院和高等专科学校,也包括高等职业学校和成人高等学校。一所公办高校的设立条件包括:(1)有组织结构和章程。高等学校的章程应当规定以下事项:学校名称、校址;办学宗旨;办学规模;学科门类的设置;教育形式;内部管理体制;经费来源、财产和财务制度;举办者与学校之间的权利、义务;章程修改程序;其他必须由章程规定的事项。(2)学院和学科设置符合标准。大学或独立设置的学院除了满足基本条件外,还应具备较强的教学、科学研究力量,较高的教学、科学研究水平和相应规模,能够实施本科及本科以上教育。此外,大学还必须设有三个以上国家规定的学科门类为主要学科。(3)有合格的教师。设立高等学校,教师的数量和质量必须符合国家规定的标准。教师必须符合《高等教育法》《教师法》和《教师资格条例》规定的任职条件。(4)有符合规定标准的教学场所及设施、设备等。(5)有必备的办学资金和稳定的经费来源。

设立高等学校由国务院教育行政部门审批,其中设立实施专科教育的高等学校,经国务院授权,也可以由省级人民政府审批。对不符合规定条件审批设立的高等学校及其他高等教育机构,国务院教育行政部门有权予以撤销。审批机关在审批高等学校的设立时,应当聘请由专家组织的评议机构评议。

设置普通高等学校的审批程序,一般分为审批筹建和审批正式建校招生两个阶段。完全具备建校招生条件的,也可以直接申请正式建校招生。

《普通高等学校本科专业设置管理规定》规定:高校专业审批调整需要具备下列基本条件:(1)符合学校办学定位和发展规划;(2)有相关学科专业为依托;(3)有稳定的社会人才需求;(4)有科学、规范的专业人才培养方案;(5)有完成专业人才培养方案所必需的专职教师队伍及教学辅助人员;(6)具备开办专业所必需的经费、教学用房、图书资料、仪器设备、实习基地等办学条件,有保障专业可持续发展的相关制度。

【法条链接】

《教育法》第 75 条,《高等教育法》第 24—30 条,《普通高等学校本科专业设

---

① 载教育部官网,2023 年 4 月 20 日发布。

置管理规定》第 9—14 条、第 26—27 条,《普通高等学校设置暂行条例》第 17 条。

【风险防范】

1 高校设立和专业设置符合法律法规的相关条件。申请设立高等学校的,必须向审批机关提交下列材料:申办报告;可行性论证材料;章程;审批机关依照法律规定要求提供的其他材料。高校根据《专业目录》设置专业,需经法定程序报教育部备案,国家控制布点专业需要报教育部审批。

2 不符合法律法规的条件设立高校和设置专业,没有履行相关程序申请设立高校,未经审批程序开设国家控制布点专业,未经备案开设专业。设置的专业在教育教学过程中出现办学条件严重不足、教学质量低下、就业率过低等风险。

3 违反国家有关规定,举办高校,由教育行政部门予以撤销;有违法所得的,没收违法所得;对直接负责的主管人员和其他直接责任人员,依法给予行政处分。未经备案或审批同意设置的专业,不得进行招生宣传和招生。擅自设置专业或经查实申请材料弄虚作假的高校,教育部与高校主管部门予以公开通报批评,所设专业视为无效;情节严重的,三年内不得增设专业。办学条件严重不足的专业,限期整改、暂停招生。

4 在设立高校和设置本科专业之前,进行全面的法律合规审查。在设置本科专业时,评估该专业的市场需求、社会发展趋势以及是否符合国家相关政策和规定。高校应加强对本科专业的教育质量监控和管理。建立健全教学质量评价体系和法律风险防控机制,明确责任分工和管理流程,及时发现和解决法律风险问题。

四、公办学校设立变更终止的法律风险

【典型案例】

2018 年 11 月,南京市教育局、南京市秦淮区教育局、南京师范大学附属中学三方正式签署合作共建协议,南京师范大学附属中学秦淮科技高中揭牌。南京师范大学附属中学秦淮科技高中是一所公办高级中学,是全国青少年校园排球体育传统特色学校、江苏省航空特色学校、南京市排球特色学校、南京市游泳特色学校、南京市科普教育示范基地、南京航空航天大学科普教育基地。南师附中秦淮科技高中在管理上纳入南京师范大学附属中学体系,并将在五大方面共享南师附中这所百年名校的办学资源,共享南师附中校长资源、文化资源、管理资源、教师资源、课程资源。①

【法律问题】

一所公办学校的设立需要经过怎样的程序?

---

① 南京市教育局和该校官网学校介绍,2023 年 8 月 7 日访问。

【法理解读】

学校及其他教育机构的设立、变更和终止,应当按照国家有关规定办理审核、批准、注册或者备案手续。我国对学校的设立实行审批和登记注册两种程序性管理制度。(1)审批。审批一般适用于各级各类正规学校、独立设置的职业培训机构等。审批制度一般包括审核、批准和备案等环节。(2)登记注册。登记注册是指主管部门对申请者提交的申请设立教育机构的报告进行审核,如未发现有违背法律、法规规定的情形的,只要拟办的教育机构符合设立条件和设置标准,就予以登记注册,使其取得合法地位。我国只对幼儿园或者实施非学历教育的高等教育机构的设立采取登记制度,其余学校都采取审批制度。城市幼儿园的举办、停办,由所在区、不设区的市的人民政府教育行政部门登记注册。农村幼儿园的举办、停办,由所在乡、镇人民政府登记注册,并报县人民政府教育行政部门备案。

法人的变更是指法人在其存续期间发生的组织机构或其他重大事项的变更。具体包括:(1)法人的分立。法人的分立是一个法人分裂设立为两个以上法人的法律行为。法人分立的,其权利和义务由分立后的法人享有连带债权、承担连带债务,但是债权人和债务人另有约定的除外。(2)法人的合并。法人的合并是指两个以上的法人,无须清算而归并为一个法人的法律行为。法人合并而消灭的法人的权利和义务概括地由新设立或存续的法人承受。(3)法人的组织性质变更。法人成立后,其组织形式、性质可能会因各种各样的情况而发生变化,如民办学校变更为营利性民办学校。(4)其他事项的变更。如名称、注册资金等方面的重大变更等。法人存续期间登记事项发生变化的,应当依法向登记机关申请变更登记。

法人的终止,其意义在于法人终止后即不再具有民事主体资格。法人终止的原因主要包括以下三方面:(1)解散。法人解散的事由包括五个,其一是法人章程规定的存续期间届满或者法人章程规定的其他解散事由出现;其二是法人的权力机构决议解散;其三是因法人合并或者分立需要解散;其四是法人依法被吊销营业执照、登记证书,被责令关闭或者被撤销;其五是法律规定的其他情形。(2)依法被宣告破产。法人在其资产不足以清偿到期债务时,经法人或其债权人申请,依照有关法律规定,由人民法院依照法定程序宣告其破产,法人终止。(3)法律规定的其他原因。

法人终止时的清算。清算是指对终止的法人的业务和财产进行清理,并依照法定程序对其债务进行清偿,使法人在法律上消灭的程序。清算结束并完成法人注销登记时,法人终止;依法不需要办理法人登记的,清算结束时,法人终止。

【法条链接】

《民法典》第67—69条,《教育法》第27—28条、第75条,《幼儿园管理条例》第12条。

【风险防范】

1　学校设立、变更、终止的条件和程序符合法律法规,学校建设符合国家规定的办学标准、选址要求和建设标准。

2　不经批准或登记注册擅自举办教育机构,并且经教育主管部门责令限期改正而逾期不予改正的;不符合国家规定的设置标准,弄虚作假,骗取主管机关批准或登记注册的;实施了以营利为目的的办学行为。

3　不经批准或登记注册擅自举办教育机构等办学行为,直接负责的主管人员和其他直接责任人员,必须依法承担处分等法律责任,对于违法所得,主管部门应依法没收。不符合国家规定的办学标准、选址要求和建设标准的,由上级人民政府责令限期改正;情节严重的,对直接负责的主管人员和其他直接责任人员依法给予行政处分。

4　在设立学校时,确保符合国家教育部门的设立条件和审批要求。要妥善处理与土地使用权、建筑物产权、办学许可证等相关的法律事务。学校进行重大变更,如扩建、合并等,也需要遵守法律程序。学校终止时,需要依法办理相关手续。向教育主管部门报备终止的手续,并按照规定的程序进行注销。并处理好与学生、教职员工等相关方的权益纠纷,确保合法权益得到保护。

第二节　中外合作办学项目和"双减"政策下教培机构的法律风险

一、中外合作办学项目

【典型案例】

王某霖系山东省潍坊市人,于2016年参加山东省普通高校招生考试。王某霖2016年高考成绩总分为522分,2016年山东省理科本科一批分数线为537分,本科二批分数线为451分。王某霖2016年本科二批第一志愿填报情况为"A459郑州某大学,专业1:BE通信工程;专业2:BB金融学;专业3:BC会计学",录取情况为录取院校:郑州某大学,录取专业:通信工程(办学地点:郑州某大学某国际学院),计划性质:统招,录取批次:本科二批"。郑州某大学某国际学院按期向王某霖寄送了录取通知书。王某霖要求郑州某大学发放2016年高等教育通信工程专业录取通知书。[①]某国际学院虽然是教育部批准的中外合作办学机构,当年却

---

① 河南省郑州市中级人民法院(2018)豫01行终915号。

不具有法人资格,不能独立招生,与外国高校合作的办学项目招生代码为5994,不能独立发放录取通知书,而查询教育部网站,某国际学院虽然经过批准,却只能招收工商管理、国际金融、英语等六个专业,其中并没有通信工程。

【法律问题】

某国际学院是否能够独立招生?

【法理解读】

中外合作办学是指外国教育机构同中国教育机构(以下简称中外合作办学者)在中国境内合作举办以中国公民为主要招生对象的教育活动。中外合作办学按办学主体分为中外合作办学机构和中外合作办学项目两类。中外合作办学者可以合作举办各级各类教育机构,但不得举办实施义务教育和实施军事、警察、政治等特殊性质教育的机构。中外合作办学机构不得进行宗教教育和开展宗教活动。

需经审批的中外合作办学项目是指中外合作办学者以不设立教育机构的方式,在学科、专业、课程等方面,合作开展的以中国公民为主要招生对象的教育教学活动。无需经教育部门审批的例外情形是"中国教育机构没有实质性引进外国教育资源,仅以互认学分的方式与外国教育机构开展学生交流的活动"。中外合作办学项目颁发外国教育机构的学历、学位证书的,其课程设置、教学内容不低于该外国教育机构在其所属国的标准和要求。中外双方共同制定人才培养计划,中方或严格遵循外方的教育教学计划,或在引进外方的教学方案的基础上,与外方共同商定教学计划和学生评价标准。

本科以上高等学历教育中外合作办学项目,由拟举办项目所在地的省、自治区、直辖市人民政府教育行政部门提出意见后,报国务院教育行政部门批准。拟举办中外合作办学项目的教育机构应于当年3月或者9月向省级教育行政部门提出书面申请。教育部批准举办中外合作办学项目的,则颁发统一格式、统一编号的中外合作办学项目批准书;不批准举办中外合作办学项目的,应当书面说明理由。

其他需审批的中外合作办学项目,需提出书面申请并提交相关文件。省级教育行政部门批准举办中外合作办学项目的,则报教育部备案,颁发统一格式、统一编号的中外合作办学项目批准书;不批准举办中外合作办学项目的,应当书面说明理由。

本案中某国际学院在2016年并没有独立的法人资格,其招生、管理、文凭发放都应纳入郑州某大学(实际上是几乎独立状态)。所以其无权独立招生、发布招生通知书,校方的招生行为不规范。

【法条链接】

《中外合作办学条例》第49—58条。

【风险防范】

1 中外合作办学机构和中外合作办学项目的设立要符合中国法律法规规定的条件和程序,招生收费符合法律规定,符合诚信原则的要求,教育管理规范,保证教育教学质量。

2 (1)未经批准擅自举办中外合作办学项目。(2)发布虚假招生简章或者招生广告骗取钱财。擅自增加收费项目或提高收费标准。(3)管理混乱、教育教学质量低下。(4)对办学结余进行分配。(5)违规颁发学历学位证书等行为。

3 第(1)—(4)项的违法行为,由教育行政部门责令限期改正,并责令退还向学生收取的费用;对负有责任的主管人员和其他直接责任人员,依法给予行政处分。第(5)项违法行为,由教育行政部门宣布证书无效,责令收回或者予以没收;有违法所得的,没收违法所得;情节严重的,取消其颁发证书的资格。

4 制定详细的合作协议,明确双方的权利、义务和责任。确保合作机构和项目的法律合规性。选择合作伙伴时应进行尽职调查,了解其声誉、资质和运营情况。合作机构和项目应重视知识产权保护,确保课程、教材和研究成果等的知识产权归属清晰,并防止知识产权侵权行为的发生。建立健全的财务管理制度,定期进行财务审计,避免财务风险。建立科学有效的教学质量保障体系。建立完善的风险管理机制,在合作过程中及时咨询专业律师,及时应对可能出现的风险事件。

二、申请办学许可证的法律风险

【典型案例】

2021年7月17日,肖某(乙方)与某美术中心(甲方)签订《广州某画室协议书》,约定其女儿邓某晨的美术培训事宜:甲、乙双方本着邓某晨同学就美术学习技能、学习时间、学习制度、专业考试事宜及付款方式达成以下协议。该协议书加盖了某美术中心的公章。协议书右边的空白处手写加注内容为:两年专业学费6.8万元待考上时付清。2021年7月18日,肖某向某美术中心缴纳250 000元。某美术中心未取得美术教育培训办学许可证。参照协议书中约定培训期为"2021年7月中旬至2023年4月底",即邓某晨的培训期限共21.5个月,"初三协议费"为500 000元,折合每月的培训费用为23 255.81元;邓某晨学习到2021年11月后未再参加培训,实际培训时间为4.5个月,费用为104 651.16元,剩余未培训的费用为145 348.84元,肖某要求退回。①

---

① 广东省广州市中级人民法院(2023)粤01民终12364号。

【法律问题】

某美术中心未取得办学许可证擅自开展美术培训,其与肖某的协议书是否有效?

【法理解读】

非学科类培训机构申办办学许可证的条件。面向中小学生及 3 周岁以上学龄前儿童实施体育、文化艺术、科技等类别非学科类培训的机构。对非学科类培训机构,各地要区分体育、文化艺术、科技等类别,明确相应主管部门,归口文旅局、科委,分类制定标准、严格审批。(1)有合法的名称和必要的组织机构。如营利性非学科类培训机构名称建议预先核准为:××市××培训中心有限公司。提交同步谋划党的建设、同步设置党的组织、同步开展党的工作的有关材料。培训机构董(理)事会由举办者或其代表人、党组织负责人、行政负责人、教职工代表等五人以上组成。监事会由党的基层组织代表、教职工代表等人员组成,其中教职工代表不少于三分之一。教职工人数少于二十人的培训机构可以只设一至两名监事。(2)有符合相关法律法规、规章及规范性文件要求的举办者。举办培训机构的社会组织,一是具有法人资格;二是信用状况良好;三是其法定代表人具有中华人民共和国国籍,在中国境内定居,品行良好,信用状况良好,无犯罪记录,具有政治权利和完全民事行为能力。举办培训机构的个人,一是具有中华人民共和国国籍,在中国境内定居;二是具有政治权利和完全民事行为能力,信用状况良好,无犯罪记录。(3)有符合规定任职条件的法定代表人、校长(行政负责人)及管理人员。(4)有符合《校外培训机构从业人员管理办法(试行)》相关要求的从业人员。校外培训机构专职教学、教研人员原则上不低于机构从业人员总数的50%。(5)有与所开办培训项目相匹配的办学资金。(6)有与所开办培训层次、类别、项目和规模相适应的办学场所及设施设备。举办者以自有场所举办的,应提供办学场所的产权证明材料,租用场地的,应提供场地的产权证明材料,以及与产权人或由产权人授权人签订的具有法律效力的《租赁合同(协议)》,租赁期不少于 3 年。(7)有规范的章程、符合相关法律法规和规章等要求的规章制度。(8)法律法规及规章规定的其他条件。[①]

本案中某美术中心未取得办学许可证,擅自开展面向中学生的美术培训,违反了上述规定,故肖某与某美术中心签订的《广州央美画室协议书》依法无效,自始对双方当事人不发生法律效力。但鉴于某美术中心已提供了部分培训服务,

---

① 参见《中山市非学科类校外培训机构申请办理〈民办学校办学许可证〉操作指引》。

故可参照合同约定扣除某美术中心应收取的合理费用。以两年专业学费6.8万元为标准，折合每月的培训费用为3 162.79元，故央某美术中心应收费用为14 232.56元，剩余应返还肖某某的培训费本金为235 767.44元并支付利息(利息按同期全国银行间同业拆借中心公布的贷款市场报价利率从2021年7月18日起计至实际付清款项之日止)。

【法条链接】

《教育法》第75条，《民办教育促进法》第64条。

【风险防范】

1	中小学生的校外培训机构通过合法的程序取得了相应的办学许可证和营业执照。
2	(1)培训机构只有公司营业执照，无办学许可证。(2)提交虚假证明文件或者采取其他欺诈手段隐瞒重要事实骗取办学许可证的；伪造、变造、买卖、出租、出借办学许可证。
3	第(1)项的违法行为，由所在地县级以上地方人民政府教育行政部门或者人力资源社会保障行政部门会同同级公安、民政或者市场监督管理等有关部门责令停止办学、退还所收费用，并对举办者处违法所得一倍以上五倍以下罚款；构成违反治安管理行为的，由公安机关依法给予治安管理处罚；构成犯罪的，依法追究刑事责任。第(2)项的违法行为，由审批机关或者其他有关部门责令限期改正，并予以警告；有违法所得的，退还所收费用后没收违法所得；情节严重的，责令停止招生、吊销办学许可证；构成犯罪的，依法追究刑事责任。
4	校外培训机构必须依法合规经营，遵守国家相关法律法规和政策，如《教育法》、《关于进一步减轻义务教育阶段学生作业负担和校外培训负担的意见》等。校外培训机构需要办理相关的办学许可证和备案手续，确保合法经营。

三、"双减"政策下的学科类校外培训机构

【典型案例】

海宁市某艺术培训有限公司于2023年1月31日至2月24日期间，在未取得《中华人民共和国民办学校办学许可证》的情况下，组织8名教师和107名学生，在浙江省海宁市海洲街道A商厦301、302、302、304室举办小学英语学科课程培训，共计获得违法收入42 560元。海宁市综合执法局决定：(1)责令停止办学；(2)处违法所得(42 560元)1倍罚款，人民币肆万贰仟伍佰陆拾元整(￥42 560.00)。[1]

【法律问题】

海宁市某艺术培训有限公司为何会被执法机构处罚？

---

[1]　海宁市综合执法局嘉海综执罚决字〔2023〕第000201号。

【法理解读】

严格审批。各地不再审批新的面向义务教育阶段学生的学科类校外培训机构,现有学科类培训机构统一登记为非营利性机构。对原备案的线上学科类培训机构,改为审批制。各省(自治区、直辖市)要对已备案的线上学科类培训机构全面排查,并按《关于进一步减轻义务教育阶段学生作业负担和校外培训负担的意见》重新办理审批手续。未通过审批的,取消原有备案登记和互联网信息服务业务经营许可证(ICP)。依法依规严肃查处不具备相应资质条件、未经审批多址开展培训的校外培训机构。

严禁资本化。学科类培训机构一律不得上市融资,严禁资本化运作;上市公司不得通过股票市场融资投资学科类培训机构,不得通过发行股份或支付现金等方式购买学科类培训机构资产;外资不得通过兼并收购、受托经营、加盟连锁、利用可变利益实体等方式控股或参股学科类培训机构。已违规的,要进行清理整治。①

本案中海宁市某艺术培训有限公司违反国家有关规定擅自举办民办学校进行学科类培训,执法机构根据《民办教育促进法》第64条的规定对其责令停止办学,并对举办者处违法所得一倍以上五倍以下罚款。

【法条链接】

《教育法》第75条,《民办教育促进法》第64条,《民法典》第533条,《关于进一步减轻义务教育阶段学生作业负担和校外培训负担的意见》,《校外培训行政处罚暂行办法》。

【风险防范】

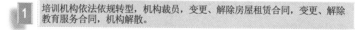

1. 培训机构依法依规转型,机构裁员,变更、解除房屋租赁合同,变更、解除教育服务合同,机构解散。

2. (1)"转线上""转地下""换马甲"等未经审批擅自有偿开展学科类隐形变异培训,存在培训环境安全风险、培训内容危害风险、"超标超纲"违背教育规律风险、从业人员侵害学生风险、"退费难"风险等。(2)培训机构的转型,违规裁员,违约变更、解除房屋租赁合同,变更、解除教育服务合同,违规解散。

3. 第(1)项的违法行为,承担警告直至10万元以下罚款的法律责任。第(2)项的违法裁员承担劳动法责任,不能协商解除房屋租赁和教育服务合同需要承担违约责任,违法违规解散需承担民事责任。

4. 合法合规的转型,不开展"转线上""转地下""换马甲"等形式有偿学科类隐形变异行为。按照法定的方式、条件、程序进行裁员,根据情势变更制度的规定,承租方可与出租方协商变更租金标准、租赁期限等,也可以与出租方协商提前解除房屋租赁合同;根据合同的履行情况做好学员学费退还工作;解散时依法清算、做好债权债务处理、股东或者合伙人利益分配。

---

① 参见《关于进一步减轻义务教育阶段学生作业负担和校外培训负担的意见》。

四、规范校外培训机构的培训服务

【典型案例】

2023年4月22日上午10时30分,绍兴市综合行政执法局与绍兴市教育局联合检查时发现,绍兴市柯桥区东方某培训学校有限公司于绍兴市柯桥区柯桥街道都市B商业中心2幢203—204室,开展高中学科类培训,现场共有学生17名,存在违规开展学科类培训的情况。执法人员对现场进行勘验拍照取证,当事单位现场负责人陆某在场配合并承认以上事实,市综合执法局执法人员当场下发责令限改通知书,并于4月24日立案调查。后经调查发现绍兴市柯桥区东方某培训学校有限公司于2023年1月至6月底共招收高中类学科培训学生87名,共计收取培训费293 080元。[①]

【法律问题】

东方某培训学校有限公司会面临怎样的处罚?

【法理解读】

《关于进一步减轻义务教育阶段学生作业负担和校外培训负担的意见》对于校外培训机构的培训进行了规范:

建立培训内容备案与监督制度。严禁超标超前培训,严禁非学科类培训机构从事学科类培训,严禁提供境外教育课程。依法依规坚决查处超范围培训、培训质量良莠不齐、内容低俗违法、盗版侵权等突出问题。线上培训机构不得提供和传播"拍照搜题"等惰化学生思维能力、影响学生独立思考、违背教育教学规律的不良学习方法。

时间限制方面:严格执行未成年人保护法有关规定,校外培训机构不得占用国家法定节假日、休息日及寒暑假期组织学科类培训。教师管理方面:培训机构不得高薪挖抢学校教师;从事学科类培训的人员必须具备相应教师资格,并将教师资格信息在培训机构场所及网站显著位置公布;不得泄露家长和学生个人信息。严肃查处教师校外有偿补课。加大教师校外有偿补课查处力度,发现一起查处一起,直至撤销教师资格,形成警示震慑,切断课外违规补课等经济链条。同时,严禁校外培训机构聘用在职教师,一经发现坚决吊销办学许可证。聘请在境内的外籍人员要符合国家有关规定,严禁聘请在境外的外籍人员开展培训

[①]　绍市综执罚决字〔2023〕第000023号。

活动。

依法经营,严格控制资本过度涌入培训机构,培训机构融资及收费应主要用于培训业务经营,坚决禁止为推销业务以虚构原价、虚假折扣、虚假宣传等方式进行不正当竞争,依法依规坚决查处行业垄断行为。加强校外培训广告管理,确保主流媒体、新媒体、公共场所、居民区各类广告牌和网络平台等不刊登、不播发校外培训广告。不得在中小学校、幼儿园内开展商业广告活动,不得利用中小学和幼儿园的教材、教辅材料、练习册、文具、教具、校服、校车等发布或变相发布广告。依法依规严肃查处各种夸大培训效果、误导公众教育观念、制造家长焦虑的校外培训违法违规广告行为。根据市场需求、培训成本等因素确定培训机构收费项目和标准,向社会公示、接受监督。全面使用《中小学生校外培训服务合同(示范文本)》。进一步健全常态化排查机制,及时掌握校外培训机构情况及信息,完善"黑白名单"制度。

收费管控。坚持校外培训公益属性,充分考虑其涉及重大民生的特点,将义务教育阶段学科类校外培训收费纳入政府指导价管理,科学合理确定计价办法,明确收费标准,坚决遏制过高收费和过度逐利行为。通过第三方托管、风险储备金等方式,对校外培训机构预收费进行风险管控,加强对培训领域贷款的监管,有效预防"退费难""卷钱跑路"等问题发生。

对于违法行为的执法处罚,"县级以上人民政府校外培训主管部门"是执法主体。市场监管、民政、工信、网信、公安等部门根据有关法律法规规章,按照各自职责负责有关校外培训监管,严肃查处校外培训违法行为。如对自然人处3万元以上、对法人或者其他组织处10万元以上的罚款,没收10万元以上违法所得等情形,应当告知当事人有要求听证的权利,依法保障行政相对人的权益。明确规定"违法所得"是指违法开展校外培训所收取的全部款项,依法已经予以退还的预收费未消课款项,可以扣除。执法中按照《校外培训行政处罚流程图》和《校外培训行政处罚文书格式范本》,规范校外培训执法行为。①

本案中的培训学校违反了《教育法》第28条和《民办教育促进法》第12条的规定。依据《教育法》第75条和《民办教育促进法》第64条对绍兴市柯桥区东方某培训学校有限公司处违法所得一倍罚款即人民币贰拾玖万叁仟零捌拾元整(￥293 080.00)处罚。

---

① 参见《关于进一步减轻义务教育阶段学生作业负担和校外培训负担的意见》和《校外培训行政处罚暂行办法》。

【法条链接】

《关于进一步减轻义务教育阶段学生作业负担和校外培训负担的意见》《校外培训行政处罚暂行办法》《中小学校外培训材料管理办法》等。

【风险防范】

1 培训机构依法依规经营，诚信经营。

2 （1）培训机构在制定格式合同时，存在对消费者不公平条款。（2）夸大宣传培训效果或成绩、夸大宣传师资力量、夸大培训机构资质或者实力、虚假用户好评等方面。（3）以折扣优惠诱导收取大量预付费，校外培训机构拒不执行预收费监管。（4）为违法违规培训活动提供线下场所或线上渠道且拒不改正。（5）校外培训机构培训内容存在影响未成年人身心健康。聘用有性侵前科等违法犯罪人员为学生开展培训。（6）擅自组织面向中小学生的社会性竞赛活动。

3 （1）不公平的格式条款无效。（2）夸大宣传导致合法权益受到损害的，广告主应负担民事责任。监督检查部门应责令停止违法行为，消除影响，并可根据情节处1万元以上20万元以下的罚款。第（3）项的违法行为，由有关行政部门责令培训机构退还所收费用，经费达到一定数额或者超过3个月以上没有归还到公司账上的，依法追究刑事责任。第（4）项的违法行为，责令其限期改正，对逾期拒不改正的予以警告或者通报批评。第（5）项的违法行为，责令限期改正，并予以警告；有违法所得的，退还所收费用后没收违法所得；情节严重的，责令停止招收学生、吊销许可证件。第（6）项的违法行为，责令改正，退还所收费用，予以警告或者通报批评；情节严重的，处5万元以下罚款；情节特别严重的，处5万元以上10万元以下罚款。

4 遵守法律法规和政策要求，确保校外培训机构的经营活动合法合规。建立健全内部管理制度，包括课程设置、教学质量管理、师资管理、学生管理等。确保教学活动按照规定进行，避免违反相关法规。在宣传活动中，遵守诚信原则，不夸大宣传，不发布虚假广告。签订明确的合同，明确双方的权利和义务，确保合同内容符合法律规定。建立规范的财务管理制度，确保收费的合法合规和合理使用。

第三节　民办学校设立、分立、合并、终止的法律风险

一、民办学校法律地位、举办者和组织机构

【典型案例】

2018 年至 2019 年,被告上栗某实验学校先后向原告浏阳市同升服装厂采购了该两年度的学生校服,原告均按质按量履行了供货义务。经双方对账,其中 2018 年度校服款,该校支付了原告 1 万余元货款后,尚差尾款 78 928 元未付;2019 度校服款尚差货款 79 227 元未付,两项未付合计 158 155 元。被告上栗某实验学校成立于 2018 年 6 月 15 日,经江西省上栗县民政局登记为"民办非企业单位(个体)",同时备案登记的资料有该校举办者被告萍乡市新文教育股份有限公司。2020 年 8 月 1 日,被告上栗某实验学校因对外存在较大债务纠纷,且存在消防、环评等问题未按要求进行整改,被上栗县教育局责令停止办学。该校停

止办学后,未组织清算。被告的举办者仅有萍乡市新文教育股份有限公司,被告的法定代表人周某国为萍乡市新文教育股份有限公司的股东。①

【法律问题】

原告的货款 158 155 元及逾期付款利息应该由谁来承担?

【法理解读】

民办学校是指国家机构以外的社会组织或者个人,利用非国家财政性经费,面向社会举办的学校及其他教育机构,民办学校不包括国家机构举办的各类学校和其他教育机构,如各种培训中心、干部管理学院(校)等,也不包括企事业单位、社会团体面向自己职工举办培训活动的各种内部培训组织和机构。

民办学校应当具备法人条件,要求民办学校与举办者的财产分离,产权清晰,保证民办学校的持续健康发展。民办学校按照办学性质,可以分为营利性和非营利性两类。营利性民办学校的产权归属于出资举办者,举办者享有学校的所有权和使用权,可以根据出资比例从学校的盈利中分享收益,对学校的财产拥有出售、转让等处分权利。而对于非营利性民办学校而言,民办学校作为独立法人,在学校存续期间,可以对投入学校的各项资产依法管理和使用,任何组织和个人不得侵占;学校的办学结余主要用于增加教育投入和改善办学条件,不得分配或者进行其他校外投资,但可以从中取得合理回报。

民办学校的举办者是民办学校的原始创办者和资本筹措人。举办者的任务是筹设民办学校,学校法人主体设立完成后,举办者的筹设使命便告完成,学校日常管理运行交由理事会或董事会依据章程行使决策权,学校的法定代表人对外代表学校。学校校长负责学校的教育教学和行政管理工作。民办学校的举办者包括公民个人、私营企业和个体工商户、集体经济组织、国有企业、事业单位和社会团体等,但国家机关法人不能举办民办学校。

民办学校应当设立学校董(理)事会或者其他形式的决策机构。学校董(理)事会由举办者或者其代表、校长、教职工代表等人员组成,人数一般为五人以上的单数。其中三分之一以上的理事或者董事应当具有五年以上教育教学经验。学校董(理)事会由五人以上组成,设理事长或者董事长一人,负责人应当品行良好,没有被剥夺政治权利,并具有完全民事行为能力。国家机关工作人员不得担任民办学校董(理)事会或者其他形式决策机构的成员。理事长、理事或者董事长、董事名单报审批机关备案。

---

① 湖南省浏阳市人民法院(2022)湘 0181 民初 8647 号。

民办学校是董（理）事会领导下的校长负责制，校长由董（理）事会聘任，报审批机关核准。民办学校的法定代表人由理事长、董事长或者校长担任。法定代表人代表民办学校对外行使权利、履行义务和参加诉讼。

本案被告上栗某实验学校既然登记为民办非企业单位（个体），即应认定其性质系不具有独立承担民事责任的民办非企业单位，应当参照"个体"性质对外承担民事责任，而萍乡市新文教育股份有限公司为其唯一举办者，对上栗某实验学校所负的贷款和逾期利息承担民事连带责任。

【法条链接】

《教育法》第 26 条，《民办教育促进法》第 2 条、第 9 条、第 64 条等。

【风险防范】

1 民办学校的举办者符合法律规定的条件，民办学校的管理机构的设立合法合规。

2 直接以个人名义作为民办学校举办者风险大；干扰学校办学秩序或者非法干预学校决策、管理的；对所举办民办学校疏于管理；民办学校现有的内部管理体制不合理。

3 直接以个人名义作为民办学校，需要以个人全部财产或家庭财产对外连带承担民办学校债务。举办者个人财产与学校财产混同使用的，若管理不规范，会发生被公安机关以涉嫌挪用资金罪等罪名立案查处。利用办学非法集资和对所举办民办学校疏于管理，责令限期改正，有违法所得的，退还所收费用后没收违法所得；情节严重的，1至5年内不得新成为民办学校举办者或实际控制人、决策机构或者监督机构组成人员；情节特别严重，社会影响恶劣的，永久不得成为学校管理机构成员；构成违反治安管理行为的，由公安机关依法给予治安管理处罚；构成犯罪的，依法追究刑事责任。内部管理体制的风险导致滥用权力，无法做到决策的民主性、科学性和合法性。

4 举办者以公司形式举办民办学校，便于举办者权益的转让、继承。民办学校应建立健全内部管理制度，明确各项管理职责和权限，确保自身的合法性和规范运行。通过评估和监督，提高学校管理的透明度和公信力。优化学校董（理）事会的结构。校董（理）事长不应兼任校长。可以增设由与学校的举办和管理没有直接利益关系的社会贤达或教育专家出任的独立校董（理）事。限制有亲属关系的校董（理）事的人数或者比例。完善校董（理）事会的运行程序。健全学校内部的监督机制。通过以教师为主体的教职工代表大会等形式，保障教职工参与民主管理和监督。

二、民办学校设立、分立、合并和终止的法律风险

【典型案例】

2020 年 8 月 3 日，被告沈阳市某职业技能培训学校有限公司取得民办学校办学许可证，负责人为王某。2020 年 8 月 6 日，该公司召开股东会，通过公司章程及股东会决议。2020 年 8 月 13 日，该公司在工商部门登记成立，登记的企业性质为有限责任公司，经营范围包括营利性民办职业技能培训等，法定代表人为王某，注册资本 100 万元，股东情况为原告辽宁某企业管理（集团）有限公司持股 80%，

王某持股 20%。2021 年 1 月 7 日,原告辽宁某企业管理(集团)有限公司组织召开沈阳市某职业技能培训学校有限公司第二次股东大会。股东大会决定解散公司,即日起公司停止营业。辽宁某企业管理(集团)有限公司投赞成票,王某投反对票。王某拒绝在股东大会决议上签字。其后,原告辽宁某企业管理(集团)有限公司向法院提起诉讼,要求解散沈阳市某职业技能培训学校有限公司。2021 年 5 月 7 日,被告召开董事会,形成董事会决议,审议并通过反对辽宁某企业管理(集团)有限公司起诉学校解散的议案。支持培训学校法人代表王某通过司法途径收回印信、U 盾、教学物资文件、管理文件等诉求,维护学校办学自主权和法人财产权。①

【法律问题】

被告某职业技能培训学校终止需要哪些条件?

【法理解读】

(一) 民办学校设立

民办学校的设立意味着民办学校在民法上获得法人人格,享有民事权利能力和民事行为能力,可以以自己的名义建立民事法律关系。同时也获得了行政法上的主体地位,能以自己的名义参与行政法律关系,接受行政处罚、许可、强制、征收,提起行政复议、诉讼、赔偿等。

设立条件:(1)举办主体符合法律要求。(2)符合当地教育发展的需求。(3)具备教育法和其他有关法律、法规规定的条件。

按照《民办教育促进法》的规定,举办学历教育、学前教育、自学考试助学及其他文化教育的民办学校,由县级以上人民政府教育行政部门按照国家规定的权限审批;举办实施以职业技能为主的职业资格培训、职业技能培训的民办学校,由县级以上人民政府劳动和社会保障行政部门按照国家规定的权限审批,并抄送同级教育行政部门备案。除此之外,举办文化艺术、中西医药卫生、食品烹饪、汽车驾驶、体育武术等特殊专业的民办学校,由县级以上人民政府相关行政主管部门审核同意后,由同级教育行政部门审批。就级别分工而言,中等及中等以下民办学校在国务院领导下,由地方人民政府教育行政部门审批。

民办学校取得办学许可证后,应当依照有关的法律、行政法规进行登记。申请登记时应当向登记机关提交下列材料:(1)登记申请书;(2)办学许可证;(3)拟任法定代表人的身份证明;(4)学校章程。登记机关应当自收到申请材料之日起 5 个工作日内完成登记程序。

---

① 辽宁省沈阳市中级人民法院(2021)辽 01 民终 10663 号。

（二）民办学校分立、合并、变更

分立、合并的法定程序为：（1）进行财务清算。为避免造成账目不清或者债权债务纠纷，民办学校的分立、合并都必须进行清算。（2）由学校董（理）事会提出。（3）审批机关批准。民办学校法人分立、合并后，原有的权利、义务由变更后的法人享有或承担。

举办者的变更。举办者在民办学校的活动中具有十分重要的作用和地位，其变更对于民办学校具有重大影响。变更的程序为：（1）必须由举办者自己提出。（2）必须进行清算。（3）必须经过学校理（董）事会同意。（4）必须经审批机关核准。举办者变更后，民办学校的债权债务关系和其他权利、义务、责任不受影响。

对于纯粹由捐资举办的学校，捐赠者作为举办者的身份不会变更。如果学校成立后有后续的捐赠者，则他可以根据学校的章程被选为董（理）事，而无法作为举办者。非营利性民办学校举办者变更的，应当签订变更协议，并不得从变更中获得收益；现有民办学校的举办者可以根据其依法享有的合法权益与继任举办者协议约定变更收益，但不得以牟利为目的，不得涉及学校的法人财产。

民办学校名称、层次、类别的变更，属于学校的重大事项，必须由董（理）事会决定，并报审批机关批准。

（三）民办学校终止

民办学校的终止是指民办学校解散和停止办学，丧失民事、行政法律上的主体地位。民办学校终止的法定情形有三种：（1）根据学校章程规定要求终止，并经审批机关批准的。（2）被吊销办学许可证的。（3）因资不抵债无法继续办学的。

终止的法定步骤：（1）妥善安置在校学生。实施义务教育的民办学校终止时，审批机关应当协助学校安排学生继续就学。（2）依法进行财务清算。（3）审批机关收回办学许可证和销毁印章，并注销登记并予以公告。

本案中，沈阳市某职业技能培训学校有限公司作为营利性民办学校应当适用《民办教育促进法》的相关规定确定权利义务关系。依据该法第20条"民办学校应当设立学校理事会、董事会或者其他形式的决策机构并建立相应的监督机制"、第22条"学校理事会或者董事会行使下列职权：……（六）决定学校的分立、合并、终止……"、第56条"民办学校有下列情形之一的，应当终止：（一）根据学校章程规定要求终止，并经审批机关批准的；（二）被吊销办学许可证的；（三）因资不抵债无法继续办学的"等规定，以及《营利性民办学校监督管理实施细则》第36条"营利性民办学校分立、合并、终止及其他重大事项变更，应当由学校董事会通过后报审批机关批准、核准，并依法向工商行政管理部门变更、注销登记手续"的规定,沈阳市某职业技能培训学校有限公司在符合终止条件的情形下,应由董(理)事会或其他决策机构通过后报审批机关批准、核准,才能向工商行政管理部门变更注销登记手续。

【法条链接】

《高等教育法》第25条,《民办教育促进法》第13—15条、第53—60条,《幼儿园管理条例》第8—10条,《义务教育法实施细则》第8条,《普通高等学校设置暂行条例》,《成人高等学校设置的暂行规定》,《民办高等学校设置的暂行规定》,《高等职业学校设置标准(暂行)》等。

【风险防范】

1　民办学校设立、合并、分立、变更、终止的条件和程序符合法律法规。

2　(1)民办学校合并、分立后的债务承担;(2)擅自分切、合并民办学校的;(3)擅自改变民办学校名称、层次、类别和举办者的;(4)恶意终止办学。

3　(1)民办学校合并后各方的债务都归入合并后存续的民办学校,合并后原民办学校不注销的,需要承担连带责任。民办学校分立,分立后的各民办学校对原民办学校的债务承担连带责任。第(2)至(4)项的违法行为,由审批机关或其他有关部门责令限期改正,并予以警告;有违法所得的,退还所收费用并没收违法所得;情节严重的,责令停止招生、吊销办学许可证;构成犯罪的,依法追究刑事责任。

4　民办学校在合并前,各方应签订一个协议,约定当合并后存续民办学校清偿了债务后,民办学校有权向产生债务的一方进行追偿。民办学校分立前各方可考虑协商债务的分配方式,并与债权人协商。各方也可以签订协议,约定承担连带责任后的债务追偿方式。民办学校了解并严格遵守分切、合并、变更和终止办学的规定,严格按照法定程序和要求进行,确保手续的合法性和合规性。学校在进行重大事项时,应及时向教育主管部门、学生家长和社会公开相关信息,确保透明度。如果学校面临恶意终止办学等法律风险,学校可以寻求法律支持,通过法律途径维护自身权益。

三、民办学校商标权和不正当竞争的法律风险

【典型案例】

2002年5月21日,清华大学注册了第1774241号"清华"注册商标,核定服务项目为第41类。经核准,该商标注册有效期限续展至2022年5月20日。2015年2月3日,万博公司(甲方)与龙涛公司(乙方)签订《联合办学协议书》(有效期至2019年8月31日止),载明:甲方"清华万博"是清华大学之清华控股旗下唯一从事教育业务的企业;联合举办学校的名称为"清华万博+区域+实验学校"或"区域+清华万博(实验)学校"。合同履行期内,龙涛公司向万博公司支付了合作费用30万元,某博学校成立后,由某博学校向万博公司支付120万元。2015年8月20日,广州市增城区教育局批复同意龙锐公司在增城区设立"广州

市增城区清华某博实验学校",性质为民办,举办者为龙锐公司。2020 年 3 月 25 日,清华大学委托北京市盈科(广州)律师事务所,就某博学校未经同意,擅自使用"清华"商标涉嫌侵权及不正当竞争一事,向某博学校发出《律师函》,函告某博学校在收函后 7 个工作日内停止使用含有"清华"字样的单位名称;在 7 个工作日内销毁/拆除含有"清华""Tsinghua"字样及二校门图案的标牌标志、类似建筑、宣传材料,删除网站(包括公众号平台)含有"清华"、二校门图案、"Tsinghua"字样的内容;在收函后 5 个工作日于学校公众号刊登澄清声明一个月;在 5 个工作日与清华大学代理律师协商赔偿事宜。[①]

【法律问题】

本案中的某博学校是否构成商标权侵权和不正当竞争?

【法理解读】

商标侵权的认定标准。商标侵权行为属于特殊的民事侵权行为。《商标法》第 57 条将商标侵权行为分为七类:(1)未经商标注册人的许可,在同一种商品上使用与其注册商标相同的商标的;(2)未经商标注册人的许可,在同一种商品上使用与其注册商标近似的商标,或者在类似商品上使用与其注册商标相同或者近似的商标,容易导致混淆的;(3)销售侵犯注册商标专用权的商品的;(4)伪造、擅自制造他人注册商标标识或者销售伪造、擅自制造的注册商标标识的;(5)未经商标注册人同意,更换其注册商标并将该更换商标的商品又投入市场的;(6)故意为侵犯他人商标专用权行为提供便利条件,帮助他人实施侵犯商标专用权行为的;(7)给他人的注册商标专用权造成其他损害。通过对这两款法条的解读,可以分解出四种侵权行为:未经许可+同种商品+使用+相同商标=侵权;未经许可+同种商品+使用+近似商标+混淆=侵权;未经许可+类似商品+使用+相同商标+混淆=侵权;未经许可+类似商品+使用+近似商标+混淆=侵权。通常,相关公众在选购商品或选择服务时对商品或者服务所施加的注意力以及对该商品或者服务特点的辨别力越高,混淆的可能性越小;商标的显著性越强,知名度越高,混淆的可能性越小。

防范不正当竞争行为的风险。所称的不正当竞争行为,是指经营者在生产经营活动中,违反本法规定,扰乱市场竞争秩序,损害其他经营者或者消费者的合法权益的行为。根据《反不正当竞争法》第 6 条的规定,经营者擅自使用与他人近似的标识等混淆行为,足以引人误认为是他人商品或者与他人存在特定联系的,均属于不正当竞争行为。

[①]　广州知识产权法院(2021)粤 73 民终 3368 号。

在本案中,某博学校在其学校模仿清华大学的二校门,建设了类似于清华大学标志性建筑"二校门"的三拱门牌坊,且直接标注清华大学特有的"清华园"字样,在公众号学校简介及招聘信息上以"清华控股旗下'清华万博'合作举办""传承'自强不息,厚德载物'的精神"等文字对外进行宣传,某博学校作为同样从事教育的单位,理应知悉该情况,其在未经清华大学许可的情况下行使了前述行为,具有"搭便车""傍名牌"的故意,足以使相关公众对其服务的来源产生误认或认为某博学校与清华大学存在特定联系,其行为侵犯商标权,也是不正当竞争行为。法院于 2021 年 5 月 11 日作出判决:某博学校于判决生效之日起十日内赔偿清华大学经济损失及合理费用共计 10 万元。二审维持原判。

【法条链接】

《商标法》第 57—58 条、第 60 条、第 63 条,《商标法实施条例》第 76—78 条,《反不正当竞争法》第 6 条,《刑法》第 213—215 条。

【风险防范】

1 民办学校的办学行为遵守商标法和反不正当竞争法的要求。

2 未经商标注册人的许可,在教育培训、咨询、中介服务中使用与其注册商标相同或者近似的商标,或者将与他人注册商标相同或者近似的标志作为教育培训、咨询、中介服务有关名称或者装潢使用,误导公众的,属于侵犯注册商标专用权的行为。假冒注册商标,销售假冒注册商标的商品,非法制造、销售非法制造的注册商标标识的行为达到情节严重的程度。

3 商标侵权的行政责任主要包括没收、销毁侵权商品和工具、罚款、责令停止销售。民事侵权责任包括停止侵害、排除妨碍、消除危险、赔偿损失、消除影响等。侵权赔偿数额标准主要分四种,即权利人的实际损失、侵权人侵权获利、许可费用倍数、法定赔偿。实务中权利人一般主张法定赔偿。对恶意侵犯商标专用权,情节严重的,可以在按照上述方法确定数额的一倍以上五倍以下确定赔偿数额。赔偿数额应当包括权利人为制止侵权行为所支付的合理开支。刑事责任:未经注册商标所有人许可,在同一种商品上使用与其注册商标相同的商标,情节严重的,处三年以下有期徒刑或者拘役,并处或者单处罚金;情节特别严重的,处三年以上七年以下有期徒刑,并处罚金。①

4 民办学校可以注册自己的商标,以保护学校的品牌形象和商标权益。定期监测市场和竞争对手的商标使用情况,发现侵权行为及时采取维权措施,包括发送律师函、提起商标侵权诉讼等。学校可以通过积极的品牌宣传和营销活动,提高学校的知名度和声誉,增强品牌的竞争力,减少不正当竞争的可能性。学校应建立合规机制,确保学校的宣传和营销活动符合法律法规,避免使用虚假、夸大和误导性的宣传手段,以免触犯不正当竞争法。

---

① "情节严重"的判断标准主要体现在非法经营数额或违法所得数额上。非法经营数额在 5 万元以上或者违法所得数额在 3 万元以上的;或者假冒两种以上注册商标,非法经营数额在 3 万元以上或者违法所得数额在 2 万元以上的,一般认定为"情节严重"。"情节特别严重"的加重处罚量刑档:非法经营数额在 25 万元以上或者违法所得数额在 15 万元以上的;假冒两种以上注册商标,非法经营数额在 15 万元以上或者违法所得数额在 10 万元以上的;其他情节特别严重的情形。

四、民办学校清算的法律风险

【典型案例】

北京市朝阳区某凯智能全纳幼儿园(以下简称某凯幼儿园)于 2002 年 4 月 28 日注册成立,登记机关为北京市朝阳区民政局,登记注册地为北京市朝阳区某村西区 6 号,业务主管单位为北京市朝阳区教育委员会,开办资金为 500 万元人民币。幼儿园章程第十九条规定,幼儿园依法设立董事会,董事会是幼儿园的决策机构,董事会成员为 7 人;第二十条规定,董事会行使下列职权:(七)决定幼儿园的分立、合并、终止事宜;第二十七条规定,董事会决议的表决,实行 1 人 1 票。董事会会议决议须经全体董事的三分之二以上同意方能生效。幼儿园提供的《债务清册》、判决书、裁决书及执行终本裁定,可以认定该公司存在不能清偿到期债务的情况,且某凯幼儿园经法院强制执行,无法清偿债务,明显缺乏清偿能力。会计师事务所作出的办学情况审计报告及某凯幼儿园自行提交的资产负债表,可以认定某凯幼儿园的资产已不足清偿全部债务。2023 年 3 月 7 日,某凯幼儿园召开董事会,决议同意某凯幼儿园提出破产清算申请,有 5 位董事出席会议并在董事会决议上签字。另查明,某凯幼儿园的民办学校办学许可证已于 2021 年 7 月 31 日到期,未取得新的办学许可证。[①]

【法律问题】

该幼儿园破产清算是否符合法定条件?

【法理解读】

民办学校根据章程要求终止的,由民办学校依照有关法律、法规组织会计等相关方面的人员自行清算;被审批机关依法撤销,即被吊销办学许可证的,由审批机关组织有关方面的人员进行清算;因资不抵债无法继续办学而被终止的,类似于企业法人破产清算,由人民法院组织,参照《民事诉讼法》中"企业法人破产还债程序"的规定进行。

民办学校的财产按照下列顺序清偿:(1)应退受教育者学费、杂费和其他费用。这部分费用应当最先得到清偿,以充分保护处于弱势地位的学生的合法权利。(2)应发教职工的工资及应缴纳的社会保险费用。这部分费用优先于学校的其他债务得到清偿,体现了法律对于劳动者权益的倾斜保护。(3)偿还其他债务。

---

① 北京市第一中级人民法院(2023)京 01 破申 430 号。

民办学校清偿上述债务后的剩余财产,按照有关法律、行政法规的规定处理。

民办学校清偿上述债务后的剩余财产,按照有关法律、行政法规的规定处理。为公益目的成立的非营利法人终止时,不得向出资人、设立人或者会员分配剩余财产。非营利性民办学校清偿上述债务后的剩余财产继续用于其他非营利性学校办学;营利性民办学校清偿上述债务后的剩余财产,依照公司法的有关规定处理。对于营利性的民办学校,应当根据谁出资谁所有的原则,规定投资人享有其投入的财产及其增值收益。

刑事法律风险需要防范妨害清算罪和虚假破产罪。前罪,是指民办学校在进行清算时,故意隐匿财产,对资产负债表或者财产清单作虚假记载,或者在未清偿债务前擅自分配公司、企业财产,严重损害债权人或者其他人利益的行为。①后罪,则是指公司、企业通过隐匿财产、承担虚假债务或者以其他方式转移财产、处分财产,实施虚假破产,严重损害债权人和其他人利益的行为。

本案中,某凯幼儿园存在不能清偿到期债务的情况,且某凯幼儿园经法院强制执行,无法清偿债务,明显缺乏清偿能力。董事会行使职权符合章程规定。综合以上情况,可以认定某凯幼儿园具备破产原因,其破产清算申请符合法定条件。

【法条链接】

《民法典》第70—72条、第95条,《民办教育促进法》第59条。

【风险防范】

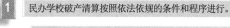

1　民办学校破产清算按照依法依规的条件和程序进行。

2　清算组成员在清算期间,因故意或者重大过失给公司或者债权人造成损失的;故意以转移、隐藏等方式来隐匿企业财产,对清算企业的资产负债表或者财产清单作虚假记载,在清偿债务前分配破产、解散清算企业的财产。

3　清算组成员因故意或者重大过失给民办学校或者债权人造成损失的,股东或者公司的债权人,均可请求清算组成员承担赔偿责任。妨害清算罪;虚假破产罪。虚假破产犯罪主要是通过隐匿财产、承担虚构的债务,或者以其他方法转移、处分财产,虚构破产的原因和条件,然后启动破产程序等一系列行为,企图达到逃避学校债务的目的。

4　清算组成员应当忠于职守,依法履行清算义务。清算组成员不得利用职权收受贿赂或者其他非法收入,不得侵占公司财产。挑选正派的清算组成员;通知债权人申报债权。然后债权人申报债权,清算组进行债权登记;如实清理财产、编制资产负债表和财产清单;清算组需要彻底清理企业财产,不得为一己私利或者企业的利益而隐匿财产;依法清偿和分配财产。

---

①　立案追诉标准:(1)隐匿财产价值在50万元以上的;(2)对资产负债表或者财产清单作虚伪记载涉及金额在50万元以上的;(3)在未清偿债务前分配公司、企业财产价值在50万元以上的;(4)造成债权人或者其他人直接经济损失数额累计在10万元以上的;(5)虽未达到上述数额标准,但应清偿的职工的工资、社会保险费用和法定补偿金得不到及时清偿,造成恶劣社会影响的;(6)其他严重损害债权人或者其他人利益的情形。

第四节 民办学校登记、融资和法人财产权保护的法律风险

一、民办学校分类登记流程和法律风险

【典型案例】

温岭市之江幼儿园负责人在市行政服务中心"民办学校分类登记专窗"拿到换发的非营利性民办学校办学许可证和民办非企业单位登记证书。这是"民办学校分类登记"工作实施以来,温岭市办结的首例非营利性民办学校办学许可证书和民办非企业单位登记证书。据统计,温岭市目前共有民办幼儿园和民办中小学校 132 家,其中 111 家有意向选择登记为非营利性民办学校,10 家有意向变更为营利性民办学校,11 家计划或已经终止办学或转公办学校。[1]

【法律问题】

营利性民办学校和非营利性民办学校的区别是什么?

【法理解读】

民办学校分类登记是指将区分为营利性民办学校和非营利性民办学校两类,分别在不同的机关进行登记,并对它们进行差别化管理。

(一)两者区别

营利学校与非营利学校最大的区别是举办者是否取得办学收益,即通常所说分红。营利性民办学校和非营利性民办学校的区别主要在于:非营利性民办学校指由国家机构以外的社会组织或者个人、利用非国家财政性经费,面向社会举办学校及其他教育机构,并登记为民办非企业单位的民办学校或民办培训机构,通俗称"民非学校"。

对非营利性民办学校还有以下优惠政策:(1)政府购买服务。县级人民政府根据本行政区域实施学前教育、义务教育或者其他公共教育服务的需要,可以与民办学校签订协议,以购买服务等方式,委托其承担相应教育任务。(2)经费拨付。县级以上地方人民政府可以参照同级同类公办学校生均经费等相关经费标准和支持政策,对非营利性民办学校给予适当补助。(3)闲置国资优先扶持。地

---

[1] 载"温岭民政"微信公众号,2022 年 3 月 15 日发布。

表 1-1　两种民办学校的区别

	非营利性民办学校	营利性民办学校
获取收益的方式	不取得办学收益;学校的办学结余全部用于办学	可以取得办学收益,办学结余分配应在年度财务结算后进行
登记部门	民政部门、事业单位管理部门	工商行政管理部门
收　费	由省、自治区直辖市政府制定收费政策	实现市场调节由学校自主决定
划拨供地	可以划拨用地,非营利性民办学校按照与公办学校同等原则,以划拨等方式给予用地优惠	不可以划拨用地,营利性民办学校用地按照国家相应的政策供给土地,只有一个意向用地者的,可按照协议方式供地
纳税资格	享受与公办学校同等的税收优惠政策	一般企业法人纳税资格
企业所得税	按照税法规定进行免税资格认定后,免征非营利性收入的企业所得税	如无特殊免征、减征情形,需征收企业所得税
股权激励	禁止	鼓励

方人民政府出租、转让闲置的国有资产应当优先扶持非营利性民办学校。(4)政府补贴、以奖代补保障教师待遇。县级以上地方人民政府可以采取政府补贴、以奖代补等方式鼓励、支持非营利性民办学校保障教师待遇。

(二) 选择登记

选择登记为非营利性民办学校工作流程:(1)修改学校章程;(2)重新办理登记。根据《民办学校分类登记实施细则》规定:正式批准设立的非营利性民办学校,符合《民办非企业单位登记管理暂行条例》等民办非企业单位登记管理有关规定的到民政部门登记为民办非企业单位,符合《事业单位登记管理暂行条例》等事业单位登记管理有关规定的到事业单位登记管理机关登记为事业单位。

在举办者学校选择登记为营利性民办学校后,该民办学校性质由民办非企业单位变更为公司法人,此时会发生资产重组、资产过户、债权债务的承继问题。当现有民办学校为完全中学或十二年一贯制学校的,举办者拟将其中高中阶段选择为营利性质的,应依法分立后再进行分类登记。现有民办学校组织开展过渡阶段的补充财务清算工作,对上一次财务清算至今的资金资产等变化情况进

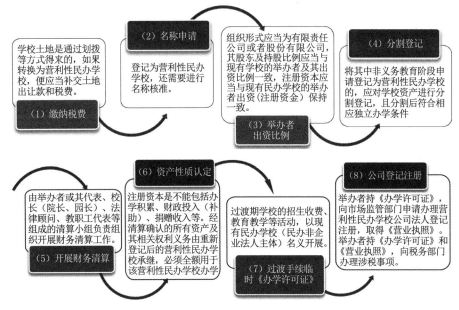

图 1-1　选择登记为营利性民办学校的主要程序

行确认,形成补充《财务清算审计报告》。申请正式《办学许可证》。举办者持营利性民办学校正式《办学许可证》,向市场监管部门申请变更登记,将经营范围变更为按照正式《办学许可证》核定的经营项目。变更土地权属登记,现有民办学校以划拨方式取得的土地,在选择登记为营利性民办学校后,应当到自然资源部门办理划拨土地转为有偿出让土地的变更手续。土地使用权不转移给营利性学校的,其原以行政划拨方式取得土地使用权由政府收回。举办者要求继续使用原有土地的,可通过租赁等有偿方式使用土地。

(三)党建工作

营利性民办学校应当切实加强党组织建设,强化党组织政治核心和政治引领作用,在事关学校办学方向、师生重大利益的重要决策中发挥指导、保障和监督作用。推进双向进入、交叉任职,党组织书记应当通过法定程序进入学校董事会和行政机构,党员校长、副校长等行政机构成员可按照党的有关规定进入党组织领导班子。监事会中应当有党组织领导班子成员。

(四)办理登记

根据地方政府出台相应的分类登记实施细则有关要求,到相应部门进行分类登记。

表 1-2 两种民办学校的登记

学校类型	资金来源	登记性质	登记机关	备注
营利性民办学校	非财政性资金	有限责任公司、股份有限公司	工商行政管理部门	县以上工商行政管理部门
非营利性民办学校	非财政性资金	民办非企业单位	民政部门	本科以上层级民办高校,由省级部门;专科以下层次,县级以上部门
	财政性资金	事业单位	事业单位登记管理机关	

(五)依法治理

民办学校经营者还应继续重视依法治校工作,推动学校健康快速发展。一要起草科学合理的学校章程。章程是学校的宪法,对学校的人、财、物等事项均有约束力。二要设计权责明晰的治理结构。在民办学校治理过程中,通过公司章程,董(理)事会、监事会、行政机构(校长)、党组织、教职工大会、工会六大机构各司其职,发挥作用。三要制定合法有效的管理制度。在理顺学校治理结构后,学校还应在人力资源、劳动人事、资产管理、财务管理等方面,建立合法有效的管理制度,从而让学校在日常治理的各个方面均有法可依,有章可循。从而避免各个环节中所存在的法律风险。

【法条链接】

《民办教育促进法》第 19 条、第 51 条,《民办教育促进法实施条例》第 5—24 条,国务院《关于鼓励社会力量兴办教育促进民办教育健康发展的若干意见》,教育部等五部门《关于印发〈民办学校分类登记实施细则〉的通知》,《营利性民办学校监督管理实施细则》,《关于营利性民办学校名称登记管理有关工作的通知》等。

【风险防范】

1 民办学校分类登记依法依规进行。

2 选择登记为营利性质未能对学校资产、债权、债务进行财务清算。剩余财产分配不合规。

3 如果民办学校设立后举办者出资并未实际履行,需就其尚未完成的出资予以补足。如果民办学校并未合法合规地履行申请免税的相应程序,在选择登记为营利性民办学校时,则存在不能依法享受减免优惠的税务风险,可能需要按照相关要求完成汇算清缴。清偿债务后,非营利性民办学校终止时,民办学校的财产依照法律规定进行清偿后有剩余的,根据出资者的申请,可给予出资者相应的补偿或者奖励,其剩余财产继续用于其他非营利性学校办学;营利性民办学校的剩余财产,依照公司法的有关规定处理。

4 举办者投入全部转移至新营利法人名下,主要用于教育教学活动、改善办学条件和保障教职工待遇。国有资产、财政拨款可按继续使用、出让、退还或参股办学等方式处置。社会捐赠根据捐赠协议处置或按照有关规定转赠给其他非营利学校。举办者在进行学校分类登记时,应当根据当地省市的相关规定,测算在终止办学时可能取得的补偿或奖励数额,尤其是选择登记为非营利性法人的,需充分考虑剩余财产分配的不确定性。

二、民办学校关联交易法律风险

【典型案例】

施某甲在担任江西省临川某国际学校董事长期间,未经学校董事会同意先后多次挪用学校资金共计 4 200 万元对外投资个人项目。其中:2008 年 3 月以来,施某甲多次挪用江西省临川某国际学校资金共计 2 250 万元(含路虎汽车一辆),与王某清、游某平等人合伙投资山西省盂县农村地质灾害治理搬迁工程项目;2009 年 12 月,施某甲挪用江西省临川某国际学校资金 950 万元与吴某发、薛某等人投资山西省浑源金岷矿业有限公司项目;2010 年 10 月,施某甲挪用江西省临川某国际学校资金 1 000 万元,与刘某忠投资晋北鲁能铝业宁武矿区项目。以上投资项目均未能收回投资款。①

【法律问题】

施某甲利用其关联关系损害民办学校的利益应承担什么责任?

【法理解读】

营利法人的控股出资人、实际控制人、董事、监事、高级管理人员不得利用其关联关系损害法人的利益;利用关联关系造成法人损失的,应当承担赔偿责任。民办学校的利益关联方是指民办学校的举办者、实际控制人、理事、董事、监事等以及与上述组织或者个人之间存在互相控制和影响关系、可能导致民办学校利益被转移的组织或者个人。

民办学校与利益关联方发生交易的,应当遵循公开、公平、公允的原则,不得损害国家利益、学校利益和师生权益。②民办学校应当建立利益关联方交易的信息披露制度。教育行政部门、人力资源社会保障部门应当加强对非营利性民办学校与利益关联方签订协议的监管,对涉及重大利益或者长期、反复执行的协议,应当对其必要性、合法性、合规性进行审查审计。理事会、董事会或者其他形式决策机构审议与利益关联方交易事项时,与该交易有利益关系的决策机构成员应当回避表决,也不得代理其他成员行使表决权。

---

① 参见江西省抚州市临川区人民法院(2019)赣 1002 刑初 24 号。

② 《公司法》(2023 年 12 月 29 日修订)第 182 条:"董事、监事、高级管理人员,直接或者间接与本公司订立合同或者进行交易,应当就与订立合同或者进行交易有关的事项向董事会或者股东会报告,并按照公司章程的规定经董事会或者股东会决议通过。董事、监事、高级管理人员的近亲属,董事、监事、高级管理人员或者其近亲属直接或者间接控制的企业,以及与董事、监事、高级管理人员有其他关系的关联人,与公司订立合同或者进行交易,适用前款规定。"

举办者通过向民办学校提供教育服务等关联交易的方式,取得学校的办学收益,是当下民办学校经营的普遍现象。为规范办学,法律对同一实际控制人举办的多所学校之间的独立性作了规定,基本要求是:(1)实施义务教育的民办学校不得进行关联交易;(2)实施义务教育以外的其他学校可以进行关联交易,关联交易应当遵循公开、公平、公允的原则,合理定价、规范决策,不得损害国家利益、学校利益和师生权益;(3)举办或者实际控制多所民办学校(集团化办学)中有非营利性民办学校时,不得变相从非营利性民办学校直接或者间接取得办学收益。

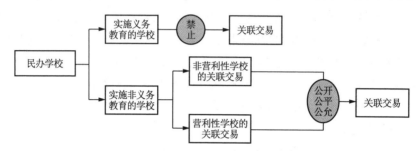

图 1-2 民办学校关联交易的法律要求

结合我国民办学校办学的实际情况,较为常见的关联交易有以下六类:(1)提供教育咨询或教学管理服务。通常情况是举办者直接或间接持股成立教育咨询公司,学校委托该公司全权负责学校日常教学管理工作,该公司则以收取管理费的方式从学校取得收益,有些管理费之高几乎等于学校的全部办学收益。(2)提供教育咨询外的其他服务或销售商品。举办者联合或单独成立物业管理公司、餐饮酒店公司、教学设备公司,民办学校向其购买各种商品和服务并支付费用。如学校的宿舍、食堂和物业等可以由此类关联方负责管理运营,又如学校的教学设备、教学仪器和办公用品等可以从此类关联方处采购。(3)资金借贷及担保。根据《民法典》的规定,非营利性学校的教育设施不得抵押。(4)租赁。关联方将登记其名下的土地、房屋以租赁方式提供给学校使用,然后由学校向关联方支付相应的资金,而租金往往都由关联方自行决定。(5)商标许可使用。关联方拥有某个教育领域的商标或品牌,授权民办学校使用,学校向其支付许可使用费。(6)关键管理人员薪酬。因为非营利民办学校的举办者不得取得办学收益,因此,在学校任职并获得高额薪酬成为某些举办者变相获得收益的途径,有的举办者还在学校治理的各个关键环节(如董事、财务负责人)安排与自己关系密切的家庭成员任职,由学校向其支付薪酬。

刑事法律风险需要防范骗取贷款罪。骗取贷款、票据承兑、金融票证罪,是指以欺骗手段取得银行或者其他金融机构贷款、票据承兑、信用证、保函等,给银行或者其他金融机构造成重大损失的,处三年以下有期徒刑或者拘役,并处或者单处罚金;给银行或者其他金融机构造成特别重大损失或者有其他特别严重情节的,处三年以上七年以下有期徒刑,并处罚金。单位犯前款罪的,对单位判处罚金,并对其直接负责的主管人员和其他直接责任人员,依照前款的规定处罚。[①]

被告人施某甲身为江西省临川某国际学校董事长及法定代表人,利用职务便利,挪用学校资金4 200万元用于个人投资,其行为触犯了《刑法》第272条之规定,犯罪事实清楚,证据确实、充分,应当以挪用资金罪追究其刑事责任。被告人施某甲犯挪用资金罪,判处有期徒刑六年;犯骗取贷款罪,判处有期徒刑四年零六个月,并处罚金人民币五十万元。继续追缴被告人施某甲挪用的4 200万元还给被害人江西省临川某国际学校。继续追缴被告人施某甲骗取的贷款6 995万发还给被害人中国建设银行抚州市分行公司。

【法条链接】

《民法典》第84条,《公司法》第180条、第182条,《民办教育促进法实施条例》第41—45条。

【风险防范】

1　民办学校与利益关联方发生交易合法合规。

2　(1)与实施义务教育的民办学校进行关联交易,或者与其他民办学校进行关联交易损害国家利益、学校利益和师生权益。(2)同时举办或者实际控制多所民办学校的,不得改变所举办或者实际控制的非营利性民办学校的性质,直接或者间接取得办学收益。(3)营利性民办学校的举办者操纵学校公章,擅自使用学校资金为其债务提供担保。(4)违反忠实义务,擅自与学校进行自我交易。(5)关联交易应当规范决策,如果学校存在"理事会、董事会或者其他形式决策机构未依法履行职责"的情形。(6)非营利性民办学校符合条件,可以享受免税资格,但如果通过关联交易或非关联交易和服务活动,变相转移、隐匿、分配学校财产,损害学校利益。

3　(1)针对关联方违法行为情节进行差异化处罚:责令限期改正;没收违法所得;不得新成立民办学校举办者或实际控制人,决策机构或者监督机构组成人员等三种。(2)将面临令限期整顿,或者1至5年内,甚至10年内不得举办新的民办学校的处罚。(3)属于滥用股东权利损害公司利益的情形,需承担民事赔偿责任。(4)交易收入应当归学校所有。(5)民办学校和学校的负责人、校长及直接责任人都可能承担法律责任。其中,对学校的处罚,包括责令限期改正并予以警告,退还所收费用后没收违法所得,以及责令停止招生、吊销办学许可证。对学校决策机构负责人、校长及直接责任人的处罚,包括警告和不得新成为民办学校决策机构负责人或者校长。(6)自该情形发生年度起取消其免税资格。

4　民办学校及举办者们需未雨绸缪,对现有关联交易进行梳理评估,重新审视关联交易的合理性,解决潜在的不合规问题;完善学校章程、关联交易合同文本及基本管理制度,建立健全合规、统一的关联交易决策交易机制;调整股权架构、优化交易模式,满足各相关政府部门的监管要求,最终实现风险预防。

---

① 2022年4月29日最高人民检察院、公安部联合发布修订后的《关于公安机关管辖的刑事案件立案追诉标准的规定(二)》第22条:"〔骗取贷款、票据承兑、金融票证案(刑法第一百七十五条之一)〕以欺骗手段取得银行或者其他金融机构贷款、票据承兑、信用证、保函等,给银行或者其他金融机构造成直接经济损失数额在50万元以上的,应予立案追诉。"

三、民办学校投资融资的法律风险

【典型案例】

2018 年 4 月 5 日,江苏省泗阳县人民检察院以涉嫌非法吸收公众存款罪对泗阳某中等专业学校及其法定代表人颜某侠依法提起公诉。经审查查明:2001 年以来,被告人颜某侠在担任泗阳某中等专业学校董事长、校长、法定代表人期间,以学校经营需要为由,许以高额利息,以泗阳某中等专业学校的名义向社会不特定对象吸收存款 2 亿余元,涉及存款人 700 余人,给存款人造成直接经济损失 1 亿余元。①

【法律问题】

本案中颜某侠承担什么法律责任?

【法理解读】

民办学校举办者的出资方式,与《公司法》规定的有限责任公司股东的出资方式基本一致。(1)办学出资形式。民办学校的举办者可以用资金、实物、土地使用权、知识产权、股权、债权等可以用货币估价并可以依法转让的非货币财产作价出资;但是,法律、行政法规规定不得作为出资的财产除外。②国家的资助、向学生收取的费用和民办学校的借款、接受的捐赠财产,不属于民办学校举办者的出资。(2)联合举办学校。国家机构以外的社会组织或者个人可以单独或者联合举办民办学校。联合举办民办学校的,应当签订联合办学协议,明确办学宗旨、培养目标以及各方的出资数额、方式和权利、义务等。(3)国资举办民办学校。举办者以国有资产参与举办民办学校的,应当根据国家有关国有资产监督管理的规定,聘请具有评估资格的中介机构依法进行评估,根据评估结果合理确定出资额,并报对该国有资产负有监管职责的机构备案。

---

① 载《扬子晚报》2019 年 4 月 17 日。

② 《公司法》(2023 年 12 月 29 日修订)第 252 条:"公司的发起人、股东虚假出资,未交付或者未按期交付作为出资的货币或者非货币财产的,由公司登记机关责令改正,可以处以 5 万元以上 20 万元以下的罚款;情节严重的,处以虚假出资或者未出资金额百分之五以上百分之十五以下的罚款;对直接负责的主管人员和其他直接责任人员处以 1 万元以上 10 万元以下的罚款。"

民办学校的举办者应当按时、足额履行出资义务。①股东未按期足额缴纳出资的，除应当向学校足额缴纳外，还应当对给学校造成的损失承担赔偿责任。②民办学校存续期间，举办者不得抽逃出资，③不得挪用办学经费。民办学校的举办者不得向学生、学生家长筹集资金举办民办学校，不得向社会公开募集资金举办民办学校。存续期间，民办学校对举办者投入学校的资产、国有资产、受赠的财产以及办学积累享有法人财产权，任何组织和个人不得侵占、挪用、抽逃。民办学校的举办者应当按时、足额履行对民办学校的出资义务；民办学校存续期间，举办者不得抽逃出资，不得挪用办学经费。非营利性民办学校应当从经审计的年度非限定性净资产增加额中，营利性民办学校应当从经审计的年度净收益中，按不低于年度非限定性净资产增加额或者净收益的10％的比例提取发展基金，用于学校的发展。

非营利性民办学校的举办者不得取得办学收益，学校的办学结余全部用于办学；营利性民办学校的举办者可以取得办学收益，学校的办学结余依照公司法等有关法律、行政法规的规定处理。尽管非营利性学校的举办者不得以办学结余的方式获取收益，但可通过县级以上地方人民政府设立的民办教育发展专项资金，申领用于奖励举办者的款项。在现行法律框架下，非营利性民办学校的举办者获取"收益"的方式，主要包括：（1）举办者通过在民办学校任董事或理事等职务获取合理薪酬；（2）通过举办民办学校获取配套商业地产开发机会，实现房地产开发项目的收益和增值。

营利性民办学校办学结余分配程序。（1）办学结余分配时间。营利性民办

---

① 《公司法》第47条："有限责任公司的注册资本为在公司登记机关登记的全体股东认缴的出资额。全体股东认缴的出资额由股东按照公司章程的规定自公司成立之日起五年内缴足。法律、行政法规以及国务院决定对有限责任公司注册资本实缴、注册资本最低限额、股东出资期限另有规定的，从其规定。"

② 《公司法》第50条："有限责任公司设立时，股东未按照公司章程规定实际缴纳出资，或者实际出资的非货币财产的实际价额显著低于所认缴的出资额的，设立时的其他股东与该股东在出资不足的范围内承担连带责任。"第51条："有限责任公司成立后，董事会应当对股东的出资情况进行核查，发现股东未按期足额缴纳公司章程规定的出资的，应当由公司向该股东发出书面催缴书，催缴出资。未及时履行前款规定的义务，给公司造成损失的，负有责任的董事应当承担赔偿责任。"

③ 《公司法》第53条："公司成立后，股东不得抽逃出资。违反前款规定的，股东应当返还抽逃的出资；给公司造成损失的，负有责任的董事、监事、高级管理人员应当与该股东承担连带赔偿责任。"第253条："公司的发起人、股东在公司成立后，抽逃其出资的，由公司登记机关责令改正，处以所抽逃出资金额百分之五以上百分之十五以下的罚款；对直接负责的主管人员和其他直接责任人员处以3万元以上30万元以下的罚款。"

学校收入应当全部纳入学校开设的银行结算账户,办学结余分配应当在年度财务结算后进行。(2)办学结余分配程序。营利性民办学校的办学结余分配,应当适用公司法的有关规定,由董(理)事会决策后,提交股东会(股东)表决。亦即,营利性民办学校决策机构董(理)事会仅能对办学结余的分配事项进行"前期表决",而不享有最终决策权,最终决策权仍归于股东或股东会。

刑事法律风险需要防范集资诈骗罪和非法吸收公众存款罪。集资诈骗罪,是指以非法占有为目的,违反有关金融法律、法规的规定,使用诈骗方法进行非法集资,扰乱国家正常金融秩序,侵犯公私财产所有权,且数额较大的行为。数额较大的,处五年以下有期徒刑或者拘役,并处二万元以上二十万元以下罚金;数额巨大或者有其他严重情节的,处五年以上十年以下有期徒刑,并处五万元以上五十万元以下罚金;数额特别巨大或者有其他特别严重情节的,处十年以上有期徒刑或者无期徒刑,并处五万元以上五十万元以下罚金或者没收财产。①非法吸收公众存款罪,是指非法吸收公众存款或者变相吸收公众存款,扰乱金融秩序的,处三年以下有期徒刑或者拘役,并处或者单处罚金;数额巨大或者有其他严重情节的,处三年以上十年以下有期徒刑,并处罚金;数额特别巨大或者有其他特别严重情节的,处十年以上有期徒刑,并处罚金。单位犯前款罪的,对单位判处罚金,并对其直接负责的主管人员和其他直接责任人员,依照前款的规定处罚。有前两款行为,在提起公诉前积极退赃退赔,减少损害结果发生的,可以从轻或者减轻处罚。

本案中颜某侠在担任学校法定代表人期间,违反国家规定,通过口口相传方式,以学校名义向社会不特定对象吸收存款,数额巨大,被告单位泗阳某学校的行为构成非法吸收公众存款罪,被告人颜某某作为学校主管人员,应当以非法吸收公众存款罪定罪处罚。

【法条链接】

《公司法》第27—28条、第47—53条、第93条、第252—253条,《民办教育促进法实施条例》第46条,《刑法》第176条、第192条等。

---

① 最高人民检察院、公安部《关于公安机关管辖的刑事案件立案追诉标准的规定(二)》第49条:追诉标准(数额较大)个人集资诈骗,数额在10万元以上的;单位集资诈骗,数额在50万元以上的。数额巨大或者有其他严重情节:个人进行集资诈骗数额在20万元以上;单位进行集资诈骗数额在150万元以上的。数额特别巨大或者有其他特别严重情节:个人进行集资诈骗数额在100万元以上的,属于"数额特别巨大";单位进行集资诈骗数额在500万元以上的。

【风险防范】

1. 出资前，投资者符合民办学校（公司）设立的规定，或者借助专业机构的帮助，对出资资产进行严格的审核，出资形式和融资手段合法。

2. （1）用劳务出资成立有限责任公司或以集体土地所有权出资。（2）出资实际价额显著低于其出资时的评估价额。（3）出资财产权利瑕疵。发起人、投资者违反法律的规定未交付货币、实物或未转移财产权，通过虚假手段取得验资机构验资证明，从而造成表面上已按投资协议（或公司章程）约定的出资数额出资，但实际上并未出资到位的情形。（4）不得使用诈骗方法进行非法集资，或者未经有权机关批准和向社会不特定对象吸收资金，且借款利率高于法定利率。

3. （1）学校的设立申请将不被受理和批准；出资协议无效；向其他债权人承担无限清偿责任或有限补充清偿责任。（2）导致评估结果不被有关机关认可，延误学校设立或者最终导致学校设立不能；出资人未依法全面履行出资义务，向其他出资人承担违约或者赔偿责任。清算时，所有未缴付的出资随之到期，出资人需要拿出大笔现款缴付出资。（3）向学校承担补充出资责任及赔偿责任；向学校债权人承担无限清偿责任或有限补充清偿责任；情节严重的，还可能受到刑事责任追究。（4）集资诈骗罪和非法吸收公众存款罪根据情节分三档进行量刑惩罚。单位犯非法吸收公众存款罪的，对单位判处罚金，并对其直接负责的主管人员和其他直接责任人员，依照前款的规定处罚。[①]

4. （1）现金出资要注意资金来源是否合法。外币出资的还要注意汇率折算；非货币出资要进行必要的审核和鉴定，办理非货币财产的转移和登记手续。（2）聘请有资质的机构进行评估；签署有效的作价认可协议。（3）确保出资真实。（4）随着民办教育放开，民间闲置资本逐步涌入民办教育领域。但学校不是具有吸储资格的金融机构。

四、法人财产权保护的法律风险

【典型案例】

某中学系 2005 年某市教育局批准设立的一所民办高级中学，由某医疗设备公司、某手套厂共同举办，是非营利性学历教育机构，属于社会公益性事业，办学内容为全日制高中教育。某中学成立后，陈某秋担任首任校长。2013 年 3 月，陈某秋去世。周某媛与陈某秋系夫妻关系，婚后生育了女儿陈某怡、儿子陈某

---

① 个人非法吸收或者变相吸收公众存款，数额在 20 万元以上的，单位非法吸收或者变相吸收公众存款，数额在 100 万元以上的；个人非法吸收或者变相吸收公众存款 30 户以上的，单位非法吸收或者变相吸收公众存款 150 户以上的；个人非法吸收或者变相吸收公众存款给存款人造成直接经济损失数额在 10 万元以上的，单位非法吸收或者变相吸收公众存款给存款人造成直接经济损失数额 50 万元以上的。具有下列情形之一的，属于《刑法》第 176 条规定的"数额巨大或者有其他严重情节"：个人非法吸收或者变相吸收公众存款，数额在 100 万元以上的，单位非法吸收或者变相吸收公众存款，数额在 500 万元以上的；个人非法吸收或者变相吸收公众存款对象 100 人以上的，单位非法吸收或者变相吸收公众存款对象 500 人以上的；个人非法吸收或者变相吸收公众存款，给存款人造成直接经济损失数额在 50 万元以上的，单位非法吸收或者变相吸收公众存款，给存款人造成直接经济损失数额在 250 万元以上的；造成特别恶劣社会影响或者其他特别严重后果的。

苗。陈某苗、陈某怡作出书面表示：其父亲陈某秋享有的本案权利，由周某媛全部行使并予以主张。周某媛向法院诉请该某中学出资份额三分之一及收益权利。[1]

【法律问题】

周某媛要求确认其对某中学享有资产份额和收益权的请求能否成立？

【法理解读】

举办者既承担筹措办学资金的义务，又行使维护法人财产权的权利。民办学校法人主体成立之后，举办者首先是保护法人财产不受他方损害，其次是不得侵占学校资产，严格规范关联交易。(1)民办学校享有法人财产权。民办学校对举办者投入民办学校的资产、国有资产、受赠的财产以及办学积累，享有法人财产权。民办学校存续期间，所有资产由民办学校依法管理和使用，任何组织和个人不得侵占。(2)落实法人财产权。切实落实民办学校法人财产权。依法建立民办学校财务、会计和资产管理制度。任何组织和个人不得侵占学校资产、抽逃资金或者挪用办学经费。非营利性民办学校不得用教育教学设施抵押贷款、进行担保。资产未过户到学校名下前，举办者对学校债务承担连带责任。(3)保护法人财产权。营利法人的出资人不得滥用出资人权利损害法人或者其他出资人的利益；滥用出资人权利造成法人或者其他出资人损失的，应当依法承担民事责任。

地方政府关于依法保障学校法人财产权的文件规定，民办学校依法取得土地使用权和校舍产权，土地使用权证、校舍产权证必须办理在学校名下。学校出资人将所拥有的土地、房屋过户到学校名下时，不得高于原值。未经原批准用地机关批准，不得改变土地教育用途，不得出租转让土地使用权。民办高校出资人要按照国家规定的办学标准，将与教育教学活动相关的资产经有关部门验资确认后过户到学校法人名下。资产过户实行账面原值过户，对资产过户所需缴纳的各项税费依法给予政策优惠。

营利性民办学校办学结余分配应当在年度财务结算后进行。民办学校法人财产权未完全落实，其举办者不得再举办或者参与举办营利性民办学校。

刑事法律风险需要防范虚报注册资本罪和虚假出资、抽逃出资罪。前者是指个人或者单位在申请公司登记的过程中，使用虚假证明文件或者采取其他欺诈手段，虚报注册资本，欺骗公司登记主管部门，取得公司登记，虚报注册资本数

---

[1] 江苏省无锡市中级人民法院(2019)苏 02 民终 5190 号。

额巨大、后果严重或者有其他严重情节的行为。后者是指公司发起人、股东违反公司法的规定未交付货币、实物或者未转移财产权,或者在公司成立后又抽逃出资,数额巨大、后果严重或者有其他严重情节的行为。

本案中,非营利性民办学校对投入学校的资产和积累享有独立的法人财产权,在民办学校存续期间,出资人不能收回出资,也不能像公司股东一样按份额分红。非营利性民办学校终止时,剩余财产也是继续用于其他非营利性学校办学,出资人对非营利性民办学校不享有类似于公司股东的财产权利,周某媛不享有资产份额和收益权,只享有依法管理和有条件获得补偿和奖励的权利。

【法条链接】

《民办教育促进法》第19条第2款、第36—37条、第59条第2款,《刑法》第159条,《民办高等学校办学管理若干规定》等。

【风险防范】

第二章 学校招生、考试、教学管理、证书颁发、实习就业的法律风险

第一节 学校招生管理中的法律风险

一、学生的法律地位、权利义务

【典型案例】

2018 年 9 月 27 日,被告新疆某大学以原告王某 2018 年 9 月 6 日在校园内寻衅滋事、首先动手打人,9 月 18 日在学生公寓楼内再次寻衅滋事、首先动手打人,入学以来多次对教师有侮辱、威胁行为等为由,根据《新疆某大学学生违纪处分规定》第 17 条第 1 款第 1 项、第 19 条第 10 款规定给予原告开除学籍处分。原告认为被告的该处分决定,程序不当、认定事实不清、证据不足、定性错误,处分不当,且违反《普通高等学校学生管理规定》等法律规定,违反被告《新疆某大学学生手册》之相关规定。为维护其合法权益,诉至法院要求撤销被告新疆某大学 2018 年 9 月 27 日作出的校发(2018)106 号《关于给王某开除学籍处分的决定》,并重新作出留校察看或更轻的处罚决定。[①]

【法律问题】

学生若对学校的处分不服,应如何维护自己的权益?

【法理解读】

（一）法律意义上的学生

学生是指在各级各类学校及其他教育机构中注册并由其记录学业档案的

[①] 新疆维吾尔自治区乌鲁木齐市水磨沟区人民法院(2020)新 0105 行初 52 号。

受教育者。受教育者的范围要大于学生。受教育者成为学生应符合以下三个条件:(1)学生接受教育的学校或其他教育机构是依法设立的;(2)学生是经学校录取注册并取得学籍的;(3)学生完成学业后可获得相应的学业证书。

(二)学生的权利

学生的权利一方面是作为公民(自然人)享有法律所赋予的广泛权利,另一方面是作为受教育者享有教育法律赋予的权利:(1)有参加教育教学计划安排的各种活动,使用教育教学设施、设备、图书资料的权利;(2)有按照国家有关规定获得奖学金、贷学金、助学金的权利;(3)有在学业成绩和品行上获得公正评价的权利,完成规定的学业后获得相应的学业证书、学位证书的权利;(4)对学校、教师侵犯其人身权、财产权等合法权益,提出申诉或者依法提起诉讼的权利;(5)法律、法规规定的其他权利。

高校学生所专有的权利:(1)结社与文体活动权,即在校内组织、参加学生团体及文娱体育等活动的权利;(2)社会实践权,即参加社会服务、勤工俭学的权利。义务教育阶段学生所专有的权利:(1)免试入学权;(2)就近入学权;(3)不交学费权。职业学校学生所专有的权利主要是申请发放培训证书权。

(三)学生的义务

学生的特定义务有:(1)遵守法律、法规的义务;(2)遵守学生行为规范,尊敬师长,养成良好的思想品德和行为习惯的义务;(3)努力学习,完成规定的学习任务的义务;(4)遵守所在学校或者其他教育机构的管理制度的义务。

高校学生的特定义务主要有:(1)在学业水平上要掌握较高的科学文化知识和专业技能;(2)应具有较高的思想道德水平,要努力学习马克思列宁主义、毛泽东思想、邓小平理论、"三个代表"重要思想、科学发展观、习近平新时代中国特色社会主义思想,拥有良好的理论素养和思想品德;(3)缴纳学费及有关费用的义务;(4)履行获得贷学金及助学金的义务。义务教育阶段学生的义务:(1)就近入学的义务;(2)完成义务教育的义务。

本案中原告作为被告新疆某大学在校学生,对于学校对其作出的开除学籍决定,有权向省级教育行政部门提出申诉。被告新疆某大学对原告作出开除学籍的处分决定未经校长办公会或者校长授权的专门会议研究决定,违反法定程序,依法应当予以撤销。

【法条链接】

《教育法》第43—44条。

【风险防范】

1　保护学生的权利，教育学生遵守义务。如：处理学生申诉应当尊重学生人格尊严，保护学生隐私，遵循合法公正、实事求是的原则。

2　侵犯学生的权利（以申诉权为例）：学生申诉既可以向学校提出，也可以向学校的上级教育行政部门提出。学生对学校、教师侵犯其人身权、财产权等合法权益，可提出申诉。

3　责令学校在一定期限内变更、撤销或者重新作出处理或者处分决定：认定事实错误或者适用依据错误的；认定基本事实不清、证据不足的；违反法定程序的；超越或者滥用职权的；处理或者处分决定明显不当的。

4　学校应该建立有效的申诉机制，以保护学生的申诉权。学校应该制定明确的申诉政策和程序，包括说明学生可以申诉的事项、申诉的流程和时间表，以及相关的申诉机构或委员会的设置。学校应该确保申诉者不会因为提出申诉而受到任何形式的报复或歧视，并且申诉者的个人信息和隐私应得到妥善保护。

二、学生受教育权的保护

【典型案例】

陈某秀参加了高考，成绩还不错，考了 546 分。但是陈某秀在万般期待中，就是没有等来她的高考录取通知书，失望之余，她决定外出打工。多少年来，陈某秀无法放下上大学的梦想，她想参加成人高考，借以弥补人生遗憾。一次偶然的机会，她在学信网上查询学籍信息，竟然发现自己已经"上过一次大学"。学信网显示：陈某秀，2004 年 9 月 1 日起，就读于山东理工大学国际经济与贸易专业；离校日期：2007 年 7 月 1 日。陈某秀急忙向山东理工大学求证，这才发现自己的学籍被同县考生陈某萍冒名顶替使用。事情曝光后，相关部门高度重视，迅速组成专案组，这起冒名顶替上大学的事件的真相也就水落石出了。原来是同班同学陈某萍冒名顶替，而操盘手是她的父亲陈某鹏。陈某鹏伙同妻弟张某请托相关部门公职人员冯某振、任某坤等，冒领了陈某秀的录取通知书，然后伪造档案，再进行户籍造假，一番操作之后，陈某萍终于顺利地进入大学读书，而陈某秀不幸成了"落第才子"。①

【法律问题】

本案中的涉案人员侵犯了陈某秀的什么权利？

【法理解读】

受教育权是包括未成年学生在内所有公民享有的基本权利。未成年人的受

---

① 《山东女生高考遭冒名顶替：被偷走的 16 年，还要得回来吗?》，载搜狐网。

教育权,是指未成年人依法享有的进入学校或其他教育机构以适合其身心发展的适当方式接受系统的学校教育或其他教育培训的权利。对于未成年学生来说,受教育权是其在学校各项权利中最重要、最基本的权利。对未成年学生受教育权的保护主要体现在对就学的平等权保护以及对未成年学生受教育权被侵犯的法律救济保护等方面。

就学的平等权首先体现在依法保障接受义务教育的未成年学生有平等的入学机会上。凡具有中华人民共和国国籍的适龄儿童、少年,不分性别、民族、种族、家庭财产状况、宗教信仰等,依法享有平等接受义务教育的权利,并履行接受义务教育的义务。学校应当尊重未成年学生受教育的权利,关心、爱护学生,对品行有缺点、学习有困难的学生,应当耐心教育、帮助,不得歧视,不得违反法律和国家规定开除未成年学生。学校应当对中途退学、逃学、旷课的未成年学生采取及时有效的措施,使他们重返校园接受教育,对学生进行耐心地教育与帮助,不得歧视、侮辱学生。

就学的平等权还体现在对弱势群体受教育权的保护上,具体包括:(1)未成年女生享有与男生同等的受教育权利;(2)为经济困难的未成年学生提供资助;(3)为残疾未成年学生接受教育提供帮助和便利;(4)为违法犯罪的未成年学生接受教育创造条件;(5)保障流动人口的未成年子女接受教育的权利。例如,父母或者其他法定监护人在非户籍所在地工作或者居住的适龄儿童、少年,在其父母或者其他法定监护人工作或者居住地接受义务教育的,当地人民政府应当为其提供平等接受义务教育的条件,从而保障流动人口的未成年子女享有平等的受教育权。

未成年学生受教育权受到侵犯,通常是通过行政渠道或司法渠道获得救济。

盗用、冒用他人身份,顶替他人取得入学资格的,由教育行政部门或者其他有关行政部门责令撤销入学资格,并责令停止参加相关国家教育考试二年以上五年以下;已经取得学位证书、学历证书或者其他学业证书的,由颁发机构撤销相关证书;已经成为公职人员的,依法给予开除处分;构成违反治安管理行为的,由公安机关依法给予治安管理处罚;构成犯罪的,依法追究刑事责任。与他人串通,允许他人冒用本人身份,顶替本人取得入学资格的,由教育行政部门或者其他有关行政部门责令停止参加相关国家教育考试一年以上三年以下;有违法所得的,没收违法所得;已经成为公职人员的,依法给予处分;构成违反治安管理行为的,由公安机关依法给予治安管理处罚;构成犯罪的,依法追究刑事责任。组织、指使盗用或者冒用他人身份,顶替他人取得的入学资格的,有违法所得的,没收违法所得;属于公职人员的,依法给予处分;构成违反治安管理行为的,由公安机关依法给予治安管理处罚;构成犯罪的,依法追究刑事责任。入学资格被顶替权利受到侵害的,可以请求恢复其入学资格。

本案中的涉案人员侵犯了陈某秀的受教育权。本案中部分涉案人员为了陈某萍能够顺利地冒名顶替陈某秀上学而伪造档案、伪造户籍。他们利用自己的职权伪造国家机关公文和他人身份证件,破坏了国家机关正常管理活动,损害了国家机关信誉,涉嫌伪造国家机关公文罪和伪造身份证件罪以及滥用职权罪。

【法条链接】

《宪法》第 46 条,《教育法》第 9 条、第 37 条、第 43 条、第 77 条,《义务教育法》第 4 条、第 12 条第 2 款、第 27 条,《未成年人保护法》第 5 条、第 28 条,《预防未成年人犯罪法》第 35 条、第 44 条、第 48 条。

【风险防范】

1 对一些可能会对学校秩序产生恶劣影响的有严重不良行为的义务教育阶段学生,也不能开除学籍,可以依照《预防未成年人犯罪法》的规定将其送至专门学校继续接受义务教育,由专门学校对其进行道德教育、文化教育、法治教育、心理健康教育、劳动教育和职业技术教育。中等职业学校对于有不良行为的学生,可以视其情节和态度给予开除学籍处分。高中阶段的学生,如其严重违反法律、法规、规章和学校管理制度,一般可以适用开除学籍的处分。

2 (1)违反规定乱收费用,拒绝接受交不起费用的学生就学。(2)擅自提出不合理的入学条件,以学生未满足这些条件为由拒绝其入学。(3)拒绝接受有正常学习能力的残疾孩子就近入学。(4)拒绝接受刑满释放、接受社区矫正、专门学校结业,但应继续接受义务教育的未成年学生复学。(5)对违纪义务教育阶段学生处以停课、停考试、勒令退学的处分。(6)违反国家规定开除或者变相开除学生。(7)对于那些未完成作业、未按时交纳学费或其他费用、轻微违反课堂纪律的学生,一些教师动辄不让其进教室上课,甚至直接将其赶出校门。

3 对于(1)—(5)项,县级人民政府教育行政部门或者乡镇人民政府未采取措施组织适龄儿童、少年入学或者防止辍学的,由上级人民政府或者其教育行政部门责令限期改正、通报批评;情节严重的,对直接负责的主管人员和其他直接责任人员依法给予行政处分。对第(6)项,未成年人及其父母或者监护人有权要求有关主管部门处理,或者向人民法院提起诉讼。第(7)项,滥用停课的惩戒权,明显构成了对学生受教育权的侵犯。

4 教师在行使教育惩戒权中,对于严重扰乱课堂秩序的学生在一般的批评教育无法奏效的情况下,为了保证课堂秩序,为了使其他学生的正常学习不被干扰,由学校责令违纪学生进行短暂的停课反思,并对其停课期间的在校活动作出安排,停课期间由专门的老师对学生进行看管,保证其安全。

三、招生宣传、程序和录取结果方面的法律风险

【典型案例】

2021 年 7 月,根据群众举报,福建省福州市高新区执法人员发现福州高宏教育咨询有限公司在其注册地址现场大厅、官网网站和微信公众号等渠道,发布

"成立时间2011年""每年培训3 000名中高考全日制学员""现已有三大校区：福州旗山校区、福州高新区万达校区、江西南昌校区""福州旗山校区建筑面积超过20 000平方""占地面积近20 亩""有近8 000平方的操场"等虚假宣传内容。①

【法律问题】

福州高宏教育咨询有限公司对其招生违法行为需要承担什么责任？

【法理解读】

(一) 招生广告中的虚假宣传

民办学校的招生简章或者广告，须经审批机关审核批准；经核准的招生简章或广告的内容不得擅自更改；招生简章或广告要明确民办教育机构的名称、办学类别、办学地点、考试类型、证书名称及收费标准等事宜，内容必须真实、准确、有效，不得含糊其词、弄虚作假，不得作不负责的许诺。民办学校应当按照招生简章或广告的承诺，开设相应课程，开展教育教学活动，保证教育教学质量。民办学校享有与同级同类公办学校同等的招生权，可以自主确定招生的范围、标准和方式；但是，招收接受高等学历教育的学生应当遵守国家有关规定。

招生广告中的虚假宣传是一种不正当竞争行为。有的民办学校对其学校情况、办学质量、师资配备等，作虚假或者引人误解的商业宣传，欺骗、误导学生家长，不正当抢夺了其他学校的招生机会，违反了诚实信用原则，扰乱了招生市场竞争秩序，属于典型的不正当竞争行为，应当予以禁止。学校经营者进行引人误解的商业宣传，由监督检查部门责令停止违法行为，处二十万元以上一百万元以下的罚款；情节严重的，处一百万元以上二百万元以下的罚款，可以吊销营业执照。经营者发布虚假广告的，依照《广告法》的规定处罚。

(二) 招收学生徇私舞弊罪

负有招收学生职责的国家机关工作人员在招收学生工作中故意徇私舞弊，情节严重的，处三年以下有期徒刑或者拘役。招收工作关系到招收对象的前途和命运，是一项政策性很强的工作，在招考工作中的徇私舞弊，严重破坏国家招收学生的招考制度，妨害国家对人才的选拔、培养，危害国家机关的管理活动。招收学生徇私舞弊罪在客观方面表现为利用职务之便或者不依法履行职责，在招收学生工作中徇私舞弊，情节严重的行为。所谓"徇私舞弊"，是指出于个人目的，将不符合招收条件的人员予以录用或录取。"情节严重"的立案标准：(1)徇私舞弊，利用职务便利，伪造、变造人事、户口档案、考试成绩或者其他影响招收

① 参见《教育部公布校外教育培训违规行为处理典型案例》，载中国新闻网。

工作的有关资料,或者明知是伪造、变造的上述材料而予以认可的;(2)徇私舞弊,利用职务便利,帮助5名以上考生作弊的;(3)徇私舞弊招收不合格的公务员、学生3人次以上的;(4)因徇私舞弊招收不合格的公务员、学生,导致被排挤的合格人员或者其近亲属自杀、自残造成重伤、死亡,或者精神失常的;(5)因徇私舞弊招收公务员、学生,导致该项招收工作重新进行的;(6)其他情节严重的情形。

案例中福州高宏教育咨询有限公司在招生广告中虚假宣传,执法机构可对该公司作出行政处罚,责令当事人停止违法行为并进行罚款。

【法条链接】

《教育法》第75—77条,《刑法》第418条,《反不正当竞争法》第8条。

【风险防范】

1 学校招生要依法依规进行。

2 (1)民办学校发布虚假招生资料,虚构教师资质、虚构执教履历、夸大培训效果、夸大机构实力、用户评价不真实。(2)学校或者其他教育机构违反国家有关规定招收学生。(3)在出具、审定考生的户口、政治思想品德考核、体检、三好学生、体育竞赛的获奖名次及其他证明材料中弄虚作假;纵容或伙同他人舞弊;涂改考生志愿、试卷、考试分数及其他有关材料;违反招生工作规定,给工作造成损失。(4)国家工作人员利用职权,徇私舞弊,受贿,妨碍招生工作,其他破坏招生工作的行为。(5)义务教育招生后分设重点班和非重点班。

3 (1)由审批机关或者其他有关部门责令限期改正,并予以警告;有违法所得的,退还所收费用后没收违法所得;情节严重的,责令停止招生、吊销办学许可证;构成犯罪的,依法追究刑事责任。发布虚假招生广告欺骗和误导学生,使其合法权益受到损害的,应承担民事责任。(2)由教育行政等主管部门责令退回招收的学生,退还所收费用;对学校、其他教育机构给予警告,可以处违法所得五倍以下罚款;情节严重的,责令停止相关招生资格1—3年,直至撤销招生资格、吊销办学许可证;对直接负责的主管、直接责任人员,依法给予处分;构成犯罪的,依法追究刑事责任。(3)撤销其招生工作职务,取消工作人员资格,或给予行政处分。(4)由教育行政等主管部门责令退回招收的人员;对直接负责的主管、直接责任人员,依法给予处分;构成犯罪的,依法追究刑事责任。(5)由县级人民政府教育行政部门责令限期改正;情节严重的,对直接负责的主管、直接责任人员依法给予处分。

4 招生简章需符合实际。注重核查招生简章中的收费标准、办学规模、办学条件等是否与实际相符,并按要求向教育主管部门备案。招生范围、招生人数需合规。民办学校应当严格按照相关规定确定自己的招生范围,并按照教育主管部门批准的招生规模招收学生。

（图：法律风险 1合规区 2风险区 3责任区 4防范对策）

四、学校收费方面的法律风险

【典型案例】

2021年3月,湖南省浏阳市教育局发现某教育培训学校存在"提供虚假合同、未向学生开具收费收据、制作虚假收据、部分学生一次性收费超过三个月、利用虚假价格引诱消费、未提供会计账簿、收入未纳入机构财务账户"等违法违规行为。浏阳市教育局对其作出警告的行政处罚,并作出处理:一是要求该校对收退费工作作出承诺;二是要求该校收取的学费转入资金监管账户接受监管。①

【法律问题】

学校收费方面有哪些法律风险?

【法理解读】

学校收费的法律依据。(1)教育法律法规:教育法、义务教育法、高等教育法等是学校收费的基本法律依据。(2)政府文件和规定:教育行政部门发布的文件和规定也是学校收费的重要依据。(3)地方性法规和规章对学校收费的范围、标准、程序等方面提出了具体要求。(4)合同:学校与学生或家长之间在合同中约定的收费标准。

义务教育阶段,不收学费、杂费。依据法律法规收取除学费、杂费以外的必要费用要公开收费项目,包括收费的具体名称和标准。非义务教育阶段的学校可以按照国家有关规定适当收取学杂费或其他费用。学校收入应当合法合规,各项收费应当严格执行国家规定的收费范围、收费项目和收费标准,不得擅自扩大收费范围、增加收费项目、提高收费标准。具体为:(1)合理收费:学校在收费过程中要确保收费项目的合理性,不能随意增加或变相增加费用。(2)收费项目明确:学校应当明确列出收费项目,并在公示栏或其他适当的方式上公布,包括收费项目、收费用途等。(3)收费标准合理:学校收费标准应当公正、合理。(4)收费程序规范:学校在收费过程中应当按照规定的程序进行操作,包括收费通知、收费时间、缴费方式等。

民办中小学校收费应该坚持以下三个原则:公益性原则、合法合规原则、自愿原则。相关服务由学校之外的机构或个人提供的,学校可代收代付相关费用。另外,学校自主经营的食堂向自愿就餐的学生收取伙食费,应坚持公益性原则,不得以营利为目的。学校不得违背学生及家长意愿,强制或变相强制收费或捆绑收费。

非营利性民办中小学校在执行收费规定时,应该注意以下几点:(1)国家对民办义务教育阶段学生实行的"两免一补"政策要优先适用,对民办义务教育阶段学生免除学杂费标准按照学校所在地生均公用经费基准定额执行。(2)非营利性民办中小学校的学费、住宿费,实行政府指导价。在不超过核定的学费、住宿费标准范围内,根据实际情况确定具体收费标准。(3)非营利性民办中小学校要做好教育培养成本核算。(4)非营利性民办中小学校收取学费、住宿费、服务

---

① 参见《教育部公布校外教育培训违规行为处理典型案例》,载中国新闻网。

性收费和代收费时,应严格按照国家和所在省市相关收费的文件执行。

营利性民办学校的收费标准,营利性民办高中的学费、住宿费,实行市场调节价。收费标准实行市场调节,由学校根据办学成本、市场需求等因素自主决定。营利性民办高中收取学费、住宿费、服务性收费和代收费时,应严格按照国家和所在省市相关收费的文件执行。

学校收费的法律风险主要有:义务制教育学校违反国家规定收取费用;向学生推销或者变相推销商品、服务等方式谋取利益;民办学校未使用经登记的对公账户收取学杂费;等等。

【法条链接】

《教育法》第78条,《义务教育法》第2条第3款、第25条、第56条,《民办教育促进法》第38条,《民办教育促进法实施条例》第63条,《中小学校财务制度》等。

【风险防范】

1. 学校作为教育机构,必须严格遵守相关法律法规和政策文件,确保收费活动的合法性和合规性。

2. (1)义务制教育学校违反国家规定收取费用。(2)向学生推销或者变相推销商品、服务等方式谋取利益。(3)民办学校应当使用经登记的对公账户收取学杂费,不可使用私人账户或学校的其他账户收取。

3. (1)学校违反国家规定收取费用的,由县级人民政府教育行政部门责令退还所收费用;对直接负责的主管和直接责任人员依法给予处分。(2)学校以向学生推销或者变相推销商品、服务等方式谋取利益的,由县级人民政府教育行政部门给予通报批评;有违法所得的,没收违法所得;对直接负责的主管和直接责任人员依法给予处分。

4. 义务教育、公办高中教育阶段的服务性收费和代收费标准,根据国家相关规定和收费项目的市场竞争程度实行不同管理方式。主要由市场决定价格的项目,可由学校据实收取;国家和省未有规定的项目,按规定标准执行;国家和省未有规定的,收费标准由市、县价格主管部门会同教育主管部门制定。民办高中的服务性收费和代收费标准由学校自主确定,据实收取。民办学校应按相关规定将学校的收费项目和收费标准进行公示或至教育主管部门、物价主管部门备案,并严格按照公示或经备案的收费项目和收费标准收费。

第二节　学校考试管理中的法律风险

一、考试试题保密的法律风险

【典型案例】

2022年11月30日,宿迁市宿城区人民检察院依法提起公诉的公安部挂牌督办的周某某、党某某等27人非法获取国家秘密、非法出售提供试题答案、组织考试作弊案一审公开宣判。经审理查明,2021年5月28日,被告人周某某利用国家二级建造师执业资格考试西安某民办高校考点负责人的身份,将《建设工程施工管理》《建设工程法规及相关知识》和《专业工程管理与实务(市政工程专业)》三门考试试题偷拍,并以45万元价格出售给被告人党某某,被告人党某某以60万元、12万元价格将试题、答案分别出售给被告人方某某、郭某某。被告人方某某组织被告人张某甲等10人将购买的试题做出答案并进行编辑,将试题答案层层销售给下线被告人张某乙、邢某某等10人;被告人李某某以18万价格购买试题后,层层销售给被告人印某某、邢某某等5人。该案涉及江苏、湖北等五省作弊考生一百二十余人,并造成考前试题、答案在网络扩散至二千余人,社会影响恶劣,严重侵犯社会秩序、侵犯考生合法权益。[①]

【法律问题】

本案当事人需要承担什么法律责任?

【法理解读】

高考、成人高考、硕士学位研究生入学考试、高等教育自学考试等国家教育考试的安全保密工作,贯彻"分级管理、逐级负责"的原则,教育部考试中心负责国家教育考试全国统一试卷(含答案及评分参考、听力磁带,以下简称试卷)的命题、清样制作环节的安全保密工作,并通过机要渠道发送至省级教育考试机构,国家保密局负责对此环节的监督检查;试卷印刷过程中的安全保密由省级教育考试机构和承担试卷印刷工作的国家统一考试试卷定点印刷单位共同负责,省级保密部门负责监督检查;试卷的运送、保管由省、地(市)、县(区)级教育考试机构分别负责,省、地(市)、县(区)级公安和保密部门协助配合,在当地政府的领导和支持下,共同做好试卷运送、保管的安全保密工作。

盗窃、损毁、传播在保密期限内的国家教育考试试题、答案及评分参考,涉嫌非法获取国家秘密罪。非法获取国家秘密罪,是指以窃取、刺探、收买方法,非法获取国家秘密的。该罪的主体是一般主体,可以是中国人,也可以是外国人或者无国籍人;可以是国家工作人员,也可以是普通公民。主观方面通常是直接故意,即行为人明知是国家秘密,却故意以窃取、刺探、收买方法非法获取。该罪侵犯的客体是国家保密制度。该罪的犯罪对象是国家秘密。该罪在客观方面表现为以窃取、刺探、收买方法,非法获取国家秘密的行为。

考试试题保密面临的刑事法律风险是要防范涉嫌故意泄露国家秘密罪和非法出售、提供试题答案罪。前罪,是指违反保密规定,造成国家教育考试的试题、

---

① 载"宿迁市检察院"微信公众号,2022年12月2日发布。

答案及评分参考(包括副题及其答案及评分参考)丢失、损毁、泄密,或者使考生答卷在保密期限内发生重大事故。国家机关工作人员违反保守国家秘密法的规定,故意或者过失泄露国家秘密。非国家机关工作人员犯该罪的,依照规定酌情处罚。后罪是指为实施考试作弊行为向他人非法出售或者提供法律规定的国家考试的试题、答案的情节严重行为。①出售、提供试题、答案的行为应在考试前或者考试过程中,考试结束后出售、提供试题、答案的不成立该罪。

本案中被告人党某某犯非法获取国家秘密罪,非法出售试题、答案罪,依法数罪并罚判处有期徒刑六年,并处罚金人民币三十一万元;被告人周某某犯非法获取国家秘密罪、非法出售试题罪,依法数罪并罚判处有期徒刑五年,并处罚金人民币三十万元;其余25名被告人分别被判处有期徒刑四年六个月至拘役六个月不等的刑罚,并处罚金二十四万元至六千元不等的罚金。同时,决定对被告人周某某、袁某某等人依法宣告职业禁止或者禁止令。

【法条链接】

《教育法》第77条、第79—81条,《高等教育法》第19条、第21条,《义务教育法》第35条,《学位条例》第5条,《刑法》第282条第1款、第284条之一;《国家教育考试违规处理办法》第16条,《国家教育考试考务安全保密工作规定》等。

【风险防范】

1　学校制定明确的考试试题保密政策和制度,包括规定谁有权访问、复制和传播考试试题,以及如何处理试题的存储和销毁等流程。

2　(1)涉嫌非法获取国家秘密罪。 (2)涉嫌故意泄露国家秘密罪。(3)涉嫌非法出售,提供试题答案罪。

3　(1) 由有关部门依法追究有关人员的责任;构成犯罪的,由司法机关依法追究刑事责任。处三年以下有期徒刑、拘役、管制或者剥夺政治权利;情节严重的,处三年以上七年以下有期徒刑。(2) 由有关部门视情节轻重,分别给予责任人和有关负责人行政处分;构成犯罪的,由司法机关依法追究刑事责任。情节严重的,处三年以下有期徒刑或者拘役;情节特别严重的,处三年以上七年以下有期徒刑。(3) 处三年以下有期徒刑或者拘役,并处或者单处罚金;情节严重的,处三年以上七年以下有期徒刑,并处罚金。

4　学校应该限制对考试试题的访问权限,只有特定的工作人员才能够接触到试题。加强物理安全措施,学校应该确保试题的存储地点安全可靠,例如使用安全的文件柜或数字存储系统,并且对存储区域进行监控和保护。对于数字化的试题,学校可以采用加密技术,确保试题在传输和存储过程中不会被未经授权的人获取。学校应该建立内部审查和监督机制,确保试题的制定、复制和分发过程符合规定,并且对可能的违规行为进行监控和审查。学校应该对相关工作人员进行培训,提高其对试题保密的意识,包括知识产权法律、密码责任和处罚等方面的知识。

---

① 具有下列情形之一的,应当认定为《刑法》第284条之一第3款规定的"情节严重":(1)非法出售或者提供普通高等学校招生考试、研究生招生考试、公务员录用考试的试题、答案的;(2)导致考试推迟、取消或者启用备用试题的;(3)考试工作人员非法出售或者提供试题、答案的;(4)多次非法出售或者提供试题、答案的;(5)向30人次以上非法出售或者提供试题、答案的;(6)违法所得30万元以上的;(7)其他情节严重的情形。

二、考生考试违纪、作弊、扰乱考试秩序的认定与处理

【典型案例】

小田是上海某大学基础医学院临床医学(八年制)专业的本科生。2021 年 1 月 11 日,他参加《病理生理学》考试。考试前他将手机放在笔袋中带进了考场。考试中,他怕被老师看到笔袋里有手机,就想从笔袋中把手机拿出来,放在试卷下面。在拿手机时被监考老师发现,并被老师批评。后经检查发现,手机里有 4 张拍摄于考试当天的病理生理学知识的照片,但网页浏览器内容与考试无关。小田在考试过程中多次使用手机进行作弊,有监控录像、监考老师陈述及本人陈述等证据予以证实。某大学基础医学院最初建议给予小田记过处分,这期间,小田只做过一次陈述,并表示其还作为医学院的实习生在医院见习,学校从来都没说过可能要开除他的事情,也没再找他谈话、了解情况。直到 2021 年 11 月 25 日,小田才被告知他被开除了学籍,且学信网上的学籍也已经被注销。某大学在对学生作出重大处分前,并未听取原告的陈述申辩,程序违法。小田表示,他认为给予记过处分更为恰当,请求法院判决撤销某大学作出的开除学籍处分。[①]

【法律问题】

本案原告因考试作弊被开除,法院会如何裁判?

【法理解读】

对考生违纪的认定:(1)携带规定以外的物品进入考场或者未放在指定位置的;(2)未在规定的座位参加考试的;(3)考试开始信号发出前答题或者考试结束信号发出后继续答题的;(4)在考试过程中旁窥、交头接耳、互打暗号或者手势的;(5)在考场或者教育考试机构禁止的范围内,喧哗、吸烟或者实施其他影响考场秩序的行为的;(6)未经考试工作人员同意在考试过程中擅自离开考场的;(7)将试卷、答卷(含答题卡、答题纸等,下同)、草稿纸等考试用纸带出考场的;(8)用规定以外的笔或者纸答题或者在试卷规定以外的地方书写姓名、考号或者以其他方式在答卷上标记信息的;(9)其他违反考场规则但尚未构成作弊的行为。[②]

---

① 载中国教育政策信息网,2023 年 6 月 30 日。
② 《国家教育考试违规处理办法》第 5 条。

对考试作弊的认定:(1)携带与考试内容相关的材料或者存储有与考试内容相关资料的电子设备参加考试的;(2)抄袭或者协助他人抄袭试题答案或者与考试内容相关的资料的;(3)抢夺、窃取他人试卷、答卷或者胁迫他人为自己抄袭提供方便的;(4)携带具有发送或者接收信息功能的设备的;(5)由他人冒名代替参加考试的;(6)故意销毁试卷、答卷或者考试材料的;(7)在答卷上填写与本人身份不符的姓名、考号等信息的;(8)传、接物品或者交换试卷、答卷、草稿纸的;(9)其他以不正当手段获得或者试图获得试题答案、考试成绩的行为。[①](10)通过伪造证件、证明、档案及其他材料获得考试资格、加分资格和考试成绩的;(11)评卷过程中被认定为答案雷同的;(12)考场纪律混乱、考试秩序失控,出现大面积考试作弊现象的;(13)考试工作人员协助实施作弊行为,事后查实的;(14)其他应认定为作弊的行为。[②]

对扰乱考试秩序的行为的认定。考生及其他人员应当自觉维护考试秩序,服从考试工作人员的管理,不得有下列扰乱考试秩序的行为:(1)故意扰乱考点、考场、评卷场所等考试工作场所秩序;(2)拒绝、妨碍考试工作人员履行管理职责;(3)威胁、侮辱、诽谤、诬陷或者以其他方式侵害考试工作人员、其他考生合法权益的行为;(4)故意损坏考场设施设备;(5)其他扰乱考试管理秩序的行为。[③]

相关刑事法律风险为需要防范代替考试罪。代替考试罪是代替他人或者让他人代替自己参加法律规定的国家考试的行为。"代替他人",是指冒名顶替应当参加考试的人去参加考试。"让他人代替自己",是指指使他人冒名顶替自己去参加自己应当参加的考试。此处所参加的考试必须是法律规定中所规定的相关国家考试。法律规定的国家考试有:(1)普通高等学校招生考试、研究生招生考试、高等教育自学考试、成人高等学校招生考试等国家教育考试;(2)中央和地方公务员录用考试;(3)国家统一法律职业资格考试、国家教师资格考试、注册会计师全国统一考试、会计专业技术资格考试、资产评估师资格考试、医师资格考试、执业药师职业资格考试、注册建筑师考试、建造师执业资格考试等专业技术资格考试;(4)其他依照法律由中央或者地方主管部门以及行业组织的国家考试。前款规定的考试涉及的特殊类型招生、特殊技能测试、面试等考试,属于"法律规定的国家考试"。

---

① 《国家教育考试违规处理办法》第 6 条。
② 《国家教育考试违规处理办法》第 7 条。
③ 《国家教育考试违规处理办法》第 8 条。

本案中,小田仅在考试当天作出书面陈述,某大学对小田作出开除学籍的处分决定前,并未告知小田拟作出开除学籍决定的事实、理由及听取小田的陈述申辩,不符合法律规定,属程序违法。法院作出了撤销某大学作出的校处字(2021)36号《关于给予田某(即小田)纪律处分的决定》的行政行为的判决。

【法条链接】

《教育法》第79—80条,《刑法》第284条,《关于办理组织考试作弊等刑事案件适用法律若干问题的解释》等。

【风险防范】

1. 制定严格的考试制度,确保考试的公平性和公正性,提高教育质量和学术声誉。

2. (1)非法获取考试试题或者答案的;携带或者使用考试作弊器材、资料的;抄袭他人答案的;让他人代替自己参加考试的;其他以不正当手段获得考试成绩的作弊行为。(2)组织作弊的;通过提供考试作弊器材等方式为作弊提供帮助或者便利的;代替他人参加考试的;在考试结束前泄露、传播考试试题或者答案的;其他扰乱考试秩序的行为。(3)代替他人或者让他人代替自己参加法律规定的国家考试的行为。

3. (1)由组织考试的教育考试机构工作人员在考试现场采取必要措施予以制止并终止其继续参加考试;组织考试的教育考试机构可以取消其相关考试资格或者考试成绩;情节严重的,由教育行政部门责令停止参加相关国家教育考试一年以上三年以下;构成违反治安管理行为的,由公安机关依法给予治安管理处罚;构成犯罪的,依法追究刑事责任。(2)有违法所得的,由公安机关没收违法所得,并处违法所得一倍以上五倍以下罚款;情节严重的,处五日以上十五日以下拘留;构成犯罪的,依法追究刑事责任;属于国家机关工作人员的,还应当依法给予处分。(3)代替考试者处拘役或者管制,并处或者单处罚金。

4. 加强对考试现场的监控和安保措施,确保考试环境安全有序,防止外部人员干扰。监考人员应该接受专业培训,了解各种作弊行为的特征,能够及时发现并处理作弊行为。可以利用监控摄像头、无线干扰设备检测器等技术手段,对考场进行实时监控和干扰检测。提倡诚信教育和正当竞争的观念,增强学生的诚信意识。学校应该建立匿名举报机制,鼓励学生和教职员工对违规行为进行举报,对举报者进行保护。学校应该对发现的作弊、违纪行为进行严肃处理。

三、考试工作人员违纪违法行为

【典型案例】

被告人董某婷、王某云、任某燕是2019年全国成人高考的考试工作人员,通过建立微信群教授学员作弊方法的方式,组织在其三人任职的枣庄某学校文化路分校报名培训参加2019年全国成人高考的学员进行考试作弊,于2019年10月26日下午全国成人高等学校招生统一考试数学科目考试期间,在事先建立的用于作弊的"2019高起专、高起本"微信群内接收进入考场参加考试的考生李某雪等人传送的数学考试题目照片,做出考题答案后向微信群内发送供群内考生抄袭作弊,以提高学员考试通过率获取提成盈利。被告人宋某丽等抄袭答案进行作弊,被告人李某雪在作弊过程中被监考人员抓获。①

【法律问题】

作为考试工作人员的被告人董某婷、王某云、任某燕需要承担什么法律责任?

【法理解读】

考试工作人员应当认真履行工作职责,在考试管理、组织及评卷等工作过程中的违纪行为有:(1)应回避考试工作却隐瞒不报的;(2)擅自变更考试时间、地点或者考试安排的;(3)提示或暗示考生答题的;(4)擅自将试题、答卷或者有关内容带出考场或者传递给他人的;(5)未认真履行职责,造成所负责考场出现秩序混乱、作弊严重或者视频录像资料损毁、视频系统不能正常工作的;(6)在评卷、统分中严重失职,造成明显的错评、漏评或者积分差错的;(7)在评卷中擅自更改评分细则或者不按评分细则进行评卷的;(8)因未认真履行职责,造成所负责考场出现雷同卷的;(9)擅自泄露评卷、统分等应予保密的情况的;(10)其他违反监考、评卷等管理规定的行为。②以上行为需要承担的责任有:停止其参加当年及下一年度的国家教育考试工作,并由教育考试机构或者建议其所在单位视情节轻重分别给予相应的行政处分。

考试工作人员参与作弊的违纪违法行为有:(1)为不具备参加国家教育考试条件的人员提供假证明、证件、档案,使其取得考试资格或者考试工作人员资格的;(2)因玩忽职守,致使考生未能如期参加考试的或者使考试工作遭受重大损失的;(3)利用监考或者从事考试工作之便,为考生作弊提供条件的;(4)伪造、变造考生档案(含电子档案)的;(5)在场外组织答卷、为考生提供答案的;(6)指使、纵容或者伙同他人作弊的;(7)偷换、涂改考生答卷、考试成绩或者考场原始记录材料的;(8)擅自更改或者编造、虚报考试数据、信息的;(9)利用考试工作便利,索贿、受贿、以权徇私的;(10)诬陷、打击报复考生的。③以上行为需要承担以下责任:停止其参加国家教育考试工作,由教育考试机构或者其所在单位视情节轻重分别给予相应的行政处分,并调离考试工作岗位;情节严重,构成犯罪的,由司法机关依法追究刑事责任。

---

① 山东省枣庄市薛城区人民法院(2020)鲁 0403 刑初 130 号。
② 《国家教育考试违规处理办法》第 13 条。
③ 《国家教育考试违规处理办法》第 14 条。

因教育考试机构管理混乱、考试工作人员玩忽职守,造成考点或者考场纪律混乱,作弊现象严重;或者同一考点同一时间的考试有五分之一以上考场存在雷同卷的,由教育行政部门取消该考点当年及下一年度承办国家教育考试的资格;高等教育自学考试考区内一个或者一个以上专业考试纪律混乱,作弊现象严重,由高等教育自学考试管理机构给予该考区警告或者停考该考区相应专业 1 至 3 年的处理。对出现大规模作弊情况的考场、考点的相关责任人、负责人及所属考区的负责人,有关部门应当分别给予相应的行政处分;情节严重,构成犯罪的,由司法机关依法追究刑事责任。①

有下列行为之一的,由教育考试机构建议行为人所在单位给予行政处分;违反《治安管理处罚法》的,由公安机关依法处理;构成犯罪的,由司法机关依法追究刑事责任:(1)指使、纵容、授意考试工作人员放松考试纪律,致使考场秩序混乱、作弊严重的;(2)代替考生或者由他人代替参加国家教育考试的;(3)组织或者参与团伙作弊的;(4)利用职权,包庇、掩盖作弊行为或者胁迫他人作弊的;(5)以打击、报复、诬陷、威胁等手段侵犯考试工作人员、考生人身权利的;(6)向考试工作人员行贿的;(7)故意损坏考试设施的;(8)扰乱、妨害考场、评卷点及有关考试工作场所秩序后果严重的。国家工作人员有前款行为的,教育考试机构应当建议有关纪检、监察部门,根据有关规定从重处理。②

相关刑事法律风险是要防范组织考试作弊罪。组织考试作弊罪是指在法律规定的国家考试中组织作弊以及为组织作弊提供作弊器材或者其他帮助的行为。"组织",是指组织、指挥、策划进行考试作弊的行为,既包括构成犯罪集团的情况,也包括比较松散的犯罪团伙,还可以是个人组织他人进行作弊的情况。

作为考试工作人员的被告人董某婷、任某燕、王某云在法律规定的国家考试中,组织作弊,其行为均构成组织考试作弊罪;被告人董某婷等三人犯组织考试作弊罪,判处有期徒刑一年、两年、八个月,宣告缓刑二年或一年,并处罚金人民币一万元。

【法条链接】

《国家教育考试违规处理办法》第13—16条。

---

① 《国家教育考试违规处理办法》第15条。
② 《国家教育考试违规处理办法》第16条。

【风险防范】

1　学校严格选拔考试工作人员，确保其品行端正、业务熟练，并对其进行专业培训，使其了解相关法律法规和职业道德。建立内部监督机制，对考试工作人员的行为进行监督和评估，确保其遵守职业操守和法律法规。

2　(1) 在法律规定的国家考试中组织作弊以及为组织作弊提供作弊器材或者其他帮助的行为。(2) 举办国家教育考试，教育行政部门、教育考试机构疏于管理，造成考场秩序混乱、作弊情况严重的。

3　(1) 组织作弊的，处三年以下有期徒刑或者拘役，并处或者单处罚金；情节严重的，处三年以上七年以下有期徒刑，并处罚金。为他人实施前款犯罪提供作弊器材或者其他帮助的，依照前款的规定处罚。(2) 对直接负责的主管人员和其他直接责任人员，依法给予处分；构成犯罪的，依法追究刑事责任。

4　学校应该制定明确的工作规范和行为准则，规范考试工作人员的行为，包括禁止接受礼金、利益，禁止泄露考试信息等。学校可以通过内部监察机构对考试工作人员的行为进行定期检查，发现问题及时处理。学校应该建立匿名举报渠道，鼓励学生、家长和其他教职员工对考试工作人员的违规行为进行举报。对于发现的违纪违法行为，学校应该依法严肃处理，包括停职、辞退甚至追究法律责任。

四、考试结果处理和学生处分

【典型案例】

2020 年 12 月 27 日下午，朱某泉在北京某大学参加 2021 年全国硕士研究生招生考试(考试科目为"马克思主义中国化")过程中，因携带规定以外的物品进入考场且未放在指定位置，北京某大学根据《教育法》第 79 条、第 80 条和《国家教育考试违规处理办法》第 5 至 10 条等相关规定，对朱某泉作出"取消该科目考试成绩"的决定。北京某大学当场向朱某泉送达《违规考生处理决定书》，朱某泉拒绝签收。朱某泉不服北京某大学作出的上述处理决定，于 2021 年 6 月 21 日向北京教育考试院申请复核。同年 7 月 2 日，北京教育考试院作出《不予受理复核决定书》(以下简称被诉决定)，认定朱某泉提出的复核申请已超过法定申请期限，决定不予受理。朱某泉不服，向市教委申请复议，市教委于 2021 年 7 月 13 日受理后，于同日向北京教育考试院直接送达《行政复议答复通知书》。同年 7 月 20 日，北京教育考试院向市教委提交《行政复议答复书》及相关证据材料。同年 8 月 27 日，市教委作出京教复字〔2021〕10 号《行政复议决定书》(以下简称被诉复议决定)，维持北京教育考试院作出的被诉决定，并于同年 8 月 30 日向朱某泉邮寄送达该被诉复议决定。朱某泉亦不服，向法院提起行政诉讼，请求法院判决撤销北京教育考试院作出的被诉决定，判令北京教育考试院对其申请重新进行处理；撤销市教委作出的被诉复议决定。①

【法律问题】

该案如何处理？

【法理解读】

(一) 违纪、作弊行为的认定和处理

考生考试违纪、作弊行为的认定程序。考试工作人员在考试过程中发现考生实施《国家教育考试违规处理办法》第 5 条、第 6 条所列考试违纪、作弊行为的：(1)应当及时予以纠正并如实记录；对考生用于作弊的材料、工具等，应予暂扣。考生违规记录作为认定考生违规事实的依据，应当由 2 名以上监考员或者考场巡视员、督考员签字确认。(2)考试工作人员应当向违纪考生告知违规记录的内容，对暂扣的考生物品应填写收据。②(3)教育考试机构发现《国家教育考试违规处理办法》第 7 条、第 8 条所列行为的，应当由 2 名以上工作人员进行事实调查，收集、保存相应的证据材料，并在调查事实和证据的基础上，对所涉及考生的违规行为进行认定。(4)考试工作人员通过视频发现考生有违纪、作弊行为的，应当立即通知在现场的考试工作人员，并应当将视频录像作为证据保存。教育考试机构可以通过视频录像回放，对所涉及考生违规行为进行认定。③

考生考试违纪、作弊行为的处理程序：(1)教育考试机构在对考试违规的个人或者单位做出处理决定前，应当复核违规事实和相关证据，告知被处理人或者单位作出处理决定的理由和依据；被处理人或者单位对所认定的违规事实认定存在异议的，应当给予其陈述和申辩的机会。给予考生停考处理的，经考生申请，省级教育考试机构应当举行听证，对作弊的事实、情节等进行审查、核实。④(2)作出处理决定并制作考试违规处理决定书，载明被处理人的姓名或者单位名称、处理事实根据和法律依据、处理决定的内容、救济途径以及作出处理决定的机构名称和作出处理决定的时间。(3)考试违规处理决定书应当及时送达被处理人。

考生对考试违纪、作弊行为的处理决定复核的程序：(1)对教育考试机构作出的违规处理决定不服的，可以在收到处理决定之日起 15 日内，向其上一级教育考试机构提出复核申请；对省级教育考试机构或者承办国家教育考试的机构

---

① 北京市第一中级人民法院(2022)京 01 行终 542 号。
② 《国家教育考试违规处理办法》第 18 条。
③ 《国家教育考试违规处理办法》第 19 条。
④ 《国家教育考试违规处理办法》第 25 条。

作出的处理决定不服的,也可以向省级教育行政部门或者授权承担国家教育考试的主管部门提出复核申请。(2)受理复核申请的教育考试机构、教育行政部门应对处理决定所认定的违规事实和适用的依据等进行审查,并在受理后 30 日内,按照下列规定作出复核决定:处理决定认定事实清楚、证据确凿,适用依据正确,程序合法,内容适当的,决定维持。处理决定有下列情况之一的,决定撤销或者变更:违规事实认定不清、证据不足的;适用依据错误的;违反本办法规定的处理程序的。作出决定的教育考试机构对因错误的处理决定给考生造成的损失,应当予以补救。申请人对复核决定或者处理决定不服的,可以依法申请行政复议或者提起行政诉讼。①

(二) 学生处分

学生处分是指学生因为自己在学校教育教学活动中的违反校规校纪的行为而承担的法律责任。对学生进行处分,不仅是公立学校依法享有的权利,也是民办学校依法享有的权利。

学校对学生的处分,应当做到程序正当、证据充分、依据明确、定性准确、处分适当。《普通高等学校学生管理规定》第 55 条关于学生处分的规定,虽然法定的适用范围是普通高校学生,但对于中小学校对学生实施处分同样具有参考价值和借鉴意义。学校应当建立、完善学生违纪处分制度,从实体和程序两个方面来保障处分的合法性、正当性,以实现处分所应达到的教育目的。

对学生进行处分时,不应当使学生的人格尊严、名誉当众受损或者受教育权受到不当剥夺。目前,各所学校对学生实施的纪律处分一般包括警告、严重警告、记过、留校察看和开除学籍。有的还包括公开批评、记大过、劝退和勒令退学等。其中,有两类处分学校尽量不要用:(1)在全校大会上对学生进行点名批评的处分。(2)可能使学校涉嫌剥夺学生受教育权的处分。学校对学生施行劝退、勒令退学、开除学籍的处分都涉嫌剥夺学生的受教育权。

对于作为处分依据的校规校纪,学校必须在学生违纪之前就予以公示,而且其内容不得违法。为此,学校平时应当做好校规校纪的教育工作,要专门组织学生进行学习,让学生牢记校规校纪。

对学生进行处分要做到公正,程序公开、透明,证据充足,依据明确,轻重恰当。学校对违纪学生进行处分的流程一般应当包括以下几个阶段:学校对学生的违纪行为进行调查、取证,作出拟处分的决定,并通知学生本人。学校听取学

---

① 《国家教育考试违规处理办法》第 26—29 条。

生的陈述、申辩(重大的处分决定,学生有权要求学校举行听证)。学校作出正式的处分决定书。学校将处分决定书送达学生及其家长,并告知学生有权提出申诉。学校对处分进行复查(在学生提出申诉的情况下)。学校经复查后作出维持或变更处分的决定,并告知学生有权向上级教育行政部门提出申诉。

　　本案中,北京教育考试院作出的被诉决定和市教委作出的被诉复议决定,认定事实清楚,程序合法,适用法律正确。朱某泉要求撤销被诉决定及被诉复议决定的诉讼请求,缺乏事实及法律依据,法院不予支持。

【法条链接】

《普通高等学校学生管理规定》第51条、第53—65条。

【风险防范】

1　学校依法依规行使对学生的处分权。

2　处分学生没有依法依规进行,证据不充分、依据不明确、定性不准确、处分不适当,处分导致学生的财产权、名誉权、受教育权等受到侵犯。处分的程序不符合法律法规的要求,导致处分的程序不正当。

3　小学的处分分为警告、严重警告和记过处分3种;职业高中的处分分为在此基础上增加留校察看、勒令退学、开除学籍共6种;中等职业学校和高等学校学生的纪律处分分为警告、严重警告、记过、留校察看、开除学籍等5种。对义务教育阶段的学生,学校不得对违纪学生给予开除学籍的处分。

4　学校对学生作出处分,应当出具处分决定书,包括:学生的基本信息,作出处分的事实和证据,处分的种类、依据、期限,申诉的途径和期限,其他必要内容。学校对学生的处分,应当做到证据充分、依据明确、定性准确、程序正当、处分适当。除开除学籍处分以外,给予学生处分一般应当设置6到12个月期限,到期按学校规定程序予以解除。

第三节　学校教学管理、学籍管理和证书颁发中的法律风险

一、教育目标和课堂管理

【典型案例】

　　2021年9月,某市某中学新上任的校长,提出三项举措:要求教师在高一完成高中三年所有科目的课程教学,以方便学生在高二高三阶段的时间全部用来进行复习;要求住校生每天早上5点在食堂进行"早早读",班主任及授课教师均需在场;要求每个班都要有一名具有美术功底且学习成绩优秀的学生去参加艺考,目标是被清华、北大的美术学院录取。并对提出不同意见的教师采取停课措

施。此举引起教师、学生和家长的极大不满。后市教育局就此事展开调查,约谈相关责任人,督促学校进行整改;县委对该校长(党委副书记)作出停职处理。①

【法律问题】

校长被停职的理由是什么?

【法理解读】

(一) 教育方针和教学目标

教育是社会主义现代化建设的基础,对提高人民综合素质、促进人的全面发展、增强中华民族创新创造活力、实现中华民族伟大复兴具有决定性意义,国家保障教育事业优先发展。教育的根本任务是立德树人。学校坚持立德树人,就是以德育为先,把社会主义核心价值体系融入思想道德教育、文化知识教育、社会实践教育各环节,融入国民教育全过程,引导学生形成正确的世界观、人生观、价值观。教育的目标宏观体现在国家教育方针上:教育必须为社会主义现代化建设服务、为人民服务,必须与生产劳动和社会实践相结合,全面贯彻德智体美劳全面发展的教育方针,培养学生应具备的能够适应终身发展和社会发展需要的必备品格和关键能力。中国学生发展核心素养以培养"全面发展的人"为核心,分为文化基础、自主发展、社会参与三个方面,综合表现为人文底蕴、科学精神、学会学习、健康生活、责任担当、实践创新等六大素养,具体细化为国家认同等 18 个基本要点。

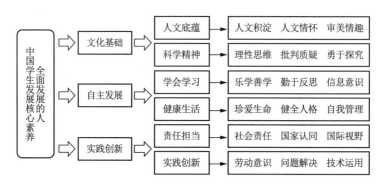

图 2-1 核心素养的基本要点

国家教育的总目标和核心素养导向最终通过课程标准落实在学校的教育教学中。学校及其他教育机构应当履行贯彻国家的教育方针,执行国家教育教学

---

① 载《中国教育报》2022 年 3 月 16 日第 5 版。

标准,保证教育教学质量的义务。

(二)体育、实验、劳动、实践等风险课程的课堂安全

学校组织学生参加体育、实验、劳动、实践等风险课程,应对学生进行相应的安全教育,并在可预见的范围内采取必要的安全措施。

《未成年人保护法》第 1 条明确"促进未成年人德智体美劳全面发展",中共中央办公厅、国务院办公厅《关于全面加强和改进新时代学校体育工作的意见》要求"开齐开足上好体育课"等。但与普通课堂的教学活动相比,体育、实验、劳动、实践等课堂活动的风险性往往更高,更容易发生学生伤害事故。而学校开展一切教学活动,都是为了促进学生的身心健康发展,在高风险课堂中更要高度重视学生的生命安全,要切实树立健康第一的指导思想。

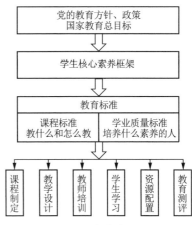

图 2-2 核心素养在国家教育系统中的地位①

对体育、实验、劳动、实践等风险课程,学校应充分履行有针对性的安全教育和采取适当的安全措施职责。以实验课为例,《中小学幼儿园安全管理办法》第 40 条规定,学校应针对不同课程实验课的特点与要求,对学生进行实验用品的防毒、防爆、防辐射、防污染等的安全防护教育。为更好防控实验室安全风险,学校也应:(1)建立实验室安全管理制度,并将安全管理制度和操作规程置于实验室显著位置,同时严格建立危险化学品、放射物质的购买、保管、使用、登记、注销等制度;(2)建立健全实验教学管理制度、实验准备制度、实验记录制度、设备维修保管制度、工作考核奖惩制度、安全防护制度及开放实验室等制度;(3)制定《学生实验守则》《实验室安全操作规程》等。

本案中该校长不仅违背了教育规律,也违反了法定义务,侵犯了学生的合法权益;贯彻党的教育方针,不仅需要宣传引导,也需要教育部门依法监管。该校长要求将高中三年的所有科目压缩到一年教完,将高中课程方案置于不顾,违背教育教学规律,也违反了法律规定。该校长要求住校生早上 5 点参加"早早读",无法保证学生有充足的睡眠以及文娱活动、体育锻炼的时间,学生的休息时间无

---

① 林崇德主编:《21 世纪学生发展核心素养研究》,北京师范大学出版社 2016 年版,第 34 页。

法保障,长此以往将影响学生的身心健康。

【法条链接】

《教育法》第5—8条,《义务教育法》第5条,《未成年人保护法》第33条,《关于深化教育体制机制改革的意见》,《关于规范幼儿园保育教育工作,防止和纠正"小学化"现象的通知》,《幼儿园工作规程》等。

【风险防范】

1 学校组织学生参加体育、实验、劳动、实践等风险课程,对学生进行相应的安全教育。

2 (1)结伙斗殴、寻衅滋事,扰乱学校及其他教育机构教育教学秩序。 (2)未能建立教学活动常规、未能保护课堂上学生的安全。

3 (1)尚不够刑事处分的,由公安机关处15日以下拘留,200元以下罚款或者警告;如情节严重,则构成聚众扰乱社会秩序罪,处3年以上7年以下有期徒刑、拘役、管制或剥夺政治权利。对聚众斗殴的首要分子和其他积极参加的,处3年以上10年以下有期徒刑。如果情节恶劣的,如斗殴人数多、规模大、影响恶劣,致人重伤或死亡的,则构成故意伤害罪,处10年以上有期徒刑、无期徒刑或者死刑。 (2)学校组织学生参加体育、实验、劳动、实践等风险课程,未对学生进行相应的安全教育,并未在可预见的范围内采取必要的安全措施,造成学生伤害事故的,学校应依法承担相应的责任。

4 (1)课前查考勤,发现学生缺勤要及时通知班主任;按时上课,中途不能随意离开课堂;管理课堂纪律,制止学生做出危险行为。如果教师对学生做出的危险行为"视而不见",未及时、有效地予以制止,一旦发生安全事故,学校则必须对损害后果承担相应的民事责任。 (2)发现学生身体不适,应当进行紧急处理。 (3)不得提前让学生下课。 (4)在体育课、实验课的教学活动中,任课教师应当对学生开展安全教育,在课上要通过教师演示和示范向学生讲清动作要领和操作规则,让学生掌握正确的运动技能和操作方法,并严格按照课程标准的要求进行教学,防止课堂安全事故的发生。

二、教育教学内容的合规性审查和知识产权保护

【典型案例】

黄老师是一名中学数学教师。每学期末,黄老师都按学校的要求将自己撰写的教案交给学校教务处检查。某日,逛书店时,黄老师发现本校教务处主任刘某出版了一本初二数学教案集,而此书几乎完全照搬自己上交给学校检查的教案。对这一明目张胆的剽窃行为,黄老师感到非常气愤。他找到刘某,要求对方给个说法。刘某则声称,教案没什么知识含量,只要是教师都能写,更没有什么著作权。况且黄某是应学校的要求才撰写教案的,即使教案有著作权,著作权也属于学校。随后,黄老师一纸诉状将刘某和出版该教案集的出版社一并告上了法庭,要求两被告承担停止侵害、消除影响、赔礼道歉、赔偿损失的民事责任。

【法律问题】

黄老师对自己撰写的教案是否享有著作权?

【法理解读】

(一)法律对教育内容的规定,是教学计划、教学大纲和教科书的依据

教育应当坚持立德树人,对受教育者加强社会主义核心价值观教育,增强受教育者的社会责任感、创新精神和实践能力。国家在受教育者中进行爱国主义、集体主义、中国特色社会主义的教育,进行理想、道德、纪律、法治、国防和民族团结的教育。①教育应当继承和弘扬中华优秀传统文化、革命文化、社会主义先进文化,吸收人类文明发展的一切优秀成果。教育活动必须符合国家和社会公共利益。国家实行教育与宗教相分离。任何组织和个人不得利用宗教进行妨碍国家教育制度的活动。

学校应当根据未成年学生身心发展特点,对学生进行社会生活指导、心理健康辅导、青春期教育和生命教育。学校应当组织未成年学生参加与其年龄相适应的日常生活劳动、生产劳动和服务性劳动,帮助未成年学生掌握必要的劳动知识和技能,养成良好的劳动习惯。学校、幼儿园应当开展勤俭节约、反对浪费、珍惜粮食、文明饮食等宣传教育活动,帮助未成年人树立浪费可耻、节约为荣的意识,养成文明健康、绿色环保的生活习惯。

(二)学校教学内容的规范

我国各级各类学校的教学内容,从整体上来说是由国家规定的,具体体现在学校的教学计划、教学大纲和教科书里,表现为规定的教学科目和这些学科所包含的系统知识、技能、技巧。因此关于教学内容管理的规范便主要表现在教学计划(课程方案)和教学大纲(课程标准)的规范上。

关于教学计划的规范更能突出地表现教学内容。教学计划是根据党和国家的教育方针、目的和不同类型学校的培养目标,由政府的教育主管部门统一制定和颁发的关于学校教育、教学工作具体安排的指导性文件。它是编写各科教学大纲和教科书的主要依据。现行关于教学内容管理的法规主要有:2022年3月25日教育部印发《义务教育课程方案和课程标准(2022年版)》(教材〔2022〕2

---

① 《爱国主义教育法》(2024年1月1日施行)第6条规定了爱国主义教育的主要内容,涵盖思想政治、历史文化、国家象征标志、祖国壮美河山和历史文化遗产、宪法和法律、国家统一和民族团结、国家安全和国防、英烈和模范人物事迹等方面。各级各类学校和其他教育机构应当按照国家规定建立爱国主义教育相关课程联动机制,针对各年龄段学生特点,确定爱国主义教育的重点内容,采取丰富适宜的教学方式,增强爱国主义教育的针对性、系统性和亲和力、感染力。

号);2023年5月9日教育部办公厅关于印发《基础教育课程教学改革深化行动方案》(教材厅函〔2023〕3号);2020年5月11日教育部发布的《普通高中课程方案和语文等学科课程标准(2017年版2020年修订)》(教材〔2020〕3号)等。

教学计划一般从以下几个方面的内容规定教学的内容:(1)规定教学科目。即根据教育目的和各级各类学校的具体任务,确定学校应开设的各门学科。(2)规定学科开设的顺序。即根据学制规定的年限、各门学科之间的相互联系及内容,确定各门学科开设的顺序。(3)规定各门学科的教学时数。即根据教学内容、学科编制和教师、学生的情况而确定的各门学科的教学时数,包括各门学科授课的总时数、各个年级的周学时。(4)规定学年的编制。包括学年阶段的划分,每学年、每学期的教学总时数,学生参加生产劳动、课外活动以及节假日的时数安排等。

学校对教学内容进行管理必须遵循以教学计划和教学大纲为依据的原则。

(三)学校知识产权保护

1. 校本教材的著作权

教师为完成学校工作任务而编写的校本教材是职务作品,该职务作品的著作权归属应视情况而定。教师为完成学校工作任务所编写的校本教材的著作权由该教师所享有,但对于主要是利用学校的物质技术条件创作,并由学校承担责任的工程设计图、产品设计图、地图、计算机软件等职务作品,或者法律、行政法规规定或合同约定著作权由学校享有的职务作品,该教师享有署名权,但著作权的其他权利由学校享有,学校可以给予该教师奖励。教师受学校委托而编写的校本教材是委托作品,该委托作品的著作权归属应视情况而定。教师受学校委托而编写的校本教材,著作权的归属由学校和该教师通过合同约定,合同未作明确约定或者没有订立合同的,著作权属于该教师。

2. 教师的教案、试题的著作权

设计、撰写教案是教师的一种创造性劳动。试题,其制作和设计是专业性很强的工作,在考查目的、材料取舍、考点分布、题型设计、评分标准等方面都体现命题者的创造性劳动。同时,教案和试题还具备能以某种有形形式复制等受著作权保护作品的特征。教师设计、撰写教案和制作、设计试题未违反法律规定的,均属于《著作权法》保护的作品的范畴。

(四)违反爱国主义教育法的法律责任

任何公民和组织都应当弘扬爱国主义精神,自觉维护国家安全、荣誉和利益,不得有下列行为:(1)侮辱国旗、国歌、国徽或者其他有损国旗、国歌、国徽尊严的行为;(2)歪曲、丑化、亵渎、否定英雄烈士事迹和精神;(3)宣扬、美化、否认侵略战争、侵略行为和屠杀惨案；(4)侵占、破坏、污损爱国主义教育设施；(5)法律、行政法规禁止的其他行为。

教育、文化和旅游、退役军人事务、新闻出版、广播电视、电影、网信、文物等部门应当按照法定职责，对违法行为及时予以制止，造成不良社会影响的，应当责令及时消除影响，并依照有关法律、行政法规的规定予以处罚。构成违反治安管理行为的，依法给予治安管理处罚；构成犯罪的，依法追究刑事责任。负有爱国主义教育职责的部门、单位不依法履行爱国主义教育职责的，对负有责任的领导人员和直接责任人员，依法给予处分。①

案例中，黄老师对自己的教案享有著作权。法院认定两被告侵犯原告著作权的事实成立，依法判决两被告立即停止出版、发行涉案侵权图书，赔偿原告经济损失 2.5 万元，并在省级报纸上公开向原告赔礼道歉。

【法条链接】

《教育法》第 6—8 条，《义务教育法》第 39 条、第 57 条，《未成年人保护法》第 30 条，《著作权法》第 15—17 条、第 53 条，《刑法》第 217 条，《未成年人学校保护规定》第 15 条等。

【风险防范】

1. 学校以发布、汇编、出版等方式使用师学作品的，应当取得教师、学生及其家长许可，并依法保护师生的著作权。

2. (1)选用未经审定的教科书的法律责任。(2)故意侵害他人知识产权，侵犯著作权的犯罪行为。

3. (1)国家实行教科书审定制度。教科书的审定办法由国务院教育行政部门规定。未经审定的教科书，不得出版、选用。学校有选用未经审定的教科书情形的，由县级人民政府教育行政部门责令限期改正；情节严重的，对直接负责的主管人员和其他直接责任人员依法给予处分。(2)故意侵害他人知识产权，情节严重的，被侵权人有权请求相应的惩罚性赔偿。严重的涉嫌侵犯著作权罪。以营利为目的，有下列侵犯著作权情形之一，违法所得数额较大或者有其他严重情节的，处三年以下有期徒刑或者拘役，并处或者单处罚金；违法所得数额巨大或者有其他特别严重情节的，处三年以上七年以下有期徒刑，并处罚金。②

4. (1)学校选用经审定的教科书。(2)对于职务作品和委托作品，学校应当与教师就其著作权的归属、使用方式等通过合同作出明确的约定。为避免纠纷引发所带来的损失，学校应当争取约定著作权归于己方。使用教师享有著作权的作品，应当同该教师订立许可使用合同。

---

① 《爱国主义教育法》第 37—39 条。
② 侵犯著作权罪的立案标准：(1)违法所得数额 3 万元以上的；(2)非法经营数额 5 万元以上的；(3)未经著作权人许可，复制发行其文字作品、音乐、电影、电视、录像作品、计算机软件及其他作品，复制品数量合计 500 张(份)以上的；(4)未经录音录像制作者许可，复制发行其制作的录音录像制品，复制品数量合计 500 张(份)以上的；(5)其他情节严重的情形。

三、学生学籍管理

【典型案例】

高某佑于 2017 年 9 月 1 日入学某学院旅游与艺术学院影视多媒体技术专业。2017 年 12 月 1 日,某学院作出《关于给予高某佑同学预警的决定》,决定给予高某佑旷课预警。2018 年 10 月 24 日,某学院作出《决定》,给予部分学生学业警示、留级、留级试读和退学处理,其中包含对高某佑作出的退学处理决定。同年 10 月 25 日,某学院作出《学业审核处理通知书》,告知高某佑对其予以退学处理的决定,并告知其在接到此通知书之日起 3 个工作日内向学校提出陈述、申辩意见。同年 10 月 30 日,高某佑向某学院提交《申诉书》及相关申诉材料。2019 年 1 月 9 日,某学院作出《学生校内申诉处理决定书》,维持原处理决定。后高某佑向北京市教育委员会(以下简称市教委)提出申诉,同年 1 月 25 日市教委向某学院作出《学生申诉提出答复通知书》,后某学院向市教委作出《关于对高某佑申诉的答复(教务处)》。后高某佑不服某学院对其作出的退学处理决定诉至法院。①

【法律问题】

本案中某学院作出的退学处理决定合法吗?

【法理解读】

(一) 学籍

学籍是学生作为某所学校学生的身份证明文件,学籍档案是记录学生就学和成长过程的重要载体。学生学籍号是学籍信息的核心要素,全国中小学生学籍管理系统(以下简称全国学籍系统)学籍号以学生居民身份证号为基础生成,一人一号,终身不变,一般情况下学生的正式学籍号以 G+身份证号为主。无身份证号注册、港澳台、外籍学生注册后生成的学籍号为 L 开头。也有少数学生的学籍号为 J 开头。以上三种情况都不影响学生的在校生身份。学籍是参加中考、高考报名的重要审核依据,也将作为免费教科书发放、学生资助资金结算、学生营养膳食资金补助结算等工作的主要依据。

一般来说,幼儿初次入园办理注册手续后,幼儿园将为其新建幼儿档案,并在全国学前教育管理信息系统为幼儿申请学前学籍。小学新生按时到校报到,

---

① 参见北京市通州区人民法院(2019)京 0112 行初 351 号。

办理入学手续后,学校按照学籍管理要求采集学生相关信息,并建立学籍档案,通过全国学籍系统申请学籍号。有学前学籍的,从学前学籍系统完成电子学籍档案接续,没有学前学籍的,学校重新录入学生信息申请学籍号。初中一年级新生按时到校报到,办理入学手续后,学校从学籍系统内完成学生电子学籍档案从小学到初中的升级和接续。

义务教育阶段的学籍管理使用的是全国中小学生学籍信息管理系统,是由教育部开发可以全国联网办理的学籍管理平台,可办理跨省转学等业务。

(二)高等学校开除学籍处分的情形和程序

高等学校可以针对下列行为给予开除学籍处分:(1)违反宪法,反对四项基本原则、破坏安定团结、扰乱社会秩序的;(2)触犯国家法律,构成刑事犯罪的;(3)受到治安管理处罚,情节严重、性质恶劣的;(4)代替他人或者让他人代替自己参加考试、组织作弊、使用通信设备或其他器材作弊、向他人出售考试试题或答案牟取利益,以及其他严重作弊或扰乱考试秩序行为的;(5)学位论文、公开发表的研究成果存在抄袭、篡改、伪造等学术不端行为,情节严重的,或者代写论文、买卖论文的;(6)违反本规定和学校规定,严重影响学校教育教学秩序、生活秩序以及公共场所管理秩序的;(7)侵害其他个人、组织合法权益,造成严重后果的;(8)屡次违反学校规定受到纪律处分,经教育不改的。

在对学生作出开除学籍处分或者其他不利决定之前,学校应当告知学生作出决定的事实、理由及依据,并告知学生享有陈述和申辩的权利,听取学生的陈述和申辩。处理、处分决定以及处分告知书等,应当直接送达学生本人,学生拒绝签收的,可以以留置方式送达;已离校的,可以采取邮寄方式送达;难于联系的,可以利用学校网站、新闻媒体等以公告方式送达。对学生作出取消入学资格、取消学籍、退学、开除学籍或者其他涉及学生重大利益的处理或者处分决定的,应当提交校长办公会或者校长授权的专门会议研究决定,并应当事先进行合法性审查。学生对学校的处理或者处分决定有异议的,可以在接到学校处理或者处分决定书之日起 10 日内,向学校学生申诉处理委员会提出书面申诉。学生申诉处理委员会对学生提出的申诉进行复查,并在接到书面申诉之日起 15 日内作出复查结论并告知申诉人。情况复杂不能在规定限期内作出结论的,经学校负责人批准,可延长 15 日。

本案中,学院作出的退学处理决定不合法。第一,某学院处罚前没有给予高某佑陈述、申辩的权利。第二,某学院在作出处罚决定之后又给予陈述、申辩的权利,将处罚决定赋予生效日期,与现有法律规定相违背。第三,处罚决定并未告知高某佑救济途径,而是通过《学业审核处理通知书》这一过程性行政行为向高某佑告知相关救济权利,告知程序明显不当。

【法条链接】

《义务教育法》第27条、第57条,《普通高等学校学生管理规定》第52条、第55—56条,《关于高中建立学生档案的暂行规定》,《职业高级中学学生学籍管理暂行规定》,《普通中等专业学校学生学籍管理规定》,《普通中等专业学校学生学籍管理规定》《普通高等学校学生管理规定》第8—38条等。

【风险防范】

1 学校对学生的开除学籍的处分,应当做到程序正当、证据充足、依据明确、定性准确、处分恰当。

2 (1)对小学生、初中生不得实行勒令退学或开除学籍处分,对有严重不良行为而影响正常教育教学秩序或对师生构成威胁的学生,可以根据情节以送工读学校、治安管理处罚、追究刑事责任等方式进行教育惩戒和挽救。(2)高中、职业高中、中专技校对18周岁以上的学生可以实行勒令退学或开除学籍处分。不能对于未满18周岁的学生,实行勒令退学或开除学籍处分,但可以根据情节以送工读学校、治安管理处罚、追究刑事责任等方式进行教育惩戒和挽救。

3 (1)学校有违反本法规定开除学生情形的,由县级人民政府教育行政部门责令限期改正;情节严重的,对直接负责的主管人员和其他直接责任人员依法给予处分。(2)职业高中、普通中专、技工学校勒令学生退学时应当以职业高级中学、中等专业学校、技工学校《学生学籍管理暂行规定》规定的情形为依据。普通中专给以学生勒令退学或开除学籍的处分应当以《学生学籍管理暂行规定》的六种情形为依据,开除学籍的条件还应当是该学生犯有错误且情节严重、后果严重或损失、危害严重。(3)高等学校令学生退学时应当以《普通高等学校学生管理规定》的情形为依据。其中依据第三种至第六种情形给以学生开除学籍的条件还应当是性质恶劣、行为严重、情节严重或后果严重。

4 (1)对未成年人送工读学校进行矫治和接受教育,应当由其父母或者其他监护人,或者原所在学校提出申请,经教育行政部门批准。对于被采取刑事强制措施的未成年学生,在人民法院的判决生效以前,不得取消其学籍。(2)而如何认定错误的"严重",学校应当在招生简章、规章制度中予以明确并予以公布。(3)高等学校如何认定"性质恶劣"、"行为严重"、"情节严重"或"后果严重",需要学校在招生简章、规章制度中予以明确并予以公布,避免学生以其所犯错误情节不严重、后果不严重、性质不恶劣为由对其所受处分提出申诉或提起诉讼。

四、奖学金和学位证书颁发

【典型案例】

2010年9月,刘某勇考入辽宁某大学,开始攻读应用心理学博士学位。2018年12月10日,刘某勇在通过毕业论文答辩后向辽宁某大学提交《辽宁某大学申请博士学位资格审核表》《辽宁某大学授予博士学位审批表》,其上均列明刘某勇在攻读博士学位期间发表的3篇论文情况。根据落款时间为同日的《辽宁某大学授予博士学位审批表》记载,答辩委员会的审批意见为"答辩委员会由5人组成,经无记名投票,有5人同意建议授予博士学位。同意票数超过总数的三分之二,建议授予博士学位"。学位评定分委员会的审批意见为"同意提交校学位评定委员会审核"。学位评定委员会的审批意见栏则没有签署任何意见。根据落款时间为2018年12月18日的《辽宁某大学申请博士学位资格审核表》记载,"院(所)对博士生在学期间已发表论文及获奖情况的审核意见"为"情况属实","研究生院审核意见"为"科研成果未达到规定要求"。2018年12月20日,辽宁某大学学位评定委员会作出《关于2018年(下半年)授予(不授予)各类研究生博士、硕士学位的决定》,刘某勇位于不授予博士学位学历教育研究生名单之列。刘某勇不服,向辽宁某大学提交《辽宁某大学学生申诉申请表》。2019年1月18日,辽宁某大学研究生院作出《关于对刘某勇同学"学生申诉申请"的回复函》。其中载明:"在接到申诉材料后,学校经过再次研究,考虑到你已经修完教学计划,成绩合格并通过答辩,拟同意毕业,最后以国家学历注册结果为准。由于你所提交的学位申请的科研成果未达到我校规定的学位授予要求,不予授予学位。如同意上述意见,请尽快以书面形式告知研究生院,学校将履行下一步学历注册等相关手续。"刘某勇不服提起诉讼。①

【法律问题】

刘某勇是否有权获得博士学位?

【法理解读】

获得奖学金、贷学金、助学金是学生获得国家各种经济资助的权利。奖学金是为奖励品学兼优、家庭经济困难的学生顺利完成学业而设立的经济资助。奖学金主要在普通本科高校、高等职业学校和中等职业学校设立。

贷学金是为家庭经济困难的学生提供帮助而设立的经济资助。国家向学生提供一定数量的无息贷款,但在一定期限内必须归还。凡是符合规定条件的学生都可以申请贷学金,这是学生的一项权利,任何组织和个人不得拒绝或歧视。

助学金是为家庭经济困难的学生顺利完成学业的经济资助。国家在各级各类学校设立助学金,义务教育阶段主要用于少数民族地区、贫困地区以及需要寄宿就读的困难学生,帮助贫困学生解决部分生活费用。高等学校助学金主要面向在校贫困家庭学生。

---

① 辽宁省大连市中级人民法院(2020)辽02行终318号。

获得公正评价和相应的学业证书、学位证书。在学业成绩和品行上获得公正评价是学生的一项基本权利,也是教育机构应履行的义务。学生除在学业成绩和品行上有获得公正评价的权利外,还具有在完成规定的学业后获得相应的学业证书、学位证书的权利。学业证书是学校或者其他教育机构依法颁发给学生,证明学生完成学业情况的凭证。学业证书一般分为以下三种:毕业证书、结业证书和肄业证书。国家实行教育考试制度,经国家批准或认可的学校及其他教育机构可以依照国家的有关规定,对学完教育教学计划规定的全部课程、考试、考核及格或者修满学分,或者达到一定学术、专业技术水平的学生颁发相应的学历证书、学位证书或其他学业证书。高等学校学生有权依照《学位条例》中的相关规定获得自己应当获得的学位证书。

学位证书的颁发条件主要是考核学生的学术水平或者专业技术水平。对此,法律法规作了相应的规定。高等学校本科毕业生,成绩优良,达到下述学术水平者,授予学士学位:一是较好地掌握本门学科的基础理论、专门知识和基本技能;二是具有从事科学研究工作或担负专门技术工作的初步能力。研究生,或具有研究生毕业同等学力的人员,通过硕士学位的课程考试和论文答辩,成绩合格,达到下述学术水平者,授予硕士学位:一是在本门学科上掌握坚实的基础理论和系统的专门知识;二是具有从事科学研究工作或独立担负专门技术工作的能力。研究生或具有研究生毕业同等学力的人员,通过博士学位的课程考试和论文答辩,成绩合格,达到下述学术水平者,授予博士学位:一是在本门学科上掌握坚实宽广的基础理论和系统深入的专门知识;二是具有独立从事科学研究工作的能力;三是在科学或专门技术上做出创造性的成果。高等学校本科学生完成教学计划的各项要求,经审核准予毕业,其课程学习和毕业论文(毕业设计或其他毕业实践环节)的成绩,表明确已较好地掌握本门学科的基础理论、专门知识和基本技能,并且有从事科学研究工作或担负专门技术工作的初步能力的,授予学士学位。

学位证书颁发的条件对于学生的德育操行的要求。申请学位的应届本科毕业生必须拥护中国共产党的领导,拥护社会主义制度,愿意为社会主义建设事业服务,遵守纪律和社会主义法制,品行端正,方可授予学位。学校根据《学位条例暂行实施办法》的规定,制定本校授予学位的工作细则落实执行。学生要获得学位,应当先通过论文答辩。

本案中刘某勇有权获得博士学位,辽宁某大学组织的学位论文答辩委员会经不记名投票、全票通过形成决议,报请该校学位评定委员会建议授予上诉人博士学位。虽然辽宁某大学下属研究生院对上诉人申请博士学位资格的审核意见为"科研成果未达到规定要求",但因研究生院并非法定的有权对学位论文答辩委员会形成的决议作出是否批准决定的组织,故其审核意见不能代替该校学位评定委员会的批准意见。在无证据证明履行了学位评定委员会投票程序、全体成员过半数决定不授予刘某勇博士学位的情况下,辽宁某大学作出不授予博士学位决定,主要证据不足且程序违法。

【法条链接】

《教育法》第 22—23 条、第 82 条,《学位条例》第 4—11 条,《学位条例暂行实施办法》第 3—4 条。

【风险防范】

1 家庭经济困难的学生按照规定领取国家励志奖学金。依法依规颁发、拒发学历学位证书。

2 (1) 非家庭经济困难的学生领取国家励志奖学金,学校等有关部门对于申请表的审核不严等原因,没有发现学生不符合申请条件,导致学生通过认证,领取了国家励志奖学金。(2) 学生未如实填报申请表的,由于学生实施了虚构事实、隐瞒真相的欺骗行为,而且明知不符合申请条件仍取得奖学金供个人使用,可以推定其具有非法占有目的。(3) 违法颁发、拒发学历学位证书。

3 (1) 有关工作人员一般的渎职行为,尚不构成犯罪。而学生虽然不符合申请条件,但其没有虚构事实、隐瞒真相,构成民法上的不当得利。(2) 有关部门的工作人员没有审核出学生虚构事实、隐瞒真相,此时学生构成诈骗罪,有关部门的工作人员有可能构成渎职。或者有关部门的工作人员虽然审核出学生虚构事实、隐瞒真相,但仍然通过认定。则工作人员帮助其实施诈骗,构成诈骗罪的帮助犯。(3) 由教育行政部门或其他有关行政部门宣布证书无效,责令收回或者予以没收;有违法所得的,没收违法所得;情节严重的,责令停止相关招生资格一年以上三年以下,直至撤销招生资格、颁发证书资格;对直接负责的主管和其他直接责任人员,依法给予处分。

4 学生获得毕业证书的条件是,其德育、体育及其他各科成绩须达到毕业要求。学校应当提供合理的教育教学服务,并保存好相关证据,避免学生在未领取毕业证书时,以学校未提供合理的教育教学服务为由提出申诉或提起诉讼。合理的教育教学服务要求以下各环节均应合理。

第四节　学校实习就业管理中的法律风险

一、实习协议

【典型案例】

2016 年 11 月 19 日,南昌某职业学校与苏州某泰人力资源公司签订了《校企合作协议》,约定南昌某职业学校向某泰人力资源公司提供顶岗实习学生的合作事宜,后经某泰人力资源公司介绍,南昌某职业学校学生的实际实习工作单位为宁某科技公司。《校企合作协议》中约定某泰人力资源公司为南昌某职业学校的学生提供工作、学习、生活环境,保障学生合法权益并向实习学生支付一定的实习津贴。实习期间某泰人力资源公司应向实习学生发放工资 13 元/小时,并应按 3 元/小时支付南昌某职业学校相应费用。南昌某职业学校诉称,根据《江苏省劳动合同条例》规定,企业向顶岗实习生支付的实习报酬不得低于当地最低工资标准。南昌某职业学校与某泰人力资源公司约定实习学生的工资低于上述最低工资标准,故应当补足差额。经计算,某泰人力资源公司和某科技公司还应支付南昌某职业学校学生工资 134 044 元,按工时支付费用 25 944 元。某泰人力资源公司辩称,根据劳动法相关规定和劳动部门要求,工资应支付劳动者本人,不同意将工资支付给南昌某职业学校。①

【法律问题】

南昌某职业学校是否有权利按约定每生 3 元/小时的标准获得相应费用?

【法理解读】

学生实习可分为勤工助学、职业学校学生专业实习、就业实习、职业实习四类。

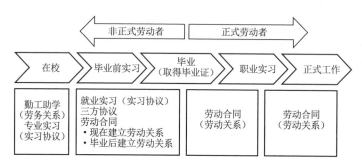

图 2-3 从实习走上工作岗位的不同阶段和法律关系

1. 勤工助学

勤工助学是指学生在学校的组织下利用课余时间,通过劳动取得合法报酬,用于改善学习和生活条件的实践活动。勤工助学活动由学校统一组织和管理,不包括学生私自在校外兼职的行为。在校生利用业余时间勤工助学,不视为就业,未建立劳动关系,而属于劳务关系。

① 苏州市吴中区人民法院(2017)苏 0506 民初 2556 号。

2. 专业实习

职业学校学生专业实习是指实施全日制学历教育的中等职业学校和高等职业学校学生按照专业培养目标要求和人才培养方案安排，由职业学校安排或者经职业学校批准自行到企（事）业等单位进行专业技能培养的实践性教育教学活动，包括认识实习、跟岗实习和顶岗实习等形式。职业学校学生到单位实习不是劳动关系，因为这是学生专业培养和教学计划的一部分，且不以获取劳动报酬为目的。

3. 就业实习

就业实习一般指的是基本完成学校的学习任务且达到相关要求，但并未获得学校发放的毕业证书的学生，以就业为目的为用工单位提供劳动。对于这类实习，之前一般也认为不属于劳动关系，主要认为是基于他们的学生身份。但其实《劳动法》和《劳动合同法》并没有明确将学生排除在劳动关系之外。其实这类"准毕业生"与用人单位其他职工一样，以与用人单位建立稳定的劳动关系并以获得劳动报酬为目的。根据目前我国劳动关系的认定标准，他们完全符合我国劳动法规定的年龄条件，具有与用人单位建立劳动关系的可能性。如果他们以就业为目的与用人单位签订了劳动合同，接受用人单位的管理，提供劳动，获取劳动报酬，可以认定双方建立了劳动关系。

4. 职业实习

即实习人员与用人单位建立劳动关系，根据法律法规的要求在单位通过实践进行一定的专业训练，如《专利代理条例》第11条第2款规定"初次从事专利代理工作的人员，实习满一年后，专利代理机构方可发给《专利代理人工作证》"。类似的行业还有律师、医师等。这种实习的目的在于从工作中增强从事这些专业工作的熟练度，以便将来能够较为独立地从事这种职业。这种职业实习人员一般已经不是在校学生，与用人单位的法律关系属于劳动关系，应当签订劳动合同。

学生参加跟岗实习、顶岗实习前，职业学校、实习单位、学生三方应签订实习协议。协议文本由当事方各执一份。未按规定签订实习协议的，不得安排学生实习。实习按照一般校外活动有关规定进行管理。实习协议应明确各方的责任、权利和义务，协议约定的内容不得违反相关法律法规。实习协议应包括但不限于以下内容：（1）各方基本信息；（2）实习的时间、地点、内容、要求与条件保障；（3）实习期间的食宿和休假安排；（4）实习期间劳动保护和劳动安全、卫生、职业病危害防护条件；（5）责任保险与伤亡事故处理办法，对不属于保险赔付范围或者超出保险赔付额度部分的约定责任;(6)实习考核方式;(7)违约责任;(8)其他事项。顶岗实习的实习协议内容还应当包括实习报酬及支付方式。

本案中"校企合作"不应成为学校谋取经济利益的手段,处于弱势地位的实习学生,为企业付出劳动,依法应当获得相应报酬。法院判决驳回南昌某职业学校的诉讼请求。

【法条链接】

《高等学校学生勤工助学管理办法》第4—6条,《职业学校学生实习管理规定》第2条、第15条等。

【风险防范】

1 合规区 / 2 风险区 / 3 责任区 / 4 防范对策 / 法律风险		
1	如果可能建立劳动关系,应当签订书面合同,明确界定双方关系。避免未签订书面劳动合同的双倍工资法律风险。如果不可能建立劳动关系,签订实习协议。对于勤工助学,短期的可以不用签协议,较长期的、支付报酬的可以与学生签订一份简单的书面协议。	
2	实习协议,与退休返聘合同有些类似,协议内容应当注意:(1)确认学生身份。由学生提供学生证复印件作为附件,并由学生在复印件上签名确认"该复印件与原件一致"。(2)确认关系定性为非劳动关系,因此合同标题、合同内容中应回避劳动法律。如引言中应写"依据《民法典》"。(3)薪酬、待遇方面。如果工作时间较长,可能构成标准劳动关系下的加班,为避免纠纷,可以约定"约定的实习报酬标准中已经包括加班补偿",或者在实习报酬标准中划出一部分"加班补偿"。(4)雇主责任风险防范。(5)争议解决。双方发生纠纷的,应按照劳务(雇佣)纠纷处理。合同中可以作出对单位有利的管辖约定,可以约定商事仲裁。	
3	不是劳动关系的实习协议产生的法律责任是民事合同责任。	
4	就业实习环节:(1)用人单位有必要签订书面实习协议,且明确不是劳动关系。(2)如果用人单位与学生有意在毕业前建立劳动关系、缴纳社会保险,也可以签订劳动合同。(3)如果用人单位想与学生提前"锁定"就业,可以签订三方就业协议、两方就业协议。(4)用人单位也可以提前与学生签订劳动合同,但劳动合同期限要自学生正式毕业之后起算。签订了劳动合同,但在劳动合同期限开始前解除该合同、拒绝入职的,不属于劳动法上的违法解除。(5)学生毕业后或者拿到毕业证以后,用人单位应及时或提前签订劳动合同,否则会建立事实劳动关系,产生双倍工资责任等。	

二、实习安全

【典型案例】

林某杰系新疆某工学院大三学生,2020年5月28日根据某工学院安排与某电器设备有限公司三方签订《顶岗实习协议》,受某工学院安排进入该电器设备有限公司实习,实习期间为2020年5月28日至2021年6月。协议约定实习期间每月实习工资3 000元。2021年3月10日,某电器设备有限公司工作人员安排林某杰在机床操作时,林某杰手部被机床上的弯刀压伤。林某杰受伤后,先后在昌吉市人民医院、新疆医科大学第一附属医院就诊,住院治疗3次。出院后经新疆广大司法鉴定所鉴定,伤残程度评定为十级。林某杰认为某电器设备有限公司、某工学院在其实习学习操作中未加强安全防范措施,未尽到安全指导义务导致本次事故发生。给其造成的不仅仅是身体的伤害,更带来了巨大的经济和精神负担,为维护自身的合法权益,特向人民法院提起诉讼。①

【法律问题】

某电器设备有限公司和某工学院对林某杰受伤承担什么责任?

【法理解读】

在校生实习期间与用人单位的关系一般不被认定是劳动关系,而是劳务或雇佣关系;实习期间受伤一般也不构成工伤。但目前已经有省份明确规定大学生在实习期间可以享受工伤事故保险待遇,如2018年浙江省《工伤保险条例》第39条规定,各县、市经省级政府部门批准后,可在本县、市域内为职业技工等学校的实习生缴纳工伤保险费用。

工伤事故的责任属于无过错责任,而一般侵权损害实行过错责任原则,实习单位、学校和学生的过错程度决定了各自承担责任的大小。虽然实习生与用人单位的关系并非劳动关系,但是其所从事的劳动客观上系为用人单位创造经济利益,所以实习生仍然享有劳动保护的权利,若明确实习生受伤的危险来源仍属于其所从事之劳动的正常风险范围内,用人单位承担着劳动保护以及劳动风险控制与防范的职责和义务,所以用人单位应当对实习生所受之损害承担主要赔偿责任。如果实习生在实习期受伤,也可以通过法律途径向人民法院提起诉讼,要求实习单位依法承担赔偿责任,但该争议不属于劳动争议,只能按照一般人身损害赔偿处理。

依据《职业学校学生实习管理规定》等法规,学校应从如下方面做好职校实习学生保护:(1)职业学校应选择合法经营、管理规范、实习设备完备、符合安全生产法律法规要求的实习单位安排学生实习,在确定实习单位前,职业学校应进行实地考察评估并形成书面报告;(2)职业学校应会同实习单位共同组织实施学生实习,实习岗位应符合专业培养目标要求,与学生所学专业对口或相近,并应当符合学生的心理、生理特点和身体健康状况;(3)职业学校应会同实习单位制定学生实习工作具体管理办法和安全管理规定、实习学生安全及突发事件应急预案等制度性文件,职业学校和实习单位应分别选派经验丰富、业务素质好、责

---

① 新疆维吾尔自治区昌吉市人民法院(2022)新2301民初3103号。

任心强、安全防范意识高的实习指导教师和专门人员全程指导、共同管理学生实习;(4)学生参加跟岗实习、顶岗实习前,职业学校、实习单位、学生三方应签订实习协议,明确各方责任、权利和义务,未按规定签订实习协议的,不得安排学生实习;(5)未满18周岁的学生参加跟岗实习、顶岗实习,应取得学生监护人签字的知情同意书;(6)学校组织学生到生产经营等单位实习的,应在实习前对实习学生进行安全教育;(7)职业学校和实习单位要依法保障实习学生的基本权利,并不得有《职业学校学生实习管理规定》第15条、第16条、第19条规定的情形;(8)学校应督促实习单位为实习学生提供安全健康的实习环境,采取劳动安全保护措施;等等。此外,若签订了三方协议,学校作为学生实习期间的间接管理人,应就学生在实习中的安全防范和权益依法提供必要的保障。学校作为职业教育机构应当清楚学生参与实习工作的危险性,其应通过对学生的安全教育以及与企业的沟通协商,控制和防范风险。学校未尽到其防范督促职责的,应当对受害学生所受损害承担次要责任。具体的责任比例根据实际情况有所不同。

实习生权益保护可通过购买商业保险等方式解决。学校在实习前可以为学生购买实习责任险,最大限度保护学生权益。而实习单位也可以为实习的学生购买人身意外伤害险,以便通过保险来转嫁其可能会存在的赔偿风险。实习责任保险的被保险人是学校。保险标的学生在实习实训全过程中造成的人身伤害,依法应由校方承担的经济赔偿责任。(1)学生顶岗实习期间遭受人身伤害的校方责任。(2)学生顶岗实习期间遭受人身伤害的工伤责任。(3)学生教学实训期间的校方责任。(4)学生实习第三者责任。被保险人的注册学生在实习期间,因疏忽或过失造成其他第三者的人身伤亡,依法应由被保险人承担的经济赔偿责任,保险人依照附加保险合同的约定负责赔偿等。该保险期限是一年和半年。

本案中,事发当天原告林某杰在某电器设备有限公司车间进行折弯机操作,无充分证据证明原告本人存在重大过失违规操作。某电器设备有限公司作为实习单位,有义务为实习生提供安全的实习环境及必要的劳动保护,应当高度加强对实习生车间操作的指导和监督管理。某工学院作为教育机构应当履行好这一过程中对学生的安全教育和危险防范义务。法院判决被告某电器设备有限公司和某工学院存在过失,根据具体过错对涉案损害后果的影响程度,过错比例按某电器设备有限公司80%和某工学院20%酌定。某电器设备有限公司赔偿原告林某杰护理费、营养费、鉴定费、交通费、伤残赔偿金、精神损害赔偿金102 376.6元;某工学院赔偿原告27 119.4元。

【法条链接】

《职业学校学生实习管理规定》第 16 条、第 30—33 条。

【风险防范】

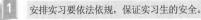

1 安排实习要依法依规，保证实习生的安全。

2 学校安排实习的禁止情形：（1）学校或实习学生以任何名义（包括勤工俭学）通过中介机构或有偿代理组织安排和管理学生实习工作；（2）学校与中介机构以"小时工"形式合伙侵吞实习学生利益；（3）安排、接受一年级在校学生进行顶岗实习；（4）安排未满16周岁的学生跟岗实习、顶岗实习；（5）安排学生从事有较高安全风险、禁忌性岗位实习；（6）强制实习学生加班、安排学生夜班实习；（7）安排学生到酒吧、夜总会、歌厅、洗浴中心等营业性娱乐场所实习；（8）安排学生在法定节假日实习；（9）职业学校和实习单位向学生收取实习押金、顶岗实习报酬提成、管理费或其他形式的实习费用；（10）职业学校和实习单位扣押学生的居民身份证，要求学生提供担保或以其他名义收取学生财物。

3 学生在实习期间受到人身伤害，属于实习责任保险赔付范围的，由承保保险公司按保险合同赔付标准进行赔付。不属于保险赔付范围或者超出保险赔付额度的部分，由实习单位、职业学校及学生按照实习协议约定承担责任。职业学校和实习单位应当妥善做好救治和善后工作。

4 （1）签订规范的实习协议。在实习协议中约定因工受伤的责任条款。（2）明确实习学生实习过程中的劳动者身份。当实习学生实习过程中因工受伤时，可获得工伤保险。（3）不能明确劳动者身份的以学校为被保险人购买实习责任保险。（4）及时进行伤情鉴定，保留相关证据。当遭遇工伤时，实习学生应当积极进行维权，可以寻求学校的介入，与用人单位进行协商。当协商无效时，可以申请劳动部门的介入或者向法院起诉。

三、实习用工

【典型案例】

河南安阳某中等技术学校一年级的学生小周和一百余名同校同学一起，在学校统一发放的实习协议上签了字，然后在老师的带领下前往上海市嘉定区某空调生产企业实习。经过两天至一周的岗前培训后，该批学生被安排独立上岗，与公司普通员工一道在流水线上工作，而且几乎天天都要加班，有时还要上夜班。后小周向嘉定区劳动保障监察大队进行了举报。调查中该企业主张，学生实习不算建立劳动关系，不适用《禁止使用童工规定》等在内的劳动保障法律法规的规定，使用实习生没有年龄的限制，与违法使用童工存在本质区别，即使学生年龄未到 16 周岁，也不违法。①

【法律问题】

企业能否招用不满 16 周岁的实习生？

① 载"劳动报"微信公众号，2019 年 6 月 19 日发布。

【法理解读】

实习用工主要指的是学生实习,现行法律法规并未明确学生实习的概念。但学生实习大体是指"学校按照专业培养目标和教学计划的要求,组织在校学生到企业等用人单位进行教学实习和顶岗实习,也包括在校学生利用自身社会关系前往企业等用人单位进行社会实践和顶岗学习"。

实习用工主要针对全日制在校就读且尚未毕业的学生。如果在校学生已经毕业或者系非全日制就读的学生,则完全符合"劳动者"身份,用人单位实际用工的,应当与之签订劳动合同。实习生须具备四个要素:(1)在中国依法设立的学校就读;(2)接受学历教育;(3)全日制在读;(4)学生。实践当中也不乏劳动者处于非全日制学习阶段(如广泛存在的在职研究生、函授教育、成人教育等),此时不应界定为实习生。①

实习和见习的区别。劳动合同制度实施后,我国在《关于引导和鼓励高校毕业生面向基层就业的意见》中首次提出高校毕业生见习制度,该意见规定:"探索建立高校毕业生就业见习制度。为帮助回到原籍、尚未就业的高校毕业生提升职业技能和促进供需见面,地方政府要创造条件,探索建立高校毕业生见习制度。地方政府有关部门可根据实际需要,联系部分企事业单位,为高校毕业生建立见习基地或提供见习岗位,安排见习指导老师,组织开展见习和就业培训,促进他们尽快就业。见习期一般不超过1年,见习期间由见习单位和地方政府提供基本生活补助。"2006年人事部等多部委联合发布《关于建立高校毕业生就业见习制度的通知》,再次细化毕业生见习制度的相关内容。由此可见,见习系针对已毕业尚未就业的大学生,由有一定规模、各方面条件较好的企事业单位申请见习基地,并安排见习生从事一定的见习任务,见习单位和地方财政部门提供相关补助补贴,本质上是一项促进就业政策。在各地的司法实践中,见习生与见习单位不建立劳动关系。

本案中,空调生产企业未经审核,招用不满16周岁的学生实习,违反了相关法规规定。最终,劳动行政部门对该公司违法接收使用1名未满16周岁中等职业学校学生2个月的行为,根据国务院《禁止使用童工规定》第六条第一款之规定,按照每人每月5 000元的标准予以处罚,共计罚款10 000元,并责令用人单位立即将该名学生送回原居住地交其父母。

【法条链接】

《职业学校学生实习管理规定》第17—26条。

---

① 《高等学校学生勤工助学管理办法》第2条。

【风险防范】

(1) 职业学校、实习单位、学生三方应签订实习协议,协议文本由当事方各执一份; (2) 顶岗实习学生的人数不超过实习单位在岗职工总数的10%,在具体岗位顶岗实习的学生人数不高于同类岗位在岗职工总人数的20%; (3) 参考本单位相同岗位的报酬标准和顶岗实习学生的工作量、工作强度、工作时间等因素,合理确定顶岗实习报酬,原则上不低于本单位相同岗位试用期工资标准的80%; (4) 职业学校和实习单位应根据国家有关规定,为实习学生投保实习责任保险。

(1) 禁止安排未满16周岁的学生跟岗实习、顶岗实习,安排未满18周岁的学生实习,应取得学生监护人签字的知情同意书。 (2) 全日制顶岗实习企业应执行当地月最低工资标准,实习工作时间每天不超过8小时,每周不超过40小时。用人单位应当提供必要的劳动条件和安全健康的劳动环境,不得安排学生从事与所学专业无关的高空、井下作业和接触放射性、高毒、易燃易爆物品的劳动,以及国家规定的第四级体力劳动强度的劳动。

承担基于实习协议和劳动法的法律责任。对违反规定安排、介绍或者接收未满16周岁学生跟岗实习、顶岗实习的,由人力资源社会保障行政部门依照《禁止使用童工规定》进行查处;构成犯罪的,依法追究刑事责任。

(1) 甄别学生身份,确定是否属实习生。 (2) 签订书面实习协议,明确用工性质。如表述为"不视为就业,实习活动是在校期间社会实践的组成部分"。如果用人单位与未毕业的学生签订劳动合同,即使仍然无法为实习生缴纳社会保险费,法院仍可据此判定成立劳动关系。 (3) 预防实习生事故伤害风险。为实习生购买适当的商业保险或工伤保险,有助于化解用工单位的赔偿风险。同时,用工单位应当加强对实习生的安全生产教育,进行相关工作流程、生产流程的培训并安排实习生签署确认相关事宜。

四、就业推荐、职场应聘

【典型案例】

李某系大四学生,于 2021 年 10 月 12 日入职某媒体公司从事全职工作,岗位是媒体后期,但未签订《全国普通高等学校毕业生就业协议书》。后李某申请劳动仲裁,认为双方系劳动关系,要求某媒体公司支付拖欠的工资等。某媒体公司认为双方系劳务关系。劳动仲裁委员会不予受理后,李某诉至法院。①

【法律问题】

李某与该媒体公司是否构成劳动关系?法院是否会支持李某的诉请?

【法理解读】

三方协议是《全国普通高等学校毕业生就业协议书》的简称,它是明确毕业生、用人单位、学校三方在毕业生就业工作中的权利和义务的书面表现形式,能解决应届毕业生户籍、档案、保险、公积金等一系列相关问题。协议在毕业生到单位报到、用人单位正式接收后自行终止。三方协议的内容主要包括三个方面:

① 载"扬子晚报"微信公众号,2023 年 4 月 27 日发布。

第一，毕业生、用人单位和高校的基本情况；第二，到单位报到时间、违约责任等；第三，三方的签名或盖章。三方协议一旦签署，就意味着大学生第一份工作基本确定。因此，应届毕业生要特别注意签约事项。签约前，要认真查看用人单位的隶属，国家机关、事业单位、国有企业一般都有人事接收权。民营企业、外资企业则需要经过人事局或人才交流中心的审批才能招收劳动者，协议书上要签署他们的意见才能有效。应届毕业生还要对不同地方人事主管部门的特殊规定有所了解。

三方协议与劳动合同的区别。第一，三方协议书是国家教育部统一印制的，主要是明确三方的基本情况及要求。三方协议书制定的依据是国家关于高校毕业生就业的法规和规定，有效期为自签约日起至毕业生到用人单位报到止的这一段时间。而劳动合同是受《劳动法》和《合同法》的限定和保护的，有些用人单位如许多外企在确定录用时（在到用人单位报到前），就同时要求和毕业生签订一份类似劳动合同的协议；而更多的用人单位则要求先签"就业意向书"，毕业生报到后再签订劳动合同。第二，三方协议是三方合同，它涉及学校、用人单位、学生等三方面，三方相互关联但彼此独立；而劳动合同是双方合同，它由劳动者和用人单位两方的权利、义务构成。第三，毕业生签订三方协议时仍然是学生身份，但是签订劳动合同时应当是劳动者身份。劳动合同一经签订，三方协议的效力应当丧失。如果劳动合同与三方协议附件内容矛盾，以劳动合同为准。

三方协议的签订程序通常是这样的：大学生和用人单位就该学生毕业后去该单位工作的有关事项达成一致之后，首先是大学生领取三方协议书并如实填写基本情况和应聘意见并签名；然后由用人单位签署意见；最后由学校就业指导中心或者就业主管部门签署意见。应届毕业生为了保障自身权益，在签订三方协议前，要与用人单位充分地洽谈，详细了解用人单位的情况，包括规模、效益、管理制度等，还要了解自身与用人单位的权益、职责关系，了解协议期限。在有些协议中，岗位、待遇、工作环境等都不会充分体现，因此，毕业生更要先对用人单位做好充分了解，认真考虑自己的权利与义务关系，权衡利弊。

三方协议的性质及法律效力。三方协议产生在我国计划经济时代，曾带有浓重的行政指令色彩。三方协议目前在我国还发挥着它应有的作用，比如可以作为国家对大学毕业生的各项优惠的扶持政策的依据、档案户口的转移存档以及统计高校毕业生就业率的依据。从法律性质上讲，三方协议是民法合同上的"预约"，而入职用人单位后签订的劳动合同才是受劳动法律调整的"本约"。因此三方协议原则上适用我国《民法典》，但也不能违反我国劳动法律、法规和相关就业政策,并和待签署的正式的劳动合同有着内在的、必然的联系。只要是三方真实意思的表示,内容不违反国家法律法规的规定就具有法律上的效力。

本案中,李某作为应届毕业生以就业为目的至某媒体公司工作,向公司提供了劳动,并接受公司的管理,公司向其发放了报酬,存在建立劳动关系的合意。双方存在人身上、组织上及经济上的从属性,构成劳动关系,故判决支持了李某的诉讼请求。

【法条链接】

《劳动合同法》第2—4条。

【风险防范】

1 学校作为就业协议的一方当事人,其责任集中于向用人单位如实提供毕业生的情况、组织毕业生体检以及及时进行档案和户籍的有关移转手续。毕业生在协议书上签署个人意见之后,用人单位或学校两方之中只要有一方在协议书上签字,毕业生即不得单方面终止协议的签订工作。毕业生违约时,必须办理完毕与原签约单位的解约手续,然后将原协议书交还招生就业工作处,并换取新的协议书。

2 对于用人单位而言,毕业生违约不仅会使单位为录取该毕业生花费的精力和费用付之东流,还会打乱单位的用人计划。对于在就业中处于弱势地位的毕业生而言,遭遇用人单位违约损失更大,毕业生往往会因此而错失就业的时间和其他机会,严重影响毕业生的顺利就业。对于学校来说,学生违约使用人单位对学校整体信誉产生负面评价,可能会导致对其他毕业生就业的不良影响;而用人单位违约会损害学生的利益,也给学校的就业指导工作带来困难。

3 三方协议中违约金的内容就是这种双方平等协商后约定的内容。违反这些内容的行为就是违约行为,应当承担违约责任。

4 用人单位也应当熟悉大学生就业的有关政策,加强和学校的交流合作,减少因为对大学生就业政策的不了解而造成的违约。同时,用人单位应秉着诚实守信的态度如实向毕业生介绍单位情况和对员工的待遇情况,以减少违约情况的发生。

第三章 学校教师入职、人事管理、劳动合同和离职解聘中的法律风险

第一节 教师的法律地位、权利义务和职称评定中的法律风险

一、教师的法律地位和法律责任

【典型案例】

2020年9月,郎某使用低俗不雅的图文在校讲授日语课程,影响恶劣。郎某的行为违反了《新时代高校教师职业行为十项准则》第三项规定。学校根据《教育部关于高校教师师德失范行为处理的指导意见》等相关规定,给予郎某停课、调离教学工作岗位处理,并对其进行通报批评、取消年度评优资格、扣罚绩效工资;对该教师所在的二级学院进行通报批评。①

【法律问题】

为何要对郎某进行处罚?

【法理解读】

教师是履行教育教学职责的专业人员,承担教书育人,培养社会主义事业建设者和接班人、提高民族素质的使命。教师必须具备国家规定的教师资格,符合特定的职业要求。在学校及其他教育机构中专门担任行政管理、教育辅助、校办产业等方面工作而不直接承担教育教学工作的人员不属于教师。中小学教师为国家公职人员。

教师与教育行政机关的关系是行政相对人与行政主体之间的外部行政法

---

① 载教育部网站,2020年12月7日发布。

律关系。教师认为教育行政机关的具体行政行为侵犯其人身权、财产权等合法权益时,可通过行政申诉或依行政复议法、行政诉讼法提起行政复议、行政诉讼。

教师与学校间的行政法律关系是以学校作为法律法规授权的行政主体或是接受教育行政机关的委托行使行政权力为前提的。如接受委托的普通高校在对本校任职人员和拟聘人员进行教师资格认定。有助教、讲师、副教授、教授任职资格审定权的高校,不论本校教师职务的哪一级评聘,与本校教师的关系都是行政法律关系。中等专业学校、技工学校与本校教师在初级职务的评审中的关系是行政法律关系。中小学校因其不享有对本校教师职务的评审权,与本校教师的关系不是行政法律关系。

教师与学校之间的人事或劳动法律关系,体现为教师与学校之间以平等协商为原则,双方的权利义务对等的聘用合同或劳动合同法律关系。公立学校的事业编制教师则作为国家工作人员被纳入国家干部管理体系之中,享有国家工作人员的权利,履行国家工作人员的义务,我国教师的任用制度是一种行政任命制。公立学校与教师的关系既不是纯粹的民事关系,也不是纯粹的行政关系,而是二者兼而有之。在双方签订合同时,遵循契约自由原则,更多地体现私法色彩;在签订合同之后,遵循公共利益优先原则,具有浓厚的公法色彩。这是教师聘任制与公务员行政任用制、学校职工劳动合同制的区别之所在。①民办学校的教师聘任制一般采取公开招聘、双向选择、择优聘用的方式招聘教师,教育行政部门一般不得干涉。民办学校聘任教师、职员,应当签订聘任合同,明确双方的权利、义务等。民办学校招用其他工作人员应当订立劳动合同。民办学校与教师的这种聘用关系,不仅要受到聘用合同的制约,同时还要受到教育法、教师法、教师资格条例、民办教育促进法、劳动法等公法的调整。

教师在教育工作中如有违反法律法规、师德规范行为需要承担法律责任,可能会面临行政法律责任、民事责任或刑事责任等后果。

本案中郎某的行为违反了教育部的行政规章,需要承担行政法律责任。

【法条链接】

《教师法》第 3 条、第 17 条。

---

① 周光礼:《教育与法律》,社会科学文献出版社 2005 年版,第 121 页。

【风险防范】

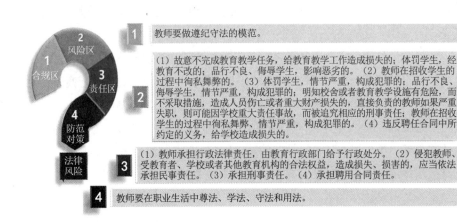

1	教师要做遵纪守法的模范。
2	（1）故意不完成教育教学任务，给教育教学工作造成损失的；体罚学生，经教育不改的；品行不良、侮辱学生，影响恶劣的。（2）教师在招收学生的过程中徇私舞弊的。（3）体罚学生，情节严重，构成犯罪的；品行不良、侮辱学生，情节严重，构成犯罪的；明知校舍或者教育教学设施有危险，而不采取措施，造成人员伤亡或者重大财产损失的，直接负责的教师如果严重失职，则可能因学校重大责任事故，而被追究相应的刑事责任；教师在招收学生的过程中徇私舞弊、情节严重，构成犯罪的。（4）违反聘任合同中所约定的义务，给学校造成损失的。
3	（1）教师承担行政法律责任，由教育行政部门给予行政处分。（2）侵犯教师、受教育者、学校或者其他教育机构的合法权益，造成损失、损害的，应当依法承担民事责任。（3）承担刑事责任。（4）承担聘用合同责任。
4	教师要在职业生活中尊法、学法、守法和用法。

二、教师资格和编制管理

【典型案例】

2022 年 2 月 8 日晚 8 时线上家长会上，陈某滔利用家中私人电脑主持高三年级线上家长会，在播放防疫视频后，电脑播放器自动出现一小段女性如厕不雅视频，在家长群造成不良影响。在组织调查期间，陈某滔销毁证据，欺瞒组织，性质恶劣。另外，调查还发现陈某滔曾多次因偷拍、偷窥女性如厕，被公安机关行政处罚，且未向组织报告。后经组织耐心细致工作，陈某滔能配合完成调查工作，如实说明本人违纪事实。8 月，广州市教育局发文《番禺区教育局关于撤销陈某滔高级中学教师资格的请示（番教请〔2022〕36 号）》，建议撤销陈某滔教师资格，调离教学岗位。经核实、研究，并咨询法律顾问的意见，给予撤销陈某滔教师资格的决定。①

【法律问题】

陈某滔为何被撤销教师资格？

【法理解读】

教师资格制度是国家对教师实行的特定的职业许可制度。教师资格制度是国家实行的，由国家审批、管理，在全国统一有效的制度。中国公民在各级各类

① 广州市教育局穗教师罚〔2022〕1 号。

学校和其他教育机构中专门从事教育教学工作,应当依法取得教师资格。《教师资格条例》将教师资格分为七类:(1)幼儿园教师资格;(2)小学教师资格;(3)初级中学教师资格;(4)高级中学教师资格;(5)中等职业学校教师资格;(6)中等职业学校实习指导教师资格;(7)高等学校教师资格。各类普通学校的教师资格适用于相同层次的成人学校,因此不设立专门的成人学校教师资格。

取得中国教师资格应当具备以下五个方面的条件:(1)中国公民。(2)具有良好的思想品德。即能遵守宪法和法律,热爱教育事业、品德良好。(3)相应的学历。2021年《教师法》修订草案对中小学教师资格的"学历门槛"统一提升为本科及以上学历、师范或相关专业、获得相应学位。取得幼儿园教师资格,应当具备高等学校学前教育专业专科或者其他相关专业专科毕业及其以上学历;取得普通高等学校教师资格,应当具备硕士研究生毕业及其以上学历。(4)能力要求是指承担教育教学工作所必需的基本素质和能力、普通话水平、身体素质和心理素质。(5)特定知识主要是对申请者应具备教育学、心理学知识的要求。

教师有下列情形之一的:(1)弄虚作假、骗取教师资格的;(2)品行不良、侮辱学生,影响恶劣的。由县级以上人民政府教育行政部门撤销其教师资格,被撤销教师资格的,自撤销之日起5年内不得重新申请认定教师资格,其教师资格证书由县级以上人民政府教育行政部门收缴。①

教师的编制管理。我国事业单位编制管理在长期实践中形成了标准化管理、总量控制和动态调整等基本手段。编制标准管理是指国家根据单位工作任务和性质制定编制标准,并根据标准核定单位所需编制数的管理手段。中小学教师编制标准由中央编办、教育部和财政部共同制定。总量控制是指下级编制管理部门在上级编制管理部门核定的事业编制总量和结构范围内对本区域的编制进行管理。动态调整是指编制部门根据事业单位的职责变化适时调整其编制的规模与结构。比如,山东、安徽、湖北规定了学校层面编制调整的时间,山东规定两年重新核定一次,安徽规定"原则上每三年"核定一次,湖北规定每三年调整一次。关于区县中小学教师编制总量调整的问题,青海省规定"原则上每3至5年"调整一次,重庆规定"原则上每两年核批1次",等等。

本案中,陈某滔因品行不良、影响恶劣,被撤销教师资格。

---

① 《教师资格条例》第19条。

【法条链接】

《教育法》第35—36条,《义务教育法》第30条,《教师资格条例》第4条、第18—19条,《教师法》第10—17条。

【风险防范】

1. 学校应确保履行教学职责的人员具备教师资格。学校安排不具备教师资格的人员从教的,应主要安排其从事辅助性工作,并切实做好安全教育和管理工作。

2. (1)教师资格丧失的情形:被剥夺政治权利的人;因故意犯罪受到有期徒刑以上刑罚处罚的人。(2)撤销教师资格的两种情形:弄虚作假或以其他欺骗手段获得教师资格的;品行不良、侮辱学生,影响恶劣的。

3. (1)教师资格的丧失,由其工作单位或者户籍所在地相应的县级以上人民政府教育行政部门按教师资格认定权限会同原发证机关办理注销手续,收缴证书,归档备案。丧失教师资格者不得重新申请认定教师资格。(2)撤销教师资格者,由县级以上人民政府教育行政部门按教师资格认定权限会同原发证机关撤销资格,证书收缴,归档备案。被撤销教师资格者,自撤销之日起5年内不得重新申请认定教师资格。

4. 师范生在没有取得教师资格证书之前全职顶岗从教涉嫌违反我国教师资格制度,在师范生取得职业资格之前,学校也应主要安排其从事辅助性工作,不宜独立承担一门课的讲授任务或幼儿园带班任务,同时做切实做好对实习生的安全教育和管理工作。特别是对于体育、实验、实践等较高风险的课程,或是组织学生参加群体性、竞赛性的活动,均不应由实习生单独进行。

三、教师权利、教师义务和教师惩戒权

【典型案例】

2018年12月17日17时许,竹园某中学七年级(4)班班主任梁某林将没有完成家庭作业的李某某同学喊进办公室问其原因。梁某林得知李某某因周末出去玩,没有完成家庭作业,口头批评了李某某,并告知还要受到惩戒。李某某便自己拿来三根竹条,梁某林说:"我又不会把你打坏,拿这么多干嘛?"梁某林让李某某放回两根竹条,并告诉李某某,此事应该告知家长。当梁某林与李某某的父亲孙某某进行微信语音沟通时,李某某急速走出办公室,爬上4楼走廊围墙跳下操场,李某某多处受重伤。李某某受伤后,先后被送到重庆医科大学附属儿童医院、中国人民解放军陆军军医大学第三附属医院(大坪医院)、重庆西南医院、重庆渝东医院、奉节县竹园中心卫生院住院治疗。①

【法律问题】

本案梁某林对李某某的行为是行使惩戒权还是体罚?

---

① 重庆市第二中级人民法院(2020)渝02民终2101号。

【法理解读】

《教师法》规定的教师权利有:(1)进行教育教学研究,开展教育教学改革和实验的权利。(2)从事科学研究、学术交流,参加专业的学术团体,在学术活动中充分发表意见的权利。(3)指导学生的学习和发展,评定学生的品行和学业成绩的权利。(4)按时获取工资报酬,享受国家规定的福利待遇以及寒暑假期带薪休假的权利。(5)对学校教育教学,管理工作和教育行政部门的工作提出意见和建议,通过教职工代表大会或者其他形式,参与学校的民主管理的权利。(6)参加进修或其他方式的培训的权利。

某些法定特殊情形下教师的特定权利有:(1)中小学教师和职业学校教师享有教龄津贴和其他津贴的权利。如班主任津贴、特殊教育津贴等。(2)到少数民族地区和边远贫困地区从事教育教学工作的,应当予以补贴。(3)民办学校的教师与公办学校的教师具有同等的法律地位。(4)特殊教育教师享有特殊岗位补助津贴的权利。(5)合法权益被侵害教师的申诉权。

《教师法》规定的教师义务有:(1)遵守宪法、法律和职业道德,为人师表的义务。(2)贯彻国家的教育方针,遵守规章制度,执行学校的教学计划,履行教师聘约,完成教育教学工作任务的义务。(3)对学生进行宪法所确定的基本原则的教育和爱国主义、民族团结的教育,法治教育以及思想品德、文化、科学技术教育,组织、带领学生开展有益的社会活动的义务。(4)关心、爱护全体学生,尊重学生人格,促进学生在品德、智力、体质等方面全面发展的义务即尊重学生人格的义务。(5)制止有害于学生的行为或者其他侵犯学生合法权益的行为,批评和抵制有害于学生健康成长的现象的义务。(6)不断提高思想政治觉悟和教育教学业务水平的义务。

教师惩戒权的法律依据。教育惩戒是在教育过程中发生的,是学校、教师行使教育权的一种具体方式。学校及其他教育机构有对受教育者实施处分的权利;对违反学校管理制度的学生,学校应当予以批评教育;教师有评定学生品行的评价权,并应当制止有害于学生的行为或者其他侵犯学生合法权益的行为,批评和抵制有害于学生健康成长的现象。惩戒不作为有可能导致侵权责任,由于学校及教师未对学生失范行为进行必要的惩戒教育而导致学生自身损害或其他学生因此类行为受到侵害。①学校对有不良行为的未成年学生,应当加强管理教育,不得歧视;对拒不改正或者情节严重的,学校可以根据情况予以处分或者采

---

① 周华:《教育惩戒的立法规制:厘清履职与侵权的界限》,载《教育评论》2021年第9期。

取以下管理教育措施：(1)予以训导；(2)要求遵守特定的行为规范；(3)要求参加特定的专题教育；(4)要求参加校内服务活动；(5)要求接受社会工作者或者其他专业人员的心理辅导和行为干预；(6)其他适当的管理教育措施。如《中小学教育惩戒规则(试行)》第2条第2款首次明确的教育惩戒权,即学校、教师基于教育目的,对违规违纪学生进行管理、训导或者以规定方式予以矫治,促使学生引以为戒、认识和改正错误的教育行为。

　　教育惩戒的实施应该基于对学生的关爱和育人规律,尊重并保障他们的合法权益,旨在帮助学生认识和改正错误,促使他们增强自律意识、遵守规则并向上发展。教师实施教育惩戒的底线是：(1)不得侵犯学生的受教育权、受教育的选择权等；(2)不得侵犯学生的财产权,包括损害学生财物、非法没收学生财物、乱罚款、乱收费等；(3)不得侵犯学生人身方面的权利,包括人格尊严权、人身自由权(非法拘禁与搜查)、隐私权(信息、活动、空间)、性侵犯与性犯罪等；(4)不得侵犯学生的表达自由权；(5)不得侵犯肖像权；(6)不得侵犯身体健康权。[1]把握好教育惩戒边界其实就是最大限度地发挥教育惩戒的正向作用,促进学生发展。[2]教育惩戒主要针对学生违反校规校纪、学生守则、社会公序良俗和法律法规,以及其他妨碍正常教学活动进行和有害身心健康的行为。制定教育惩戒规则应当依法进行,并通过一定的民主程序事先公布。对于学生违规违纪、言行失范的行为,教育惩戒的处理应该具备事实清楚、证据确凿、定性准确和处理恰当等特点。教育惩戒应该以教育为目的,根据学生的性别、年龄、个性特点、身心特征、认知水平、一贯表现、过错性质和悔过态度等因素进行。在实施教育惩戒时,应遵循过罚相当、同过同罚的原则。在实施教育惩戒时,需要事先了解学生的行为动机,并准确判断行为的性质。同时,要注意选择合适的方式、场所和环境来进行惩戒,并防范可能出现的风险。教师在对学生实施教育惩戒后,应重视与学生的沟通和帮扶。对于那些能够改正错误的学生,应及时表扬和鼓励他们。学校还可以依法与公安机关、检察机关进行协同配合,共同进行学生管教和帮扶工作。

　　学校拟对学生实施教育惩戒的,应听取学生的陈述和申辩,依法举行听证,并应当及时告知家长,严重惩戒应事先告知。学生及其家长对学校依据《中小学教育惩戒规则(试行)》第10条实施的教育惩戒或者给予的纪律处分不服的,可以在教育惩戒或者纪律处分作出后15个工作日内向学校提起申诉。学生或者

①　劳凯声：《教育法学》,中国人民大学出版社2023年版,第165页。
②　杜学爽：《教师教育惩戒的实施边界探析》,载《中小学德育》2021年第2期。

家长对学生申诉处理决定不服的,可以向学校主管教育部门申请复核。学校教师发现学生行为具有危险性的,应及时告诫、制止,并与学生监护人沟通。校规校纪对学校、教师实施教育惩戒有其他程序性要求的,学校和老师也应严格遵守等。

本案中,梁某林对李某某的行为是体罚。李某某虽为限制民事行为能力人,但因其对于跳楼可能会带来的严重损害后果应当能够清楚地认知,本案事故主要因其自身心理承受能力较弱,无视跳楼后果,系造成涉案事故的主要因素;竹园某中学因在对学生的教育管理过程中采用体罚的方式,违反了教育部的相关规定,且该体罚行为与李某某跳楼之间存在一定的因果关系,故也应对此承担相应的责任。且该校同时也存在教育设施、设备未达到相关标准的缺陷,法院二审判定由竹园某中学在本案中承担45%的责任。

【法条链接】

《教育法》第7—8条、第33—34条、第43条,《教师法》第7—8条、第25—29条、第37条第1款第2项、第39条;《义务教育法》第27—28条,《预防未成年人犯罪法》第31条,《学生伤害事故处理办法》第27条,《教育行政处罚暂行实施办法》第10条第2款第1项,《中小学教育惩戒规则(试行)》第2条第2款,《中小学幼儿园安全管理办法》第35条第2款等。

【风险防范】

1　学校惩戒既要保证惩戒的内容及依据合法、合理,又要保证惩戒程序符合正当要求。

2　从教育惩戒的常见法律风险防控角度看:教育惩戒不能沦为体罚、变相体罚或侵犯学生人格尊严、人身自由的行为;不得因学生个人或少数学生违规违纪行为而惩罚全体学生;不能因教职工个人情绪或好恶,恣意实施或选择性实施惩戒;不得在校规校纪等之外私设教育惩戒;不得将学生错误无限放大,情绪化地过度实施惩戒;不得以学生有不足或劣迹为借口侵犯学生的合法权益,如财产权、受教育权等;不得因学业成绩而教育惩戒学生;不得指派学生对其他学生实施教育惩戒。

3　教职工体罚或变相体罚学生造成伤害事故。(1)民事责任。教职工体罚学生致学生伤害,由学校承担相应的责任,学校赔偿后可向有故意或重大过失的该教职工追偿。(2)行政责任。教师体罚学生,经教育不改的,由所在学校、其他教育机构或者教育行政部门给予行政处分或者解聘。体罚幼儿的,由教育行政部门对直接责任人员给予警告、一千元以下的罚款,或者由教育行政部门建议有关部门对责任人员给予行政处分。(3)刑事责任。教职工体罚学生,情节恶劣,后果严重,构成侮辱罪、故意伤害罪或故意杀人罪的,依法应当承担相应的刑事责任。

4　(1)对于依法依规实施教育惩戒的教师,要为其提供保障,对学生"敢管、愿管"。教师教育惩戒学生,实际上是一种职务行为,是代替学校履行对学生的教育教学和管理职责。(2)学校应当为教师依法实施教育惩戒提供保障。学校理应完善相关制度,加强对教师的培训,规范教师的教育教学管理行为;对因教师管理行为发生的纠纷,学校应当及时处理,切实保障教师权益。(3)处理教师要合法合规、合情合理。(4)要建立家校合作机制。校规校纪应当提交家长委员会、教职工代表大会讨论,经校长办公会议审议通过后施行,并报主管教育部门备案。

四、职称和奖励

【典型案例】

2018 年 9 月 28 日,被告池州某学院人事处以校人字(2018)23 号文件通知各二级学院和各部门做好 2018 年度专业技术职务评审工作,明确规定了申报时间及申报材料的具体要求。后被告人事处认为原告某教师材料的递交时间及内容均不符合规定,故未予受理。原告认为被告的该行为违法。2018 年 11 月 21 日,被告对二级学院教学文档规范整改进行督查,督查过程中发现原告等数名教师在教学文档准备、试卷制作、试卷分析等方面存在不同程度的问题,依据相关规定作出人校教字(2018)75 号文件进行了通报批评,并要求整改。原告认为该文件系打击报复行为,要求撤销该文件。诉至法院,请求判令:(1)依法确认被告池州某学院的校方行为违法,并判令被告对原告专著的学术成果进行鉴定,然后再决定是否让原告参评教授。撤销校教字(2018)75 号文件,赔偿原告由于池州某学院违法行为造成的损失;(2)判令被告承担诉讼费用。①

【法律问题】

职称评审的纠纷,法院是否可以受理?

【法理解读】

教师职称是区别教师专业技术或学识水平、能力与成就的等级称号,是反映教师专业技术人员学术技术水平、工作能力及过去工作成就的标志。教师职务序列设置,目前有高校、中学、小学、中专、技工五个教师专业技术职务系列。每个系列又分高、中、初三个等级。

根据现有规定,中小学教师职称评审一般经过以下环节:个人申请、学校推荐、专家评审、部门审核与公示、学校聘用等。首先,教师根据政策文件和学校规定,向学校提出申请。其次,教师所在学校对提出申请的教师进行全面考核,决定推荐人选,学校一般制定内部考核标准和程序,组建考核推荐领导小组。再次,由职称评审委员会根据申请人的材料,或采取面试、试讲等方式,综合评价申请人的品德、能力与业绩,判定申请人是否符合申请职称的相应标准。最后,由

---

① 安徽省池州市(地区)中级人民法院(2019)皖 17 行终 50 号。

行政部门对评审委员会产生的结果审核,并公示最终名单。根据各省公布的中小学教师职称评审办法,职称评审的组织工作实行分级管理。中小学教师职称分为三级、二级、一级、高级和正高级。中小学教师的正高级职称由省级教育行政部门或者人社部门组织实施,教师申报、学校推荐和其他级别的职称评审一样,县(区)和设区的市级人社部门和教育部门负责正高级职称的推荐及材料报送工作。中小学教师高级职称评审工作一般由设区的市级政府的人社部门和教育部门组织实施。中小学教师一、二、三级职称评审的组织工作在各省有一些差异,其中,一级职称的评审有些省在市级,有些省下放到省直管县,北京、上海的一级职称在区一级。二、三级职称一般放在区县,而北京的二、三级职称评审工作由学校组织实施。中小学教师职称评审是行政机关和其委托的组织对中小学教师专业技术水平的审查与认定,认定结果对教师工资水平有决定性作用,具有行政确认行为的本质属性,属于行政确认行为。[1]高校教师职称评审权直接下放至高校,自主组织评审、按岗聘用,主体责任由高校承担。《关于深化高等学校教师职称制度改革的指导意见》指出:高校对教师的评价标准要严把思想政治和师德师风考核;突出教育教学能力和业绩;克服唯论文、唯"帽子"、唯学历、唯奖项、唯项目等倾向;推行代表性成果评价。在中学,评价教师的标准要克服以升学率的高低来衡量的倾向。

教师的奖惩制度。奖惩既是考核的必然结果,也是一种独立的教师评价机制。《教师法》第7章和第8章分别对教师的奖励和惩罚作了规定。对在教育教学活动中的某一方面成绩优异的,都可能给予奖励。成绩优秀的,由学校奖;突出贡献的,由政府奖;重大贡献的,由国家授予荣誉称号。同时鼓励社会力量捐资助奖。可见,我国教师奖励制度是分层次和级别的,形式上体现为物质和精神奖励相结合的原则。

职称评审的纠纷,法院不受理。本案中被告学校有权在核定的专业技术职务岗位的职数范围内对正教授的任职资格进行审定,评聘教师和其他专业技术人员的职务、调整津贴及工资分配属于高等学院行使自主权的范畴。

【法条链接】

《教师法》第22—24条、第33—34条。

---

①　叶阳永:《中小学教师职称评审的法律性质及其司法审查》,载《湖南师范大学教育科学学报》2022年第6期。

【风险防范】

1　中小学教师职称评审是行政机关和行政机关委托的组织的一种行政确认行为。

2　中小学教师职称评审涉及行政权力和专家权力的自由裁量，在职称评审过程中滥用职权、徇私舞弊现象的存在，涉及学校管理层、评审委员会专家以及负责召集专家的教育行政部门，还有负责最终审核的人社部门。任何一个主体不公正行使职权，都会影响职称评审的结果。

3　目前的相关制度只是通过申诉，没有纳入司法审查。教师对学校未能聘任其教师职务的决定不服的，可以向主管教育行政部门提出行政申诉。根据不同情况，依法作出维持或者变更原处理决定、撤销原处理决定或者责令被申诉人重新作出处理决定。

4　为保障教师合法权益和监督行政机关依法行使职权，中小学教师职称评审争议未来应当被纳入行政诉讼受案范围。基于司法审查的考虑，中小学教师职称评审应当进一步明确评审的决定主体和程序要求。

第二节　学校教师聘用合同签订、履行中的法律风险

一、教师入职和聘用合同签订

【典型案例】

2020年，李某到某幼儿园应聘，称教师资格证遗失并表示此前自己曾在该幼儿园工作，请幼儿园查询存档的教师资格证资料。经查找，幼儿园发现存档资料中确实有李某的教师资格证复印件。幼儿园拟录用李某，并按当地教师入职管理的规定，向该市教育局申请入职查询。教育局查询发现李某从该园离职后，因犯非法持有毒品罪被判处有期徒刑，教师资格证已被撤销。该市教育局将查询结果反馈幼儿园，该园依法作出不予聘用决定。①

【法律问题】

教师入职需要进行哪些审查？

【法理解读】

公办学校的教师聘用制度包括事业编制和非事业编制两种类型。事业编制教师工资属于财政全额拨款，享受事业险（机关事业养老保险、职工医疗险、工伤险、失业险等）以及职业年金和公积金待遇，薪资待遇随着工龄和职称不断提高。非事业编制聘用制度包括：(1)由人事部门管理的非事业编制，这是一种变审批

---

① 载"中国教育报"微信公众号，2021年8月5日发布。

制为备案制的编制管理方式,是一种按需设岗、公开招聘、平等竞争、择优聘用、严格考核、合同管理的人事制度,目前主要存在于高等学校。(2)合同制。合同制教师是由教育行政主管部门或学校向社会公开招聘的不纳入事业编制的教师工作职位,包括代课老师、学校离退休教师、外籍教师等。合同制教师不参与在职教师的正常职级、职称晋升,也不能调动。(3)临聘制,即公办学校为弥补师资力量的不足而向社会公开招聘的、不纳入正式教师编制的临时性工作职位。临聘制人员工作时间较短且不固定,一般不需签署协议,离职过程较为简单,且所需程序较为方便。(4)人事代理制。它是指以政府人社机构授权的人才服务中心作为第三方代为管理人事关系、办理人事业务、提供人事服务的人事管理制度。人事代理机构(政府人事部门所属人才交流服务机构)接受用人单位或个人委托代理有关人事管理,用人单位与被聘用人员只受双方签订的聘用合同的约束。这一制度目前主要存在于高等学校。(5)劳务派遣制。这是一类通过第三方劳务派遣机构招聘务工人员,由劳务派遣机构派遣到用人单位务工,由用工单位向务工人员发放薪酬的用工方式。在教师劳务派遣中,教师与劳务派遣机构形成劳动关系,而与学校形成的是劳务用工关系。[1]

事业编制的聘用主要包括公开招聘、签订聘用合同、定期考核、解聘辞聘等制度。随着聘用制的推行,学校与教师之间已经演变成一种聘用合同关系。教师聘用合同的主体是学校与教师。

聘用合同订立程序。一是公布聘用岗位、应聘条件、聘期和聘用方法。二是采取个人申请、民主推荐、公开招聘等形式产生拟聘人选。主要按人事管理权限审批,确定聘用人选。三是按人事管理权限审批,确定聘用人选。四是签订聘用合同,办理聘用手续。五是公布聘用结果。劳动合同订立程序为:一是公布招工(招聘)简章;二是自愿报名;三是全面考核;四是择优录用(聘用);五是公布被录用(聘用)名单。按照合同法理论,公布招工或招聘简章是要约邀请;报名申请是要约;考核、确定人选、择优录用是承诺;公布(聘用)结果是通知行为。合同经过要约、承诺程序成立。[2]

公开招聘要坚持德才兼备的用人标准,贯彻公开、平等、竞争、择优的原则,要坚持政府宏观管理与落实学校用人自主权相结合,统一规范、分类指导、分级管理。公开招聘由学校根据招聘岗位的任职条件和要求,采取考试、考核的方法

---

[1]　劳凯声:《教育法学》,中国人民大学出版社 2023 年版,第 194—195 页。

[2]　《北京市事业单位实行聘用合同制暂行办法》第 8 条。

进行。政府人事行政部门是政府所属学校进行公开招聘工作的主管机关。政府人事行政部门与学校的上级主管部门负责对学校公开招聘工作进行指导、监督和管理。学校可以成立由本校人事部门、纪检监察部门、职工代表及有关专家组成的招聘工作组织,负责招聘工作的具体实施。

学校招聘教师应当面向社会,凡符合条件的各类人员均可报名应聘。学校公开招聘教师,不得设置歧视性条件要求。为了保证教师聘用工作的顺利平稳进行,聘用教师应当优先从本单位现有人员中选聘;面向社会招聘的,同等条件下本单位的应聘人员优先。

教师入职需要进行从业禁止情形的审查。2023年4月,教育部印发《关于推开教职员工准入查询工作的通知》。中小学校和高等学校拟聘用教师在入职前查询《关于建立教职员工准入查询性侵违法犯罪信息制度的意见》《关于落实从业禁止制度的意见》规定的性侵违法犯罪信息以及《教师法》《教师资格条例》规定的已纳入教师资格限制库的丧失、撤销教师资格信息。高等学校拟聘用其他教职员工参照执行。

【法条链接】

《教师法》第17条第1款,《中小学幼儿园安全管理办法》第35条,《事业单位公开招聘人员暂行规定》等。

【风险防范】

1 招聘工作要做到信息公开、过程公开、结果公开,接受社会及有关部门的监督。严格公开招聘纪律。学校、幼儿园等密切接触未成年人的单位招聘工作人员时,应当向公安机关、人民检察院查询应聘者是否具有性侵害、虐待、拐卖、暴力伤害等违法犯罪记录;发现其具有前述行为记录的,不得录用;应当每年定期对工作人员是否具有上述违法犯罪记录进行查询,通过查询或者其他方式发现其工作人员具有上述行为的,应当及时解聘。

2 招聘中的违规行为:应聘人员伪造、涂改证件、证明,或以其他不正当手段获取应聘资格的;应聘人员在考试考核过程中作弊的;招聘工作人员指使、纵容他人作弊,或在考试考核过程中参与作弊的;招聘工作人员故意泄露考试题目的;学校负责人员违反规定私自聘用人员的;政府人事行政部门、学校主管部门工作人员违反规定,影响招聘公平、公正进行的;违反规定的其他情形。未能应要求拟聘人员提供入职报告,书面承诺本人不存在规定的不得聘用情形。此外,还可以在报告中明确虚假承诺的后果由拟聘人员承担。未能查询确认拟聘人员不存在不得聘用的情形。

3 (1)对违规情形,必须严肃处理,构成犯罪的,依法追究刑事责任;对违反公开招聘纪律的应聘人员,视情节轻重取消考试或聘用资格;对违反本规定招聘的受聘人员,一经查实,应当解除聘用合同,予以清退。对违反公开招聘纪律的工作人员,视情节轻重调离招聘工作岗位或给予处分,对其他相关人员,按照有关规定追究责任。(2)密切接触未成年人的单位,未履行查询义务,或者招用、继续聘用具有相关违法犯罪记录人员的,由主管部门按照职责分工责令限期改正,给予警告,并处五万元以下罚款;拒不改正或者造成严重后果的,责令停业整顿或者吊销营业执照、吊销相关许可证,并处五万元以上五十万元以下罚款,对直接负责的主管和其他直接责任人员依法给予处分。

4 学校需要招聘外国国籍教师的,须报省级以上政府人事行政部门核准,并按照国家有关规定进行招聘。按照法定要求不得聘用有关人员。

二、聘用合同内容不明确或不完整

【典型案例】

2017年7月12日,教师郑某入职A高校并签订《A高校非教学科研人员工作协议书》。该协议书第2条约定:"乙方(即教师,下同)来校报道后,承担如下义务:自协议签订之日起,至少为大学服务5年,参加进修或在职攻读高一级学历、学位的,还应承担学校规定或协议约定的义务。"第3条违约处理第2款第3项约定:"乙方按未满服务年限(不足一年的,以一年计,下同)缴纳违约金,违约金总额=学校在个人离校前一年所聘(保留)岗位应发收入×未满服务年限。"2019年7月,郑某获取攻读博士学位机会,向A高校申请离职,并请求移交档案至拟就读学校。A高校提出郑某在校服务期未满,需要按照协议约定缴纳违约金人民币140 692元。2019年8月23日,郑某向A高校提出《申请》,载明:"因未满服务年限,自愿缴纳违约服务金(离校补偿金140 692元)。"2019年8月27日,郑某向A高校缴纳了违约金后,顺利攻读博士。2020年8月26日,郑某以《A高校非教学科研人员工作协议书》关于劳动者未满服务期限需要交纳违约金的约定严重侵犯劳动者合法权益、其本人系迫于档案移送需要违背真实意思表示支付违约金为由,要求A高校返还收取的违约金。[①]

【法律问题】

聘用合同的违约金条款有效吗?

【法理解读】

聘用合同由学校的法定代表人或者其委托的人与受聘教师以书面形式订立。聘用合同必须具备下列条款:(1)聘用合同期限;(2)岗位及其职责要求;(3)岗位纪律;(4)岗位工作条件;(5)工资待遇;(6)聘用合同变更和终止的条件;(7)违反聘用合同的责任。经双方当事人协商一致,可以在聘用合同中约定试用期、培训和继续教育、知识产权保护、解聘提前通知时限等条款。

聘用合同分为四种类型:3年(含)以下的合同为短期合同;3年(不含)以上的合同为中期合同;至教师退休的合同为长期合同;以完成一定工作为期限的合同为项目合同。学校与受聘教师签订聘用合同,可以约定试用期。试用期一般不超过3个月;情况特殊的,可以延长,但最长不得超过6个月。被聘教师为大

[①] 福建省高级人民法院(2022)闽民再248号民事判决书。

中专应届毕业生的,试用期可以延长至 12 个月。试用期满合格的,予以正式聘用;不合格的,取消聘用。

1. 必备条款

《劳动合同法》规定的必备条款总体范围大体适用于事业单位,但事业单位在工作内容和工作地点、劳动报酬、社会保险、劳动保护、劳动条件和职业危害防护等方面的实体法律规定方面与学校不同,因此,事业单位公共性所要求的某些特殊条款,也应逐步纳入必备条款中。劳动报酬、社会保险(含补充保险)、劳动保护、劳动条件和职业危害防护等方面,事业单位工作人员的待遇水平等,一般应遵守国家统一规定,不属约定的权限范围,在聘用合同中,可予确认。在应增加的必备内容方面,除试用期外,可考虑增加事业单位新聘人员对职业承诺和纪律承诺方面的条款,并在人事争议处理中,增加行政申诉的条款。

2. 约定条款

与劳动合同相比,聘用合同双方可自主约定的事项范围相对较小。由于事业单位的公共机构身份,为实施人才战略,国家和地方出台了一系列吸引人才的优惠政策,包括荣誉待遇和物质待遇。事业单位应与新聘人员就获得此类优惠和聘用义务与新聘人员进行协商。事业单位因政策性规定给予工作人员的某些直接经济和物质待遇具有数额大、资源稀缺、关系公共利益等特点,单位可与新聘人员约定服务期限或业绩要求,工作人员违反约定,单位可收回部分优惠、资格或收取违约金。但违约金应不超过所获待遇本身的经济价值和服务期尚未履行部分所应分摊的费用。

下列聘用合同为无效合同:(1)违反国家法律、法规的聘用合同;(2)采取欺诈、威胁等不正当手段订立的聘用合同;(3)权利义务显失公正,严重损害一方当事人合法权益的聘用合同;(4)未经本人书面委托,由他人代签的聘用合同,本人提出异议的。无效合同由有管辖权的人事争议仲裁委员会确认。学校与受聘教师订立聘用合同时,不得收取任何形式的抵押金、抵押物或者其他财物。

本案中,违反聘用合同的责任约定是聘用合同必须具备的条款之一,约定违约责任条款为法律法规所允许。违约金的数额在不违反法律强制性规定的前提下,由当事人双方在聘用合同中自行约定。当事人任何一方违反聘用合同的,违约方要承担违约责任。因此,本案中双方当事人在合同中约定的违约金条款是有效的。

【法条链接】

《事业单位人事管理条例》第 12—19 条等。

【风险防范】

1. （1）明确约定合同期限、劳动报酬、工作内容、工作地点等核心内容，避免缺失必备条款导致未能签署聘用合同聘用劳动合同的情形。（2）设置违约金条款仅限于"专项培训服务期"和"竞业限制"两种情形。

2. （1）聘用合同应载明的必备条款有欠缺。（2）聘用合同约定违约金没有严格限制；合同中对员工的违纪行为、失职行为、辞职行为设置违约金。

3. （1）必备条款是否缺失直接影响到合同的成立。（2）一旦涉及培训服务期和竞业限制事项，则学校必须与员工明确约定违约金，否则会因无法举证实际损失从而导致"竹篮打水一场空"的悲剧。

4. 如果学校为了吸引人才，对己方设置解约违约金，则必须清晰界定适用情形和范围。

三、工资、福利、人事争议

【典型案例】

狮某中学是事业单位法人。陈某珍于 2006 年 8 月起到狮某中学担任教师，陈某珍与狮某中学于 2017 年 7 月 1 日签订了《聘用合同》，约定聘用合同期限为 2017 年 7 月 1 日至 2020 年 6 月 30 日，岗位是专业技术十一级。2019 年 5 月 16 日，广州市花都区教育局印发《花都区公办学校教师退出教学岗位实施办法》。2019 年 7 月，陈某珍参加了花都区教育系统的竞聘考试，但未能竞聘上岗。2019 年 9 月起至 2020 年 8 月，区教育局安排陈某珍在狮某中学待岗培训，陈某珍待岗期间的工资待遇按《花都区公办学校教师退出教学岗位实施办法》的规定发放。2020 年 9 月，陈某珍与狮某中学签订了《聘用合同变更书》，约定双方同意于 2020 年 9 月 1 日起变更聘用合同，聘用合同的内容作如下变更：(1)甲方（狮某中学）聘用乙方（陈某珍）从事管理九级职员岗位的工作；(2)聘任期从 2020 年 9 月 1 日至 2022 年 8 月 31 日。陈某珍转岗后，工资待遇自 2020 年 9 月 1 日起按新岗位的工资待遇核发。陈某珍认为转岗后的工资待遇少于原来专业技术十一级岗位的工资，要求狮某中学补发 2020 年 9 月 1 日至 2021 年 7 月 30 日期间上述少发的 7.3 万元工资。2021 年 8 月 11 日，陈某珍向广州市花都区劳动人事争议仲裁委员会申请仲裁，裁决未支持陈某珍的要求。陈某珍于 2021 年 11 月 25 日收到裁决书后，在法定期限内向法院起诉。①

① 广东省广州市花都区人民法院(2022)粤 0114 民初 314 号。

【法律问题】

本案是否属于人民法院审理的人事争议的受理范围？

【法理解读】

(一) 工资与福利

我国分类建立教师工资待遇保障机制。公办中小学教师工资、福利、社会保障单位缴费、津贴以及奖励、培训等所需经费,按照事权和支出责任相适应的原则,分别列入各级财政预算予以保障。其他学校、教育机构聘用教师的工资及其他待遇,由学校、教育机构及其举办者予以保障,财政可以依职责予以补贴或者奖励。中小学、幼儿园教师的平均工资收入水平应当不低于或者高于当地公务员的平均工资收入水平,并逐步提高。健全义务教育教师工资待遇随当地公务员工资待遇调整联动机制。绩效工资分配应当坚持多劳多得、优绩优酬,并体现对优秀教师、班主任等特定岗位教师的激励。高等学校根据国家有关规定,自主确定内部分配办法,健全以增加知识价值为导向、符合高等学校行业特点的工资收入分配制度。各级人民政府应当落实教师正常晋级增薪制度。

符合条件的教师,可按照国家规定享受相应的津贴、补贴。如地方各级人民政府对到边远和欠发达地区、边疆和少数民族聚居地区、革命老区和乡村地区从事教育教学工作的教师,应当按照国家有关规定予以补贴。公办中小学、幼儿园教师的医疗同当地公务员享受同等的待遇。教师达到国家规定的退休年龄或者丧失工作能力的,应当退休或者退职。教师退休或者退职后,享受国家规定的退休或者退职待遇。县级以上地方人民政府可以适当提高长期从事教育教学工作的幼儿园、中小学退休教师的养老待遇。民办学校及其举办者应当参照同级同类公办学校教师的标准,依法保障所聘教师的工资、福利待遇和其他合法权益,并依法为教师足额缴纳社会保险费和住房公积金。鼓励民办学校按照国家规定为所聘教师建立职业年金。

相关刑事法律风险是需要防范拒不支付劳动报酬罪,本罪以转移财产、逃匿等方法逃避支付劳动者的劳动报酬或者有能力支付而不支付劳动者的劳动报酬,数额较大,经政府有关部门责令支付仍不支付的,处三年以下有期徒刑或者拘役,并处或者单处罚金;造成严重后果的,处三年以上七年以下有期徒刑,并处罚金。单位犯前款罪的,对单位判处罚金,并对其直接负责的主管人员和其他直接责任人员,依照前款的规定处罚。有前两款行为,尚未造成严重后果,在提起公诉前支付劳动者的劳动报酬,并依法承担相应赔偿责任的,可以减轻或者免除处罚。①

(二) 不属于法院受案范围的人事争议

人事争议可细分为聘用合同争议、辞职争议、辞退争议。区分人事争议和劳动争议的主要依据在于劳动者是否为事业单位编制内人员,具体审查有无填写过聘用制干部审批表、有无办理过聘用制干部审批手续等。不属于法院受案范围的人事争议诉请一般包括:(1)对涉及本人考核结果、处分决定不服的相关争议。但处分决定内容为解聘、辞退的,应属于法院受案范围。(2)因职务任免、职级评定、职称评审产生的争议。此类争议既包括对职务任免、职级评定、职称评审结果不服要求变更或纠正的诉请,还包括与此直接相关的工资、奖金等诉请。(3)因技术入股、知识产权权属以及利益分配等产生的争议。(4)因承包问题产生的争议,但承包合同的履行涉及工资、福利待遇以及聘用合同解除的除外。(5)工龄、特殊工种的认定以及与此直接相关的福利待遇、经济损失等的争议。(6)恢复聘用岗位的争议。(7)发放荣誉证书、荣誉称号及相关待遇的争议。(8)签订或续订聘用合同的争议。(9)发放住房补贴、住房福利的争议。(10)缴纳社会保险费、住房公积金、工会会费的争议。(11)其他非因辞职、辞退及履行聘用合同产生的争议。

本案中陈某珍对学校岗位的工资标准有异议,涉及人事身份级别的认定及岗位工资待遇的核定,该争议均属于人事单位内部管理范畴,不属于人民法院受理的人事争议范围。

【法条链接】

《教师法》第 25—32 条,《刑法》第 276 条之一第 1 款。

---

① 最高人民法院《关于审理拒不支付劳动报酬刑事案件适用法律若干问题的解释》第 2 条:以逃避支付劳动者的劳动报酬为目的,具有下列情形之一的,应当认定为刑法第二百七十六条之一第一款规定的"以转移财产、逃匿等方法逃避支付劳动者的劳动报酬":(1)隐匿财产、恶意清偿、虚构债务、虚假破产、虚假倒闭或者以其他方法转移、处分财产的;(2)逃跑、藏匿的;(3)隐匿、销毁或者篡改账目、职工名册、工资支付记录、考勤记录等与劳动报酬相关的材料的;(4)以其他方法逃避支付劳动报酬的。第 3 条:具有下列情形之一的,应当认定为刑法第二百七十六条之一第一款规定的"数额较大":(1)拒不支付一名劳动者三个月以上的劳动报酬且数额在五千元至二万元以上的;(2)拒不支付十名以上劳动者的劳动报酬且数额累计在三万元至十万元以上的。各省、自治区、直辖市高级人民法院可以根据本地区经济社会发展状况,在前款规定的数额幅度内,研究确定本地区执行的具体数额标准,报最高人民法院备案。

【风险防范】

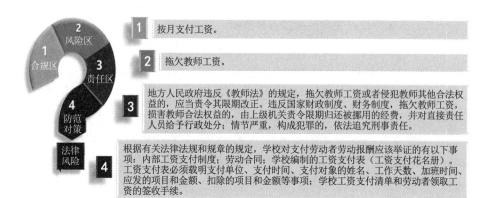

四、网络舆情对聘用合同的影响

【典型案例】

2023年5月25日,一段视频在网络流传,有监控视频显示:在福建泉州某县某中心小学,一女生在课间玩耍时,因手不慎碰到一女老师的肚子,原本低头看手机的老师,竟然直接用脚踢了女生一脚,随后又揪住女生的衣领将其拽进教室。5月26日,"女生手无意碰到老师被脚踢揪进教室"的词条冲上热搜第一,引发网友广泛关注,很多人质疑:这样的老师,教得好学生吗?①

【法律问题】

网络舆情对教师的聘用合同有何影响?

【法理解读】

学校内部管理行为失当可能引发舆情事件。通常,学校内部管理行为的影响一般仅限于内部,但随着以微博、微信、抖音为代表的社交媒体的迅速普及,有些教育者将学校的管理行为"添油加醋"后公之于众的情况十分常见,如学校处理失当也可能引发公关危机,甚至对学校正常教学产生负面影响。

当下,学校应将社交媒体的管理作为学校员工行为管理的重要部分。如果不加以管理和规范,轻则导致媒体负面报道,重则可能导致学校商业秘密泄露,

---

① 载"法治网"微信公众号,2023年5月26日发布。

给学校造成不可挽回的损失。任何个人和组织使用网络应当遵守宪法法律,遵守公共秩序,尊重社会公德,不得危害网络安全,不得利用网络从事危害国家安全、荣誉和利益,煽动颠覆国家政权、推翻社会主义制度,煽动分裂国家、破坏国家统一,宣扬恐怖主义、极端主义,宣扬民族仇恨、民族歧视,传播暴力、淫秽色情信息,编造、传播虚假信息扰乱经济秩序和社会秩序,以及侵害他人名誉、隐私、知识产权和其他合法权益等活动。

随着社交媒体的普及,教育者的私生活经过网络发酵也可能会对他们的聘用合同履行产生影响。虽然教育者的私生活一般不会直接影响他们在工作中的表现,但是现在越来越多的教育者在网络空间上发表个人见解,这些言论可能与所在单位的利益产生冲突。例如一个教师在非工作时间通过微信朋友圈、抖音等平台发表了对学校或同事不利的言论,那么他的言论也应受到学校规章制度的约束。如果教育者在私生活中违反了社会公德,相关事件被媒体曝光,那么学校的声誉就可能受到负面评价,导致学校遭受损害。从社会公序良俗和职业道德准则的角度出发,应当尊重社会公德,维护社会公共利益和公序良俗,以弘扬社会主义核心价值观。因此,聘用合同可以约定,如果员工有违反社会公德、损害学校利益的行为,学校有权解聘。因此,作为教育者,需要在个人言行上谨言慎行,遵守职业道德,以保护自己和学校的利益。同时,学校也可以通过合同约定来规范员工的行为,以维护学校的声誉和形象。

网络并非法外之地,用人单位和教育者均应遵守"网络公德"。互联网极大便利了教育者和学校之间的沟通和协调,但网络并非实施侵权行为的避风港,通过网络发表不当言论可能会导致行政拘留和刑事拘留。网络用户、网络服务提供者利用网络侵害他人民事权益的,应当承担侵权责任。因此,无论是对教育者还是用人单位而言,使用网络均应遵守国家法律,避免产生违法或侵权行为。

网络舆情对教师的聘用合同有重大影响。本案中,舆情发生的第二天,福建某教育局就"一教师脚踢拉扯学生"事件予以回应:该编外合同教师已解聘。通报全文如下:2023年5月25日,网传我县"一教师脚踢拉扯学生"视频。我局高度重视,迅速组织开展调查处置。目前,根据《中小学教师违反职业道德行为处理办法(2018年修订)》等相关规定,已对该编外合同教师许某进行批评教育并解聘。该教师已深刻认识到自己的错误行为,当面向该学生及家长道歉,取得谅解。下一步,我局将引以为戒,举一反三,在全县范围内强化师德师风教育,加强学校内部管理,杜绝类似事件发生。

【法条链接】

《网络安全法》第 12 条,《民法典》第 1028 条、第 1194 条等。

【风险防范】

1. 完善劳动人事合规管理仍是避免舆情事件的基础。学校应加强对社交媒体的管理,避免教职工"祸从口出",学校宜制定针对社交媒体行为的相关规章制度。学校应倡导教职工遵守社会公德和公序良俗,避免对聘用(劳动)合同履行产生影响。

2. 教职工通过媒体曝光学校的内部丑闻或者违规行为:规章制度违法、欠发工资、漏缴社保等;为了防止学校信息外泄,避免相关言论被媒体所误读,未经学校许可批准,不得通过各种渠道或形式发表针对学校、学校同事的评论。教职工针对学校以外的第三方发表评论,避免发布侵犯他人隐私或名誉的信息或者违反国家法律规定的相关信息。教师如果不遵守基本的社会公德和公序良俗,或将导致舆情的发生。

3. 不遵守学校社交媒体管理的行为,学校可设定相应的处罚规定,包括警告、记过或聘用(劳动)合同等。如违反社会公德和公序良俗导致被媒体负面评价进而导致学校声誉受损,可规定解除聘用(劳动)合同的处分。

4. 要避免舆情事件,学校就需要做好内功,完善劳动合规管理,在工资、社保、公积金等民生领域保障教职工的基本权益。处理具体个案要严格遵循法定程序和内部程序,避免直接违反法律规定或者严重违反内部程序的情形出现。学校可以在相关规章制度中明确教职工负有遵守社会公德和公序良俗的义务,避免损及学校利益。在发生相关事件后,学校应立即通过媒体或网络作出相应的澄清,及时对涉案当事人作出处理,如延误处理亦可能导致声誉损失的进一步扩大。

第三节 学校与教师劳动合同签订、履行中的法律风险

一、确认劳动关系和未签订劳动合同二倍工资纠纷

【典型案例】

被告大连某工业大学系辽宁省教育厅主管的全日制高等学校,其业务范围包括化学、材料、机械等有关部门规定的学科学历教育,科学研究,继续教育。2011 年 2 月 22 日,《教育部关于公布 2010 年申请的中外合作办学项目部分批准名单的通知》(教外综函[2011]7 号)批准大连某工业大学与英国南安普顿大学合作举办服装设计与工程专业本科教育项目,并颁发《中华人民共和国中外合作办学项目批准书》,该批准书有效期至 2017 年 12 月 31 日,后申请有效期延长至2024 年 12 月 31 日。2013 年 9 月,原告董某娟经前述中外合作办学项目英语模块负责人面试录用,到案涉中外合作办学项目从事英语教学工作,工作地点在被告校区。大连某工业大学国际教育学院(聘用方)与原告(受聘方)曾先后订立四份英文合同《EMPLOYMENT CONTRACT》,合同期限自 2013 年 10 月 10 日至

2017 年 7 月 31 日。双方签订的四份合同对于工资待遇的约定为每月 10 500 元,通过银行转账方式支付。合同亦约定了福利、休假权利、病假及薪资等事项。2017 年 7 月 31 口前述合同期限届满后,原告继续从事英语教学工作。2019 年 11 月起,相应的交易附言为"教师讲课费"或"劳务费"。2020 年 7 月被告知原告不再续签。2020 年 8 月 6 日被告向原告支付 9 660 元后,再未向原告支付任何款项。原告与被告因确认劳动关系、追索工资待遇产生纠纷,于 2020 年 9 月 28 日向大连市劳动人事争议仲裁委员会提出仲裁申请。2020 年 11 月 18 日,该委作出大劳人仲裁字[2020]第 633 号仲裁裁决:驳回原告的所有仲裁请求。原告不服该裁决,遂诉至法院。①

【法律问题】

原告董某娟与被告大连某工业大学自 2013 年 9 月 1 日至 2020 年 7 月 31 日期间是否存在劳动关系?

【法理解读】

劳动关系即用人单位招用劳动者为其成员,劳动者在用人单位的管理下提供有报酬的劳动而产生的权利义务关系。劳动者和用人单位是否建立劳动关系是以劳动者是否为用人单位提供劳动,以及用人单位是否向劳动者支付劳动报酬为标志的。用人单位自用工之日起即与劳动者建立劳动关系。用人单位与劳动者建立劳动关系应当订立劳动合同。劳动关系的确立并不以是否订立书面劳动合同为标准,而是以是否实际用工为前提。劳动者与用人单位之间的劳动关系均自用工之日起建立。

用人单位招用劳动者未订立书面劳动合同,但只要同时具备以下三个情形,劳动关系成立:(1)用人单位和劳动者符合法律、法规规定的主体资格;(2)用人单位依法制定的各种劳动规章制度适用于劳动者,劳动者受用人单位的劳动管理,从事用人单位安排的有报酬的劳动;(3)劳动者提供的劳动是用人单位业务的组成部分。用人单位未与劳动者签订劳动合同,认定双方存在劳动关系时可参照下列凭证:(1)工资支付凭证或记录(职工工资发放花名册)、缴纳各项社会保险费的记录;(2)用人单位向劳动者发放的工作证、服务证等能够证明身份的证件;(3)劳动者填写的用人单位招工招聘登记表、报名表等招用记录;(4)考勤记录;(5)其他劳动者的证言等。

---

① 辽宁省大连市中级人民法院(2021)辽 02 民终 4991 号。

劳动合同的签订。(1)与应聘教师签订劳动合同,应当及时订立,并采用书面形式。(2)依法设置劳动合同条款。设置劳动合同条款应当包括必备条款和约定条款。劳动合同应当具备以下条款:用人单位的名称、住所和法定代表人或者主要负责人;劳动者的姓名、住址和居民身份证或者其他有效身份证件号码;劳动合同期限;工作内容和工作地点;工作时间和休息休假;劳动报酬;社会保险;劳动保护、劳动条件和职业危害防护;法律、法规规定应当纳入劳动合同的其他事项。上述九个必备条款是学校与教师签订劳动合同时必须载明的条款,缺一不可。学校为更好地维护自身权益,可以与教师明确约定试用期、保守秘密、竞业限制、违约责任等其他条款,以减少因约定不明带来的损失。其中,对劳动报酬和劳动条件等标准更应明确约定。民办学校应当善于使用保密协议与竞业禁止协议,保护自己的商业机密,保留自己的核心师资。

劳动合同应当经双方签字或盖章并交付教师一份。与返聘退休教师属于雇佣关系不是劳动关系,可以与退休教师约定与教学质量相匹配的违约责任。

用人单位自用工之日起超过一个月不满一年未与劳动者订立书面劳动合同的,应当向劳动者每月支付二倍的工资,并与劳动者补订书面劳动合同。用人单位自用工之日起满一年不与劳动者订立书面劳动合同的,视为用人单位与劳动者已订立无固定期限劳动合同。劳动者不与用人单位订立书面劳动合同的,用人单位应当书面通知劳动者终止劳动关系,并依照《劳动合同法》第47条的规定支付经济补偿。用人单位向劳动者每月支付二倍工资的起算时间为用工之日起满一个月的次日,截止时间为补订书面劳动合同的前一日。

本案中,因原、被告均认可原告自2013年9月起到被告下属国际教育学院从事中外合作办学项目教学工作,故应认定原、被告自2013年9月1日起建立劳动关系。被告辩称2020年7月被告告知原告不再续签,原告亦诉称2020年7月31日被告告知其双方合同结束,故法院认定双方劳动关系至2020年7月31日解除。原告与被告自2013年9月1日至2020年7月31日期间存在劳动关系。

【法条链接】

《劳动合同法》第7条、第10条、第14—18条、第81—82条,《劳动合同法实施条例》第5—7条等。

【风险防范】

1　学校自用工之日起一个月内与教职员工订立书面劳动合同。劳动合同约定的内容应细化、完善、具备可操作性、岗位责任或工作量、录用标准清楚。对于求职的员工履历应当适当核实，且对于求职者简历真实性承诺作为其劳动合同的一项义务，如有简历造假则有权单方解除劳动合同而不承担任何经济赔偿责任。劳务派遣作为我国用工形式的一个补充，仅适用于临时性、辅助性或者替代性的岗位。法律还要求劳务派遣的教职工不应超过民办学校全体教职工的十分之一。

2　（1）未与员工签订劳动合同。（2）劳动合同内容不完善。劳动合同内容规定太原则、大而空，条款内容不细化、不完善、不具备可操作性。（3）在招聘条件中岗位责任或工作量不清晰，无具体考核内容及标准、没有录用标准。

3　（1）应当依照劳动合同法的规定向员工每月支付两倍的工资，并与员工补订书面劳动合同，员工不与学校订立书面劳动合同的，学校视当书面通知员工终止劳动关系，并依照劳动合同法的规定支付经济补偿。学校自用工之日起满一年未与员工订立书面劳动合同的，自用工之日起满一个月的次日至满一年的前一日应当依照劳动合同法的规定向员工每月支付两倍的工资，并视为自用工之日起满一年的当日已经与员工订立无固定期限劳动合同，应当立即与员工补订书面劳动合同。（2）由于学校在劳动合同中约定不明，故承担不利的法律后果。（3）在试用期内不易以"不符合录用条件""不能胜任工作"为由解除劳动合同，发生劳动纠纷后也不易取得证据支持。

4　（1）学校必须与所有员工（包括人事行政、校长等）签订书面的劳动合同，之前员工没签订的，立即补签；新入职员工，必须在一个月内与其签订劳动合同；合同到期的，务必提前一个月准备劳动合同续签事宜。签订劳动合同时，必须由职工本人签字。（2）学校在制定劳动合同时，对内容不合法的条款应当进行修改，必备条款不全的应当尽快补充；条款过于原则的，可与职工协商一致签订补充协议，也可将有关具体内容直接补充到劳动合同书中。学校有权利解除劳动合同的规定要具体可操作性：如"不符合录用条件"、"不能胜任工作"、严重失职、严重违反劳动纪律或规章制度的情形需要具体化的规定，给学校利益造成重大损害的情形。（3）熟练岗位工作性质简单且易于明确工作量时，可在招聘条件中作出清晰表述。工作性质比较复杂的技术、管理岗位等，无法用具体的数字表述工作量，可要求应聘者在与学校建立劳动关系后必须符合另行约定的工作岗位的职责要求。

二、劳动合同的期限、试用期、劳动报酬和服务期限

【典型案例】

王某2021年9月1日与大城县教体局签订的协议书显示，最低服务期限为5年，若违约需向该局一次性缴纳违约金5万元，用于偿还该局在组织公开招聘、提供岗位培训等方面的全部成本费用，并记入个人诚信档案。王某介绍，其2021年9月1日被录用后，劳动合同是与廊坊万禹劳务派遣有限公司签订的，到学校工作属于劳务派遣。经过大城县教体局两天的职业和道德培训后，她被分到大城县第一中学任教，月工资税后4 000多元。工作近1年后，因通过考试被大城县教体局录用为正式教师，2022年8月，她提出辞职。因该县教师短缺，为保证农村教师队伍基本稳定，经县政府批准对新招聘的教师约定了最低服务期和违约金。王某被强制向大城县教育发展促进会捐款，县教体局才为其办理了辞职手续。[①]

――――――――――――

① 载"澎湃新闻"微信公众号，2023年8月16日发布。

【法律问题】

培训两天约定 5 万元的违约金是否公平？王某被强制向用人单位捐赠是否有效？

【法理解读】

劳动合同期限约定应合法合理。劳动合同分为固定期限劳动合同、无固定期限劳动合同和以完成一定工作任务为期限的劳动合同。固定期限劳动合同，是指用人单位与劳动者约定合同终止时间的劳动合同。无固定期限劳动合同，是指用人单位与劳动者约定无确定终止时间的劳动合同。劳动者在用人单位连续工作满 10 年，或连续订立二次固定期限劳动合同，且劳动者没有《劳动合同法》第 39 条和第 40 条第 1 项、第 2 项规定的情形的，则劳动者提出或者同意续订、订立劳动合同的，除劳动者提出订立固定期限劳动合同外，应当订立无固定期限劳动合同。

试用期包含在劳动合同期限内。劳动合同仅约定试用期的，试用期不成立，该期限为劳动合同期限依法约定服务期。

表 3-1　劳动合同类型和试用期

劳动合同类型		试用期长短
无固定期限劳动合同		不超过 6 个月①
固定期限劳动合同	不满 3 个月	不得约定试用期
	3 个月（含）以上不满 1 年的	不得超过 1 个月
	1 年（含）以上不满 3 年的	不得超过 2 个月
	3 年（含）以上	不得超过 6 个月
以完成一定任务为期限劳动合同		不得约定试用期

如果学校为教师提供专项培训并支付相关费用，可以与教师签订协议约定服务期限。如果教师违反了服务期限的约定，就需要按照约定向学校支付违约金，但违约金的金额不得超过学校提供的培训费用。然而，在试用期内，学校不得要求教师支付培训费用，即使教师在试用期内解除了劳动合同。如果学校不愿意浪费专项培训费用，那么在试用期内就不应该为教师提供专项培训。需要注意的是，如果学校与教师约定了服务期限，并不影响按照正常的工资调整机制提高教师在服务期间的劳动报酬。

---

① 《民法典》第 1259 条规定：民法所称的"以上"、"以下"、"以内"、"届满"，包括本数；所称的"不满"、"超过"、"以外"，不包括本数。

学校应及时足额支付劳动报酬。公办学校聘用编外教师，如果当地未出台编外教师与在编教师同工同酬制度的，学校可以通过劳动合同条款来明确编外教师的劳动报酬问题。用人单位拖欠或者未足额支付劳动报酬的，劳动者可以依法向当地人民法院申请支付令，人民法院应当依法发出支付令。用人单位未及时足额支付劳动报酬的，劳动者可以解除劳动合同。可由劳动行政部门责令限期支付劳动报酬、加班费或者经济补偿；劳动报酬低于当地最低工资标准的，应当支付其差额部分；逾期不支付的，责令用人单位按应付金额50%以上100%以下的标准向劳动者加付赔偿金。

本案中，首先，若大城县教体局仅仅培训两天，就约定5万元的违约金有失公平；其次，劳务派遣的做法也涉嫌违规，根据相关规定，劳务派遣仅适用于临时性、辅助性的岗位，一般是不到半年的短期性岗位；最后，强制捐赠不符合赠予合同关于自愿原则的法定条件，当属无效。

【法条链接】

《劳动合同法》第12—14条、第19—22条、第30条、第38条、第85条，《劳动合同法实施条例》第15—17条，《劳动保障监察条例》第26条等。

【风险防范】

1 教师在学校连续工作满10年，或连续订立二次固定期限劳动合同，且教师没有《劳动合同法》第39条和第40条第1项、第2项规定的情形的，则教师提出或者同意续订、订立劳动合同的，除教师提出订立固定期限劳动合同外，应当订立无固定期限劳动合同。

2 不得单独签订试用期合同，试用期限不得超过法律规定的上限；不得单独签订试用期合同；同一学校与同一教师只能约定一次试用期；试用期的工资不得低于学校所在地的最低工资标准，同时不得低于本单位相同岗位最低档工资或者劳动合同约定工资的百分之八十。教师在法定工作时间内依法参加社会活动期间，学校未能支付工资。教师依法享有年休假、探亲假、婚假、丧假期间，学校没有按劳动合同规定的标准支付教师工资。非法定情形，不应签订无固定期限劳动合同。签订固定期限劳动合同的，考虑到教育行业的特殊性及教师的工作性质，劳动合同期限以两至三年为宜。实践中，有的学校一年一签，此做法对学校极为不利。

3 学校违法与教师约定试用期的，由劳动行政部门责令改正；违法约定的试用期已经履行的，由学校以教师试用期满月工资为标准，按已经履行的超过法定试用期的期间向教师支付赔偿金。学校克扣或无故拖欠教师工资的，以及拒不支付教师延长工作时间工资报酬的，除在规定的时间内全额支付教师工资报酬外，还要加发相当于工资报酬25%的经济补偿金。以转移财产、逃匿等方法逃避支付教师的劳动报酬或者有能力支付而不支付教师的劳动报酬，数额较大，构成拒不支付劳动报酬罪，经政府有关部门责令支付仍不支付的，处三年以下有期徒刑或者拘役，并处或者单处罚金；造成严重后果的，处三年以上七年以下有期徒刑，并处罚金。采用双罚制，对单位判处罚金，对直接负责的主管和其他直接责任人员，依照前款的规定处罚。有前两款行为，尚未造成严重后果，在提起公诉前支付教师的劳动报酬，并依法承担相应赔偿责任的，可以减轻或者免除处罚。

4 完善薪酬体系，对教师平时加班，以及周六日、法定节假日的加班，均应支付加班费，并在工资条上有所体现。员工工资尽量准时发放，不能及时发放的与员工解释清楚；不能以转移财产、逃匿等方法逃避支付教师的劳动报酬，否则可能构成犯罪；只有学校应当支付的工资经政府有关部门责令支付仍不支付的，才能适用该罪。因此，一旦收到有关部门责令支付工资的，务必及时支付。

三、竞业限制和商业秘密纠纷

【典型案例】

赵某黎于 2018 年 3 月 6 日入职某船出海公司,任小学数学老师,双方签署了固定期限劳动合同,其中有保守商业秘密及竞业限制的约定。赵某黎月工资标准为 15 000 元,另有课时费、续报奖金等。赵某黎于 2021 年 3 月 11 日因个人原因离职,离职时双方签订了《保密及竞业限制补充协议》,针对竞业限制作出如下约定:竞业限制期限为双方劳动关系存续期间及劳动合同解除或终止后 6 个月;竞业限制公司包括好未来教育旗下"学而思、学而思网校"等十九家公司及关联公司;某船出海公司支付的补偿总额为税前 83 931.48 元,按月发放标准为税前 13 988.58 元;赵某黎违反协议约定的竞业限制义务的,应承担违约责任,按照税前金额返还某船出海公司已支付的所有经济补偿,并且支付相当于整个竞业期内竞业限制补偿金总额的 10 倍数额的违约金。某船出海公司已在2021 年 3 月至 6 月随此前课酬向赵某黎支付了竞业限制补偿金每月 13 988.58元,合计 55 954.32 元。某船出海公司主张赵某黎离职后即入职竞业公司学而思公司,违反竞业限制义务,应按照双方约定返还竞业限制补偿金 55 954.32 元及支付违反竞业限制义务违约金 839 314.8 元。①

【法律问题】

赵某黎是否违反竞业限制义务? 需要承担何种法律责任?

【法理解读】

竞业限制是指负有特定义务的教师在任职期间或者离开工作岗位后的一定时间内,不得自营或为他人经营与其所任职的学校同类的办学项目。学校与员工签订竞业限制合同的要点有:(1)教师离职后不得到与本单位经营同类办学项目、从事同类业务的有竞争关系的其他用人单位,或者自己开业生产或者经营同类办学项目。(2)竞业限制的对象只限于高级管理人员、高级技术人员和其他负有保密义务的员工。(3)必须支付补偿金且时间不超过两年。教师违反竞业限制规定,学校可以约定由教师承担违约金。

商业秘密保护。商业秘密是指不为公众所知悉、具有商业价值并经权利人

---

① 北京市海淀区人民法院(2023)京 0108 民初 8276 号。

采取相应保密措施的技术信息、经营信息等商业信息。其中,技术信息具体包括设计、程序、产品配方、制作工艺、制作方法、管理诀窍等,而经营信息则主要包括客户名单、货源情报、产销策略、招投标中的标底及标书内容等信息。与专利相比,商业秘密保护具有无期限、不公开、无须登记注册的特点,但商业秘密保护无垄断性,可能由于人员流动、商业间谍等原因导致其被泄露。

商业秘密制度的注意事项:(1)商业秘密的范围、密级、保密措施,属于商业秘密的具体文件、信息等,应予明确划分一定密级,可实行更有效的管理;对各种商业秘密应采取何种保密措施,各部门、各层级的人员负有何种责任,规章制度均可予以明确。(2)用人单位要求员工保密并非必须支付保密费。但如果支付,则可以在规章制度中予以明确。(3)规章制度中可以对员工违反保密制度的行为进行惩戒,可界定为严重违反规章制度的行为,用人单位可与之解除劳动关系。

相关刑事法律风险是需要防范侵犯商业秘密罪。该罪的行为对象是商业秘密。该罪的行为方式:以盗窃、贿赂、欺诈、胁迫、电子侵入或者其他不正当手段获取权利人的商业秘密的;披露、使用或者允许他人使用以前项手段获取的权利人的商业秘密的;违反保密义务或者违反权利人有关保守商业秘密的要求,披露、使用或者允许他人使用其所掌握的商业秘密的;明知或应知前述第三种违法行为,而获取、披露、使用或者允许他人使用该商业秘密。

本案中,赵某黎在某船出海公司工作三年有余,从事小学数学教学工作,必然了解某船出海公司在教育培训开展过程中的客户信息及教学体系等商业秘密,其自某船出海公司离职后从事高度重合的竞争业务,违约行为给某船出海公司造成经济损失。法院综合考虑到赵某黎掌握商业秘密的程度、商业秘密的重要性、赵某黎的过错程度、违反竞业限制义务的持续时间、约定的以及已经支付的经济补偿、赵某黎的经济收入水平等因素,认定赵某黎应当向某船出海公司支付违反竞业限制义务违约金251 794.44元,并返还某船公司竞业限制补偿金37 000元。

【法条链接】

《反不正当竞争法》第2条第1款,第9条,《民法典》第123条,《劳动合同法》第23—24条,第90条,《最高人民法院关于审理劳动争议案件适用法律若干问题的解释(四)》第6—10条。

【风险防范】

（1）学校与教师签订了竞业限制合同后，学校应根据合同约定，在教师竞业禁止期间，支付相应的经济补偿，如果学校不按照合同的规定支付经济补偿，教师可以要求学校支付或者要求与学校解除竞业限制关系。（2）学校应与内部涉密人员签订保密协议或者在劳动合同中明确约定保密条款，以确定保密的具体范围，尤其要注明学校的核心机密。

（1）如果学校与教师之间的竞业限制条款中没有约定经济补偿标准，竞业限制并不会无效。（2）对于需要承担保密义务的教师违反保密条款的，学校可以根据法律规定，要求教师承担学校因泄密所造成的损失。

（1）学校与教师在劳动合同或保密协议中约定了竞业限制条款，但未就补偿费的给付或具体给付标准进行约定，该条款仍有效，双方可以通过协商予以补救，经协商不能达成一致的，可按照双方劳动关系终止前最后一个年度教师工资的20%—60%支付补偿费。学校明确表示不支付补偿费的，竞业限制条款对教师不具有约束力。（2）违反保密条款除了会受到民事上的惩罚之外，还有可能侵犯商业秘密罪被追究刑事责任，①而违反竞业限制的教师即使没有泄密，也需承担违约金的赔偿。

（1）学校要求教师履行竞业限制义务的，需要签订竞业限制合同予以明确，合同的签订时间在劳动合同开始之日及劳动关系存续期间均可。教师履行竞业限制义务的，学校必须向教师支付经济补偿金，数额约为工资的三分之一到三分之二。违反竞业限制的处罚数额，法律无具体强制性要求，学校与教师之间可以协商约定，学校可依据法律规定保留追究损失的权利。（2）学校与高管、主要教师、技术骨干等签订保密协议，在保密的内容、范围、违约责任等方面进行详细、有针对性的约定。学校有义务举证证明教师有泄密的行为。

四、规章制度纠纷

【典型案例】

陈某宇于 2019 年 9 月 12 日入职某特青岛分公司处，从事教师岗位工作。于 2019 年 12 月 1 日签订书面劳动合同，劳动合同期限为 2019 年 12 月 1 日至 2022 年 11 月 30 日。2022 年 4 月 8 日陈某宇收到解除劳动合同通知书后未再提供劳动。某特青岛分公司解除劳动的原因：陈某宇在工作期间存在严重违反公司的规章制度第二章第二条（服从领导、关心下属、团结互助）、第十四章第三节第三条（教学事故的界定）。其规章制度中的相应处罚措施均为罚款或批评引导。2022 年 5 月 18 日某特青岛分公司、陈某宇到社保局修改互联网解聘备案业务信息，解除终止劳动合同原因由个人申请解除更正为被学校除名、开除、辞退。2022 年 4 月 21 日，陈某宇向青岛市劳动人事争议仲裁委员会提出申请。

---

① 侵犯商业秘密罪的立案标准：给商业秘密权利人造成损失数额在 50 万元以上的；因侵犯商业秘密违法所得数额在 50 万元以上的；致使商业秘密权利人破产的；其他给商业秘密权利人造成重大损失的情形。

青岛市劳动人事争议仲裁委员会作出青劳人仲案字[2022]第 801 号《裁决书》，裁决：(1)被申请人某特青岛分公司自本裁决书生效之日起十五日内支付申请人陈某宁违法解除劳动合同赔偿金 37 553.58 元。(2)被申请人自本裁决书生效之日起十五日内支付申请人陈某宇 2021 年 6 月至 2021 年 9 月防暑降温费 720 元。某特青岛分公司不服裁决，诉至法院。[①]

【法律问题】

本案中用人单位没有按照学校的规章制度解除劳动合同，需要承担什么责任？

【法理解读】

学校的规章制度在人力资源管理中具有重要意义。它不仅是学校自主管理权的核心，也是学校依法维权和降低用工风险的关键手段。当劳动者严重违反学校的规章制度时，学校有权解除劳动合同。学校的劳动规章制度在解决劳动争议时起着重要的作用，然而，如果规章制度的实质内容或制定程序违法，那么它将失去效力，这可能给学校带来不必要的损失，并增加劳动争议的风险。因此，学校在制定规章制度时应该遵守法律法规，确保其合法有效。如果劳动规章制度的内容违反法律法规规定而损害教师权益，教师可以随时解除劳动合同，且学校面临承担行政责任和民事责任的风险，由劳动行政部门责令学校改正，给予警告，给劳动者造成损害的，应当承担赔偿责任。

制定劳动规章制度必须依法进行，并且需要经过民主程序。当用人单位制定、修改或者决定与劳动者切身利益直接相关的规章制度或者重大事项，如劳动报酬、工作时间、休息休假、劳动安全卫生、保险福利、职工培训、劳动纪律以及劳动定额管理等时，应该通过职工代表大会或者全体职工讨论，征求他们的方案和意见。与工会或者职工代表平等协商确定最终方案，在规章制度和重大事项的实施过程中，如果工会或者职工认为有不适当的地方，有权向用人单位提出并通过协商进行修改和完善。此外，劳动规章制度应依法进行公示或告知应聘教师。

在进行民主程序时，可以采取以下方式：(1)用人单位可以向全体员工征求意见，让他们对规章制度的实施提出赞同或异议，并要求员工在意见书上签名。用人单位也可以使用《规章制度征求意见通知书》来正式通知员工，并收集他们

---

① 山东省青岛市中级人民法院(2023)鲁 02 民终 5520 号。

的意见。(2)通过会议形式征集意见。在会议中,记录员工对规章制度的意见,并确保会议记录的完整性。为了确保参与者的准确性和参与度,可以使用《会议签到表》。在签到表上明确写明会议的主题为讨论某个具体的规章制度,并让与会职工在签到表上签名,以表明他们参与了会议。

劳动规章制度是学校行使合同解除权的依据,也可以作为人民法院审理劳动争议案件的依据。

本案某特青岛分公司作为用人单位对其解除与陈某宇劳动合同的合法性及合理性负有举证责任。但从某特青岛分公司的规章制度来看,即便陈某宇存在工作时间、工作地点从事与工作无关事宜及教学二级严重事故和三级普通事故等行为,其规章制度中相应处罚措施均为罚款或批评引导,而非解除劳动合同。被告需要支付违法解除劳动合同赔偿金 37 553.58 元。

【法条链接】

《劳动法》第4条,《劳动合同法》第4条、第39条,《关于审理劳动争议案件适用法律若干问题的解释》第19条。

【风险防范】

1. 劳动规章制度是学校行使管理权和法院审理劳动争议案件的重要依据,且劳动规章制度违反法律法规规定的将导致学校承担相关的法律责任,因此学校应当充分重视劳动规章制度的建立和完善。劳动规章制度须经过公示方具有法律约束力。劳动规章制度的内容须合法。教师严重违反学校劳动规章制度的,学校可以解除劳动合同。

2. (1)劳动规章制度未经过民主协商程序讨论通过。(2)劳动规章制度未公开,教师不知悉规章制度的存在。(3)规章制度违反法律法规规定,损害教师权益的。(4)学校未能在劳动规章制度中对严重违反的情形予以明确,或者明确的内容不合情合理,甚至违反公序良俗。

3. (1)劳动规章制度的不生效。(2)如果教师提出不知悉规章制度的存在且学校无法举证的,规章制度不能作为处罚教师的依据。(3)规章制度违反法律、法规规定的,由劳动行政部门责令改正,给予警告;给教师造成损害的,应当承担赔偿责任,且教师可以随时通知学校解除劳动合同,并且此种情形下解除劳动合同,学校还应按规定向教师支付经济补偿金。(4)当解雇行为发生后,学校说教师严重违反规章制度,教师说没有违反规章制度,这很容易发生纠纷。

4. (1)劳动规章制度须经过民主程序方具有法律约束力。劳动规章制度经职工代表大会或者全体教职工讨论,提出方案和意见;在规章制度实施过程中,工会或者教职工认为不适当而向学校提出时,通过协商予以修改完善。经过民主程序的相关证据应当妥善保存。(2)召开教职工大会时宣读劳动规章制度,并委托工会在公告栏予以公告。公示的相关证据应当妥善保存。在签订劳动合同前,应当先让应聘教师阅读劳动规章制度,并让其签写"本人确认了解并承诺遵守本劳动规章制度"。(3)规章制度与法律、法规规定一致。(4)学校应当根据本单位的实际情况确定"严重"的标准,制定明确的规章制度(比如1个月内违纪累计达5次视为"严重"违反规章制度),建立健全考勤记录制度。

第四节　学校教师离职解聘中的法律风险

一、辞职和辞退争议

【典型案例】

邓某平自 2001 年 7 月进入涉外学院工作。2012 年 7 月 1 日,邓某平(乙方)与涉外学院(甲方)签订无固定期限的《聘用合同书》,合同约定乙方在甲方学生工作处从事干事工作,属于行政类岗位。2020 年 4 月,涉外学院对邓某平在内的行政类岗位人员实行竞聘上岗,邓某平未竞聘成功。后涉外学院对未能竞聘上岗的人员提供保安、保洁、绿化岗位。2020 年 5 月 12 日至 6 月 10 日期间,涉外学院举办待岗培训并通知邓某平等参加,邓某平未参加。2020 年 5 月 18 日,涉外学院要求除教学岗位外的其他岗位人员按照正常上下班时间打卡考勤。邓某平多次尝试进行打卡均发现其指纹无法录入打卡系统。此后,邓某平未再继续上班。2020 年 5 月 21 日,邓某平等人向长沙市劳动人事争议仲裁委员会申请仲裁,要求涉外学院支付其赔偿金及岗位津贴。后仲裁委员会以"不属于劳动人事争议受理范围"为由作出长劳人仲不字[2020]第 3073 号不予受理通知书。邓某平不服,诉至法院。邓某平离职前十二个月的平均工资应为 7 529.11 元/月。①

【法律问题】

本案中涉外学院解除劳动关系是否应支付赔偿金?

【法理解读】

受聘教师提前 30 日书面通知事业单位的,可以解除聘用合同,但双方对解除聘用合同另有约定的除外。除规定情形外,受聘人员提出解除聘用合同未能与聘用单位协商一致的,受聘人员应当坚持正常工作,继续履行聘用合同;6 个月后再次提出解除聘用合同仍未能与聘用单位协商一致的,方可单方解除聘用合同。

有下列情形之一的,受聘教师可以随时单方面解除聘用合同:(1)在试用期内的;(2)考入普通高等院校的;(3)被录用或者选调到国家机关工作的;

---

① 湖南省长沙市中级人民法院(2020)湘 01 民终 12227 号。

（4）依法服兵役的。除这些情形外，受聘教师提出解除聘用合同未能与学校协商一致的，受聘教师应当坚持正常工作，继续履行聘用合同；6个月后再次提出解除聘用合同仍未能与学校协商一致的，即可单方面解除聘用合同，但在涉及国家秘密岗位上工作，承担国家和地方重点项目的主要技术负责人和技术骨干除外。

劳动者单方解除劳动合同可分为三类：（1）提前通知解除，劳动者无须任何理由，只要提前一定期限通知用人单位即可解除劳动合同的方式。（2）随时通知解除，是指用人单位具有法定的过错行为时，劳动者可以随时通知其解除劳动合同。（3）无须通知立即解除，是指用人单位存在特别严重违法行为时，劳动者可以不事先通知用人单位而直接解除劳动合同。

表 3-2　劳动合同解除的分类

	提前通知解除	随时通知解除	无须通知立即解除
解除理由	教师无须任何理由。	因学校：(1)未按照劳动合同约定提供劳动保护或者劳动条件；(2)未及时足额支付劳动报酬；(3)未依法为教师缴纳社会保险费；(4)规章制度违反法律、法规的规定，损害教师权益；(5)以欺诈、胁迫的手段或者乘人之危，使教师在违背真实意思的情况下订立或者变更劳动合同；(6)过错导致劳动合同无效。	(1)学校以暴力、威胁或者非法限制人身自由的手段强迫教师劳动；(2)学校违章指挥、强令冒险作业危及教师人身安全。
解除方式	(1)试用期内的教师应当提前三日，非试用期提前三十日通知学校。(2)非试用期内的教师应当以书面形式通知学校；试用期内以书面或口头形式通知均可，但应注意保存已通知的证据。	教师可以随时通知学校解除劳动合同，但仍需履行通知手续而不能"不辞而别"，否则可能构成违法解除。	教师可以立即解除劳动合同，而无须事先通知学校。
解除后果	解除劳动合同，学校无须向教师支付经济补偿。	教师因学校存在过错行为而解除劳动合同后，学校应当向教师支付经济补偿。	教师因学校存在特别严重违法行为而解除劳动合同后，学校应当向教师支付经济补偿。

本案中涉外学院解除了双方之间的劳动关系应支付补偿金。经济补偿按劳动者在本单位工作的年限,每满一年支付一个月工资的标准向劳动者支付。邓某2001年7月至2020年5月在涉外学院工作,故涉外学院应向邓某平支付经济补偿143 053.09元(7 529.11元/月×19月)。

【法条链接】

《劳动合同法》第38条、第46—47条,《劳动合同法实施条例》第27条,《事业单位人事管理条例》第15—19条。

【风险防范】

1 保留教师辞职的书面文件,正确履行辞职审批程序。教师未提交辞职报告而缺勤应构成旷工行为,而非视为"已经提出辞职",学校可以通过书面快递、邮件、短信等多种方式通知教师上班,并作出违纪处分直至解除劳动合同。

2 (1)在学校用工管理实践中,教师口头提出辞职,学校将此视为"自动离职"或"辞职"。教师随意离职后,又向劳动部门投诉称学校违法将其解雇。(2)如果教师已经提出辞职,即使学校在内部程序上不予批准(包括以内部审计等为由),甚至拒绝办理社会保险转移等手续,均不影响双方劳动关系的消灭。(3)对于教师已经提出辞职,但未能遵守提前通知的义务。

3 (1)辞退争议的司法实践中,单位一方的举证责任较大,若单位主张教师失职等原因而辞退教师或解除聘用合同,需要充分举证,若举证不能则承担不利后果。(2)不得用于排斥或限制教师的辞职权。在劳动关系消灭后如果学校未能依法办理社会保险转移手续,导致教师再就业受到影响的,还应赔偿教师的再就业损失。(3)学校可收集教师提前离职给学校造成损失的证据,通过司法途径追究教师的违约责任,但不宜以拒绝办理社保转移手续等方式与之"对抗"。

4 (1)教师口头提出辞职的,应要求其书面撰写辞职报告,并按学校要求办理工作交接手续以印证教师的辞职行为。即便教师以微信、电子邮件等方式提出辞职,学校仍可在相关离职交接表格中再次注明离职理由以进一步降低风险。教师申请辞职的,应当要求提前30日以书面形式通知学校;教师未经申请擅自离职,学校应当在3天内出具公告(公告最好有证人拍照保留证据);教师离职5天后,学校应当再次出具公告,将该教师按自动离职处理,并将证人一起拍照保留,并将公告内容按其身份证地址或提供的地址快递一份给离职者,保留快递单。(2)学校对教师提出辞职后应及时作出回复,确定最后工作日和安排工作交接手续。(3)教师提出辞职后可能因各种原因主张反悔或者否认,并事后以怀孕、病假、工伤等为由主张撤销辞职申请,但学校有权拒绝反悔。

二、考核、解除聘用合同争议

【典型案例】

赵某华于2010年9月以博士引进方式入职商丘某学院任教,在职期间其享受《商丘某学院关于教职工享受特殊待遇服务期年限暂行规定》相应特殊待遇。2012年12月赵某华取得副教授职称。2019年11月10日赵某华向商丘某学院出具参评职称人员师德师风承诺书,载明"赵某华于2019年如愿被商丘某学院高(中)级专业技术职务评审委员会评为(正高级)职称。在此本人郑重承诺:严格执行上级和学校的有关文件;服从上级和学校关于评聘分离、无岗不聘、有岗竞聘的规定;未聘期间保证不抱怨、不骚扰领导和职能部门、不滋事闹事。承诺人(签名)赵某华"。2019年12月在商丘某学院赵某华通过了教授职称评审。2020年7月赵某华即提出调离,2021年7月9日商丘某学院出具违约金缴纳告知书,载明:根据《商丘某学院关于教职工服务期年限暂行规定》,赵某华获得高级专业技术职务的人员签约年限6年,服务期应至2025年11月,应交纳违约数额618 169元。赵某华于2021年7月12日通过中国建设银行向被告交纳了618 169元款项,并附言赵某华违约金。商丘某学院同意赵某华离职,赵某华遂入职海南某学院。后赵某华认为所交618 169元的违约金没有法律依据,于2022年5月26日向商丘市劳动人事争议仲裁委员会申请仲裁,仲裁委员会于2022年5月30日作出商劳人仲案字(2022)0141号不予受理通知书,赵某华诉至法院。①

【法律问题】

本案涉及的违约金是否应该返还给赵某华?

【法理解读】

(一) 考核

教师的考核制度,以岗位职责和所承担的工作任务为基本依据,全面考核德、能、勤、绩、廉,突出对德和绩的考核。考核的原则是客观、公正、准确、民主等原则。年度考核的结果一般分为优秀、合格、基本合格和不合格四个档次。《事业单位人事管理条例》及各地制定的事业单位工作人员考核相关规定,就聘用合同制工作人员的考核内容、考核周期、考核档次、考核结果的应用等进行明确规定。年度考核的基本程序是:(1)被考核人个人总结、述职。(2)主管领导人在听取群众意见的基础上,根据平时考核和个人总结写出评语,提出考核等次意见。(3)考核组织对主管领导人提出的考核意见,进行审核。(4)事业单位负责人确定考核等次。(5)将考核结果以书面形式通知被考核人。事业单位工作人员对年度考核结果如有异议,可以在接到考核结果通知之日起十日内向考核组织申请复核,考核组织在十日内提出复核意见,经部门或单位负责人批准后以书面形式通知本人。其中,如复核结果仍被确定为不合格等次的人员对复核意见不服,可以向上一级主管单位人事机构提出申诉。

考核的效力体现在受聘任教、晋升工资、实施奖惩等方面。坚持考用结合,

---

① 河南省商丘市中级人民法院(2022)豫14民终5000号。

将考核结果与选拔任用、培养教育、管理监督、激励约束、问责追责等结合起来，作为事业单位工作人员调整岗位、职务、职员等级、工资和评定职称、奖励，以及变更、续订、解除、终止聘用(任)合同等的依据。根据法律规定，以考核不合格解除聘用合同的，除满足考核不合格外，调岗也是必备程序。岗位变化后，应当相应改变该受聘人员的岗位工资待遇，并对其聘用合同作相应变更。受聘人员无正当理由不同意变更的，聘用单位有权单方面解除聘用合同。

(二) 关于聘用单位单方解除聘用合同

聘用单位可以单方面解除聘用合同的情形：第一，聘用单位试用期内解除聘用合同的，需满足受聘人员不符合本岗位要求又不同意调整工作岗位的条件；而在劳动关系中，用人单位只需证明劳动者试用期间不符合录用条件即可。第二，受聘人员连续旷工超过 15 个工作日或者一年内累计旷工超过 30 个工作日的。第三，未经聘用单位同意，擅自出国或者出国逾期不归的。第四，受聘人员患有现有医疗条件下难以治愈的严重疾病或者精神病的，不适用医疗期相关规定。第五，受聘人员年度考核不合格且不同意调整工作岗位或者连续两年年度考核不合格的。受聘教师有下列情形之一的，学校可以随时单方面解除聘用合同：(1)违反工作规定或者操作规程，发生责任事故，或者失职、渎职，造成严重后果的；(2)严重扰乱工作秩序，致使学校、其他单位工作不能正常进行的；(3)被判处拘役、有期徒刑的。

受聘教师有下列情形之一的，学校可以单方面解除聘用合同，但是应当提前 30 日以书面形式通知拟被解聘的教师：(1)受聘教师患病或者非因工负伤，医疗期满后(医疗期的确定可暂时参照学校职工患病或非因工负伤医疗期的规定执行)，不能从事原工作也不能从事由学校安排的其他工作的；(2)受聘教师年度考核或者聘期考核不合格，又不同意学校调整其工作岗位的，或者虽同意调整工作岗位，但到新岗位后考核仍不合格的。

事业单位违法解除聘用合同的根据《劳动合同法》第 96 条的规定，需要支付赔偿金或继续履行聘用合同。

关于聘用合同的终止。第一，在人事关系中，允许当事人约定聘用合同终止条件。第二，聘用合同当事人实际不履行聘用合同满三个月，也不属于聘用合同中止情形的，聘用合同可以终止。第三，在聘用合同期满或约定终止条件出现时，受聘人员正在接受纪律审查尚未作出结论的，属于聘用合同法定顺延情形。第四，聘用合同终止情形出现时，如受聘人员患有现有医疗条件下难以治愈的严重疾病或者精神病的，聘用单位不得终止聘用合同。

本案涉及的违约金不应该返还给赵某华。本案双方之间因辞职发生的争议,属于法院受理范围内的人事争议。原告赵某华申请调离,按被告学院通知交纳了不满服务期限的违约金、办理了离职手续并就职其他院校,应视为原被告双方达成了离职协议,协议不违背国家的人事政策和法律规定,应为有效。双方均应秉承诚实信用的原则依照约定履行义务。原告在双方达成协议并全部履行协议义务后提出返还交纳违约金的请求,理由不能成立。

【法条链接】

《事业单位人事管理条例》第 20 条,《事业单位工作人员考核规定》第 5 条、第 9—15 条、第 27—36 条。

【风险防范】

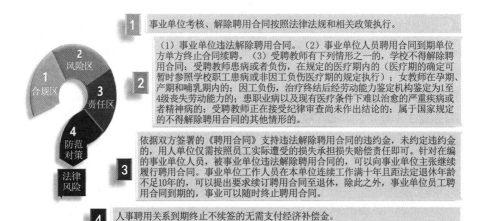

1 事业单位考核、解除聘用合同按照法律法规和相关政策执行。

2 (1)事业单位违法解除聘用合同。(2)事业单位人员聘用合同到期单位方单方终止合同续聘。(3)受聘教师有下列情形之一的,学校不得解除聘用合同:受聘教师患病或者负伤,在规定的医疗期内的(医疗期的确定可暂时参照学校职工患病或非因工负伤医疗期的规定执行);女教师在孕期、产期和哺乳期内的;因工负伤,治疗终结连续劳动能力鉴定机构鉴定为1至4级丧失劳动能力的;患职业病以及现有医疗条件下难以治愈的严重疾病或者精神病的;受聘教师正在接受纪律审查尚未作出结论的;属于国家规定的不得解除聘用合同的其他情形的。

3 依据双方签署的《聘用合同》支持违法解除聘用合同的违约金,未约定违约金的,用人单位仅需按照员工实际遭受的损失承担损失赔偿责任即可。针对在编的事业单位人员,被事业单位违法解除聘用合同的,可以向事业单位主张继续履行聘用合同。事业单位工作人员在本单位连续工作满十年且距法定退休年龄不足10年的,可以提出要求续订聘用合同至退休,除此之外,事业单位员工聘用合同到期的,事业可以随时终止聘用合同。

4 人事聘用关系到期终止不续签的无需支付经济补偿金。

三、用人单位解除劳动合同纠纷和劳动合同终止

【典型案例】

横县横州镇某英语培训学校与黄某娇签订了两份《聘用工作协议书》,期限分别为 2017 年 2 月 14 日至 2018 年 3 月 1 日、2018 年 3 月 1 日至 2019 年 2 月 28 日。2018 年 5 月该英语培训学校以黄某娇严重违纪解除与黄某娇劳动合同,但某英语培训学校提供的《双百英语学校安全管理制度》并未对严重违纪及不服从工作安排的行为情节轻重如何定性、如何处理作出明确的规定,且该安全管理制度的制定未经过民主和公示程序。黄某娇因经济补偿等劳动待遇与该英语培

训学校协商不下,向横县劳动人事争议仲裁委员会申请仲裁。该英语培训学校不服仲裁裁决,向法院起诉。[①]

【法律问题】

该英语培训学校是否应支付黄某娇违法解除劳动合同赔偿金?

【法理解读】

学校单方解除劳动合同即学校单方面提出与教职工解除劳动合同即发生解除劳动合同的后果。根据学校解除劳动合同原因的不同,其又可以分为三种。

1. 过失性解除

是指因教职工存在过失行为,学校无须向其预告就可以随时通知教职工解除劳动合同的方式。过失性解除的理由包括:(1)教职工在试用期间被证明不符合录用条件,在试用期届满前提出解除。(2)教职工违反学校的规章制度,并且必须达到严重的程度。(3)教职工严重失职,营私舞弊,给学校造成重大损害。重大损害的认定标准可以由学校在劳动合同、规章制度中规定,也可以在发生争议时请求劳动仲裁部门或者人民法院对损害程度进行认定。(4)教职工同时与其他学校建立劳动关系,对完成本单位的工作任务造成严重影响,或者经学校提出,教职工拒不改正。"严重影响"的情形学校应当在规章制度中作出明确规定。(5)教职工以欺诈、胁迫的手段或者乘人之危,使学校在违背真实意思的情况下订立或者变更劳动合同,致使劳动合同无效。劳动合同的无效须经劳动仲裁部门或者人民法院认定。(6)教职工被依法追究刑事责任。

2. 非过失性解除

是指教职工不存在过错,但基于某些外部环境或者自身的客观原因,学校在提前通知或者支付一定代通知金后,单方解除劳动合同的方式。非过失性解除的三种情形。(1)教职工患病或者非因工负伤,在规定的医疗期满后不能从事原工作,也不能从事由学校另行安排的工作。(2)教职工不能胜任工作,经过培训或者调整工作岗位,仍不能胜任工作。(3)劳动合同订立时所依据的客观情况发生重大变化,致使劳动合同无法履行,经学校与教职工协商,未能就变更劳动合同内容达成协议。"客观情况发生变化",是指发生不可抗力或出现学校迁移、被兼并、被上级主管部门撤销等致使劳动合同无法履行或无法完全履行的情况。

---

① 广西壮族自治区南宁市(地区)中级人民法院(2020)桂01民终8359号。

学校必须首先与教职工协商变更劳动合同内容,协商不成的,学校才能解除劳动合同。

学校不得适用非过失性解除的情形:第一,从事接触职业病危害作业的教职工未进行离岗前职业健康检查,或者疑似职业病病人在诊断或者医学观察期间的;第二,在本单位患职业病或者因工负伤并被确认丧失或者部分丧失劳动能力的;第三,患病或者非因工负伤,在规定的医疗期内的;第四,女职工在孕期、产期、哺乳期的;第五,在本单位连续工作满十五年,且距法定退休年龄不足五年的;第六,法律、行政法规规定的其他情形。

3. 经济性裁员

是指由于学校发生招生营运困难,为摆脱困境而较大规模裁减员工的行为。学校需要裁减人员 20 人以上或者裁减不足 20 人但占学校职工总数 10% 以上的,应当提前三十日向工会或者全体职工说明情况,听取工会或者职工的意见后并将裁减人员方案向劳动行政部门报告后,方可实施裁员。学校裁减人员时,应当优先留用下列人员:一是与本单位订立较长期限的固定期限劳动合同的人员;二是与本单位订立无固定期限劳动合同的人员;三是家庭无其他就业人员,有需要扶养的老人或者未成年人的人员。学校裁员后,在六个月内重新招用人员的,应当通知被裁减的人员,并在同等条件下优先招用被裁减的人员。学校实施经济性裁员后,应当向被裁减人员支付经济补偿。

劳动合同终止是指法定终止,即出现法定情形时,教职工与学校之间劳动合同的法律效力消灭。劳动合同终止的法定情形有以下几种:(1)劳动合同期满;(2)教职工开始依法享受基本养老保险待遇;(3)教职工死亡,或者被人民法院宣告死亡或者宣告失踪;(4)学校被依法宣告破产,学校应当向教职工支付经济补偿;(5)学校被吊销营业执照、责令关闭、撤销或者学校决定提前解散,学校应当向教职工支付经济补偿;(6)法律、行政法规规定的其他情形。

本案黄某娇在横县横州镇某某英语培训学校有限公司工作年限应为 2018 年 3 月 30 日至 2019 年 8 月 7 日。横县横州镇某某英语培训学校有限公司应支付黄某娇违法解除劳动合同赔偿金 17 387.34 元(5 795.78 元×1.5 个月×2 倍)。黄某娇诉请超出的部分,不予支持。

【法条链接】

《劳动合同法》第25条、第29条、第36—50条、第87条,《劳动合同法实施条例》第18—27条,《劳动争议调解仲裁法》第2—5条等。

【风险防范】

1 劳动合同解除或者终止后，员工应当按照双方约定与学校办理工作交接、交回工作用品等。学校的义务：（1）出具解除或者终止劳动合同的证明。（2）十五日内为员工办理档案和社会保险关系转移手续。（3）劳动合同解除或者终止后，依法需要支付经济补偿的，学校应当在员工办结工作交接时足额向员工支付。（4）学校对已经解除或者终止的劳动合同的文本，应当至少保存二年备查。

2 （1）处理违纪员工程序不到位、未通知工会的法律风险。主要表现在学校不注意收集证据，不遵守法定程序，不讲究策略，结果相当部分学校败诉。（2）违背劳动法规解除劳动合同的法律风险。

3 学校单方面解除员工劳动合同时未征求工会意见，将违反工会法，解除职工劳动合同无效，学校对员工给予行政处分，解除劳动合同的决定，必须以书面形式通知被处理员工，如果学校未按规定将行政处理文书送达给当事人，则学校"程序"不到位，为此引起的后果由学校负责。

4 因员工违纪解除劳动合同时，不需要履行特别程序，只要证实员工有严重违反劳动纪律或规章制度的事实，且学校有关于此类违纪规章制度规定。如旷工员工要有考勤缺勤记录。要履行送达程序，在作出解除劳动合同决定后，依法向员工本人送达解除劳动合同通知书。学校在单方解除劳动合同时，应当事先将解除的理由告知工会组织，工会认为不适当的，有权提出意见，学校应当研究工会的意见，并将处理结果书面通知工会。劳动合同解除终止通知书等相关法律文书，由员工本人签字后，建立专门档案保管。

四、劳动者补偿和赔偿纠纷

【典型案例】

被告商某与原告邹城市某实验学校于2021年8月20日签订《劳动合同书》，双方约定合同期限为3年，自2021年8月20日至2024年8月19日，试用期为2021年8月20日至2021年10月20日，教学岗位为初中部数学教学，双方约定转正后的工资构成为基本工资、课时工资、浮动工资、岗位津贴、学期绩效工资和寒暑假工资，双方在该劳动合同中还对其他事项进行了约定。合同签订后，被告进入原告初中部从事数学教学工作，原告按照次月发放上月工资的办法以现金方式向被告支付劳动报酬，原告制作工资表和领取明细，被告签署姓名领取工资。2022年7月13日，值暑假期间由于疫情因素被告商某向原告校医王某某申报探亲外出，并于7月31日填报《人员外出报备单》，在报备单上载明返回时间为8月8日，同时校医在微信中告知"返回居住地居家隔离3天，进行两次核酸检测"。8月1日、8月6日学校综合办老师通过微信督促被告尽快返校办理离职手续，但未载明辞退的具体事由，逾期后被告未按照学校规定的时间办理离职手续。庭审中原告陈述辞退被告的原因是被告未按照学校安排的时间返校,同时在校期间违反学校纪律在办公室大声交谈、吃东西、长时间化妆等,被告对于原告的陈述不予认可。同时还查明,被告商某对于原告邹城市某实验学校对其辞退不服,其作为申请人向邹城市劳动人事争议仲裁委员会申请仲裁。2022年12月1日仲裁委作出邹劳人仲字(2022)第450号裁决书:(1)商某与邹城市某实验学校2021年8月20日至2022年8月10日存在劳动关系;(2)邹城市某实验学校支付商某2022年5月至8月工资13 200.82元;(3)商某与邹城市某实验学校2022年8月10日解除劳动合同,支付经济赔偿金9 878.57元;(4)驳回商某其他请求。学校不服,提起诉讼。①

【法律问题】

学校是否违法解除劳动合同,应否支付经济赔偿金,如存在违法解除的情形,具体赔偿数额如何计算?

【法理解读】

学校只有在具备法律规定的情形下才能与劳动者解除或者终止劳动合同,否则将构成违法,应当承担相应责任。学校违法解除或者终止劳动合同时,因其存在过错,劳动者可以选择要求继续履行劳动合同,也可以向学校要求支付赔偿金,赔偿金数额为经济补偿标准的二倍。

(一) 经济补偿金

是指劳动合同解除或终止后学校依据法律规定或协议约定向劳动者支付的款项。学校需支付经济补偿金的具体情形:(1)学校提出,与劳动者协商一致解除劳动合同;(2)学校执行无过错解除劳动合同;(3)学校执行经济性裁员;(4)学校以合同期满为由终止劳动合同;(5)学校决定提前解散终止劳动合同;(6)劳动者因学校严重侵权、严重违约行为提前解除劳动合同。

经济补偿金在"劳动者办结工作交接时"支付,如果劳动者未办结工作交接,学校可以暂缓支付经济补偿金。经济补偿金的支付标准则结合劳动者离职前12个月的月平均工资、在本单位工作年限综合确定。经济补偿金的支付条件、支付时间、支付标准司法实践中仍允许学校与劳动者经协商一致,高于或低于法定标准支付经济补偿金。相反,如果没有重大误解、显失公平等情形,劳动者自愿放弃经济补偿金或者接受较低标准的经济补偿金,经双方协商一致达成协议,该协议仍然具有法律约束力。

① 山东省邹城市人民法院(2023)鲁0883民初903号。

经济补偿金以应发工资为统计口径。①如果劳动者离职前月工资超过本地区上年度职工月平均工资三倍的,按照三倍封顶值计算。此外,因劳动者患病等导致月收入降低甚至低于最低工资标准的,则应按照本地区当年度最低工资标准"托底"计算。

(二) 代通知金

法律规定的学校可以一个月工资代替履行提前 30 日通知义务的情形,学校普遍将该一个月工资称为"代通知金"。代通知金并非按照合同约定工资标准确定,而是按照离职前上个月工资标准确定,且无上年度职工社会平均工资三倍的限制。

(三) 赔偿金

违法解除或终止劳动合同的赔偿金应当按照经济补偿标准的二倍向劳动者支付赔偿金。学校若系合法解除或终止劳动合同,无须向劳动者支付赔偿金。赔偿金具有惩罚和遏制学校违法行为的功能。赔偿金的计算年限自用工之日起计算,即包含《劳动合同法》实施以前劳动者的工作年限。如果劳动者选择要求继续履行劳动合同,且劳动合同能够继续履行的,学校无须向劳动者支付赔偿金,但应当与劳动者恢复劳动关系并赔偿违法解除或终止劳动关系期间的工资损失。

表 3-3　违法解除赔偿金计算公式

全国多数地区	赔偿金计算
月工资,社会平均工资三倍	当地职工社会月平均工资三倍×工作年限(自用工日起算但≤12)×2 倍
月工资＜社会平均工资三倍	离职前 12 个月月平均工资×工作年限(自用工日起据实计)×2 倍算

本案中被告达不到"严重"违反用人单位规章制度的程度,原告可以对其进行批评教育或扣发绩效予以处理,原告辞退被告属于非法解除劳动合同,应

---

① 经济补偿金以月工资为计算单位。例如《江苏省工资支付条例》第 62 条亦规定:"本条例所称工资是指用人单位根据国家规定或者劳动合同的约定,依法以货币形式支付给劳动者的劳动报酬,包括计时工资、计件工资、奖金、津贴和补贴、加班加点工资以及特殊情况下支付的工资等,不包括用人单位承担的社会保险费、住房公积金、劳动保护、职工福利和职工教育费用。"关于经济补偿金是否应剔除加班费,各地做法存在一定差异,如上海市、福建省等地在司法实践中将加班费予以剔除。

支付经济赔偿金。被告被辞退前 12 个月平均工资为 5 404.90 元[(12 个月工资总和＋2022 年度绩效)/12],原告应支付经济赔偿金＝月平均工资×工作年限×2＝10 809.80 元。

【法条链接】

《劳动合同法》第 40 条、第 46—48 条、第 87 条,《劳动合同法实施条例》第 20 条、第 25 条、第 27 条等。

【风险防范】

1 (1) 在医疗期满、不胜任工作、情势变更三种情形下,学校可选择提前30日书面通知员工解除劳动合同,或者选择立即通知员工解除劳动合同但额外向员工支付一个月工资的代通知金。(2) 解除劳动合同学校按规定支付经济补偿金。

2 (1) 学校在执行代通知金支付时的其他潜在法律风险。(2) 解除劳动合同学校未按规定支付经济补偿金的法律风险。

3 (1) 考虑到一旦学校告知员工即将解除劳动合同,双方信任关系不再,在此情况下额外支付代通知金反而能够取得员工的认同,以便于其立即寻找工作。而对学校而言,也无须担心在30日内出现员工怀孕、工伤等无法执行无过错解除劳动合同的情形。(2) 学校未按规定支付经济补偿金,将承担《劳动合同法》第87条的处罚。有可能因侵犯员工合法权益引发劳动争议,不仅承担相应劳动赔偿责任及行政责任,还将损害学校形象,对学校造成不良影响。

4 (1) 基于法定的代通知金仅针对单方解除,故学校和员工执行协商解除并无支付代通知金的要求。(2) 学校提出解除合同,并与员工协商一致解除劳动合同,学校应当支付经济补偿金。学校违反劳动合同法的规定解除或者终止劳动合同,依照《劳动合同法》第87条的规定支付了赔偿金的,不再支付经济补偿。

第四章　学校经费使用、合同管理和
财产安全的法律风险

第一节　学校经费使用、财务报销、涉税和会计制度的法律风险

一、经费使用

【典型案例】

2018年至2019年期间,被告人吴某利用担任井冈山市某学校总务处副主任的职务便利,将其保管的学杂费等费用,分13次挪用至其银行账户内用于购买股票,挪用金额共计910000元,非法获利16000余元。2022年10月,被告人吴某主动投案,供述自己挪用公款炒股的犯罪事实,并退缴了违法所得。在庭审过程中,被告人吴某表示认罪认罚。①

【法律问题】

被告人吴某行为构成何种犯罪?

【法理解读】

各级人民政府及其教育行政部门应当加强对学校及其他教育机构教育经费的监督管理,提高教育投资效益。(1)建立健全教育经费管理制度。国家财政性教育经费、社会组织和个人对教育的捐赠,必须用于教育,不得挪用、克扣。高等教育法对高等教育经费的管理也作出了明确的规定,高等学校所办产业或者转让知识产权以及其他科学技术成果获得的收益,用于高等学校办学;高等学校收取的学费,其他任何组织和个人不得挪用,高等学校应当依法建立健全财务管理制度,合理使用、严

格管理教育经费,提高教育投资效益。(2)建立健全教育经费监督制度。依审计法的规定,对教育经费的审计监督,既包括对国务院各部门和地方各级人民政府及其各部门涉及教育的财政收支的审计监督,也包括对学校财务的审计监督。

相关刑事法律风险是需要防范挪用公款罪和挪用资金罪。国家工作人员利用职务上的便利,挪用公款归个人使用,进行非法活动的,或者挪用公款数额较大、进行营利活动的,或者挪用公款数额较大、超过三个月未还的,是挪用公款罪,处五年以下有期徒刑或者拘役;情节严重的,处五年以上有期徒刑。挪用公款数额巨大不退还的,处十年以上有期徒刑或者无期徒刑。挪用用于救灾、抢险、防汛、优抚、扶贫、移民、救济款物归个人使用的,从重处罚。[①]该罪主体严格限制为国家工作人员,受委托经营、管理国有财产的人员,不是国家工作人员,其挪用公款的,成立挪用资金罪。公款"归个人使用",即公款的使用者为个人的,或者以个人名义借出的,均属于归个人使用。挪用资金罪,是指公司、学校或者其他单位的人员,利用职务上的便利,挪用本单位资金归个人使用或者借贷给他人,数额较大、超过三个月未还,或者虽未超过三个月,但数额较大、进行营利活动的,或者进行非法活动的行为。

表 4-1　挪用资金罪和挪用公款罪的区别

	挪用资金罪	挪用公款罪
主体	公司、企业或者其他单位的工作人员。	国家机关工作人员。
客观方面	挪用单位资金归个人使用或者借贷给他人,数额较大、超过3个月未还;挪用单位资金进行营利活动,数额较大的;挪用单位资金进行非法活动。	挪用公款归个人使用,数额较大、超过3个月未还的;挪用公款,数额较大、归个人进行营利活动的;挪用公款归个人使用,进行非法活动的。
主观方面	主观内容为非法占用,而不是非法占有。	挪用,而非占有。
挪用对象	单位资金;不包括特定款物。	公款;包括挪用特定款物归个人使用(按此罪从重处罚)。
注意:挪用资金罪具有从宽处罚情节,即在提起公诉前将挪用的资金退还的,可以从轻或者减轻处罚。其中,犯罪较轻的,可以减轻或者免除处罚。		

---

① 立案标准:非法活动的数额是 3 万元以上,营利活动数额较大是 5 万元以上。情节严重:(1)挪用公款 100 万以上进行非法活动,挪用 200 万以上进行营利活动;(2)挪用救灾、抢险、防汛、优抚、扶贫、移民、救济特定款物,挪用 50 万以上不满 100 万进行非法活动,挪用 100 万以上不满 200 万进行营利活动;(3)挪用公款不退还,挪用 50 万以上不满 100 万进行非法活动,挪用 100 万以上不满 200 万进行营利活动;(4)其他严重的情节。数额巨大:挪用公款 300 万以上进行非法活动,挪用公款 500 万以上进行营利活动,不退还的。

本案被告人吴某作为公办学校的工作人员,利用职务便利,挪用公款 910 000 元归个人使用,数额较大,进行营利活动,其行为已构成挪用公款罪。吴某主动投案,如实供述罪行,认罪认罚,案发前归还了挪用的公款,并退缴了自己的违法所得。根据被告人吴某犯罪的事实、犯罪的性质、情节和对社会的危害程度,法院当庭判决吴某犯挪用公款罪,判处有期徒刑八个月,缓刑一年,并没收违法所得。

【法条链接】

《教育法》第 61—64 条、第 71 条,《高等教育法》第 63—65 条,《义务教育法》第 49 条、第 54 条。

【风险防范】

1 履行经费管理职责,严格按照预算规定用于教育。

2 (1)不履行经费管理职责。 (2)义务教育经费未能严格按照预算规定用于义务教育;组织和个人存在侵占、挪用义务教育经费,向学校非法收取或者摊派费用。 (3)对于挪用单位资金罪中"数额较大,超过三个月未还的""虽未超过三个月,但数额较大,进行营利活动的"。

3 (1)违反国家有关规定,不按照预算核拨教育经费的,由同级人民政府限期核拨;情节严重的,对直接负责的主管人员和其他直接责任人员,依法给予处分。违反国家财政制度、财务制度,挪用、克扣教育经费的,由上级机关责令限期归还被挪用、克扣的经费,并对直接负责的主管人员和其他直接责任人员,依法给予处分;构成犯罪的,依法追究刑事责任。未履行对义务教育经费保障职责的,由国务院或者上级地方人民政府责令限期改正;情节严重的,对直接负责的主管人员和其他直接责任人员依法给予行政处分。 (2)对于侵占、挪用义务教育经费的行为主体,由上级人民政府或者上级人民政府教育行政部门、财政部门、价格行政部门和审计机关根据职责分工责令限期改正;情节严重的,对直接负责的主管人员和其他直接责任人员依法给予处分。 (3)构成挪用资金罪,追究刑事责任。

4 挪用资金罪定罪的关键在于行为人是否利用了职务上的便利,而非行为人在单位的身份。单位正式职工作案,没有利用职务上的便利依法不能认定为挪用资金罪,但单位临时工或其他工作人员,利用职务上的便利挪用单位资金的,也应当认定为挪用资金行为。实际控制人对单位的经营管理拥有控制、支配权,如果符合挪用资金罪的,则构成犯罪主体。

二、财务报销

【典型案例】

朝阳市某德学校系民办非学校单位。2008 年至 2014 年期间,被告人于某担任朝阳市某德学校的执行校长,主要负责学校的全面工作,并兼管学校财务工作。2008 年 11 月至 2010 年 4 月,被告人于某利用工作的职务便利,通过其丈夫杨某联系朝阳市第四人民医院以每名学生 15 元的体检价格为该校学生体检,后向朝阳市某德学校虚报每名学生的体检费为 40 元,并将 2008、2009 年度的学生体检费差额共计 110 170 元占为己有。①

【法律问题】

被告人于某行为构成何种犯罪?

【法理解读】

(一) 财务报销的法律风险点

1. 财务票据及其附件仍有"残缺不全"

(1)使用非有效票据进行财务报销。如市场上购买的非税务部门监制的发票、盗版发票等网上不能查询的票据和不按国税、地税、财政等各类票据用途和类别使用票据以及白条进行财务报销。(2)财务报销票据要素难以完整规范。如报销无印章发票、报销无使用单位"抬头"的发票和报销内容不详细发票等;报销附件不齐全或无附件、支出理由不充足的票据。

2. 各类违规支出行为仍然"屡禁不止"

(1)发放补助补贴奖励等"踩踏红线"。如踩着政策的红线发放加班补助、值班补助、特岗津贴,超标准、超月份发放奖励性工资。(2)报销公务接待费"花样百出"。一是同城同区域公务接待开支。二是异地公务接待开支。如有的单位报销的公务接待费用看起来手续齐全,但其报销的接待票据显示是其他地方餐馆或宾馆。三是无公函公务接待开支。有的单位无视相关规定,在没有公务联系函的情况下,仍然报销公务接待开支。四是无效公函接待开支。五是"一函多餐"式公务接待开支。六是无审核审批公务接待开支。很多单位报销的公务接待支出,缺少公务接待审批凭证。七是超标准公务接待开支。公务接待超标准,主要是开支金额、陪客人数、接待场所和菜肴酒水等超政策规定标准。八是单位内部食堂公务接待不规范。很多有内部食堂的单位,在单位财务报销公务接待费时,存在票据不正规、消费清单内容不详细、来客对象不真实、缺少公函或审批清单等问题。(3)报销车费、差旅费支出"雾里看花"。一是大量油票报账。二是大量无"抬头"油票报账。三是无事由的车票或油票报账。四是城区交通费报销不规范。五是超标准超范围报销差旅费,如报销差旅费超越差旅人数、行程、时间等规定的范围,甚至报销绕道行程费用、景点进出口过路费等。(4)培训费、会议费支出"似是而非"。一是报销会议费、培训费无预算和决算。二是会议费、培训费超预算支出时有发生。三是

---

① 辽宁省朝阳市中级人民法院(2020)辽 13 刑终 381 号。

报销会议费、培训费缺少审核审批等支出附件。四是报销与会议费、培训费无关的费用,如有的单位要么把公务接待费、办公用品支出等以会议费、培训费列支等。(5)处置资产、购置费、维修费等报销仍然"缺东少西"。一是未履行政府采购和资产配置等程序。二是缺少"三重一大"等审核审批。三是事前报告不及时。四是事后核算手续不完整。五是款项收支及时性、规范性不强。(6)办公用品、资料费、电脑耗材支出"难以置信"。一是支出附件难以支撑支出的真实性。二是缺少严格的审核审批。三是支出监管缺少必要的制度。(7)报销各类劳务支出"真假难辨"。一是聘用人员支出缺少必要的协议。二是临时性劳务支出真假难分,如有的单位聘请临时劳务人员、临时专家咨询、一次性专家讲课、一次性专家技术服务等,其费用支出大多是打条或造表报销,没有服务协议、没有正规票据、没有当事人签字、没有正规结算依据、没有实质内容说明等,让人分不清其开支到底是否是真实。三是发票及其附件难以真实完整。(8)计提和缴纳公积金"没有约束"。

3. 转移单位行政支出"手法高明"

(1)在专项资金中列支行政支出,如有的单位在专项资金中列支"公务接待费""补助和津补贴""会议费""办公费"等。(2)转移本单位行政支出。把应该属于本单位支出的行政费用转嫁到其他部门。

4. 报销严禁支出的内容"时有发生"

根据中央八项规定精神和相关的财经法规规定,明确了一些财务开支属于严禁开支和报销。(1)公务接待支出"化整为零"或"化零为整"。怕接待金额超标,将大额开支拆分,降低金额分批次报销,但是与公务接待函不对应。(2)报销公务接待费中仍有"中餐饮酒""高档酒水""香烟礼品"。(3)仍然存在报销花卉、水果、土特产等问题。(4)在兼有娱乐消费的场所进行公务接待。如把娱乐消费当招待费报销,但只要消费清单上列示是娱乐消费,那就是违规。(5)报销不属本单位业务范围的票据。

5. 资产核算和监管未完全执行"规定动作"

(1)资产核算手续不完整。如在建工程未按进度核算,工程发票及相关附件不齐全,未能按工程进度和合同要求核拨工程款。(2)各类资产管理不规范。如资产领用及保管没有记录,手续不完善,造成固定资产管理责任不明确。①

---

① 董斯成:《行政事业单位财务报销违规问题分析及规范建议》,载《财政监督》2017年第1期。

（二）职务侵占罪和贪污罪

职务侵占罪是指公司、学校或者其他单位的人员,利用职务上的便利,将本单位财物非法占为己有,数额较大的行为。(1)该罪的犯罪客体是公司、学校或者其他单位的财产所有权。此处所称公司可以是民办学校;其他单位,可以包括学校这样的事业单位。(2)该罪在客观方面表现为利用职务上的便利,侵占本单位财物,数额较大的行为。如单位出纳利用经手、管理钱财的权利等。侵占的行为是指采用侵吞、窃取、骗取等各种手段将本单位财物化为私有,只要本质上出于非法占有的目的,并利用职务之便作出了这种非法占有的意思表示,达到了数额较大的标准,即可构成该罪。①(3)该罪主体为特殊主体,包括公司、学校或者其他单位的不具有国家工作人员身份人员。凡具有国家工作人员身份的人员,利用职务或者工作上的便利,侵占本单位的财物的,则应依照关于贪污罪的规定处罚。(4)该罪在主观方面是直接故意,且具有非法占有公司、学校或其他单位财物的目的。公司、学校或者其他单位的人员,利用职务上的便利,将本单位财物非法占为己有,数额较大的,处五年以下有期徒刑或者拘役;数额巨大的,处五年以上有期徒刑,可以并处没收财产。

国有公司、学校或者其他国有单位中从事公务的人员和国有公司、学校或者其他国有单位委派到非国有公司、学校以及其他单位从事公务的人员有前款行为的,依照贪污罪的规定定罪处罚。贪污罪,是指国家工作人员和受国家机关、国有公司、学校、事业单位、人民团体委托管理经营国有财产的人员,利用职务上的便利,侵吞、窃取、骗取或者以其他手段非法占有公共财物的行为。贪污罪是复杂客体,既侵犯了国家工作人员的职务廉洁性,也侵犯了公共财产所有权;贪污罪的主体是国家工作人员和受国家机关、国有公司、学校、事业单位、人民团体委托管理经营国有财产的工作人员。②

① 职务侵占罪的定罪数额,3万元以上为"数额较大",100万元以上为"数额巨大"。
② 贪污罪的立案量刑标准:(1)3万元以上(六种情形之一的,1万元以上),应予立案,处三年以下有期徒刑或者拘役,并处罚金;(2)20万元以上(六种情形之一的,10万元以上),处三年以上十年以下有期徒刑,并处罚金或者没收财产;(3)300万元以上(六种情形之一的,150万元以上),处十年以上有期徒刑或者无期徒刑,并处罚金或者没收财产;(4)300万元以上,并使国家和人民利益遭受特别重大损失的,处无期徒刑或者死刑,并处没收财产。六种情形是指:(1)贪污救灾、抢险、防汛、优抚、扶贫、移民、救济、防疫、社会捐助等特定款物的;(2)曾因贪污、受贿、挪用公款受过党纪、行政处分的;(3)曾因故意犯罪受过刑事追究的;(4)赃款赃物用于非法活动的;(5)拒不交代赃款赃物去向或者拒不配合追缴工作,致使无法追缴的;(6)造成恶劣影响或者其他严重后果的。

本案法院认定被告人于某利用职务上的便利条件,将学校财务非法占有,数额较大,其行为确已构成职务侵占罪,判处有期徒刑一年,责令于某退赔被害单位朝阳市某德学校人民币110 170元。

【法条链接】

《刑法》第271条、第383条等。

【风险防范】

1　(1)财务票据及相关附件实行"审核制"。在报销入账前进行可行性、真实性、合法性、完整性、规范性、准确性、时效性审核。(2)补贴补助奖励发放实行"承诺制"。对需要发放的各类补贴补助奖励进行合法合规性审核把关。(3)报销公务接待费用实行"编号制"。对公务接待行为和开支情况实行编号管理。凡外出公务活动所携带的公务联系函,实行存根和联系函同编号、同事由、同参与公务人员的有机统一,并加盖骑缝印章。(4)相关费用报销管理实行"清单制"。对办公费、资料费、会议费、培训费、电脑耗材费、差旅费等实行费用预算清单、附件明细清单、审核审批清单、报销程序清单等"清单制"管理。(5)资产、用品报销管理实行"备案制"。对所有报销入账核算的资产、生产生活和办公用品等费实行用支出报告、费用支出审核、购置领用登记造册、数量变动报告等"备案制"管理。

2　报销业务的财务核算"参差不齐":(1)不按规定的会计科目核算。有的单位不按会计制度设置和使用科目,或者自行设置科目。有的是为了规避某些用支,想"瞒天过海",有意不按规定的科目进行财务核算。(2)核算分类不细致规范。很多单位一张记账凭证进行多借多贷会计核算,包罗万象,有现金转账、支付往来账、支付差旅费和公务招待费等事业支出的,胡子眉毛一把抓。不能做到所核算业务的一一对应。(3)大量现金支付经费开支。现金结算开支的经费支出,不能够准确把握支出的时间节点和支出的具体环节,难以准确确定和核算经费支出的真实性,现金开支经费支出难以查核,不利于资金管理。

3　(1)单位行政支出违规行为实行"追责制"。对违反政策、法规等规定越线支出的,同样实行资金全额收缴和追责、问责并举处理。(2)报销业务财务核算违规实行"处罚制"。对不按会计制度规定的科目核算、有意隐瞒费用支出的、对报销业务内容不审核把关的、资金管理不规范的等,对这些违规问题,实行双重处罚,既处罚责任单位,又能处罚相关负责人。对查出违规违纪资金数额巨大、行为恶劣、性质严重等违规违纪问题和人员,直接移交纪检监察或司法机关予以党纪政纪处理,或追究法律责任。国有、机关等单位可能贪污,学校单位可能职务侵占。

4　(1)完善相关管理规定和内部监管制度。根据相关的法律法规规定出台相关的管理制度。一是根据现行的公务接待、差旅开支、补助补贴、奖金津贴、会议培训等系列管理制度,细化具体的、详细的操作办法。二是完善相关的财务报销要求、报销流程、报销规定等,包括财务票据的管理和使用、票据附件的规范、审核审批的要求、监管措施等。(2)完善监管处理制度。整合多方检查资源,切实加强纪检监察、审计检查和财政监督的监督检查力度,统一检查和处理处罚的标准,使监督检查成为常态化的工作。(3)通过完善各类支出的明细规定,制定详细的管理制度,规范相关的支出行为。

三、税务申报

【典型案例】

2022年4月1日晚,民办长沙某学院官网发文称,某市税务局稽查局向民办非营利性高校学生学费住宿费征缴 25％ 学校所得税和滞纳金。其中政府下拨给贫困学生的奖助学金、贫困助学金 5％ 都计征税,还有某校购买的仪器、设备、设施、土地、房屋不作为学校支出还要按年分摊交纳学校所得税。税务局稽查局则回应称,长沙某学院是民办高校,没有办理"非营利组织"的证明。即使是非营利组织,也需要按照税收规定办理非营利组织证明后,才可以享受学校所得税免税的优惠,而不是所有非营利性必然享受免税待遇。①

【法律问题】

民办高校长沙某学院取得的学费是否需要缴纳学校所得税?

【法理解读】

(一) 民办学校的税收

1. 增值税

营业税改征增值税试点过渡政策的规定:(1)托儿所、幼儿园提供的保育和教育服务免征增值税。公办托儿所、幼儿园免征增值税的收入是指,在省级财政部门和价格主管部门审核报省级人民政府批准的收费标准以内收取的教育费、保育费。超过规定收费标准的收费,以开办实验班、特色班和兴趣班等为由另外收取的费用以及与幼儿入园挂钩的赞助费、支教费等超过规定范围的收入,不属于免征增值税的收入。(2)从事学历教育的学校提供的教育服务免征增值税。提供教育服务免征增值税的收入具体包括:经有关部门审核批准并按规定标准收取的学费、住宿费、课本费、作业本费、考试报名费收入,以及学校食堂提供餐饮服务取得的伙食费收入。除此之外的收入,包括学校以各种名义收取的赞助费、择校费等,不属于免征增值税的范围。

民办托儿所、幼儿园免征增值税的收入是指在报经当地有关部门备案并公示的收费标准范围内收取的教育费、保育费。民办学校学历教育服务取得的收入是指经有关部门审核批准并按规定标准收取的相关费用。并不是公办托儿所、幼儿园、学历教育全部收入都免增值税,对于免增值税的收入界定有严格的规定,需要按照税务部门要求进行税务申报。

2. 企业所得税

满足条件的非营利性组织的收入为免税政策收入。符合条件的非营利组织

---

① 载"税盟 SHUIMENG"微信公众号,2022 年 4 月 6 日发布。

的收入,不包括非营利组织从事营利性活动取得的收入,但国务院财政、税务主管部门另有规定的除外。民办学校收入企业所得税享受免税政策,需要符合所得税法对于免税收入的规定,如从事营利性活动取得的收入原则上不纳入免税收入。

民办学校享受国家规定的税收优惠政策,其中,非营利性民办学校享受与公办学校同等的税收优惠政策。因此,对非营利性民办学校按照规定标准收取的学费,也应当比照公办学校作为企业所得税不征税收入。

(二) 逃税罪和逃避追缴欠税罪

纳税人采取欺骗、隐瞒手段进行虚假纳税申报或者不申报,逃避缴纳税款数额较大并且占应纳税额百分之十以上的,处三年以下有期徒刑或者拘役,并处罚金;数额巨大并且占应纳税额百分之三十以上的,处三年以上七年以下有期徒刑,并处罚金。扣缴义务人采取前款所列手段,不缴或者少缴已扣、已收税款,数额较大的,依照前款的规定处罚。①

防范逃避追缴欠税罪的法律风险。纳税人欠缴应纳税款,采取转移或者隐匿财产的手段,致使税务机关无法追缴欠缴的税款,数额在一万元以上不满十万元的,处三年以下有期徒刑或者拘役,并处或者单处欠缴税款一倍以上五倍以下罚金;数额在十万元以上的,处三年以上七年以下有期徒刑,并处欠缴税款一倍以上五倍以下罚金。

本案中,长沙某学院是民办高校,没有办理"非营利组织"的证明。对营利性民办学校收取的学费属于企业所得税应税收入,应当依法缴纳企业所得税。

【法条链接】

《民办教育促进法》第47条,《刑法》第201条、第203条,《企业所得税法》第26条第4项,《企业所得税法实施条例》第85条,《税收征收管理法》第25条等。

---

① 逃税罪的后果和立案标准:(1)纳税人采取欺骗、隐瞒手段进行虚假纳税申报或者不申报,逃避缴纳税款,数额在五万元以上并且占各税种应纳税总额百分之十以上,经税务机关依法下达追缴通知后,不补缴应纳税款、不缴纳滞纳金或者不接受行政处罚;(2)纳税人五年内因逃避缴纳税款受过刑事处罚或者被税务机关给予二次以上行政处罚,又逃避缴纳税款,数额在五万元以上并且占各税种应纳税总额百分之十以上;(3)扣缴义务人采取欺骗、隐瞒手段,不缴或者少缴已扣、已收税款,数额在五万元以上。

【风险防范】

1 民办非营利学校按照规定向主管税务机关办理免税手续,免征非营利性收入的学校所得税。民办非营利学校享受免税优惠应同时满足:本身具备非营利性;取得的收入是受赠、政府补助、会费等符合免税条件的收入。即使已经具备民办非营利学校的免税认定,也应就该部分收入申报纳税。

2 (1)民办非营利性学校未认定免税资格税务风险。(2)免税政策适用不准确的涉税风险。(3)学校未履行扣缴个人所得税义务涉税风险:民办学校为不履行个人所得税代扣代缴义务,如在账外发放工资现象,也就是银行对公代发一部分工资,这部分正常申报个税,另一部分工资通过个人卡支付,未申报个人所得税,以私户发放工资薪金和劳务报酬。

3 (1)取得免税资格的非营利组织应按照规定向主管税务机关办理免税手续,免税条件发生变化的,应当自发生变化之日起十五日内向主管税务机关报告。民办非营利学校在免税资格有效期内的每一个纳税年度,仍然需要保持免税资格的所有条件,免予征收学校所得税;当年不符合免税条件的收入,照章征收学校所得税。(2)民办营利性学校是以营利为目的的组织,对其获取的学费、住宿费等收入也免增值税,但其是以获取利益为目的的其营利性活动取得的其他收入,如学校收取的赞助费、择校费等,以及非学历教育服务(如培训等)收入,不属于免征增值税的范围。(3)民办学校在发生支付行为时,有义务按照税法规定计算并扣缴个人所得税。否则,民办学校应承担相应的法律责任。

4 民办学校应规范财务管理,依据营利性和非营利性法人类型,依法建立财务、会计制度和资产管理制度。并根据税收征管的要求办理有关纳税事务。民办学校应当依法办理税务登记,并在终止时依法办理注销税务登记手续。民办学校作为学校教职工工资、薪金和兼职人员劳务报酬的支付者,依法是个人所得税的扣缴义务人,所以财务人员应当严格按照工薪管理规定,对教职工取得的各类报酬予以审核,对于福利费、各项补贴,也应当按税法规定计入教职工的工资薪金所得,按规定代扣代缴个人所得税。

四、会计制度

【典型案例】

被告人王某琴担任晋中某高等专科学校后勤处财务主管期间,负责记录、保管 2007 年至 2011 年期间该校办理培训项目的费用收支账务。经查,2011 年被告人王某琴离岗时,仅将其记录并保管的北师大远程教育项目 2011 年度的账本和凭证移交给会计荆某(移交清单一式三份,监交人为该校培训处主任郝某),后被告人王某琴将自己手中保存的部分关于培训资金的原始记载凭证和财务资料在其办公室对面放垃圾的角落里烧毁。根据北师大远程教育收费情况表,从 2007 年后半年至 2011 年 9 月底王某琴负责并经手的北师大远程教育收费金额为 137.568 万元。[①]

【法律问题】

故意销毁会计凭证、会计账簿、财务会计报告需要承担什么法律责任?

----

① 山西省晋中市榆次区人民法院(2018)晋 0702 刑初 607 号。

【法理解读】

(一) 会计凭证管理

会计资料可以分为会计凭证类、会计账簿类、财务报告类以及其他会计资料类四大类。其中会计凭证类包括原始凭证、记账凭证、汇总凭证以及其他会计凭证。会计账簿包括总账、明细账、日记账、固定资产卡片账、辅助账簿以及其他会计账簿。财务报告类包括月度、季度、半年度、年度财务报告等。其他会计资料类包括银行存款余额调节表、银行对账单、其他应当保存的会计核算专业资料、会计档案移交清册、会计档案保管清册、会计档案销毁清册等。

会计资料管理各个环节都可能存在风险。会计凭证方面,可能产生不当使用、记载错误、保管不善等风险。会计账簿,容易产生记载错误以及保管不善风险。财务报告,容易产生虚假陈述引发法律责任风险。

发票是指一切单位和个人在购销商品、提供劳务或接受劳务、服务以及从事其他经营活动,所提供给对方的收付款的书面证明,是财务收支的法定凭证,是会计核算的原始依据,也是审计机关、税务机关执法检查的重要依据。发票作为一种最基本的会计原始凭证,记载着学校经济活动内容,是财务管理的重要内容。但也因为发票活动的经常性和日常经济活动的繁杂性,容易在发票的购买、使用以及保管各个环节产生管理不当风险,导致学校经济活动不能得到真实记载,会计资料信息记载失真,学校经营管理活动正常秩序不能得以维持,进而危及学校效益的实现。学校销售商品、提供服务以及从事其他经营活动对外收取款项,向付款方开具发票时,有可能因管理不当,出现未能按照规定的时限、顺序、逐栏、全部联次一次性如实开具的情况,不仅引发相关法律责任,还有可能造成学校经济损失。

(二) 会计凭证信息失真法律风险与防范

健全的财务会计制度是学校正常运转的基本要素。学校应当依照法律、行政法规和国务院财政主管部门的规定建立财务、会计制度。会计凭证、会计账簿或财务会计报告既是纳税的依据,也是上级主管单位、国家工商行政管理部门对民办学校的经营状况进行监督的依据。

基于多方原因,学校会计凭证、会计账簿或财务会计报告提供的信息可能出现不真实、不完整情况,从而影响会计信息的真实性、完整性和可靠性,掩盖学校的真实状况,构成对学校正常发展的危害,还有可能使学校承担相应法律责任。

(三) 隐匿、故意销毁会计凭证、会计账簿、财务会计报告罪

该罪的行为主体既包括自然人,也包括单位。由于财务资料的特殊性,外界一般不能接触,依法负有保管责任的一般也就是学校的会计主管、会计人员和出纳等,或者学校委托代理公司记账的注册会计机构及注册会计师。这些自然人在学校实施该罪时也可能因单位犯罪的双罚制和作为直接责任人员而成为受处罚的对象。行为表现为故意隐匿、故意销毁有法定保存义务的会计凭证和账簿、财务报告。①如将本学校的会计凭证、会计账簿、财务会计报告转移、藏匿或应当交出而拒不交出,或者不按规定的会计档案保管期限和销毁办法而擅自销毁应当保存的会计凭证、会计账簿、财务会计报告。销毁的方法比较多,销毁的状态包括毁灭,也包括毁坏使不能辨认。另外,当今会计电算化推进了计算机记账的广泛化,磁带、磁盘、光盘、微缩胶片等介质存储记账数据普遍化,如果隐匿或销毁这些介质也符合该罪的行为特征,且修改这些介质存储的数据属于隐匿行为,删除其保存的数据属于销毁行为。

本案被告人王某琴在其担任晋中某高等专科学校会计期间,将其保存的金额为1 375 680元的培训资金原始记载凭证和财务资料烧毁,情节严重,其行为已构成隐匿、故意销毁会计凭证、会计账簿、财务会计报告罪,应依法惩处,公诉机关指控成立。被告人王某琴在犯罪以后自动投案,如实供述自己的罪行,系自首,可从轻或者减轻处罚。法院判处被告有期徒刑一年,并处罚金人民币二万元。

【法条链接】

《会计法》第42—45条,《刑法》第162条之一等。

【风险防范】

1 学校应按照会计档案管理规定严格执行会计档案的保管和销毁工作,学校严格按照会计法的规定设置会计账簿,并保证其真实、完整。明确本学校的会计工作和会计资料的真实性、完整性的责任人,加强内部监控体系的完善,防范学校内部违法犯罪行为,从源头上遏制为掩盖违法犯罪行为而隐匿、销毁会计资料的可能性。

2 学校财会管理环节的刑事风险主要体现在学校可能触犯隐匿、故意销毁会计凭证、会计账簿、财务会计报告罪。

3 隐匿或者故意销毁依法应当保存的会计凭证、会计账簿、财务会计报告,构成犯罪的,依法追究刑事责任。有前款行为,尚不构成犯罪的,由县级以上人民政府财政部门予以通报,可以对单位处五千元以上十万元以下的罚款;对直接负责的主管人员和其他直接责任人员,还由其所在单位或者有关单位依法给予撤职直至开除的行政处分;对其中的会计人员,并由县级以上人民政府财政部门吊销会计从业资格证书。情节严重的,处五年以下有期徒刑或者拘役,并处或者单处二万元以上二十万元以下罚金。单位犯前款罪的,对单位判处罚金,并对其直接负责的主管人员和其他直接责任人员,依照前款的规定处罚。

4 学校按照会计档案管理的工作要求,做好重要会计档案及财务文档的管理工作。加强学校的制度规范建设,避免出现因无知和不懂法而违法犯罪。建立学校会计档案管理制度,保证学校的财会档案能够妥善保管,避免出现被偷盗、损毁、遗失的情形。

① 立案追诉的情形有:(1)隐匿、故意销毁的会计凭证、会计账簿、财务会计报告涉及金额在50万元以上的;(2)依法应当向司法机关、行政机关、有关主管部门等提供而隐匿、故意销毁或者拒不交出会计凭证、会计账簿、财务会计报告的;(3)其他情节严重的情形。

第二节　学校民事合同签订过程中的法律风险

一、签订合同

【典型案例】

2019 年 5 月 6 日,原告吉林市某工程有限公司、被告吉林省某教育科技有限公司签订中专学历协议,主要约定:原告的六名员工报考常洲前置学历,2019年中等专科招生(学制 3 年,一个月内下证),学费 18 000 元,一次性付清;被告协助原告办理报名及入学手续,并安排学习、培训事宜,使原告的六名员工可以通过考试并且毕业,并且证书真实有效;若因被告服务原因(非不可抗因素)使原告的六名员工未取得毕业证书,则退还原告全部学费;等等。2019 年 5 月 7 日,原告向被告付款 18 000 元。2019 年 5 月 6 日,原、被告签订 2019 年中级职称培训协议、副高级职称培训协议。约定无论任何结果导致原告的员工未能一次性通过评审,则被告退还原告全部费用。2019 年 5 月 7 日,原告向被告付款 24 000元、27 000 元。2019 年 5 月 10 日,原告向被告付款 8 000 元。后原告员工经培训未能通过评审,引起诉讼。[①]

【法律问题】

原、被告之间的培训协议效力如何?原告是否有权要求被告返还支付的费用?

【法理解读】

(一) 合同的成立要件

合同的成立要件分为一般成立要件和特别成立要件。一般成立要件是所有合同成立均须具备的条件,包括有双方或多方当事人、当事人就合同必要条款达成合意、合同内容明确。除法律另有规定或者当事人另有约定外,当事人对合同是否成立存在争议,能够确定当事人名称或者姓名、标的和数量的,一般应当认定合同成立。特别成立要件是指某些合同成立必须具备的要件,如某些合同需要具备特定的形式才能成立,某些合同须以交付标的物作为成立要件。

[①] 吉林省长春经济技术开发区人民法院(2022)吉 0191 民初 2415 号。

教育培训机构必须依法经批准设立,获取所开设课程(内容)的教育培训资质。未经批准设立并取得相关资质,擅自开展教育培训活动的,属于依法应予取缔的违法行为。

应当注意报名参加教育培训的人员的年龄和健康状况,避免因合同无效或效力待定所带来的法律风险。不满 10 周岁的未成年人,以及不能辨认自己行为的精神病人,不能自行订立教育培训合同;不能完全辨认自己行为的精神病人,一般不可以自行订立教育培训合同;10 周岁以上的未成年人不能订立费用较大的教育培训合同;年满 18 周岁,或者 16 周岁以上未满 18 周岁但以自己的劳动收入为主要生活来源的人员,可以自行订立教育培训合同。

(二)合同订立的程序

当事人订立合同可以采取要约、承诺方式或者其他方式。

1. 要约

是当事人一方向对方发出的希望与对方订立合同的意思表示。其条件包括:(1)要约必须是特定人向相对人发出的意思表示。换言之,要约人必须是在客观上可以确定的人;而要约的相对人则既可以是特定的某个人,也可以是不特定的社会公众。如悬赏广告,可以看作向不特定的人发出的要约。(2)要约必须以缔结合同为目的。非以缔结合同为目的的行为不属于要约。(3)要约的内容应具体确定。要约一经相对人承诺即导致合同成立。因此,要约的内容必须具体确定,至少应包括拟订立合同的必备条款,以供相对人考虑是否承诺。(4)要约必须表明经受要约人承诺,要约人即受该意思表示约束。

要约与要约邀请不同。一般来讲,拍卖公告、招标公告、招股说明书、债券募集办法、基金招募说明书、商业广告和宣传、寄送的价目表等均为要约邀请,但商业广告和宣传的内容符合要约条件的,构成要约。

2. 承诺

承诺是受要约人向要约人作出的同意要约的意思表示。其条件包括:(1)承诺必须是由受要约人本人或其代理人向要约人作出。(2)承诺必须在要约确定的期限内到达要约人。要约没有确定承诺期限的,若要约是以对话方式作出的,除当事人另有约定外,受要约人应当即时作出承诺;若要约是以非对话方式作出的,承诺应当在合理期限内到达。(3)承诺的内容应当与要约的内容一致。受要约人对要约的内容作出实质性变更的,为新要约。有关合同标的、数量、质量、价款或者报酬、履行期限、履行地点和方式、违约责任和解决争议方法等的变更,是对要约内容的实质性变更。承诺对要约的内容作出非实质性变更的,除要约人及时表示反对或者要约表明承诺不得对要约的内容作出任何变更外,该承诺有效,合同的内容以承诺的内容为准。(4)承诺原则上应以通知方式作出,特殊情况下依交易习惯或者要约的规定也可以以行为方式作出。但除法律有特别规定或当事人事先有明确约定外,沉默不能视为承诺的形式。

承诺的效力在于承诺生效意味着合同成立,双方当事人由此承担合同产生的权利与义务。

(三) 合同的内容和形式

1. 合同的内容

即合同当事人对权利义务达成的合意,其表现为合同条款。根据我国《民法典》合同编规定,合同的内容由当事人约定,一般包括下列条款:当事人的姓名或者名称和住所,标的,数量,质量,价款或者报酬,履行期限、地点和方式,违约责任,解决争议的方法。

订立合同时,双方当事人都应当在合同上签字、盖章。当事人为个人的,应当签字并加据手印。当事人为单位的,应当加盖单位的公章或者合同专用章。合同书为多页时,双方当事人除在合同的末页尾部签字盖章之外,个人宜在每一页上都签字,单位应当加盖骑缝章,以防止当事人暗自替换合同内页或篡改合同内容。

合同签订后,学校应当妥善保管合同,并严格履行合同。应当注意合同条款对于各方权利义务的明确性。例如,应当约定参训学员(学生)负有如下义务:翔实提供报名参加教育培训的相关资料;遵守教育培训管理制度,维护教育培训秩序;不得恶意毁损教育培训机构的声誉;不得泄露教育培训机构的内部使用资料及信息;按约定支付教育培训费用。同时,应当明确约定参训学员(学生)违反上述义务应当承担的法律责任,以促使学员(学生)更好地履行合同义务。

2. 合同的形式

是指合同当事人设立、变更、终止民事权利义务关系的一致协议的表现形式。通常使用的合同形式有口头形式、书面形式和行为默示形式三种。为了维护自身的合法权益,学校的工程建设、金额较大的设备采购、房屋租赁、学生游学、合作办学以及其他重大的对外往来活动,应当由校方与对方当事人依法签订书面的合同。

学校应当指派掌握法律知识的工作人员(必要时可聘请律师)负责处理对外

合同的相关事宜,包括参与谈判、必要的调查、起草和修改合同、监督合同的履行等。对外往来合同的订立与履行,应当遵循平等、自愿、公平、诚实守信、不得损害社会公共利益的原则。

学校签订合同,应当尽可能采用行业主管部门推荐的合同范本。没有合同范本的,应当通过与对方当事人平等协商,公平、公正地制定合同条款内容,明确各自的权利和义务。

当事人采用合同书形式订立合同的,自当事人均签名、盖章或者按指印时合同成立。在签名、盖章或者按指印之前,当事人一方已经履行主要义务,对方接受时,该合同成立。学校要严格规范刻制及使用公章或合同专用章,将合同专用章的监管纳入学校印章管理之中,注意对加盖了公章或合同专用章的空白合同或文件的监管等。

(四) 合同的有效要件

合同的效力是指已成立的合同将对合同当事人乃至第三人产生的法律后果。合同的一般有效要件是:(1)当事人缔约时有相应的缔约能力。(2)当事人的意思表示真实。(3)不违反强制性法律规范及公序良俗。①有些合同除需要具

表 4-2　合同欠缺有效的法律后果

无效合同	可撤销合同	效力待定合同
(1)无民事行为能力人实施的民事法律行为无效;(2)通谋虚伪中虚伪行为无效;(3)违反法律、行政法规的强制性规定的无效;(4)违背公序良俗的民事法律行为无效;(5)行为人与相对人恶意串通,损害他人合法权益的民事法律行为无效。	(1)重大误解实施的民事法律行为;(2)受欺诈实施的民事法律行为;(3)受胁迫实施的民事法律行为;(4)乘人之危导致显失公平情况下实施的民事法律行为。	(1)限制民事行为能力人所实施的与其年龄、智力、精神健康状况不相适应的民事法律行为(纯获益除外);(2)自己代理与双方代理行为;②(3)无权代理行为;(4)待债权人同意的债务转移行为。

① 《最高人民法院关于适用〈中华人民共和国民法典〉合同编通则若干问题的解释》第17条规定:合同虽然不违反法律、行政法规的强制性规定,但是有下列情形之一,人民法院应当依据民法典第一百五十三条第二款的规定认定合同无效:(1)合同影响政治安全、经济安全、军事安全等国家安全的;(2)合同影响社会稳定、公平竞争秩序或者损害社会公共利益等违背社会公共秩序的;(3)合同背离社会公德、家庭伦理或者有损人格尊严等违背善良风俗的。
② 所谓自己代理,就是代理人代理被代理人与自己实施法律行为,如代理人代理被代理人将被代理人的货物卖给自己。双方代理,就是作为被代理人的代理人而同时代理人的他人实施法律行为的代理行为。简单来说,就是一个人同时作为两个被代理人的代理人,又同时代理这两个被代理人进行交易等,如一个人同时代理货物买卖的双方。

备一般有效要件外,还需要具备特别生效要件,主要有:(1)法律、行政法规规定应当办理批准、登记等手续才能生效的合同,在办理相关手续后生效。(2)附生效条件的合同自条件成就时生效。(3)附生效期限的合同自期限届至时生效。合同欠缺一般有效要件的法律后果有三种情形:合同无效,合同可撤销,合同效力待定。

依法成立的合同,除法律另有规定或者当事人另有约定外,自成立时生效。依照法律、行政法规的规定,合同应当办理批准等手续的,依照其规定。未办理批准等手续影响合同生效的,不影响合同中履行报批等义务条款以及相关条款的效力。应当办理申请批准等手续的当事人未履行义务的,对方可以请求其承担违反该义务的责任。

无权代理人以被代理人的名义订立合同,被代理人已经开始履行合同义务或者接受相对人履行的,视为对合同的追认。法人的法定代表人或者非法人组织的负责人超越权限订立的合同,除相对人知道或者应当知道其超越权限外,该代表行为有效,订立的合同对法人或者非法人组织发生效力。当事人超越经营范围订立的合同的效力,应当依照《民法典》总则编有关民事法律行为效力和《民法典》合同编有关合同效力的规定确定,不得仅以超越经营范围为由确认合同无效。

合同不生效、无效、被撤销或者终止的,不影响合同中有关解决争议方法的条款的效力。

本案原告与被告于 2019 年 5 月 6 日签订的中专学历协议约定违反了教育法的强制性规定且损害社会公共利益,双方签订的《中专学历协议书》无效,被告应返还原告培训费 18 000 元。原、被告之间签订的《2019 年中级职称培训协议书》《2019 年副高级职称培训协议书》系双方真实意思表示,未违反法律强制性、禁止性规定,协议合法有效,对双方当事人均具有拘束力,当事人应按照双方的约定全面履行自己的义务。被告行为构成违约,应将培训费用共计 59 000 元退还给原告。法院判决被告吉林省某教育科技有限公司于判决生效后立即返还原告吉林市某工程有限公司培训费用 77 000 元及利息。

【法条链接】

《民法典》第 469—508 条等。

【风险防范】

1　按照民法典合同编的规定签订合同。

2　（1）培训服务协议的签订主体，培训机构方用"分校"等名义签署合同，所签订的合同将存在法律效力的问题。未成年的学员应当由其法定代理人签订合同，这里培训机构需要注意确认法定代理人的身份。（2）关于培训课程与进度的约定，培训机构往往只约定了服务期限和总课次，忽略了服务期限与总课次之间的对应关系，导致学员在服务期限届满后提出课次未上完要求退费，容易产生纠纷。（3）培训机构在实务中往往也会遭遇因经营不善、机构合并等原因需要将现有的学员转移到其他培训机构继续履行合同等合同权利义务概括转移的问题。

3　（1）在签订合同之前，学校应当了解对方当事人的主体资质（即对方在法律上是否有资格对外签订合同），防止因对方当事人没有订约资质而导致订立无效合同，从而造成校方利益受损甚至陷入不法分子设置的骗局。防范有人假冒某一单位或者违背某一单位的意愿向学校骗取钱财。（2）退费条款是与违约责任紧密相联系的，如果学员因自身原因要求提前解除合同，则应明确一个具体的违约金数额，且培训机构有权在预付的学费中直接扣除后剩余无息退费。

4　（1）审查对方的主体资质，对于前来与学校洽谈签约事宜的对方工作人员，学校应当谨慎地核实其身份，查看其授权委托书，必要时应当打电话向对方单位进行核实。（2）在培训服务协议中明确培训课次的调整限于服务期限内，一旦服务期限届满，双方权利义务即告终止。培训协议明确约定上课的时间、地点以及可供学员调整的时间段及调整次数。同时培训机构也尽可能保留在发生不可抗力事件、教师离职、培训机构合并等认为必要时自行调课的权利。（3）新老培训机构相互之间可以签订合同权利义务概括转移协议，但是一定要让学员书面同意，并做好文件留存。

二、履行合同和解除合同

【典型案例】

2017 年 10 月 9 日，王某录与金睿某公司签订《FCF 右脑开发签约标准》，将后三项全脑超能力学习法实行签约培养，载明："第一项（中阶段）：超高速波动速度学习法：训练学生的大脑波动思维能力。第二项（高阶 1）：全脑思维学习法：大脑中级水平的智能化训练，采用与学校同步的语文、数学课本训练。第三项（高阶 2）：英语思维智能学习法：大脑高级水平的智能化训练，英语课文、单词、语音同时输入大脑，文字在脑中清晰可见，学生可以看着脑中的应予背诵和默写。FCF 右脑开发保证训练效果，至少培训六个月，不计课时，指导学生训练达标。家长学生须知：学生按时参加训练课，必须按老师的训练步骤全面配合训练，在家按要求戴机，完成老师布置的作业。学生若因故缺课，训练步骤免费顺延。训练过程中，不允许任何理由退费。"王某录的法定代理人屈某红在学生家长处签名。当日，王某录缴纳 30 800 元的学习费用，收据上显示，学生姓名为王某录，报读课程为悟进法课程，收费 30 800 元，备注栏注明"送砸金蛋一次"。合同签订后,王某录在金睿某公司处接受部分培训并参加了两次考核。王某录接受部分培训课程后未达到约定的阶段效果,王某录的母亲不同意王某录继续复训,要求金睿某公司返还培训费。金睿某公司基于合同条款的规定拒绝退款,双方发生法律争议,王某录诉至法院。①

【法律问题】

双方"签约标准"约定"训练期间不允许以任何理由退费"是什么条款? 该条款能否成为合同的内容?

【法理解读】

(一) 格式条款

格式条款,是指当事人为了重复使用而预先拟订,并在订立合同时未与对方协商的条款。(1)提供格式条款的一方应当遵循公平原则确定当事人之间的权利和义务,对免除或者减轻提供格式条款一方责任等与对方有重大利害关系的条款,采取合理的方式提示对方注意,按照对方的要求对该条款予以说明。(2)提供格式条款的一方未履行提示或者说明义务,致使对方没有注意或者理解与其有重大利害关系的条款的,对方可以主张该条款不成为合同的内容。(3)有下列情形之一的,该格式条款无效:一是具有民事法律行为的无效事由;二是格式条款中的造成对方人身损害的、因故意或者重大过失造成对方财产损失的免责条款;三是提供格式条款一方不合理地免除或者减轻其责任、加重对方责任、限制对方主要权利;四是提供格式条款一方排除对方主要权利。(4)对格式条款的理解发生争议的,应当按照通常理解予以解释。对格式条款有两种以上解释的,应当作出不利于提供格式条款一方的解释。格式条款和非格式条款不一致的,应当采用非格式条款。

(二) 合同履行的一般规则

合同的履行,是指债务人按照合同的约定履行其义务。

合同履行的一般规则,是指当事人在履行合同过程中应当遵循的基本准则,包括:(1)全面履行规则,该规则要求当事人按照合同约定的标的、数量、质量、履行期限、履行地点、履行方式,全面完成合同义务。(2)遵循诚实信用规则,要求当事人应本着诚实、守信、善意的态度履行合同义务,不得滥用权利或故意规避义务。(3)保护生态环境规则,是指在履行合同过程中,当事人应当避免浪费资源、污染环境和破坏生态。

---

① 山东省青岛市中级人民法院(2022)鲁 02 民终 12836 号。

合同履行的情事变更规则。情事变更,是指合同依法成立以后,非归因于当事人双方的原因,作为合同赖以成立的基础或环境的客观事实发生变更,使得继续维持合同的效力显失公平或者不能实现合同目的,遭受不利影响的一方当事人可以请求法院或仲裁机构予以变更或解除的规则。

(三) 合同解除

合同解除,是指在合同有效成立之后尚未开始履行或者尚未全部履行之前,因当事人一方或双方的意思表示,提前终止合同效力的行为。合同解除可以是当事人约定的,也可以是法律直接规定的。

合同解除的方式包括单方解除和协议解除。单方解除,是指在解除事由出现时,由享有解除权的一方当事人以单方行为解除合同的方式。解除事由可由当事人在合同中约定,也可以是法律直接规定的。法定解除情形:(1)因不可抗力致使不能实现合同目的;(2)在履行期限届满前,当事人一方明确表示或者以自己的行为表明不履行主要债务;(3)当事人一方迟延履行主要债务,经催告后在合理期限内仍未履行;(4)当事人一方迟延履行债务或者有其他违约行为致使不能实现合同目的;(5)法律规定的其他情形。同时,《民法典》第528条、第533条还对行使不安抗辩权和基于情事变更规则解除合同作出了规定。法定解除不必经对方当事人同意。当事人一方依法主张解除合同的,应当通知对方。合同自通知到达对方时解除。约定解除,是指当事人以合同形式约定一方当事人保留解除权,该当事人行使约定的解除权而导致合同的解除。协议解除,是指当事人通过协商一致解除合同的行为。

有效合同解除使合同权利义务关系终止。具体表现为:合同解除后,尚未履行的,终止履行;已经履行的,根据履行情况和合同性质,当事人可以请求恢复原状或者采取其他补救措施,并有权请求赔偿损失;合同因违约解除的,解除权人可以请求违约方承担违约责任,但是当事人另有约定的除外;主合同解除后,担保人对债务人应当承担的民事责任仍应当承担担保责任,但是担保合同另有约定的除外。

本案中,双方"签约标准"约定"训练期间不允许以任何理由退费"系格式条款,属于与王某录有重大利害关系的条款,被告作为合同提供方在订立合同时未能采取充分合理的方式提示王某录注意并说明上述条款,故该条款不应成为合同的内容。由被告退还王某录剩余培训费。但"签约标准"履行期间不明确,无法确定单次课时收费标准,故一审法院酌定由被告返还王某录培训费25 000元。二审维持原判。

【法条链接】

《民法典》第 509 条、第 562—566 条等。

【风险防范】

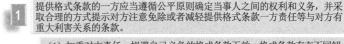

1 提供格式条款的一方应当遵循公平原则确定当事人之间的权利和义务,并采取合理的方式提示对方注意免除或者减轻提供格式条款一方责任等与对方有重大利害关系的条款。

2 (1)加重对方责任、规避自己义务的格式条款无效。格式条款存在不同解释的,应作出不利于提供格式条款一方的解释。如不少培训机构在与消费者所签订的合同中,有着诸多不合理的限制退款的约定,在消费者要求退款时也常以此为借口,拒绝消费者的退款要求。(2)标的物瑕疵。

3 (1)提供格式条款一方不合理地免除或者减轻其责任、加重对方责任、限制对方主要权利,该格式条款无效;该格式条款系提供格式条款一方免除其责任、排除消费者主要权利的条款,该条款无效。(2)当标的存在非外观瑕疵,特别是质量瑕疵需经过长期使用才能发现时,已过质保期,容易引发纠纷,举证困难及存在败诉风险。

4 (1)如果确要采用格式合同文本的,则应注意制式化的合同文本对加重对方责任或者减轻自己责任等特别条款采用字体加粗、画横线或签约人抄写等形式尽到对学员的提示义务,比如上述提及的课次调整、合同权利义务概括转移、退费条款、违约责任条款等都值得进行提示。(2)双方可以另行约定质保期。作为买方约定质量保证期时,要特别约定在正常使用情况下,标的物隐蔽瑕疵不受质量保证期约束。或者就该标的物可能出现的隐蔽瑕疵的质量保证期特别约定为长期限。作为卖方约定质量保证期时,遇到买方超长质保期的要求,可以约定使用不当的举证责任倒置。

三、合同担保

【典型案例】

2020 年 9 月 8 日,原告余某菲(作为出借人、甲方)、蒙特某公司(作为借款人、乙方)与被告菲某幼儿园(作为担保方、丙方)签订《借款合同》,约定乙方因旗下丙方经营需要,拟向甲方商借资金,专门用于丙方经营;甲方向乙方出借资金 200 万元,借款期限为一年,自 2020 年 9 月 10 日起至 2021 年 9 月 10 日止,若期满双方协商延长借款期限,应另行订立书面协议;借款年利率按照全国银行间同业拆借中心公布的一年期贷款市场报价利率(LPR)的四倍即 15.40% 计算。[①]

【法律问题】

本案的保证合同是否有效?

【法理解读】

在合同履行过程中,合同的担保就是一种有效的防范风险之法。所谓合同

_____

① 上海市浦东新区人民法院(2022)沪 0115 民初 16269 号。

担保指合同当事人依据法律规定或双方约定，由债务人或第三人向债权人提供的以确保债权实现和债务履行为目的的措施，如保证、抵押、留置、质押等。

（一）抵押担保

抵押，是指抵押人和债权人以书面形式订立约定，不转移抵押财产的占有，将该财产作为债权的担保。当债务人不履行债务时，债权人有权依法以该财产折价或者以拍卖、变卖该财产的价款优先受偿。根据我国现行法律，下列不动产是不能用于抵押的：(1)用于教育、医疗、市政等公共福利的不动产；(2)列入文物保护的建筑物和具有纪念意义的建筑物；(3)已被依法公告列入拆迁范围的房地产；(4)被司法机关或行政机关依法查封的不动产；(5)产权关系不清或有争议的财产；(6)来自全体共有人书面同意的不动产；(7)未取得合法权证的违法建筑物。

（二）质押担保

质押，就是债务人或第三人将其动产或者权利移交债权人占有，将该动产作为债权的担保，当债务人不履行债务时，债权人有权依法就该动产卖得价金优先受偿。质押分为动产质押和权利质押两种：动产质押是指可移动并因此不损害其效用的物的质押；权利质押是指以可转让的权利为标的物的质押。可以出质的权利包括汇票、本票、支票、债券、存款单、仓单、提单；依法可以转让的股份、股票；依法可以转让的商标专用权、专利权、著作权中的财产权；依法可以转让的债权以及公路桥梁、公路隧道或者公路渡口等不动产收益。

（三）保证担保

一般保证指当事人在合同中约定，当债务人不能履行债务时，方由保证人承担保证责任。即要求先由主债务人履行其债务，只有在对其财产强制执行而无效果时才由保证人承担保证责任。一般保证是一种补充性的保证。基于此，法律赋予一般保证人所专属的抗辩权——先诉抗辩权。连带责任保证是指保证人与主债务人对主合同债务承担连带责任的保证。当主合同债务人没有按约定履行债务时，债权人就可向债务人或保证人中的任何一个要求履行债务或承担债务的不履行全部清偿责任。连带责任保证是一种责任较重的保证方式。保证人没有先诉抗辩权。

本案中为以公益为目的的幼儿园，不能作为保证人提供担保，因此被告对原告与蒙特某公司签订的《借款合同》中的保证合同部分无效。

【法条链接】

《民法典》第 394 条、第 425 条、第 586 条、第 681 条等。

【风险防范】

1	（1）定金是保障合同能够顺利履行的一种担保方式。（2）学校、幼儿园、医院等不得为保证人。（3）抵押合同和登记。（4）保证合同尽量不要签连带责任的保证合同。
2	（1）容易将"定金"与"订金"搞混。如果合同中签订是"订金"的，则不适用关于定金的相关法律规定。（2）学校、幼儿园、医院等以公益为目的的事业单位为保证人。（3）仅有抵押合同，或将抵押物权属证书原件保管视为抵押。没有到相关登记机关进行权属登记。（4）在签订保证担保时，约定的保证期间少于主债务履行期间或约定保证人承担保证责任直至主债务本息还清时为止等类似内容。
3	（1）定金是保障合同能够顺利履行的一种担保方式，法律规定给付定金一方不履行债务的，无权要求返还定金；接受定金一方不履行债务的，应当双倍返还定金。定金的支付超出本金20%的，超出部分将不会被认定为定金，而被视为合同款项。（2）主合同有效而担保合同无效，债权人、担保人有过错的，担保人承担民事责任的部分，不应超过债务人不能清偿部分的二分之一。（3）可能导致抵押合同不生效或抵押权人对抵押物不享有优先受偿权，将学校可担保利益降低。（4）可能因为内容不符合导致保证期间被视为没有约定或视为约定不明。
4	（1）为保证对方履行约定以及避免因对方违约而造成自己一方的损失，双方在合作、签订合同时商谈交付定金的问题。（2）学校在要求对方提供担保时，应清楚某些组织不得成为保证人，或者只能在一定条件下成为保证人。（3）作为抵押权人，及时进行抵押登记。（4）保证如果出现约定不明或被视为没有约定的情况，学校应该按照法律规定行使权利：没有约定保证期间的，一般保证期间为主债务履行期届满之日起六个月；保证合同约定的保证期间早于或者等于主债务履行期限的，视为没有约定。

四、违约责任

【典型案例】

2018年9月8日，邓某文（乙方）、道南某公司（甲方）签订《高考规划私人定制服务协议（艺术类）》，双方约定：甲方为乙方提供全方位艺术类高考咨询服务，保证乙方录取到985院校或者艺术院校（比985、211院校更好的院校），收取服务费100万元。如果乙方被985院校或艺术院校录取则不需要退费，被211院校录取则退还服务费10万元，未被985院校、艺术院校、211院校录取则无条件全额退费。协议签订后，甲方依约向乙方交纳100万元服务费，积极配合、遵循乙方的学业管理和相关安排。2019年6月，乙方参加高考未能被北京电影学院录取，也未被211或985院校录取。按照约定，邓某文向道南某公司不断要求退费未果，因而起诉。邓某文诉称，根据约定，道南某公司应当在2019年7月1日前退还已收取服务费70万元，已付30万元在当年高考录取工作结束后三十个工作日内退还，但道南某公司并未依约履行，应承担相应违约责任。①

---

① 湖南省长沙市望城区人民法院（2021）湘0112民初10026号。

【法律问题】

本案被告需要承担什么责任？

【法理解读】

(一) 违约责任和免责事由

违约责任,是指当事人不履行或不适当履行合同义务而应承担的民事责任。违约责任的构成要件主要包括:(1)当事人之间存在有效合同;(2)客观上有违约行为;(3)不存在免责事由。

免责事由又称免责条件,是指当事人即使违约也不承担责任的情况。免责事由既可以由法律直接规定,也可以由当事人加以约定。根据我国有关法律规定,违约责任的免责事由有两大类:(1)法定的免责事由,即由法律直接规定的、无须当事人约定即可援用的免责事由。如当事人一方因不可抗力不能履行合同的,根据不可抗力的影响,部分或者全部免除责任,但是法律另有规定的除外。(2)约定的免责事由。约定的免责事由是指当事人在合同中约定的违约方免予承担违约责任的条件。当事人关于免责事由的约定不得违反法律、国家政策和社会公共利益,不得违背公序良俗。

(二) 违约责任的承担方式

违约责任的承担方式主要包括:(1)继续履行,即在合同债务人不履行合同义务或者履行合同义务不符合约定条件时,债权人要求违约方继续按照合同的约定履行义务。继续履行是强制违约方交付按照合同约定本应交付的标的。我国采用继续履行为主、赔偿为辅的救济原则。如果债务的性质不得强制履行的,对方可以请求其负担由第三人替代履行的费用。(2)采取补救措施。补救措施是指继续履行、赔偿损失、支付违约金等之外的其他补救方法。如恢复原状、修理、重作、更换、退货、减少价款或者报酬。采取补救措施后对方还有其他损失的,违约方还应对损失予以赔偿。(3)支付违约金。违约金是指依据法律规定或者当事人的约定,一方不履行或不适当履行合同时应当根据违约情况向对方支付的一定数额的金钱。约定的违约金低于造成的损失的,人民法院或者仲裁机构可以根据当事人的请求予以增加;约定的违约金过分高于造成的损失的,人民法院或者仲裁机构可以根据当事人的请求予以适当减少。违约金与继续履行的关系是:当事人就迟延履行约定违约金的,违约方支付违约金后,还应当履行债务。(4)适用定金罚则。定金是指为担保合同的履行,由当事人一方在合同订立时或者订立后至履行前给付给对方的一定数额的金钱或替代物。当事人既约定违约金,又约定定金的,一方违约时,对方可以选择适用违约金或者定金条款;定金不足以弥补一方违约造成的损失的,对方可以请求赔偿超过定金数额的损失。
(5)赔偿损失。赔偿损失是指违约方以支付金钱的方式弥补受害方因违约方的
违约行为而遭受损失的责任形式。承担赔偿损失的责任除应具备违约责任的必
要条件外,还必须有违约行为造成对方财产损失的事实。

本案邓某文与道南某公司签订的《高考规划私人订制服务协议(艺术类)》,
系双方真实意思表示,约定的内容不违反法律、行政法规的强制性禁止性规定,
合法有效,合同双方应当严格依约履行。现道南某公司逾期不退还服务费,应承
担违约责任。

【法条链接】

《民法典》第577—584条等。

【风险防范】

1. 如果对方在合理期限内未提供适当履约担保,可视为对方毁约。则可实施如下补救措施:(1)暂时中止履行合同;(2)可以在履行期限到来以后要求毁约方实际履行或承担违约责任;(3)也可以不必等到履行期限的到来而直接要求毁约方实际履行或承担违约责任。为了避免出现主观臆断,滥用权利,学校在行使此种权利时,应有确凿的证据证明对方将不履行合同、包括在缔约后,履行期限到来前出现了经营状况严重恶化;转移财产、抽逃资金,以逃避债务;丧失商业信誉;有丧失或者可能丧失履行债务能力的其他情形。

2. (1)双方在合同中没有约定违约金,或随意约定一方违约时应支付对方违约金。(2)签订合同后发现交易伙伴存在经营状况严重恶化,或有转移财产、抽逃资金以逃避债务行为,没有采取必要措施,继续履行合同。

3. (1)在追加对方违约责任时,可能因为约定不明且无法计算损失。法院倾向于对违约金的支持。(2)合同履行无法得到保证,对方有违约可能。学校利益最后因此而受损。

4. (1)学校在签订合同时,应明确约定违约金的产生及数额。发生纠纷后发现没有约定违约金的,应尽量寻找证据证明实际损失。此外,对于高比例违约金,虽然法院不一定会支持。但若对方违约可能性较大,己方可要求在违约责任条款里约定高额违约金,如约定合同标的100%、200%甚至更大比例的违约金,这可在一定程度上遏制对方的违约冲动。(2)在预见到对方存在默示毁约情形时,学校应马上请求对方提供履约担保。

第三节　学校管理中民事合同的法律风险

一、采购合同

【典型案例】

2023年7月16日,有网友爆料,东莞一民办高中学校新生,注册需缴纳4 000余元校服费,此事在网上迅速发酵,引发热议。据学校此前发布的高一新

生入学须知显示,男生校服费为 4 033 元,女生校服费为 4 043 元,校服共 30—31 件。7 月 17 日,东莞市光正实验学校有工作人员透露,校服收费 4 000 余元属实,但是并非乱收费,包括鞋子在内,一共有 30 件。有礼服、运动服、冲锋衣,春夏秋冬的都有。还有三双鞋子,一双皮鞋、两双运动鞋。17 日下午,学校就校服费用问题作出回应,称针对流传的消息,学校高度重视,立即开展自查工作,并对自身工作的一些不足引发的热议占用了社会公共资源深感遗憾与歉意。

【法律问题】

学校如何选购校服才合规?

【法理解读】

(一) 买卖合同的概念和效力

买卖合同,是指出卖人转移标的物的所有权于买受人,买受人支付价款的合同。转移标的物所有权的一方为出卖人,支付价款的一方为买受人,由出卖人出卖而买受人受领的对象是买卖的标的物。

买卖合同的效力,是指生效的买卖合同对双方当事人产生的法律后果,表现为出卖人和买受人享有的权利和承担的义务。出卖人的义务主要有:(1)交付标的物。出卖人依照合同的约定或法律规定的交付方式、时间、地点、数量、标的物的状况、包装方式等交付标的物。(2)转移标的物的所有权。(3)担保标的物无质量瑕疵和权利瑕疵。出卖人交付的标的物不符合质量要求的,买受人可以依法请求出卖人承担违约责任。除法律另有规定外,出卖人就交付的标的物,负有保证第三人对该标的物不享有任何权利的义务。

买受人的义务主要有:(1)支付价款。(2)受领标的物。(3)及时检验标的物。若买受人发现标的物不符合约定,可以行使拒收权,但同时应负通知义务、保管义务与紧急情况下的处置义务。

(二) 买卖合同中标的物的风险分担

买卖合同中标的物的风险,是指买卖合同的标的物因不可归责于双方当事人的事由毁损、灭失所致的损失。标的物毁损、灭失的风险,在标的物交付之前由出卖人承担,交付之后由买受人承担,但是法律另有规定或者当事人另有约定的除外。因买受人的原因致使标的物未按照约定的期限交付的,买受人应当自违反约定时起承担标的物毁损、灭失的风险。因标的物不符合质量要求,致使不能实现合同目的的,买受人可以拒绝接受标的物或者解除合同。买受人拒绝接受标的物或者解除合同的,标的物毁损、灭失的风险由出卖人承担。

(三) 采购合同刑事法律风险及防范

部分教育行政部门的管理人员以及学校具有采购权限的工作人员长期在同一岗位工作,与供应商熟识,容易形成不当经济往来,结为固定利益同盟,利用推荐权、决定权、建议权、签字权等职权收受贿赂,表现为:(1)选用教材决定权集中。一般情况下,图书销售单位可以从实际销售额中提取一定比例的费用,返还给购书单位学校。而采购教材等书籍的决定权和选择权往往集中于学校或部门负责人,且缺乏公开透明的招标机制和监督机制,权钱交易频现。(2)报刊发行费未规范使用和管理。负责报刊推广、征订工作的教育局工作人员将本应用于报刊推广、宣传等活动的发行费存入科内的"小金库"并进行私分。(3)后勤管理部门虽小,权限却大。学校的后勤部门负责全校师生的日常生活以及教学设备购置、网络维护、绿化园林、汽车服务等诸多工作,管理范围较广,职责权限较大。有的人经不起服务商的多次"公关",加上单位对物资采购等后勤管理尚不规范,采购招投标工作未能做到有效监管,也为相关人员利用职务便利收受贿赂埋下隐患。

学校应完善图书教材、教辅书、校服等的采购机制。具体是:一是高校图书馆图书采购,全部采取公开招标方式,本科生教材由各院系、专业列出推荐书目,由学生自行购买;二是小学、初中生教材,由各区县教育行政管理部门公开、统一采购,高中阶段教材由学校列出书目后,学生自行购买;三是中小学生校服采购,建议由市教育行政主管部门建立全市统一的采购平台,各学校作为采购人公开招标。

相关刑事法律风险是需要防范非国家工作人员受贿罪。该罪是指公司、企业或者其他单位的工作人员,利用职务上的便利,索取他人财物或者非法收受他人财物,为他人谋取利益,数额较大的,处三年以下有期徒刑或者拘役,并处罚金;数额巨大或者有其他严重情节的,处三年以上十年以下有期徒刑,并处罚金;数额特别巨大或者有其他特别严重情节的,处十年以上有期徒刑或者无期徒刑,并处罚金。公司、企业或者其他单位的工作人员在经济往来中,利用职务上的便利违反国家规定,收受各种名义的回扣、手续费,归个人所有的,依照前款的规定处罚。[①]

本案中,中小学校服应严格执行国家标准和有关要求。《关于进一步加强中

[①]　最高人民法院、最高人民检察院《关于办理贪污贿赂刑事案件适用法律若干问题的解释》(法释〔2016〕9号),第11条中规定:刑法第一百六十三条规定的非国家工作人员受贿罪中的"数额较大""数额巨大"的数额起点,按照本解释关于受贿罪相对应的数额标准规定的二倍、五倍执行。根据以上规定,可以确定非国家工作人员受贿罪数额较大。数额较大(追诉标准):6万以上不满100万元(按照贪污贿赂犯罪的二倍执行)。数额巨大:100万以上不满1 500万元。数额特别巨大:1 500万元以上。

小学生校服管理工作的意见》，明确校服被形象地称为中小学生的"第二层皮肤"，其质量关系到学生的健康成长，式样影响学生的形象和气质养成。为此，学校应在深入论证和与家长委员会充分沟通的基础上确定是否选用校服。选用校服的学校要加快建立以学校和家长委员会为主体，学生代表、家长代表、社会代表等多方参与的校服选用组织，负责具体选用、采购工作。要健全工作机制，实行信息公开，吸收专业组织和人员意见建议，不断提高校服选用采购的规范性和科学性。学生自愿购买校服，允许学生按照所在学校校服款式、颜色，自行选购、制作校服。采购单位在进行校服招标采购时，要在合同中标明校服执行标准。东莞市教育局初步调查发现，该学校在校服采购程序、落实学生自愿购买校服方面未严格执行国家、省、市中小学生校服管理有关规定。对此，市教育局责成学校立即整改，健全完善校服采购程序，严格落实学生自愿购买校服的规定，自觉接受社会监督。①

【法条链接】

《民法典》第 595—606 条，《刑法》第 163 条等。

【风险防范】

1　(1) 普通销售发票在法律上是付款方的一个重要凭证。 (2) 验收是指学校对采购物资和劳务的检验接收，以确保其符合合同相关规定或产品质量要求。 (3) 付款是指学校在对采购预算、合同、相关单据凭证、审批程序等内容审核无误后，按照采购合同规定及时向供应商办理支付款项的过程。

2　(1) 预开发票的法律风险。财务上的要求是，要收款方先交付发票，然后再付款，那么当收款方开出了发票后付款方因赖账、倒闭等原因没有付款的，有可能会因为合同对此没有清楚的约定或说明等原因，而导致付款方难以向法院主张权利的风险发生。 (2) 学校收到货物后，应组织人员进行验收。在验收过程中，学校往往会由于缺乏相应的专业验收人员，或者验收人员责任心不强，导致采购验收流于形式。比如验收人员验收把关不严，或没有按照合同规定对采购物资的品种、规格和质量等进行严格验收，使得采购物资在质量上不过关，在数量上可能短斤少两，在品种规格上不符合要求等。 (3) 付款审核不严格、付款方式不恰当、付款金额控制不严。

3　(1) 导致货款卖方无法收回，起诉证据不足败诉。 (2) 验收标准不明确、验收程序不规范，对验收中存在的异常情况不作处理，可能造成账实不符、采购物资损失，给学校造成经济损失。对于验收过程中发现的异常情况，比如无采购合同或大额采购合同的物资、超采购预算采购的物资、毁损的物资等，验收机构或人员应当立即向学校有权管理的相关机构报告，相关机构应当查明原因并及时处理。对于不合格物资，采购部门依据检验结果办理让步接收、退货、索赔等事宜。对延迟交货造成生产建设损失的，学校要按照合同约定索赔。 (3) 可能导致学校资金损失或信用受损。

4　(1) 如果付款方要求预开发票，双方在签订合同时一定要将预开发票事宜约定清楚，写明先开发票再付款，"预开的发票不作为付款凭证"。约定以转账形式收取款项，避免现金支付。增值税专用发票不能作为付款凭证。 (2) 制定明确的采购验收标准，规定此类物资出具质量检验报告方可入库。验收机构或人员应当根据采购合同及质量检验部门出具的质量检验证明，重点关注采购合同、发票等原始单据与采购物资的数量、质量、规格型号等核对一致。 (3) 学校应当加强采购付款的管理，完善付款流程，明确付款审核人的责任和权力，严格审核采购预算、合同、相关单据凭证、审批程序等相关内容，审核无误后按照合同规定，合理选择付款方式，及时办理付款。

① 载广州日报大洋网，2023 年 7 月 17 日。

二、委托合同

【典型案例】

2016 年 3 月 18 日,被告大连某大学继续教育培训学校与原告大连市金州区某培训学校签订《招生、培训委托合作协议》,双方约定:充分利用双方的资源优势合作开展电子科技大学网络教育,合作办学类型为现代远程高等学历教育,办学层次为高中起点专科、专科起点本科。学员学费交齐后,根据实际报名人数,甲方(被告)向乙方(原告)按学费标准 20%(即每生 1 200 元),分两次,支付管理费用,用于乙方招生宣传及日常管理。代理期限 2016 年 3 月 18 日至 2018 年 12 月 31 日。管理专业及费用:每生在校时间两年半管理费共 1 200 元,分两次支付,即第一年支付 600 元,第二年支付 600 元。现被告欠原告 2019 年春季第二年 31 人管理费,每人 600 元,共 18 600 元;2019 年秋季第二年 17 人管理费,每人 600 元,共 10 200 元;2020 年春季两年 19 人管理费,每人 1 200 元,共 22 800 元。合计共欠 51 600 元。①

【法律问题】

原告要求被告支付管理费 51 600 元的请求是否合理正当?

【法理解读】

(一)委托合同的概念和效力

委托合同是指委托人和受托人约定,由受托人处理委托人事务的合同。

在委托合同中,委托人的义务是:(1)偿付费用及支付报酬。(2)清偿受托人因处理委托事务产生的债务。(3)赔偿损失。受托人在处理委托事务时,因不可归责于自己的事由受到损失的,委托人应当向受托人赔偿损失。

受托人的义务是:(1)亲自处理委托事务。(2)报告义务。(3)按照委托人的指示处理委托事务的义务。(4)交付财产、转移权利给委托人。

委托人死亡、终止或者受托人死亡、丧失民事行为能力、终止的,委托合同终止;但是,当事人另有约定或者根据委托事务的性质不宜终止的除外。因委托人死亡或者被宣告破产、解散,致使委托合同终止将损害委托人利益的,在委托人的继承人、遗产管理人或者清算人承受委托事务之前,受托人应当继续处理委托事务。因受托人死亡、丧失民事行为能力或者被宣告破产、解散,致使委托合同

---

① 辽宁省大连市沙河口区人民法院(2023)辽 0204 民初 4523 号。

终止的,受托人的继承人、遗产管理人、法定代理人或者清算人应当及时通知委托人。因委托合同终止将损害委托人利益的,在委托人作出善后处理之前,受托人的继承人、遗产管理人、法定代理人或者清算人应当采取必要措施。

(二) 委托合同条款

1. 应注意合同中的独家代理或其他限制性条款

(1)对委托人的限制性条款:"独家代理"条款,如"乙方为独家代理商""乙方作为独家代理人,需完成的目标"等,其限制了委托人与第三人建立委托合同的权利。如委托人与第三人建立法律关系,受托人可依据委托合同向委托人主张违约赔偿责任。(2)对受托人的限制性条款:出于商业目的考虑,委托方可约定"排他性条款",如禁止受托人在一定地域范围内从事相同或类似的工作,禁止受托人在一定地域范围内代理其他竞争对手的相同或类似的工作。

2. 应明确约定委托期限

(1)委托人应当结合实际需求,对委托期限作出明确约定。避免因期限届满,产生委托权限的争议。(2)委托期限的约定方式包括:固定期限,在固定期限届满前,双方可协商一致延长委托期限;以完成具体的事务为准。

3. 应明确约定必要费用的支付方式、时间等

委托合同中,受托人除收取办理委托事务的必要费用外,对受托办理的事务不再享有收益权,其全部权利由委托人所有。如未约定报酬金额或约定不明,法院可能认定合同性质为无偿委托合同。

4. 受托人向委托人报告事务办理进度、提交结果的义务

双方当事人可在合同中对此项义务细化,如报告事项、方式、频率、审批、指示流程等。并明确约定是否允许转委托。如合同中无另行约定,受托人在非紧急情况下,不得将委托事务交由第三人处理。如合同允许转委托,需明确转委托只能转给特定的主体;紧急情况下的通知义务等。可以约定受托人的保密责任。合同中可以写明需要保密的项目,例如学校资料、客户文件等商业秘密;同时应约定保密期限及相应的违约责任等。如有必要,可单独签署保密协议。

5. 对任意解除权作出应对

任意解除权系法定权利,委托合同中委托人和受托人均具有任意解除权。为维持交易稳定性,合同中可考虑约定限制解除权条款和明确提前解除费用支付标准。

6. 明确约定违约责任条款

(1)委托人的主要违约责任包括延迟给付或足额支付报酬、延迟受领委托事

务处理的结果以及另行委托他人办理委托事项。(2)受托人的主要违约责任包括不具备资质、未能按照委托方要求处理委托事项、超越代理权限造成委托人实际损失的、未经委托人同意受托人擅自转委托、保密等责任。考虑约定免责条款。部分委托事务是否能够完成存在不确定性,如工商登记变更、签证申请等,受托人可约定不保证委托事务可以完成等免责条款,避免承担违约责任。

相关刑事法律风险是需要防范为亲友非法牟利罪。该罪是指国有公司、企业、事业单位的工作人员,利用职务便利,有下列情形之一,致使国家利益遭受重大损失的,处三年以下有期徒刑或者拘役,并处或者单处罚金;致使国家利益遭受特别重大损失的,处三年以上七年以下有期徒刑,并处罚金:(1)将本单位的盈利业务交由自己的亲友进行经营的;(2)以明显高于市场的价格从自己的亲友经营管理的单位采购商品、接受服务或者以明显低于市场的价格向自己的亲友经营管理的单位销售商品、提供服务的;(3)从自己的亲友经营管理的单位采购、接受不合格商品、服务的。其他公司、企业的工作人员违反法律、行政法规规定,实施前款行为,致使公司、企业利益遭受重大损失的,依照前款的规定处罚。①

本案原告与被告对合作办学的相关事宜达成一致合意,其行为系双方真实意思表示,未违反法律、行政法规的强制性规定,故双方签订的《招生、培训委托协议书》合法有效。原告要求被告支付管理费 51 600 元的请求合理正当,被告应该基于合同的约定支付。

【法条链接】

《民法典》第 919—924 条、第 928 条。

【风险防范】

1　(1)受托人的能力达标、资质健全。　(2)委托事项和权限应当明确、合法。

2　(1)受托人不具备相应资格。　(2)双方当事人没能注意委托事项的合法性,下列事项不能委托:具有人身属性的法律行为或事实行为:如收养关系的建立或终止、婚姻关系的产生和消灭、立遗嘱、结婚等。违法事项:如委托代替参加考试等。违背公序良俗事项。

3　(1)委托合同的无效和可撤销。　(2)不合法的委托导致合同的无效,有可能产生其他的法律责任乃至刑事责任。

4　(1)在委托合同中,是委托人委托受托人从事某项业务,因此受托人必须具备相应的能力。在可能需要受托人具有某种资质才能行使受托事务的领域,也需要受托人具有某种资格,如律师代理业务等。如受托人不具备相应资格,可能会导致合同目的不能实现。对于委托人而言,应审查受托人的履约能力和资质,必要时在合同中约定受托人承诺具备资质,并将资质复印件作为合同附件,由委托人签署确认其真实性。(2)委托人应明确、详尽授权范围,避免概括性授权委托。

---

①　《刑法修正案(十二)》(2023 年 12 月 29 日通过),在《刑法》第 166 条中增加 1 款作为第 2 款。

三、装修合同

【典型案例】

2018年1月25日，罗某文（乙方，系个人，不具有建筑施工资质）与李某丽、高某（甲方）签订《工程施工承包合同》一份，李某丽、高某将其在京泰小区投资开办的幼儿园装修工程承包给罗某文施工，合同签订之前，双方进行了预算，形成预算项目单，该预算项目单对教室吊顶、塑胶地面、墙面顶面乳胶漆等单价均进行了约定，经预算该装修工程的预算总价为1 580 000元，双方经协商后暂定合同包干价为1 430 000元。合同约定的开工日期为2018年1月25日，竣工日期为2018年5月25日；承包方式为包工包料。2018年6月6日，高某与罗某文达成装修合同补充协议一份，该协议载明"幼儿园装修工期按装修图纸施工截止于2018年6月12日前全完工，工程验收以效果图为准，质量达标。如未按期按图纸完工，并且质量问题不达标，限3天之内进行维修完善，否则所有尾款一律不予支付。如有矛盾双方协议解决"。在施工过程中，李某丽、高某共支付罗某文工程款600 000元，余款未付。2018年8月20日，建设工程未经竣工验收，李某丽开始使用涉案工程。①

【法律问题】

乙方与甲方所签订的合同是否有效？乙方是否有权要求甲方支付工程款？

【法理解读】

（一）承揽合同的概念和效力

承揽合同，是指承揽人按照定作人的要求完成工作，交付工作成果，定作人支付报酬的合同。完成工作交付成果的一方为承揽人，接受工作成果并给付报酬的一方为定作人。承揽包括加工、定作、修理、复制、测试、检验等工作。承揽合同的内容一般包括承揽的标的、数量、质量、报酬、承揽方式、材料的提供、履行期限、验收标准和方法等条款。承揽合同的标的不是工作过程而是工作成果。承揽人应当以自己的设备、技术等独立完成工作成果，一般情况下不能将承揽的工作交由第三人完成，故承揽人一般不得将自己的义务移转给他人承担。

---

① 陕西省宝鸡市中级人民法院(2021)陕03民终799号。

在承揽合同中,承揽人的义务主要包括:(1)以自己的设备、技术和劳力完成主要工作并按期交付工作成果。承揽人将其承揽的主要工作交由第三人完成的,应当就该第三人完成的工作成果向定作人负责;未经定作人同意的,定作人也可以解除合同。(2)对完成的工作成果负瑕疵担保义务和保管义务。(3)按约定提供材料或者妥善处理定作人提供的材料。(4)接受定作人必要的监督、检查。(5)按定作人的要求保守秘密,未经定作人许可,不得留存复制品或者技术资料。其权利是报酬请求权及符合法定条件时的留置权。

定作人的义务主要有:(1)依约定提供材料。(2)承揽工作需要定作人协助的,应当对承揽人进行协助。(3)按时接收、验收承揽人交付的工作成果。(4)按约定的期限和方式向承揽人支付报酬。其权利是:监督承揽人工作,请求承揽人交付工作成果。

此外,除当事人另有约定外,共同承揽人应当对定作人承担连带责任,但是当事人另有约定的除外。而且,定作人在承揽人完成工作前可以随时解除合同,造成承揽人损失的,应当赔偿损失。

(二) 承揽人的留置权

在承揽合同中,除当事人另有约定外,定作人未向承揽人支付报酬或者材料费等价款的,承揽人对完成的工作成果享有留置权或者有权拒绝交付。由于留置权是法定担保物权,故无须双方当事人在承揽合同中作出特别约定,但双方当事人可以在承揽合同中约定排除承揽人的留置权。定作人未向承揽人支付报酬或者材料费等价款的,承揽人对完成的工作成果享有留置权。承揽人在依法留置定作物后,应当通知定作人在一定期限内履行相应的义务,订立合同时可以对该期限进行约定。担保法规定的期限应不少于 2 个月。承揽人只有在规定的期限届满时,才能处分定作物。承揽人通过折价的方式处分定作物应与定作人协商,通过拍卖、变卖方式处分定作物,应将有关情况及时通知定作人。承揽人在留置定作物期间,可以收取定作物孳息,享有必要的使用权,将报酬请求权转让时,留置权也可一同转让。

(三) 学校在校内组织施工时的常见安全与法律风险

建设工程施工领域本身就是常见的风险高发领域之一,一旦学校组织施工的工程、设施或安装的设备不符合国家规定的标准,或有明显不安全因素,就容易引发学生、教职工、家长等的人身损害风险。鉴于学校内部施工安全的极端重要性,建议学校从实操层面,对"工程"作广义的理解,不仅包括建设工程,如建筑物和构筑物的新建、改建、装修、拆除、修缮等;还应包含诸如高层空调、修缮安装地下设备等同样具有一定危险性的作业,将之纳入施工安全与法律风险防控之中。校舍维修、加固、重建、改扩建项目,必须严格执行项目法人责任制、招投标制、工程监理制、合同管理制。

在校内组织施工的事项,建议学校在依法遴选具备相应资质条件的勘察、设计、施工、监理等相关单位基础上,与相关单位签订书面合同,明确安全、文明施工要求和各方责任、权利和义务,具体包括:(1)应重点对工程质量(含空气质量和环保要求)、竣工验收(包括施工图纸及说明书、国家和地方颁发的有关施工验收规范与质量检验标准)、质量保修范围和质量保证期作出明确约定,并对应设置施工单位违约应承担的责任;(2)应明确施工单位应具备相应的工程施工资质,并对应设置施工单位违约应承担的责任;(3)应结合学校实际明确施工单位具有保证工程质量和安全的具体措施(如对施工现场与学生活动区域进行有效隔离,对危险较大的施工项目进行封闭管理等),可进一步签订施工安全责任书,并对应设置施工单位违约应承担的责任;(4)应明确工人与学校无劳动关系,因施工单位或工人自身原因造成的本人或其他工人人身伤害事故,由施工单位承担全部赔偿责任,与学校无关;(5)应明确因施工单位或工人自身原因造成的学生、教职工、家长等人身伤害事故,由施工单位承担全部赔偿责任,与学校无关;(6)应对合同的变更、提前解除和终止,以及合同解除或终止时的施工单位配合义务(如清场)等作出相应明确规定;(7)在施工期间,学校还应有针对性地对本校学生进行安全教育,如施工范围、施工日期、采取的安全措施、安全注意事项等,增强学生安全防范意识等。

本案乙方罗某文与甲方李某丽、高某所签订的合同虽名为工程施工承包合同,但根据工程所实施的内容看,该合同应系建设工程合同项下的装饰装修合同,罗某文系个人,不具有建筑施工资质,故其与李某丽、高某所签订的装饰装修合同系无效合同。涉案工程虽未进行竣工验收,但涉案工程已于2018年8月20日由李某丽投资开设的幼儿园实际使用,故罗某文关于要求李某丽支付其剩余工程款的主张,符合法律规定。法院判决李某丽、高某于本判决书生效后十日内支付罗某文剩余工程款 611 139.07 元,逾期付款利息 8 375.95 元,共计619 515.02 元。

【法条链接】

《民法典》第788—799条,《国务院办公厅转发教育部等部门关于建立中小学校舍安全保障长效机制意见的通知》等。

【风险防范】

1	（1）学校在校内组织施工时，须与施工方明确要求及安全责任。（2）签订书面装修合同，合同内容须具体约定，如：主体、范围、工期、材料、付款方式、增减项目、验收、保修条款、违约条款和纠纷解决等。在合同落款处要有装修公司的盖章，尽量由公司法定代表人签订装修合同，同时需要公司提供工商营业执照和资质证明的复印件、工程负责人的身份证件和联系电话、施工图纸、装修预算单、详细工程报价、装修材料品牌具体型号等附件。在水管铺设、拆旧墙、砌新墙等项目中，应与装修公司直接约定总报价。
2	（1）施工不安全带来的安全隐患。（2）核查合同主体：在签订合同前，首先尽量选择正规的装修公司，其次审查装修公司资质、营业执照等手续是否齐全；再次可以了解装修公司做过的案例及参观装修公司正在施工的装修现场，了解装修公司的施工工艺及工人素养等。（3）工期要具体：若装修公司在合同中仅写明总装修工期，对于开工、完工时间未明确约定，一旦出现拖延开工、逾期完工等情况，业主将束手无策。因此，在合同中建议将开工时间和完工时间具体到年月日，避免装修公司出现拖延工期的情况，同时明确约定出现工期延误时应承担的违约责任等。（4）留意增减项目：在装修过程中，难免会出现增减项目，这些项目在施工前没有约定，施工中需签订临时的修改补充内容。（5）明确付款方式和期限：双方可就付款方式进行协商约定，一般情况下，装修款不需要一次性付清，常见的付款做法是开工时付30%，水电验收时付30%，木工、油漆验收时再付30%，整体验收后结算剩余10%。
3	（1）明确保修条款，装修难免会出现质量问题，如何确保装修公司承担保修责任至关重要。合同中要明确约定保修期限，一般水电保修为五年，其他项目保修为两年，以及装修公司的保修义务，一般分为包工包料保修全负责和只承担包工不包料。（2）明确违约责任，在装修合同中，违约责任主要有两类：一是明确约定不能按时完工交付的赔偿问题；二是无法整改的质量问题。为避免纠纷，签合同时必须明确赔偿金、违约金的计付标准，如果业主与装修公司产生争议，可依据合同的约定进行主张。
4	（1）学校应与施工方等签订书面合同，明确安全、文明施工要求和各方责任、权利和义务。（2）学校在选择装修公司时，首先要查看公司营业执照和相关资质证书，选择正规的合同主体。其次，在装修过程中，要实时跟进施工进度，及时查验完成的项目，通过书面验收单等方式进行确认，遇到不满意的地方及时沟通，避免损失扩大。最后，双方认真履行合同相关义务，若违反合同约定，须承担相应的违约责任。（3）明确垃圾清运费的负担：在装修过程中产生的垃圾清运费应由装修公司负责。建议在合同中明确约定这笔费用该如何结算、由谁承担，有必要在装修合同中提前约定。

四、租赁合同

【典型案例】

2019年12月16日，阳光某公司（出租方、甲方）与学某思学校（承租方、乙方）签订《房屋租赁合同》，租赁起始时间自2020年3月1日至2028年2月29日止。2021年4月12日，双方签订《房屋租赁合同补充协议》，学某思学校向阳光某公司支付了租赁保证金450 000元和房屋租金。"双减"政策出台，学某思学校于2021年10月24日将诉争1层及2层房屋钥匙退还给阳光某公司，双方签订的《房屋租赁合同》和《房屋租赁合同补充协议》于2021年10月24日解除。2021年10月25日，学某思学校向阳光某公司发出《告知函》，载明：……我方已于 2021 年 10 月 24 日将房屋全部腾空,贵司可以立即收回房屋,贵我双方的房屋租赁合同已于当日实际解除,我司无义务继续支付后续租金,请贵司在收到本函之日起十日内,将我方租赁保证金以及已支付未用的租金及其他费用退还我方。①

【法律问题】

本案的租赁合同可以解除吗?为什么?

【法理解读】

(一)租赁合同的概念和效力

租赁合同,是指出租人将租赁物交付承租人使用、收益,承租人支付租金的合同。租赁物可以是不动产,也可以是动产。租赁合同的内容一般包括租赁物的名称、数量、用途、租赁期限、租金及其支付期限和方式、租赁物维修等条款。房屋租赁,是指房屋所有权人作为出租人将其房屋出租给承租人使用,由承租人向出租人支付租金的行为。房屋租赁,出租人和承租人应当签订书面租赁合同,约定租赁期限、租赁用途、租赁价格、修缮责任等条款,以及双方的其他权利和义务。租赁期限不得超过二十年;超过二十年的,超过部分无效。租赁期限六个月以上的应当采用书面形式。当事人未采用书面形式,无法确定租赁期限的,视为不定期租赁。

在租赁合同中,出租人的义务包括:(1)按照约定将租赁物交付承租人,并在租赁期间保持租赁物符合约定的用途。(2)保证租赁物上不存在权利瑕疵与质量瑕疵。(3)对租赁物进行维修,但当事人另有约定的除外。出租人的权利包括:保留租赁物的所有权,收取租金的权利。承租人的义务包括:(1)按照约定的方法正确使用并妥善保管租赁物。(2)未经出租人同意,不得擅自转租租赁物。(3)承租人不得擅自对租赁物进行改善或增设其他设施。承租人未经出租人同意,对租赁物进行改善或者增设他物的,出租人可以请求承租人恢复原状或者赔偿损失。(4)支付租金。(5)于合同终止时返还租赁物。返还的租赁物应当符合按照约定或者租赁物的性质使用后的状态。承租人的权利包括:请求出租人交付租赁物,对租赁物进行使用和收益。

租赁权物权化,是对传统合同之债的相对性原理的突破,"买卖不破租赁"规则是其具体表现。根据我国法律规定,租赁物在承租人按照租赁合同占有期间发生所有权变动的,不影响租赁合同的效力;抵押权设立前抵押财产已经出租并

---

① 北京市第一中级人民法院(2023)京 01 民终 2578 号。

转移占有的,原租赁关系不受该抵押权的影响。

(二)房屋租赁的特殊规定

房多租。出租人就同一房屋订立数份租赁合同,在合同均有效的情况下,承租人均主张履行合同的,按照下列顺序确定履行合同的承租人:(1)已经合法占有租赁房屋的;(2)已经办理登记备案手续的;(3)合同成立在先的。不能取得租赁房屋的承租人有权依据法律请求解除合同、赔偿损失。

转租。承租人经出租人同意,可以将租赁物转租给第三人。承租人转租的,承租人与出租人之间的租赁合同继续有效;第三人造成租赁物损失的,承租人应当赔偿损失。承租人未经出租人同意转租的,出租人可以解除合同。出租人知道或者应当知道承租人转租,但是在六个月内未提出异议的,视为出租人同意转租。

承租人有优先购买权和优先承租权。出租人出卖租赁房屋的,应当在出卖之前的合理期限内通知承租人,承租人享有以同等条件优先购买的权利。承租人的优先承租权,是指在当事人之间的租赁合同期限届满而租赁关系终止时,出租人再次出租房屋的,原承租人享有在同等条件下优先于其他人承租房屋的权利。

本案中,学某思学校租赁诉争房屋系用于学科类教育培训。合同履行过程中,"双减"政策于 2021 年 7 月 24 日出台,政策客观上对学某思学校的经营目标、培训业务、产生重大影响。因此,"双减"政策对本案合同履行构成情势变更,应适用情势变更规则予以调整。学某思学校基于情势变更解除合同,不构成违约。

【法条链接】

《民法典》第 709—726 条、第 733—734 条。

【风险防范】

(1)确认房屋产权状况,核对产权证书,承租人应当对所租房屋的合法性积极审查。(2)确认抵押情况,承租人若打算签订长期稳定的租赁合同,亦应当审查所租房屋是否已设立抵押权,尽量避免承租已设定抵押权的房屋。(3)如果出租人系房屋产权人(或公有住房的承租人),应出示房屋产权证书(或租赁卡)及身份证,承租人核对身份证与产权证书(或租赁卡)所载产权人(或承租人)是否一致。房屋产权证书(或租赁卡)及身份证可复印与租赁合同一并留存。

(1)如果出租人系房屋产权人的委托代理人,则应出示委托材料,核对其代理权限,确保出租该房屋在其代理权限范围内。委托材料、房屋产权证书可复印与租赁合同一并留存。(2)如果出租人系"二房东",应要求其出示与房屋产权人(或代理人)签订的租赁合同,查看该租赁合同中关于转租权限与租期的约定。"二房东"未经房屋产权人(或代理人)同意而转租的,房屋产权人(或代理人)可以解除其与"二房东"之间的租赁合同,这将直接导致转租合同无法继续履行。

3 情势变更对租赁合同的影响。合同成立后，合同的基础条件发生了当事人在订立合同时无法预见的、不属于商业风险的重大变化，继续履行合同对于当事人一方明显不公平的，受不利影响的当事人可以与对方重新协商。在合理期限内协商不成的，当事人可以请求人民法院或者仲裁机构变更或者解除合同。人民法院或者仲裁机构应当结合案件的实际情况，根据公平原则变更或者解除合同。

4 （1）承租人应当按照约定支付租金。对于租金支付金额、支付时间、支付账户、逾期支付的后果等内容，订立合同时应当予以明确。（2）物业费、水电费、燃气费、网络费等费用的支付应在合同中予以约定，出租人交付房屋之前产生的上述费用，由出租人结清。（3）租赁合同订立时，对随房屋移交的家具及家电种类、数量，应在合同中予以明确，以便如数交付使用及退租时返还。（4）承租人经出租人同意，可以对租赁物进行装修。承租人未经出租人同意，对租赁物进行改善或者增设他物的，出租人可以请求承租人恢复原状或者赔偿损失。故承租人若有计划对租赁房屋进行装修，可以在合同中与出租人就装修费用的承担与补偿进行约定。

第四节　学校财产安全、食品卫生、校舍设施等安全的法律风险

一、学校发生财产被侵占、受损、丢失或被盗的法律风险

【典型案例】

大庆市肇州县公安局陆续接到肇州县一高中某班多名学生家长报警，称在班级微信群中被"假冒班主任"以收取试卷、材料费为由诈骗，总涉案金额近24 000元。经查证，该班级一学生在观看视频直播时被犯罪嫌疑人诱惑，谎称拉其入群即可获赠"游戏皮肤"。该学生信以为真，将班级群二维码发送给犯罪嫌疑人，对方进群后修改并仿冒班主任的头像昵称，在群中发布收费通知以及收款码，每人收取598.5元。40名家长先后完成转账，直至一位细心家长发现群内成员竟然有两位班主任老师，经电话求证后发现被骗报警。肇州县公安局快速查清涉案账户情况，及时做好止付工作。①

【法律问题】

本案中"假冒班主任"的行为是什么性质？

【法理解读】

（一）盗窃罪

盗窃罪，是指以非法占有为目的，盗窃公私财物数额较大或者多次盗窃、入户盗窃、携带凶器盗窃、扒窃公私财物的行为。盗窃公私财物，数额较大的，或者多次盗窃、入户盗窃、携带凶器盗窃、扒窃的，处三年以下有期徒刑、拘役或者管

---

① 载"澎湃新闻"微信公众号，2022年9月25日发布。

制,并处或者单处罚金;数额巨大或者有其他严重情节的,处三年以上十年以下有期徒刑,并处罚金;数额特别巨大或者有其他特别严重情节的,处十年以上有期徒刑或者无期徒刑,并处罚金或者没收财产。

盗窃公私财物"数额较大""数额巨大""数额特别巨大"的标准:(1)盗窃公私财物价值 1 000 元至 3 000 元以上的,为"数额较大"。(2)盗窃公私财物价值 3 万元至 10 万元以上的,为"数额巨大"。(3)盗窃公私财物价值 30 万元至 50 万元以上的,为"数额特别巨大"。各省、自治区、直辖市高级人民法院、人民检察院可以根据本地区经济发展状况,并考虑社会治安状况,在前款规定的数额幅度内,确定本地区执行的具体数额标准,报最高人民法院、最高人民检察院批准。

(二) 诈骗罪

诈骗罪是指以非法占有为目的,用虚构事实或者隐瞒真相的方法,骗取数额较大的公私财物的行为。

诈骗公私财物,数额较大的,处三年以下有期徒刑、拘役或者管制,并处或者单处罚金;数额巨大或者有其他严重情节的,处三年以上十年以下有期徒刑,并处罚金;数额特别巨大或者有其他特别严重情节的,处十年以上有期徒刑或者无期徒刑,并处罚金或者没收财产。

1. 诈骗罪构成要件

(1)客体要件:该罪侵犯的客体是公私财物所有权。(2)客观要件:该罪客观上表现为使用欺诈方法骗取数额较大的公私财物。(3)主体要件:该罪主体是一般主体,凡达到法定刑事责任年龄、具有刑事责任能力的自然人均能构成本罪。(4)主观要件:该罪在主观方面表现为直接故意,并且具有非法占有公私财物的目的。

2. 诈骗罪的数额标准

诈骗公私财物价值三千元至一万元以上、三万元至十万元以上、五十万元以上的,应当分别认定为《刑法》第 266 条规定的"数额较大""数额巨大""数额特别巨大"。各省、自治区、直辖市高级人民法院、人民检察院可以结合本地区经济社会发展状况,在前款规定的数额幅度内,共同研究确定本地区执行的具体数额标准。[①]通过发送短信、拨打电话或者利用互联网、广播电视、报纸杂志等发布虚假

---

① 最高人民法院、最高人民检察院《关于办理诈骗刑事案件具体应用法律若干问题的解释》第 1 条。

信息,对不特定多数人实施诈骗的,可以依照刑法规定酌情从严惩处。具有下列情形之一的,应当分别认定为"其他严重情节""其他特别严重情节":(1)造成被害人或其近亲属自杀、死亡或者精神失常等严重后果的;(2)冒充司法机关等国家机关工作人员实施诈骗的;(3)组织、指挥电信网络诈骗犯罪团伙的;(4)在境外实施电信网络诈骗的;(5)曾因电信网络诈骗犯罪受过刑事处罚或者二年内曾因电信网络诈骗受过行政处罚的;(6)诈骗残疾人、老年人、未成年人、在校学生、丧失劳动能力人的财物,或者诈骗重病患者及其亲属财物的;(7)诈骗救灾、抢险、防汛、优抚、扶贫、移民、救济、医疗等款物的;(8)以赈灾、募捐等社会公益、慈善名义实施诈骗的;(9)利用电话追呼系统等技术手段严重干扰公安机关等部门工作的;(10)利用"钓鱼网站"链接、"木马"程序链接、网络渗透等隐蔽技术手段实施诈骗的。①

本案中"假冒班主任"的行为涉嫌电信网络诈骗犯罪。

【法条链接】

《教育法》第72条,《刑法》第264—266条、第270条第1款、第275条,《反电信网络诈骗法》第38条等。

【风险防范】

1. 学生物品多为学生或其监护人的私有财产,学校需要提供保护。

2. (1)罚款是一种行政处罚措施,只能由法律、法规或规章作出规定,校规班规不得设定对学生进行罚款。 (2)不得没收、侵占、毁坏学生的个人物品。 (3)谨防电信网络诈骗。

3. (1)校规、班规无权设立对学生实施罚款的规定,学校和教师也不是执法机构和执法人员,无权对学生实施罚款。 (2)私人的合法财产受法律保护,禁止任何组织或者个人侵占、哄抢、破坏或者非法查封、扣押、冻结、没收。侵犯他人财产权的法律责任:第一,民事责任。侵占他人财产的,应当返还财产,不能返还财产的,应当折价赔偿;损坏他人财产的,应当恢复原状或者折价赔偿;受害人因此遭受其他重大损失的,侵害人还应当赔偿损失。第二,刑事责任。将代为保管的他人财物非法占为己有,数额较大,拒不退还的,涉嫌侵占罪。数额较大或者有其他严重情节的,涉嫌故意毁坏公私财物罪,追究刑事责任。 (3)个人或单位组织、策划、实施、参与电信网络诈骗活动或者为电信网络诈骗活动提供帮助,构成犯罪的,依法追究刑事责任。尚不构成犯罪的,由公安机关处十日以上十五日以下拘留;没收违法所得,处违法所得一倍以上十倍以下罚款,没有违法所得或者违法所得不足一万元的,处十万元以下罚款。造成他人损害的,依照《民法典》等法律的规定承担民事责任。

4. (1)罚款手段违法,不得采用。 (2)学生负有遵守法律和学校规章制度的义务。教师可以根据校规校纪对违反学校规章制度的学生行使相应的教育权、管理权,以维护学校正常的教育教学秩序,但教师不能罚款。教育学生不要将与学习无关的物品带到学校,并告知学生违反规定可能导致什么后果。 (3)切勿相信网络平台陌生人信息,重视个人信息安全。谨防电信网络诈骗和"帮信"犯罪陷阱。遇到问题,及时向警方求助。

---

① 最高人民法院、最高人民检察院、公安部《关于办理电信网络诈骗等刑事案件适用法律若干问题的意见》。

二、学校食品卫生安全管理

【典型案例】

上海民办某刚实验学校设有食堂,并以学校名义申请、持有食品经营许可证,许可证编号:JY33101050002172,主体业态为单位食堂(中小学食堂),经营项目为热食类食品制售。自2018年7月19日起,该学校食堂由上海怡某食品科技服务有限公司承包经营,供应学生和教职工午餐、学生点心等餐饮服务。经查,2021年5月12日,该校师生在学校食堂食用午餐后,有多名学生于当日15时30分至18时期间出现呕吐、腹泻、腹痛等症状。经现场检查及流行病学、卫生学调查认定,上述食品安全事故系5月12日该学校食堂午餐中A套餐的鸡肉卷加工制作不符合要求而导致。上述事实由调查报告、询问笔录、现场检查笔录等证据予以证实。2021年9月29日,拟对当事人处以:罚款人民币179 375.00元,当事人在法定期间内未提出陈述、申辩,也未要求举行听证。根据《食品安全法实施条例》第28条第2款及《学校食品安全与营养健康管理规定》第23条第4款的规定,当事人对本次食品安全事故承担管理责任。当事人的上述行为,违反了《上海市食品安全条例》第67条的规定,依据《上海市食品安全条例》第106条第1款的规定,决定对当事人行政处罚如下:罚款人民币179 375.00元。①

【法律问题】

该案的处罚对学校有何借鉴意义?

【法理解读】

1. 建立食品卫生校长负责制,设立专职或者兼职食品卫生管理员

食品卫生事关重大,学校应当按照国家规定建立校长负责制,由校长作为食品卫生工作的总负责人和第一责任人,全面领导学校的食品卫生安全工作。同时,可安排一名副校长级领导负责主抓校园食品卫生的管理工作。根据《学校食物中毒事故行政责任追究暂行规定》的要求,未建立学校食品卫生校长负责制或者未设立专职或兼职食品卫生管理人员的学校,一旦发生食物中毒事件,应当追究学校有关责任人的行政责任。

---

① 上海市长宁区市场监督管理局行政处罚决定书沪市监长处〔2021〕052021000951号。

2. 建立健全学校食品卫生管理规章制度以及岗位责任制度

学校应当按照国家规定,针对食品生产经营活动的各个环节、各个方面建立相应的规章制度,并建立岗位责任制,将具体职责落实到个人。以学校食堂食品卫生管理为例,学校应当建立、落实以下规章制度:原材料采购索证登记制度;库房卫生管理制度;粗加工及切配卫生制度;烹调加工卫生制度;餐具清洗消毒制度;食堂、餐厅清洁卫生制度;食品留样制度;从业人员健康体检制度及卫生知识培训制度等。

3. 确保学校食堂及供餐单位的资质

学校的食堂应当取得食品药品监督管理部门颁发的餐饮服务许可证。学校的食堂原则上不应对外承包经营,特别是不能由个人承包经营;有条件的,学校可委托有资质的大型连锁餐饮学校托管,并把食品卫生安全作为承包(托管)合同的重要指标,督促承包方(托管方)加强食品卫生安全管理,防止发生食品安全事故。向外订购集体用餐的学校,负责食品安全的学校领导或食品安全管理员应当对生产经营者(集体用餐配送单位)的资质进行严格审查,确保经营者具有食品药品监督管理部门颁发的餐饮服务许可证,并符合国家规定的其他条件;在订购学生营养餐时,学校还应确认经营者的餐饮服务许可证注有"学生营养餐"的许可项目。

4. 加强对饮用水的卫生管理

学校应当按照《学校卫生工作条例》以及《国家学校体育卫生条件试行基本标准》的要求,为学生提供充足、取用方便、符合卫生标准的饮用水。

5. 制定食物中毒应急处理预案

一旦在校学生出现食物中毒症状或食源性疾病症状,学校应当立即停止向学生供餐,在第一时间上报上级教育行政部门及卫生部门,立即将受害者送往医疗机构救治,并及时通知学生的家长,同时要保留好可疑食品及其原料、工具、设备,配合相关部门进行事故调查,做好后续整改工作。

该案的处罚对学校有强烈的警示和教育意义,学校应严格按照法律法规的要求做好食品安全卫生工作。

【法条链接】

《中小学幼儿园安全管理办法》第 21 条,《传染病防治法》《学校卫生工作条例》《学校食品安全与营养健康管理规定》等。

【风险防范】

1. 学校应严格执行《学校食品安全与营养健康管理规定》，严格遵守卫生操作规范，保障师生饮食卫生安全：（1）保障食堂的原料安全。（2）保障食品加工场所的卫生安全。（3）保障食堂从业人员的卫生健康。无论是自营食堂还是承包经营的食堂，学校都要监督从业人员每年进行健康检查，取得健康证明，必要时可以进行临时健康检查。

2. 学校未能加强食堂和外购食品管理，学校向学生提供的药品、食品、饮用水等不符合国家或行业的有关标准、要求，造成学生伤害事故的，应依法承担相应的责任。

3. 学校、学校食品安全的相关工作人员、相关负责人及学校食品安全管理直接负责的主管人员和其他直接责任人员出现责任追究情形的，由学校主管教育部门给予警告或者记过处分；情节较重的，应当给予降低岗位等级或者撤职处分；情节严重的，应当给予开除处分；构成犯罪的，依法移送司法机关处理。在民事赔偿责任方面，依据《学生伤害事故处理办法》第九条，学校向学生提供的药品、食品、饮用水等不符合国家或行业的有关标准、要求，造成学生伤害事故的，应依法承担相应的责任。

4. （1）实行食品安全校长（园长）负责制。建立健全并落实有关食品安全管理制度和工作要求，定期组织开展食品安全隐患排查。（2）应建立集中用餐陪餐制度，每餐均应有学校相关负责人与学生共同用餐，做好陪餐记录。（3）应配备专（兼）职食品安全管理人员和营养健康管理人员，建立并落实集中用餐岗位责任制度。（4）学校食品安全与营养健康管理相关人员应按照有关要求，定期接受培训与考核。（5）应建立集中用餐信息公开制度，利用公共信息平台等方式及时向师生家长公开食品进货来源、供餐单位等信息。（6）在食品采购、食堂管理、供餐单位选择等涉及学校集中用餐的重大事项上，应以适当方式听取家长委员会或学生代表大会、教职工代表大会意见。应畅通食品安全投诉渠道。（7）鼓励学校参加食品安全责任保险。（8）一般不得在校内设置小卖部、超市等食品经营场所，确有需要设置的应依法取得许可，并避免售卖高盐、高糖及高脂食品等。

三、校舍设施安全

【典型案例】

2023年7月23日，齐齐哈尔市三十四中女排队像往常一样在体育馆训练。她们刚刚在省学生运动会中学排球比赛中获得了亚军的好成绩。为了准备8月的一场国家级排球赛事，十七个女孩在两名教练的带领下紧锣密鼓地训练着。下午2时许，伴随着"轰"的一声，1 200平方米的屋顶被楼顶违规放置的浸水珍珠岩压垮，15人被埋在废墟中。最终，10名女排成员和一名教练在此次事故中丧生。[①]

【法律问题】

造成此次事故的原因是什么？相关当事方需要承担什么责任？

---

① 载"央视网"微信公众号，2023年7月24日发布。

【法理解读】

(一) 校舍设施安全标准

学校、幼儿园不得在危及未成年人人身安全、身心健康的校舍和其他设施、场所中进行教育教学活动。学校、幼儿园的校舍或其他教育设施不安全,将会危及在校在园未成年人的人身安全和身心健康。对此种情况,学校、幼儿园有义务及时检修或者更换,保证其达到安全使用的要求。学校、幼儿园应当建立健全有关制度,定期对校舍进行检验,发现问题,及时报告当地政府或上级主管部门,以便进行修缮或改建。未修复的危房必须停止使用,由当地政府或主管部门负责解决临时用房。对新建或改建的校舍要进行严格的质量检查验收,确保不因质量问题发生人身伤亡事故。明知校舍或者教育教学设施有危险,而不采取措施,造成人员伤亡或者重大财产损失的,对直接负责的主管人员和其他直接责任人员,依法追究刑事责任。

根据教育部和国家建设主管部门的要求,各级各类学校凡新建、扩建校舍和设施的,必须严格按照建设程序办事。学校建设规划、选址要严格执行国家相关标准规范,对地质灾害、自然灾害、环境污染等因素进行全面评估;各地要建立健全校舍安全保障长效机制,保证学校的校舍、场地、教学及生活设施等符合安全质量和标准;校舍建设要严格执行国家建筑抗震有关技术规范和标准,有条件建设学校体育馆的地方,要按照国家防灾避难相关标准建设;建立校园工程质量终身责任制,凡是在校园工程建设中出现质量问题导致严重后果的建设、勘察、设计、施工、监理单位,一旦查实,承担终身责任并限制进入相关领域。

学校的教育教学需要的教室、操场、实验室、图书馆,以及学校的食堂、学生宿舍、健身房、活动室等各种教育教学用房必须符合相应的安全标准。学校的校舍、场地除应符合国家规定的建筑质量标准外,还应符合学校用房设计和建筑的特殊要求。如学校学生集中,校舍建筑及结构应适合学生日常活动和特殊情况时人员的安全疏散等。对于中小学及幼儿园用房,还应考虑窗台、阳台护栏的高度,以及楼梯形状的设计等应当符合中小学生及儿童的年龄及身高等特点。教育行政部门应对其主管的政府举办的学校基本办学条件负责,应经常了解学校校舍的安全情况,高度重视解决学校的危房问题,及时修缮有安全隐患的校舍,避免因危房倒塌导致学生伤害事故的发生。

学校除校舍、场地安全外,还有大量教育教学、生活设施设备、用具用品,例如学校的照明、通讯、取暖设施,以及课桌椅、教具、运动器材、仪器设备、宿舍用品等。这些设施设备、用具用品的配备都必须符合国家或者行业规定的质量标准和学校的特殊要求。

平时的管理中对学校校舍、设备的维修、更新，要切实做到保障学校校舍、场地、设施设备的日常安全。例如，在电线杆、电源插座旁边，应当标注、张贴警示语"有电，请勿靠近或触摸"；在楼梯的墙面上，应标注"靠右慢行，不打闹，不拥挤，不推人、撞人，不并步，不跳步"，并在课间休息时安排教师在楼道、楼梯巡逻等。

（二）教育设施重大安全事故罪

防范教育设施重大安全事故罪的风险。（1）该罪的犯罪主体是特殊主体，主要是那些对校园建筑、场地、设施、设备负有安全职责的人，如教育行政部门的相关负责人、校长、主管副校长、总务处负责人以及其他对教育设施负有维修、管理职责的教职工。（2）该罪在犯罪主观方面表现为过失，包括疏忽大意的过失和过于自信的过失，即行为人在使用有危险的教育设施时，因疏忽大意没有预见到可能发生的危险，或者是已经预见到可能发生危险，但轻信能够避免，以致发生重大安全事故。（3）该罪在犯罪的客观方面，表现为行为人明知校舍或者教育教学设施具有危险而仍不采取措施或者不及时报告，致使发生重大伤亡事故。①如果只是发生一般伤亡事故，则不适用教育设施重大安全事故罪，只能以一般教育设施安全事故论处。（4）在犯罪客体上，该罪侵犯的客体是教学环境的公共安全，即学校及其他教育机构的正常教育教学秩序和师生员工的人身安全。

根据黑龙江省应急管理厅公布该起事故调查报告，齐齐哈尔市第三十四中学校"7·23"体育馆屋顶坍塌事故是一起因违法违规修缮建设、违规堆放珍珠岩、珍珠岩堆放致使雨水滞留，导致体育馆屋顶荷载大幅增加，超过承载极限，造成瞬间坍塌的重大生产安全责任事故。造成事故的间接原因有：（1）建设单位落实质量和安全生产首要责任不到位，未办理施工许可擅自开工，对施工单位、监理单位的指导、检查、督促管理缺失，组织虚假竣工验收。（2）施工单位质量和安全生产主体责任严重缺失，违法违规出借资质，无施工许可擅自开工，安全管理人员未到岗履职，实际项目经理不具备执业资格，违法将工程分包给不具备资质

---

① 最高人民法院、最高人民检察院《关于办理危害生产安全刑事案件适用法律若干问题的解释》第 7 条："重大伤亡事故"一般是指造成死亡一人以上，或者重伤三人以上的。"后果特别严重"是指造成死亡三人以上或者重伤十人以上，负事故主要责任的；具有造成死亡一人以上或者重伤三人以上的情形，同时造成直接经济损失 500 万元以上并负事故主要责任的，或者同时造成恶劣社会影响的。

的个人,未按设计图纸施工,降低工程质量标准,施工现场管理混乱。(3)监理单位质量和安全生产主体责任不落实,现场监理人员数量不满足监理工作需要,发现施工单位备案管理人员未到岗履职和现场实际项目经理不具备执业资格、未经批准擅自施工的违法违规行为不予制止,未对隐蔽工程进行旁站,伪造监理记录。(4)行业监管部门履行监管职责不到位。该起事故中,除去2名责任人员已因病死亡,建议不予追究责任,有51名有关责任人被追责,其中:与工程相关的建筑公司法定代表人、项目经理、施工负责人、项目总监理工程师、改造工程总监理工程师等5人被建议移送司法机关处理。三十四中校长、总支书记、安全办主任、教育局局长、分管安全的副局长,住建局局长、城管局局长等33名公职人员被建议给予党内严重警告、政务撤职、专业技术岗位等级降级等不同处分。另有7人被建议给予罚款、吊销安全生产考核合格证书等行政处罚。

【法条链接】

《教育法》第73条,《义务教育法》第16条、第24条,《未成年人保护法》第35条第2款,《学生伤害事故处理办法》第4条、第9条,《中小学幼儿园安全管理办法》第18条、第25条,《刑法》第138条,《关于加强中小学幼儿园安全风险防控体系建设的意见》等。

【风险防范】

1 保障校舍安全,建立校舍安全年检制度、安全预警机制、安全信息通报公告制度、安全隐患排除机制、安全责任追究制度等综合措施。学校校舍、场地、设施、设备达到安全标准,即一般的安全标准。(1)符合普通的安全标准,即一般的安全标准,设备的质量应当符合行业通常标准,不存在安全隐患。(2)符合专门的国家标准。国家针对校舍、教学楼内部设施、课桌椅、高低床、儿童玩具等设施、设备制定了《中小学校设计规范》《城市普通中小学校校舍建设标准》《农村普通中小学校建设标准》专门的质量标准。

2 设立学校,不具备"有符合规定标准的教学场所及设施、设备等"的基本条件。学校的校舍、场地、设备设施、物品在符合规定的标准基础上,有明显的不安全因素,未能预防和及时发现、处理。

3 破坏学校及其他教育机构的校舍、场地及其他财产的行为属于侵犯公共财产的行为。对此种行为,尚不够刑事处罚的,处15日以下拘留或者警告,可以单处或并处200元以下罚款;情节严重的,构成故意毁坏财物罪,处3年以下7年以下有期徒刑、拘役或者罚金,并承担相应的赔偿等民事责任。明知校舍或教育教学设施有危险,而不采取措施,造成人员伤亡或重大财产损失的,对直接负责的主管人员和其他直接责任人员,依法追究刑事责任。县级以上地方人民政府未按照国家有关规定定期对学校校舍安全进行检查,并及时维修、改造的,由上级人民政府责令限期改正;情节严重的,对直接负责的主管人员和其他直接责任人员依法给予行政处分。

4 (1)在校舍、场地、设施的建设、施工过程中,应当严格遵守法定的建设程序,执行规定的国家标准。工程完工之后,建设单位要依法组织验收,未经验收或者验收达不到规定要求和标准的,不得投入使用。(2)在校舍、场地、设施、设备的使用过程中,学校要定期开展安全检查,做好维护、维修、更换等工作。无法通过改造、维修、更换达到安全要求的,应当停止使用,并采取措施防止学生接触、靠近。(3)在校园设施、设备的采购过程中,学校要认真审查供应商的主体资格,从正规渠道进货,保证所购买的产品具有合格、安全证明,防止因产品存在安全瑕疵而给学生造成伤害。

(风险示意图:合规区1、风险区2、责任区3、防范对策4,法律风险)

四、校车安全、交通安全和消防安全

【典型案例】

2020年9月9日16时许,周某成驾驶专用校车到某小学校园内接送学生,将车辆停在校园内通往教学楼的水泥通道上(车头朝教学楼出入口),周某成和校车随车照管员陶某容(周某成之妻)下车分别到各班接学生上车。在此过程中,徐某、刘某英之子徐某某在车辆后玩耍。16点25分左右,周某成和陶某容在上车前只查看了车辆两侧(未绕车检查一周),在倒车过程中撞倒在车后玩耍的徐某某,之后周某成驾车离开。事故发生后,在医护人员到达事故现场时,徐某某因伤势过重死亡。事故发生后,沅江市成立事故调查组。2020年11月8日,沅江市管理局作出《事故调查报告》,认定周某成未遵守车辆安全操作规程(在行车倒车前未对机动车周围环境进行查看),是造成本次事故的直接原因,且周某成安全文明驾驶意识不强,无校车驾驶资格驾驶校车;认定校车公司对车辆监控设备维护维修不到位,默许无校车驾驶资格的人员驾驶校车;认定小学维护安全秩序不到位,门卫室形同虚设,发现驾驶人与校车标牌载明的驾驶人不一致时默许无校车驾驶资格的人员驾驶校车进入校园接送学生。①

【法律问题】

徐某某被撞身亡,谁应当承担赔偿责任?

【法理解读】

(一) 建立健全校车安全管理制度

使用校车,应当依法取得校车使用许可。按照《校车安全管理条例》的规定,取得校车使用许可应当符合下列条件:车辆符合校车安全国家标准(其中,接送小学生的校车应当是按照专用校车国家标准设计和制造的小学生专用校车;接送幼儿园幼儿的校车应当是按照专用校车国家标准设计和制造的幼儿专用校车),取得机动车检验合格证明,并已经在公安机关交通管理部门办理注册登记;有取得校车驾驶资格的驾驶人;有包括行驶线路、开行时间和停靠站点的合理可行的校车运行方案;有健全的安全管理制度;已经投保机动车承运人责任保险。

学校、幼儿园应当配备固定的安全管理人员,不得随意指派或临时安排。随车照管人员的主要职责包括以下几点:(1)检查、督促校车司机安全驾驶。要按

---

① 湖南省益阳市中级人民法院(2021)湘09民终809号。

照校车核定的人数运送学生,严禁超载;在行驶过程中要严格遵守道路交通规则和驾驶操作规范,特别是严禁超速。(2)维持乘车秩序。对学生做出的危险性行为,跟车人员应及时有效地予以制止。(3)指挥学生安全上下车。在学生下车之后,跟车人员还应当认真查看车内座位及座位底下是否有人,并清点人数,防止有学生因睡着或俯身捡东西而未能及时下车,进而导致发生意外。

建立校内道路交通及车辆安全管理制度。学校应当采取以下几个方面的管理措施:(1)限入,学校应当严格控制机动车辆进入校园。在学生上学期间,外来车辆原则上一律不得入内。本校的车辆及教职工的个人车辆确需进入校园的,学校应当统一进行登记和管理,并加强对教职工的安全行车教育,要求其按照固定的安全路线行驶,并将车辆统一停放在指定的位置,确保不会对学生的安全构成威胁。(2)限行、限停,学校应当禁止各类机动车辆(包括外部车辆、本校车辆及教职工的个人车辆)进入校园的教学区和生活区。外来车辆因情况特殊确需进入校园的,应当事先取得学校管理人员的同意,并按照指定的路线行驶,远离学生的学习和活动区域,限速为25千米/小时,并禁鸣喇叭。严禁各类机动车辆停放在操场或教学楼、宿舍、食堂的门口及周边等学生学习和活动的主要区域。(3)禁办对外停车业务。学校不得出租校园内场地停放校外机动车辆,不得利用学校用地建设对社会开放的停车场。

(二)防范交通肇事罪和危险驾驶罪的法律风险

交通肇事罪是指违反道路交通管理法规,发生重大交通事故,致人重伤、死亡或者使公私财产遭受重大损失,依法被追究刑事责任的犯罪行为。危险驾驶罪是指在道路上驾驶机动车追逐竞驶,情节恶劣的;醉酒驾驶机动车的;从事校车业务或者旅客运输,严重超过定额乘员载客,或者严重超过规定时速行驶的;违反危险化学品安全管理规定运输危险化学品,危害公共安全的行为。交通肇事罪致人重伤、死亡或者使公私财产遭受重大损失的,处三年以下有期徒刑或者拘役;交通运输肇事后逃逸或者有其他特别恶劣情节的,处三年以上七年以下有期徒刑;因逃逸致人死亡的,处七年以上有期徒刑。危险驾驶罪处拘役,并处罚金。在道路上驾驶机动车,经呼气酒精含量检测,显示血液酒精含量达到80毫克/100毫升以上的,公安机关应当依照刑事诉讼法和本意见的规定决定是否立案。对情节显著轻微、危害不大,不认为是犯罪的,不予立案。醉酒驾驶机动车从事校车业务且载有师生的,尚不构成其他犯罪的,从重处理。①

① 最高人民法院、最高人民检察院、公安部、司法部《关于办理醉酒危险驾驶刑事案件的意见》(高检发办字〔2023〕187号)。

表 4-3　危险驾驶罪立案定罪量刑最新标准①

立案标准	(1)80 毫克/100 毫升≤血液酒精含量<150 毫克/100 毫升。(2)80 毫克/100 毫升≤血液酒精含量<150 毫克/100 毫升＋15 种从重情形。(3)150 毫克/100 毫升≤血液酒精含量。	注:(1)可不认为是犯罪,不予立案,(2)(3)一律立案。
免罪标准	(1)血液酒精含量<150 毫克/100 毫升,(2)出于急救伤病人员等紧急情况驾车,且不构成紧急避险,(3)在居民小区、停车场等场所因挪车、停车入位等短距离驾车,(4)由他人驾驶至居民小区、停车场等场所短距离接替驾驶停放的,或为交由他人驾驶,自居民小区、停车场等场所短距离驶出,(5)其他情节显著轻微的情形,(6)醉酒后不得已驾车,构成紧急避险。	注:(1)—(5)不具有 15 种从重情形,可不立、撤案、不诉、无罪,(2)—(6)无酒精含量要求。
免罚标准	(1)血液酒精含量≤180 毫克/100 毫升,综合考虑犯罪嫌疑人驾驶的动机和目的、醉酒程度、机动车类型、道路情况、行驶时间、速度、距离以及认罪悔罪表现等因素,认为属于犯罪情节轻微。(2)醉酒后出于急救伤病人员等紧急情况,不得已驾驶机动车,构成紧急避险,但超过必要限度造成不应有损害(应当减轻或免除处罚)。	注:参考 4 种从宽情形,一般不具有 15 种从重情形、10 种不适用缓刑情形。
缓刑标准	血液酒精含量≤180 毫克/100 毫升等,不具有 10 种不适用缓刑的情形。	注:需满足《刑法》第 72 条规定。
罚金标准	起刑点一般不低于 1 000 元至 2 000 元,每增加一个月拘役,增加 1 000 元至 5 000 元。	注:非营运醉驾当前各地上限一般为 2 万元。
刑期	1—6 个月,可具体到 15 日,最低不少于 1 个月。	

---

① 4 种从宽情形:(1)自首、坦白、立功的;(2)自愿认罪认罚的;(3)造成交通事故,赔偿损失或者取得谅解的;(4)其他需要从宽处理的情形。10 种一般不适用缓刑情形:(1)造成交通事故致他人轻微伤或者轻伤,且负事故全部或者主要责任的;(2)造成交通事故且负事故全部或者主要责任,未赔偿损失的;(3)造成交通事故后逃逸的;(4)未取得机动车驾驶证驾驶汽车的;(5)血液酒精含量超过 180 毫克/100 毫升的;(6)服用国家规定管制的精神药品或者麻醉药品后驾驶的;(7)采取暴力手段抗拒公安机关依法检查,或者实施妨害司法行为的;(8)五年内曾因饮酒后驾驶机动车被查获或者受过行政处罚的;(9)曾因危险驾驶行为被判决有罪或者作相对不起诉的;(10)其他情节恶劣的情形。15 种从重情形:(1)造成交通事故且负事故全部或者主要责任的;(2)造成交通事故后逃逸的;(3)未取得机动车驾驶证驾驶汽车的;(4)严重超员、超载、超速驾驶的;(5)服用国家规定管制的精神药品或者麻醉药品后驾驶的;(6)驾驶机动车从事客运活动且载有乘客的;(7)驾驶机动车从事校车业务且载有师生的;(8)在高速公路上驾驶的;(9)驾驶重型载货汽车的;(10)运输危险化学品、危险货物的;(11)逃避、阻碍公安机关依法检查的;(12)实施威胁、打击报复、引诱、贿买证人、鉴定人等人员或者毁灭、伪造证据等妨害司法行为的;(13)二年内曾因饮酒后驾驶机动车被查获或者受过行政处罚的;(14)五年内曾因危险驾驶行为被判决有罪或者作相对不起诉的;(15)其他需要从重处理的情形。

（三）校园及周边消防安全

学校的教学楼、图书馆、食堂和学生集体宿舍以及托儿所和幼儿园，都属于消防意义上的人员密集场所，此类场所一旦发生火灾，很容易酿成群死群伤事件，给师生的生命和财产安全造成重大损失。(1)严格遵守国家的消防规定。一方面，建设、设计、施工、监理单位均应严格遵守《建筑设计防火规范》和《高层民用建筑设计防火规范》的规定，使学校的整体消防安全布局、学校建筑物内部消防安全设计符合前述两个国标文件的要求，保证建筑物耐火等级、疏散楼梯、安全出口、防火分区、防火间距、防火门、消防车道、消防给水以及灭火设施等各方面的消防设计都符合相关指标规定。另一方面，建设单位应当遵守《消防法》中关于消防设计审批以及工程竣工后消防验收的规定。(2)保障疏散通道、安全出口畅通。疏散通道内应当安装有应急照明灯。此外，教室或宿舍的窗户上不应当安装可能阻碍火灾时逃生的防护栏和防护网。(3)配备必要的消防设施、器材，加强维护保养。(4)加强对用火、用电及易燃易爆危险品的安全管理。例如用火方面，学校应当严格遵守有关规定，加强对工程用火、食堂用火、实验室用火的安全管理，并制止学生携带火源、易燃易爆物品进校或在学校进行非教学用火，特别要禁止学生在宿舍抽烟、点蜡烛、点蚊香、做饭以及焚烧物品等危险性用火行为。(5)落实消防安全责任制，建立学校消防安全常规制度。此外，学校还应当对师生开展消防安全教育，并按照规定定期组织师生进行灭火以及安全疏散方面的演习，让师生切实掌握灭火以及逃生自救的基本技能，从而最大限度地保护自己和他人的人身与财产安全。

相关刑事法律风险是需要防范消防责任事故罪。本罪是指违反消防管理法规，经消防监督机构通知采取改正措施而拒绝执行，造成严重后果的，对直接责任人员，处三年以下有期徒刑或者拘役；后果特别严重的，处三年以上七年以下有期徒刑。①

本案驾驶员周某成未遵守车辆安全操作规程、无校车驾驶资格驾驶校车，校车公司对车辆监控设备维护维修不到位，需要承担主要责任，学校门卫管理不到位承担次要责任。法院判决：驾驶员和校车公司的赔偿责任因购买保险由保险公司承担，华安财产保险股份有限公司益阳中心支公司于判决生效之日起十日

---

① 立案追诉标准：(1)造成死亡一人以上，或者重伤三人以上；(2)造成直接经济损失50万元以上的；(3)造成森林火灾，过火有林地面积二公顷以上，或者过火疏林地、灌木林地、未成林地、苗圃地面积四公顷以上的；(4)其他造成严重后果的情形。

内在机动车交通事故责任强制保险和机动车第三者责任保险限额内赔偿徐某、刘某英共计 659 935.05 元。某小学于判决生效之日起十日内赔偿徐某、刘某英 78 562.15 元。。

【法条链接】

《民法典》第 809 条、第 811 条,《刑法》第 114 条、第 133 条之一,《消防法》第 16—18 条、第 21 条第 2 款,《未成年人保护法》第 36 条,《中小学幼儿园安全管理办法》第 19 条、第 41 条第 2 款,《校车安全管理条例》第 53 条、第 55 条。

【风险防范】

1
（1）学校引入校车服务提供者为学生提供校车服务的，需严格把关，签订协议明晰责任。对校车服务提供者的资质、信誉和履约能力进行综合审查。
（2）严格落实消防安管管理制度。

2
（1）学校为学生提供校车服务的，学校与学生之间形成运输合同关系；学校有违约或侵权行为的，将依法承担相应的责任。一旦校车安全出现问题，学校将承担相应的因管理不到位而引发的侵权责任；如学校未对教师、学生、学生家长、随车照管人员进行校车安全教育，学校也将可能承担相应的因安全教育不到位而引发的侵权责任；如学校指派的随车照管人员存在侵犯学生权益的行为或存在不按照规定履行职责的情形，学校也要承担侵权责任。（2）消防安全条件不足：一些建设年代久远的学校建筑，布局不合理，耐火等级低，消防通道不畅，防火间距不足，防火分隔设施和消防设施缺乏；将教学楼和宿舍楼内原有的疏散通道截断；学生宿舍内摆放大量衣物、床被、纸质书籍等易燃可燃物品，食堂用火用电用油用气频繁，实验室为做实验需要经常使用、存放一些酒精、汽油等易燃易爆危险品。一些老旧的学生宿舍楼配电设计远远不能满足现在的使用情况，学生们又不按照安全用电的有关规定，随意安接插座，拖拉电线，增加用电设备，超负荷用电现象严重。一些学校消防安全责任不明确、制度不健全，日常防火检查巡查不到位，消防设施器材损坏后得不到及时维修恢复，未有效落实夜间值班巡查。

3
（1）随车照管人员未履行规定职责的，由学校或校车服务提供者责令改正，拒不改正的，给予处分或予以解聘；学校违反规定的，除依法予以处罚外，由教育行政部门给予通报批评；导致发生学生伤亡事故的，对政府举办的学校的负有责任的领导人员和直接责任人员依法给予处分；对民办学校由审批机关责令暂停招生，情节严重的，吊销其办学许可证，并由教育部门责令负有责任的领导人员和直接责任人员五年内不得从事学校管理事务。构成犯罪的，还将依法追究刑事责任。（2）过失引起火灾的，尚不构成犯罪的，处十日以上十五日以下拘留，可以并处五百元以下罚款；情节较轻的，处警告或者五百元以下罚款。学校、事业等单位违反《消防法》规定的，责令限期改正；逾期不改正的，对其直接负责的主管人员和其他直接责任人员依法给予处分或者给予警告处罚。人员密集场所发生火灾，该场所的现场工作人员不履行组织、引导在场人员疏散的义务，情节严重，尚不构成犯罪的，处五日以上十日以下拘留。放火致人重伤、死亡或者使公私财产遭受重大损失的，过失犯前款罪的，处三年以上七年以下有期徒刑；情节较轻的，处三年以下有期徒刑或者拘役。

4
（1）对教师、学生及其监护人开展交通安全教育，需要公安交通管理部门、学校和家长共同努力，各尽所长，密切配合。向学生宣传行走、骑车、乘车等各方面的交通安全知识，增强学生的交通安全意识，提高其自我保护能力。并定期组织校车安全事故应急处理演练；定期对校车驾驶人进行安全教育，组织校车驾驶人学习道路交通安全法律法规以及安全防范、应急处置和应急救援知识，保障学生乘坐校车安全；定期对随车照管人员进行安全教育，组织随车照管人员学习道路交通安全法律法规、应急处置和应急救援知识等。（2）学校是应实行严格管理的消防安全重点单位，故须落实消防安全制度和消防工作责任制，对政府保障配备的消防设施和器材加强日常维护，并设置消防安全标志，保证疏散通道、安全出口和消防车通道畅通。消除消防安全管理盲区，认真组织开展消防宣传进课堂、进军训等主题活动，将消防安全教育纳入教学计划，定期组织开展应急疏散演练。

法律风险

1 合规区
2 风险区
3 责任区
4 防范对策

五、未成年人网络安全和网络保护

【典型案例】

小明是一名初中生,假期闲暇无聊,开始对网络游戏产生兴趣。后发展到每天放学后,他便捧着手机沉浸于虚拟的游戏世界,无暇顾及学业。小明的父亲发现儿子沉迷于网络游戏,曾多次试图制止他,但都以失败告终。随着时间的推移,小明的成绩每况愈下,甚至跌至全班倒数。这令小明的父亲火冒三丈,他不忍儿子荒废青春,愤怒之下狠狠斥责了小明,万万没想到的是,小明竟冲动地来到窗边,从高楼上跳了下去,从此落下了终身残疾。①

【法律问题】

未成年人网络成瘾的主要危害有哪些? 如何防范?

【法理解读】

学生网络素养是指学生识别、访问并使用网络信息的能力,具体包括上网技能学习能力、网络信息识别能力、上网行为自控能力、网上自我保护意识和能力、网络空间文明素养等多个方面。国家、社会、学校和家庭应当加强未成年人网络素养宣传教育。培养和提高未成年学生的网络素养,主要包括增强未成年人科学、文明、安全、合理使用网络的意识和能力。包括能正确掌握利用网络的技能,从而利用网络获取更多知识;能在网络空间要规范自己的行为,遵守网络空间行为规范;能增强安全防范意识和能力,例如对网络诈骗、网络不良信息等的识别和防范意识和能力。

未成年人要能正确认识网络的作用,适度使用网络,避免网络成瘾等情况的发生。网络成瘾是在无成瘾物质作用下对互联网使用冲动的失控行为,表现为过度使用互联网后导致明显的学业、职业和社会功能的损伤。诊断网络成瘾障碍,一般情况下相关行为至少持续 12 个月才能确诊。网络成瘾包括网络游戏成瘾、网络色情成瘾、信息收集成瘾、网络关系成瘾、网络赌博成瘾、网络购物成瘾等,其中网络游戏成瘾最为常见。

未成年人网络成瘾的主要危害有:一是沉迷网络会造成未成年人因过度上网而睡眠不足,注意力、视力下降等症状,严重影响其身体机能的健康发育;二是网络产品和服务中含有色情、暴力等危害和可能影响未成年人身心健康内容的

---

① 载"北京市检三分院"微信公众号,2023 年 11 月 28 日发布。

信息,导致未成年人沉迷,进而对未成年人的心理健康造成严重影响,如因沉迷网络暴力游戏引发违法犯罪案件的情况早已屡见不鲜;三是未成年人的大量时间花费在网络虚拟世界中,逐渐忽略学习,造成学习成绩下降甚至学业荒废等结果,而且会阻碍未成年人正常的人际交往,无法有效实现未成年人的社会化。

防止未成年人网络成瘾,各地教育行政部门要积极会同当地宣传部门以及新闻媒体,集中在开学后、放假前等重点时段播放预防中小学生沉迷网络提醒,及时向家长推送防范知识。教育部研制预防中小学生沉迷网络的教师、家长和学生手册,制作专题警示片,上传教育部门户网站供各地下载使用。政府有关部门重点对未落实网络游戏用户账号实名注册制度、控制未成年人使用网络游戏时段时长、规范向未成年人提供付费和打赏服务等方面要求的网络游戏企业或平台进行全面整治,进一步推动网络直播和视频平台开发使用青少年网络防沉迷模式,完善实名实人验证、功能限制、时长限定、内容审核、算法推荐等运行机制。

学校防止未成年人网络成瘾的职责:(1)合理使用网络开展教学活动。学校教育本着按需的原则合理使用电子产品,教学和布置作业不依赖电子产品,使用电子产品开展教学时长原则上不超过教学总时长的 30%,原则上采用纸质作业。国家中小学网络云平台上的课程每节课时长 15—20 分钟,在醒目位置提示学生控制在线学习时间。学校要通过课堂教学、主题班会、板报广播、校园网站、案例教学、专家讲座、演讲比赛等多种形式开展防网络成瘾专题教育。(2)加强对手机等智能终端产品的管理。学校要指导学生科学规范使用电子产品。未经学校允许,学生不得将个人手机、平板电脑等电子产品带入课堂,带入学校的应当统一管理。学校制定《学生手机管理制度》,对学生在上学期间需要联系其监护人作一些特殊规定,对违反规定的学生给予相应的惩戒。(3)学校要通过开展家访、召开家长会、家长学校等多种方式提醒家长承担起对孩子的监管职责。学校发现未成年学生沉迷网络的,需要采取两个方面的措施:一是及时告知其父母或者其他监护人,让其父母或者其他监护人知悉该情况;二是与其父母或者其他监护人共同对未成年学生进行教育和引导,帮助其恢复正常的学习生活。如果需医疗干预,要通过合法机构和科学的方式进行。

对未成年人提供网络信息保护并打击网络欺凌行为:(1)禁止任何组织或者个人制作、复制、出版、发布、传播危害未成年人身心健康的信息。这类信息包括淫秽、色情、暴力、邪教、迷信、赌博、引诱自杀、恐怖主义、分裂主义、极端主义等信息。网络产品和服务提供者不得在首页首屏、弹窗、热搜等处于产品或者服务醒目位置、易引起用户关注的重点环节呈现可能引发或者诱导未成年人模仿不安全行为、实施违反社会公德行为、产生极端情绪、养成不良嗜好等可能影响未成年人身心健康的信息。(2)任何组织和个人不得通过网络以文字、图片、音视频等形式,对未成年人实施侮辱、诽谤、威胁或者恶意损害形象等网络欺凌行为。网络产品和服务提供者应当建立健全网络欺凌信息特征库,优化相关算法模型,采用人工智能、大数据等技术手段和人工审核相结合的方式加强对网络欺凌信息的识别监测。

本案凸显了网络成瘾的严重危害,对于预防网络成瘾,教育行政部门、学校、家长和社会需要共同承担法律赋予的责任。

【法条链接】

《未成年人保护法》第 68—70 条,《未成年人网络保护条例》第 40 条、第51 条。

【风险防范】

1 (1) 有条件的学校配备具有相应专业能力的指导教师,通过自行采购相关服务等方式,为学生提供优质的网络素养教育课程。学校、图书馆等场所为未成年人提供互联网上网服务设施的,安装专业人员,安装未成年人网络保护软件或者采取其他安全保护技术措施,为未成年人提供上网指导和安全、健康的上网环境。(2) 学校将提高学生网络素养等内容纳入教育教学活动,并合理使用网络开展教学活动,建立健全学生在校期间上网的管理制度,依法规范管理未成年学生带入学校的智能终端产品,帮助学生养成良好上网习惯,培养学生网络安全和网络法治意识,增强学生对网络信息的获取和分析判断能力。

2 (1) 不履行未成年人网络保护职责。(2) 不能按照法律、行政法规和国家有关规定,根据不同年龄阶段未成年人身心发展特点和认知能力提供相应的产品和服务。

3 (1) 学校违规,不履行未成年人网络保护职责的,由教育、文化和旅游等部门依据各自职责责令改正;拒不改正或者情节严重的,对负有责任的领导人员和直接责任人员依法给予处分。(2) 由网信、新闻出版、电影、教育、电信、公安等部门依据各自职责责令改正,给予警告,没收违法所得,违法所得100万元以上的,并处违法所得1倍以上10倍以下罚款,没有违法所得或者违法所得不足100万元的,并处10万元以上100万元以下罚款,对直接负责的主管人员和其他直接责任人员处1万元以上10万元以下罚款;拒不改正或者情节严重的,并可以责令暂停相关业务、停业整顿、关闭网站、吊销相关业务许可证或者吊销营业执照。

4 (1) 学校应当加强对教师的指导和培训,提高教师对未成年学生沉迷网络的早期识别和干预能力。对于有沉迷网络倾向的未成年学生,学校应当及时告知其监护人,共同对未成年学生进行教育和引导,帮助其恢复正常的学习生活。(2) 将手机管理纳入学校日常管理,确保有关要求全面落实到位,促进学生健康成长。学校通过家长会等载体,将手机管理的有关要求告知学生家长,讲清加强手机管理的必要性。(3) 学校发现未成年学生沉迷网络的,应当及时告知其父母或者其他监护人,共同对未成年学生进行教育和引导,帮助其恢复正常的学习生活。学校应接受指导,多方配合,科学、合理做好未成年人沉迷网络的预防和干预。(4) 学校应建立网络欺凌的事前预防机制,健全发现和识别机制,开展针对教职工、学生和家长的防范网络欺凌教育与培训。

第五章　师生人格权保护的法律风险

第一节　一般人格权保护的法律风险

一、人格权与一般人格权保护

【典型案例】

原告何某 2017 学年第一学期(2017 年 9 月至 2018 年 2 月)在广州市花都区某中学担任临聘老师,任教高一年级 3 班、5 班、6 班生物课。被告徐某治所作的高一(3)班班主任工作手册中,第 8 周记载何某下午第六节课迟到 20 分钟,第 11 周记载学生座谈反映何某经常上课迟到,课堂经常讲一些与教学无关的事情,收取学生 10 元/人作为成绩进步奖励。原告何某认为被告所作的工作日志存在无具体事实和证据情况下恶意篡改伪造内容,明显是诋毁原告人格权,损害原告尊严,侮辱人格,降低评价,遂向法院起诉。①

【法律问题】

本案被告是否侵犯了原告的人格权?

【法理解读】

人格权是人身权的一种。所谓人身权,是指以人身所体现的利益为内容的,与权利人的人身不可分的民事权利,包括人格权和身份权。人身权的主要特点在于其内容体现为人格和身份等精神利益。人格权作为人身权的主要类型,其与财产权存在重要区别,即并不直接以财产利益为内容,且原则上不得转让和抛弃。②

---

① 广东省广州市花都区人民法院(2020)粤 0114 民初 4097 号。

② 马特、袁雪石:《人格权法教程》,中国人民大学出版社 2007 年版,第 11 页。

人格权是指民事主体平等享有的、经法律认可、以人格利益为客体、作为民事权利义务主体应当具备的基本权利。①包括生命权、身体权、健康权、姓名权、名称权、肖像权、名誉权、荣誉权、隐私权等权利。除前述权利外,自然人享有基于人身自由、人格尊严产生的其他人格权益。人格权作为一项绝对权,具有支配性和排他性。人格权的支配性表现在权利人对人格权依法利用、支配、控制等权能。

一般人格权,是相对于具体人格权而言,是指法律采取高度概括的方式赋予的具有权利集合性特点的人格权,是关于人的存在价值及尊严的权利。②一般人格权,也就是民事主体基于人格平等、人格独立、人格自由以及人格尊严等根本人格利益而享有的人格权,是一种"兜底"性或弹性的权利。③一般人格权作为任何人都应受尊重的权利,是所有具体人格权的基础,因此,从法律逻辑上讲,一般人格权优先于特别人格权。④

本案中,被告不构成人格权侵权。被告徐某治作为班主任,在日常工作中对任课老师出勤、授课情况、学生课堂纪律、学生反映问题等所作的工作记录是在正常履行工作职责,是学校教学管理中的正常工作,记载的内容并无对何某的刻意贬损,被告徐某治所作该"班主任工作手册"是其提交给工作单位广州市花都区某中学的,并未向第三人或者社会公开,也没有传播给第三人,并没有产生社会影响。不构成人格权侵权。

【法条链接】

《民法典》第 109 条、第 990 条等。

【风险防范】

1 保护师生的人格权是教育的基本前提。

2 侵害师生生命权、身体权、健康权、姓名权、名称权、肖像权、名誉权、荣誉权、隐私权等权利的行为。

3 权利人有权请求行为人停止侵害、排除妨碍、消除危险、消除影响、恢复名誉等。人格权请求权基于人格权的支配性和排他性而产生。人格权受到侵害的,受害人有权依照本法和其他法律的规定请求行为人承担民事责任。受害人的停止侵害、排除妨碍、消除危险、消除影响、恢复名誉、赔礼道歉请求权,不适用诉讼时效的规定。

4 尊重并维护师生人格权。当人格权受到侵害,有人格权请求权和债权请求权两种救济方法。人格权请求权是基于人格权这种绝对权,产生的一项独立请求权,目的是使受侵害的人格权回复到圆满状态。

---

① **魏振瀛**主编:《民法》,北京大学出版社 2021 年版,第 597 页。

② **王泽鉴**:《人格权法》,北京大学出版社 2013 年版,第 126 页。

③ **尹田**:《论一般人格权》,载《法律科学》2002 年第 4 期。

④ **马俊驹、余延满**:《民法原论》,法律出版社 2010 年版,第 107 页。

二、人格平等保护

【典型案例】

在一次课堂测验中，老师发现少了一张考卷，就对已经开始答卷的学生张某说："你成绩差，考不好，不如让别人做。"随即将试卷拿给其他学生。事后，张某受到同学讥笑，他感到委屈，便将学校告上法庭，请求法院判令学校赔礼道歉、退还本学期学杂费 400 元并赔偿精神损害抚慰金 3 000 元。①

【法律问题】

本案被告侵犯了原告什么权利？

【法理解读】

一般人格权的内容无法以列举的方式穷尽，一般人格权的内容具有不确定性和开放性。在学理上通常将一般人格权的内容概括为人格平等、人格独立、人格自由及人格尊严四方面。人格平等、人格独立、人格自由及人格尊严是彼此联系、互为补充、互相解释的关系。②人格平等、人格独立、人格自由与人格尊严共同构成了一般人格权的全景：人格平等和人格独立是确立人格权的前提和保障；人格自由是发展人格权的条件；人格尊严作为发展人格权的目标和宗旨。

人格平等是民法所贯彻的一种根本价值，体现为民事主体法律地位彼此平等，没有高低贵贱之分，是一种不受歧视的平等，它是一种机会的平等，不是一种财产上、物质上结果的平等。人格平等的必然推论就是民事主体之间相互独立。所以人格平等与人格独立是硬币的两面，相辅相成。

人格平等理念最集中地反映了民事法律所调整的社会关系的本质特征，是市场经济条件下民事主体进行商品生产和交换的前提条件。人格平等还意味着"每个人的权利范围完全一致。民事关系是完全排斥特权或差别待遇的领域，谁也不会在这一领域内得到比他人更广泛、更充分的权利或免受法定、意定义务的约束"。③人格平等主要指自然人的民事权利能力一律平等，具有平等的法律地位，平等地享有民事权利、承担民事义务，不受年龄、智力、民族、性别、年龄、精神状态、宗教信仰、文化程度等因素的限制。学校应当平等对待每个学生，不得因学生及其父母或者其他监护人的民族、种族、性别、户籍、职业、宗教信仰、教育程

---

① 载"学校法律顾问"微信公众号，2018 年 4 月 19 日发布。

② 魏振瀛主编：《民法》，北京大学出版社 2021 年版，第 618 页。

③ 方流芳：《近代民法的个人权利本位思想及其文化背景》，载《法律学习与研究》1988 年第 6 期。

度、家庭状况、身心健康情况等歧视学生或者对学生进行区别对待。不得歧视品行有缺陷、学习有困难的学生。

人格平等要求尊重学生的教育平等权。教育平等包括平等享有教育机会和教育资源、平等使用教育设施和设备、在教育过程中受到教师的同等对待等。对教育平等的尊重义务要求避免教育制度和学校以及教师对儿童划分等级和区别对待，取消教育过程中的种种特权及不合理的标准，如社会身份、地位、经济、地理位置等因素对个人接受教育的限制，各种教育资源和教育机会必须向受教育者平等开放，使他们在教育过程中能不受歧视、不受排挤地参与教育活动，并最终获得平等发展的机会。①

教师应当尊重学生的人格，平等地对待每一位学生。本案中，被告教师在发现缺少试卷时，没有采取补救措施，而是以原告成绩差为由，将其试卷拿走，使得原告丧失了考试机会，其做法违反了教师职业规定，侵犯了学生人格平等的一般人格权。后来，在法庭的主持调解之下，被告向原告赔礼道歉，原告也表示了谅解并当庭撤诉。

【法条链接】

《未成年人保护法》第3—4条、第29条，《未成年人学校保护规定》第6条，《教师法》第8条，《义务教育法》第29条，《国务院关于加强农村留守儿童关爱保护工作的意见》，《国务院关于加强困境儿童保障工作的意见》等。

【风险防范】

1　平等对待学生，不歧视品行有缺陷、学习有困难的学生。

2　较为严重且容易引发法律争议的歧视"差生"的行为主要包括以下三种：（1）不让成绩差的学生参加考试（包括平时的测验、期中考试、期末考试、中考、高考等各类考试）。（2）让学习不好的学生去"测试智商"，让这些学生取得"轻度弱智"的证明，这是对学生的一种歧视，涉嫌侵犯学生的人格尊严权，应当为学校、教师所摒弃。（3）让不守纪律的学生单独坐在教室的角落或讲台桌旁。

3　参加考试是学生应当享有的基本权利之一。剥夺学生参加考试的权利，实际上构成了对学生受教育权的侵犯，需要承担相应的法律责任。对学生的一种歧视，涉嫌侵犯学生的平等人格权。

4　（1）学校应当关心、爱护未成年学生，不得因家庭、身体、心理、学习能力等情况歧视学生。对家庭困难、身心有障碍的学生，应当提供关爱；对行为异常、学习有困难的学生，应当耐心帮助。学校应当配合政府有关部门建立留守未成年学生、困境未成年学生的信息档案，开展关爱帮扶工作。（3）明确学校在关心爱护未成年学生，特别关爱帮扶留守未成年学生、未成年学困生方面的职责，明确学校不得因家庭、身体、心理、学习能力等情况歧视学生。

---

① 劳凯声：《教育法学》，中国人民大学出版社2023年版，第112页。

三、人格独立保护

【典型案例】

张某因为欠李某债务达到了三千万元,张某感觉此生已经无法还清,李某就对张某说:"你休息日和寒暑假做我的家奴,一生伺候我,忠心不二,无条件听我调遣,用一生忠诚的劳务来还债。"张某被迫接受了这个协议。

【法律问题】

李某可以让张某放弃独立人格为奴吗?

【法理解读】

人格独立是指民事主体彼此互相独立,包括意思独立、财产独立以及责任独立,彼此没有依附关系。人格独立也是意思自由、财产权利和侵权责任归责的逻辑起点。每个民事主体有权独立作出意思表示,独立实施法律行为,同时要独立为自己的行为承担责任。民法的法定代理制度,为了更好地保护无民事行为能力人和限制民事行为能力人的权利,是对人格独立的有力补充。

人格独立的本质,就是民事主体在人格上自我意志的主导,不依附于他人的权利主体存在,生而独立享有,不再是身份、性别和家族权力所支配的对象,更不是他人权利的客体。

独立的人格由主体按照自己的意志与需要来支配,每个人都可依自己的需要自由支配自己的人格,他人不得支配。这就要求在教育中需要培养学生自主的意识、自我管理能力,在学习中要注重培养自学能力,在意志品质上培养学生的自律自强精神。任何支配、干涉和控制他人人格的行为都是侵权行为,当事人有权利寻求法律救济。人格独立的判断标准是民事主体的人格不受他人干涉和控制。人格独立在侵权责任的归责原则体现,个人必须且仅仅对自己的行为负责。

保护学生的人格独立是教育中非常重要的一项任务。首先,要尊重学生的独特性,学生是拥有自己的思想、意志的独立个体,应鼓励他们表达自己的观点,并给予平等的对待。在学习中应该通过给学生提供选择权,培养学生自主思考、批判思维的能力。教师可以创建一个开放、支持和尊重的环境,鼓励学生分享自己的想法和感受,并提供及时的反馈和指导,帮助学生发展和完善自己的观点和技能。这有助于学生建立自信和自尊,同时也鼓励他们在不同领域追求独立性。其次,学生的人格独立需要建立在自信的基础上。教师可以通过赞扬学生的努力和成绩、提供支持和鼓励等方式,帮助学生建立自信心,相信自己的能力和价值。学生的人格独立也包括与他人建立良好的关系和有效地沟通。教师可以提供社交技能的培训和指导,帮助学生学会与他人合作、解决冲突和表达自己的观点。

本案中李某让张某放弃独立人格为奴达成的协议无效,侵犯了张某人格独立的一般人格权。

【法条链接】

《民法典》第 991—992 条等。

【风险防范】

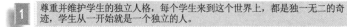

1　尊重并维护学生的独立人格,每个学生来到这个世界上,都是独一无二的奇迹,学生从一开始就是一个独立的人。

2　(1)教师对学生的种族、性别、宗教、性取向等个人特征进行歧视或偏见,损害学生的自尊和自信,限制他们的人格独立发展。(2)教师对学生进行身体或心理上的体罚行为会严重侵犯学生的尊严和人格独立,教师过度控制学生的思想和行为,剥夺他们独立思考和表达的权利、强迫学生接受错误观点等。(3)教师忽视学生的需求、意见和感受,对他们的问题和困扰缺乏关注和支持。(4)未经允许公开学生的私人信息或对学生进行无理的监视。(5)教师对学生进行不公正或偏见的评价,不公正地对待他们的成绩、表现或能力。

3　歧视或偏见行为会抑制学生的个性发展,限制他们的人格独立;会让学生感到被忽视和无助,削弱他们的自信和人格独立;会侵犯学生的个人空间和自主权,破坏他们的人格独立;会伤害学生的自尊心和自信心,限制他们的人格独立发展。承担侵犯学生一般人格权的民事责任。

4　(1)教育者务必要把学生看做一个有着独立人格、独立思想和独立人生的人,跟学生说话、交流、做事,要让他们有充分的发言权,做事有参与权、决策权。教育者要充分尊重学生的独立人格权。(2)要做学生独立人格培养的呵护者,而不是破坏者。(3)学生的精神成长、学业进步、良好习惯的养成,离不开自律、自学、自主、自强的独立人格培养。

四、人格尊严保护

【典型案例】

2019 年 11 月 23 日中午,何某兰行至清华附中门口时,看到学生正在放学,便拿出录像设备开始录像,一边走近学校门口,一边高喊:"王某军,黑心肠,违法办学太嚣张,捞名捞利毁秩序……"学校门口一名保安手拿手机对着何某兰拍摄,二人走近后,保安伸手拦阻何某兰,何某兰的录像在此时停止。何某兰主张清华附中因雇用的保安抢夺其私有财产行为而侵犯其人格尊严,向法院起诉。①

---

① 北京市第一中级人民法院(2021)京 01 民终 1040 号。

【法律问题】

被告的行为是否侵犯了原告的人格尊严？

【法理解读】

人格尊严是指民事主体作为一个"人"所应有的最起码的社会地位，并且应受到社会和他人最起码的尊重。人格尊严是之所以为人的价值，体现人的主体性及自主性，即不以人为一种客体、工具或手段。①换言之，所谓人格尊严，即把人真正当成"人"。因此，无论自然人职业、职务、政治立场、宗教信仰、文化程度、财产状况、民族、种族、性别有何差别，其人格尊严是相同的，绝无高低贵贱之分。②人格尊严是指自然人基于自己所处的社会环境、地位、声望、工作环境、家庭关系等各种客观条件而对自己和他人的人格价值和社会价值的认识和尊重。③

由于人格尊严在一般人格权中处于核心地位。每个人得要求他人尊重其存在及尊严，而此更须以尊重他人为前提。诚如康德所提出的道德上基本诫命"人之为人，其自身系属目的，不得仅以目的使用之"。或如黑格尔所云，"法的基本命令是：自以为人，并敬重他人为人。人及人之尊严是整个法律秩序的最高原则。"④宪法在公民权利的部分规定了这一重要内容，并在《民法典》中规定其为一般人格权的主要内容。维护人格尊严是包括《民法典》在内的法律制度的重要目标。《民法典》全面保护人格权，就是保护人民生活得更有尊严。⑤学校应当尊重和保护学生的人格尊严，尊重学生名誉，保护和培育学生的荣誉感、责任感，表彰、奖励学生做到公开、公平、公正；在教育、管理中不得使用任何贬损、侮辱学生及其家长或者所属特定群体的言行、方式。⑥

尊重学生的人格是师生之间沟通的桥梁。只有尊重才有平等，只有平等才有信任，有了信任，教师才能更好地了解未成年人的内心世界，准确把握其心理状态，更好地与其进行沟通，从而达到良好的教育教学效果。对于有某些缺点、错误的幼儿和学生，要特别耐心细致，循循善诱，从多方面关心他们，引导和帮助他们认识错误并加以改正，而绝不能用体罚的方法解决问题。

---

① 王泽鉴：《人格权法》，北京大学出版社 2013 年版，第 65 页。
② 梁慧星：《中国民法经济法诸问题》，法律出版社 1991 年版，第 73 页。
③ 王利明、杨立新、姚辉：《人格权法》，法律出版社 1997 年版，第 35 页。
④ 王泽鉴：《民法总则》，北京大学出版社 2009 年版，第 28—29 页。
⑤ 王利明：《论人格权独立成编的理由》，载《法学评论》2017 年第 6 期。
⑥ 《未成年人学校保护规定》第 9 条。

侵犯人格尊严最严重的行为涉嫌构成侮辱罪。(1)暴力侮辱人身,例如以墨涂人,强剪头发,强迫他人做有辱人格的动作等。采用言语进行侮辱,即用恶毒刻薄的语言对被害人进行嘲笑、辱骂,使其当众出丑,难以忍受,如口头散布被害人的生理缺陷等。文字侮辱,即以大字报、小字报、图画、漫画、信件、书刊或者其他公开的文字等方式泄露他人隐私,诋毁他人人格,破坏他人名誉。(2)侮辱行为必须公然进行。"公然"是指当着第三者甚至众人的面,或者利用可以使不特定人或多数人听到、看到的方式,对他人进行侮辱。公然并不一定要求被害人在场。(3)侮辱对象必须是具体特定的人。(4)必须达到情节严重的程度才能构成本罪。所谓情节严重,主要是指手段恶劣,后果严重等情形,如强令被害人当众爬过自己的胯下;当众撕光被害人衣服;因公然侮辱他人致其精神失常或者自杀身亡;等等。严重危害社会秩序,是指侮辱行为引起了被害人精神失常甚至自杀身亡等后果,被害人无法告诉或失去告诉能力的情况。

本案中保安人员制止何某兰发表消极言论和进行录像的行为,并未限制何某兰的人身自由,亦未有侮辱或贬损何某兰的言行,不构成对何某兰人格尊严的侵犯。

【法条链接】

《宪法》第38条,《刑法》第246条,《民法典》第109条、第110条、第990条,《教师法》第8条、第37条,《未成年人保护法》第27条、第29条,《中小学教师违反职业道德行为处理办法》第4条,《幼儿园教师违反职业道德行为处理办法》第4条。

【风险防范】

1 尊重学生的人格尊严,保护学生的自尊心和人格尊严。

2 (1)个别教职员工对幼儿、未成年学生常厉声训斥、实行体罚或者变相体罚,甚至粗暴侮辱、摧残。严重伤害他们的自尊心和人格尊严,影响其身心健康发展。(2)常见的侵害学生人格尊严的行为主要有强令学生当众脱裤子、衣服使其裸露身体,强行给学生剃光头,当众嘲笑、谩骂、讽刺、挖苦学生的语言惩罚,以及其他使学生当众出丑等歧视性、侮辱性言行。

3 承担侵犯人格权的民事责任。情节严重的侮辱行为可能构成侮辱罪。以暴力或者其他方法公然侮辱他人或者捏造事实诽谤他人,情节严重的,处三年以下有期徒刑、拘役、管制或者剥夺政治权利。前款罪,告诉的才处理,但是严重危害社会秩序和国家利益的除外。

4 (1)教育工作者应该建立积极的教育关系,鼓励学生的个人成长和发展。这包括建立良好的师生关系、提供支持和指导、关注学生的需求和兴趣等。通过积极的教育关系,学生能够感受到被尊重和重视,他们的人格尊严得到保护。(2)教育工作者应该帮助学生建立自尊和自信。这可以通过赞扬学生的成就、鼓励他们尝试新事物、提供支持和指导等方式实现。自尊和自信的培养有助于学生保护自己的人格尊严,不受他人的负面影响。(3)学校应该采取积极的措施来预防和打击欺凌和虐待行为,并采取适当的纪律措施来保护受害学生的人格尊严。

第二节　基础性人格权保护的法律风险

一、生命权保护

【典型案例】

原告窦某政、杨某英的次子窦某准生前系被告濮阳县某中学七年级寄宿制学生。2020 年 12 月 20 日,因窦某准在校与其他同学发生矛盾,情绪激动,其班主任赵某萍老师电话通知原告杨某英到校。被告的几名老师与窦某准家长进行沟通,要求其家人将窦某准接回家接受家庭教育,21 时 22 分许,窦某准被赵某萍老师叫至办公室书写请假条,原告杨某英等人在办公室门口等待。后窦某准从办公室出来,请假条中请假原因栏处书写"退学",窦某准并代其母亲杨某英签字,上加盖该校政教处副主任鲁某彩的印章。窦某准的家人对请假条上的"退学"提出不满意见,其哥哥窦某贝拿着请假条进入办公室与老师沟通将请假原因处的"退学"进行更改,年级老师回复该条仅是出门凭证未予以更改。随后,窦某准收拾行李随家人回家,到家不久便口服农药。窦某准经抢救无效于 2020 年 12 月 21 日 01 时 05 分死亡。[①]

【法律问题】

学生的自杀,老师和学校需要承担责任吗?

【法理解读】

生命权是自然人享有的最基本的人格权。[②]生命权即以维护个人生命安全与生命尊严为内容的一项人格权。《民法典》第 1002 条规定:"自然人享有生命权。自然人的生命安全和生命尊严受法律保护。任何组织或者个人不得侵害他人的生命权。"生命权的主体只能是自然人,法人或者非法人组织不是生命权的主体。生命权是自然人维持其生命存在,以保证其生命安全利益为基本内容的具体人格权,在人格权中的地位至高无上。[③]

负有法定救助义务的主体,在他人生命权、身体权、健康权遭受侵害时,负有及时施救的义务。及时施救义务的认定应当具备如下条件:(1)施救保护对象是

---

① 河南省濮阳县人民法院(2021)豫 0928 民初 5261 号。

② 姚辉:《人格权法论》,中国人民大学出版社 2011 年版,第 150 页。

③ 杨立新、扈艳:《〈人格权法〉建议稿及立法理由书》,载《财经法学》2016 年第 4 期。

生命权、身体权、健康权。这体现了法律将这三项权利放在优先保护的位置。(2)必须有施救的紧迫性,也就是生命权、身体权、健康权正在遭受侵害或者处于危难情形。正在遭受侵害,如游泳池里的一个小孩正在溺水挣扎,随时可能有生命危险;处于危难情形随时可能遭受侵害,如气象预报有暴雨红色预警,超水位的河流极有可能溃堤,周围的住户随时可能被淹没。遇到上述紧迫情形,有关主体为了避免权利人遭受损害或者避免损害的扩大,负有及时施救的义务。(3)义务主体是负有法定救助义务的组织或者个人。负有法定救助义务的机构或者个人主要包括:经营场所、公共场所的经营者、管理者或者群众性活动的组织者。如发生学生伤害事故,学校应当及时救助受伤害学生。在符合法定施救义务适用条件的情形下,有关的组织或者个人未尽到及时施救义务造成受害人损害的,受害人有权依法请求其承担民事责任。

相关刑事法律风险是需要防范故意杀人罪、故意伤害致人死亡罪和过失致人死亡罪。故意杀人的,处死刑、无期徒刑或者十年以上有期徒刑;情节较轻的,处三年以上十年以下有期徒刑。故意伤害他人身体的,致人死亡的,处十年以上有期徒刑、无期徒刑或者死刑。过失致人死亡的,处三年以上七年以下有期徒刑;情节较轻的,处三年以下有期徒刑。刑法另有规定的,依照规定。在教育行业可能引发故意杀人罪的情形主要是,教育从事者体罚或者变相体罚学生致人死亡,或者强制猥亵、侮辱、强奸女学生后杀人灭口。可能引发过失致人死亡罪的情形主要是,学校、教育培训机构工作人员在教育教学活动中,由于过于自信的过失或者疏忽大意的过失,未尽有关安全教育、管理和保护的职责,造成学生死亡,如校车闷死幼儿等。

本案窦某准自杀当日,其在学校受教育期间,与同学发生矛盾,情绪出现问题,被告濮阳县某中学有责任、有义务对窦某准进行教育管理及心理疏导,即便需要家长配合教育,也应注意方式、方法。老师以"仅是出门凭证,改不改无所谓"的态度处理,未能及时重视"退学"对窦某准造成的心理影响,以至于窦某准回到家中服农药自杀。故被告濮阳县某中学在对窦某准的教育管理上存在一定过错,该过错与窦某准死亡的损害后果之间具有一定的因果关系。法院判决被告濮阳县某中学承担30%责任。

【法条链接】

《民法典》第1002条、第1181条第1款、第1183条第1款、第1165条、第1179条,《刑法》第232—234条,《教育部等五部门关于完善安全事故处理机制维护学校教育教学秩序的意见》等。

【风险防范】

1　面对学生伤亡的事故导致"校闹"的紧急情况，学校充分用好事故纠纷解决"工具箱"。对学校安全事故责任明确、各方无重大分歧或异议的，可以协商解决。对学校难于自行协商或者协商不成的安全事故纠纷，可以由学校安全事故人民调解委员会组织调解。人民调解无法解决的，可以由人民法院依法进行诉讼调解、诉讼裁判。

2　校园安全事故受伤害方及其家属采取"校闹"行为：（1）殴打他人、故意伤害他人或者故意损毁公私财物的；（2）侵占、毁损学校房屋、设施设备的；（3）在学校设置障碍、贴报喷字、拉挂横幅、燃放鞭炮、播放哀乐、摆放花圈、泼洒污物、断水断电、堵塞大门、围堵办公场所和道路的；（4）在学校等公共场所停放尸体的；（5）以不准离开工作场所等方式非法限制学校教职工、学生人身自由的；（6）跟踪、纠缠学校相关负责人、侮辱、恐吓教职工、学生的；（7）携带易燃易爆危险物品和管制器具进入学校的；（8）其他扰乱学校教育教学秩序或侵害他人人身财产权益的行为。

3　实施"校闹"行为，构成违反治安管理行为的，公安机关应当依照治安管理处罚法相关规定予以处罚。造成学校、教职工、学生财产损失或人身伤害，被侵权人依法追究"校闹"人员侵权责任。同时，可以通过联合惩戒机制，对实施"校闹"、聚众扰乱社会秩序的人员实施惩戒。"校闹"行为涉嫌构成寻衅滋事罪、聚众扰乱社会秩序罪、故意毁坏财物罪、非法拘禁罪、故意伤害罪和聚众扰乱公共场所秩序、交通秩序罪等，需要追究刑事责任的。对故意扩大事态，教唆他人实施针对学校和教职工、学生的违法犯罪行为，或者以受他人委托处理纠纷为名实施敲诈勒索、寻衅滋事等行为的，依法从严惩处。

4　（1）学校安全事故处置过程中，及时制止"校闹"行为。健全学校安全事故纠纷协商机制。建立学校安全事故纠纷调解制度。依法裁判学校安全事故侵权责任。（2）杜绝不顾法律原则的"花钱买平安"。责任认定前，学校不得赔钱息事。（3）经认定，学校确有责任的，要积极主动、按标准依法确定赔偿金额，给予损害赔偿，不得推诿塞责、拖延不办。学校负责人、学校主管部门应当依法依规及时处理、严肃问责。学校无责任的，要澄清事实、及时说明。（4）任何组织和个人不得非法干涉纠纷处理。坚决避免超越法定责任边界、片面加重学校负担，坚决杜绝"大闹大赔""小闹小赔"。

二、健康权保护

【典型案例】

原告姚某原系被告幼儿园的学生，原告所在的大班配备中文教师、保育员陆某及一名外教。2020年12月7日原告班级教学活动中涉及人体隐私部位的话题，有同学谈及曾看到原告的下体。同月16日，原告在有同班女生在场的情况下进入教室内的卫生间。外教认为原告是故意展示下体，从而处罚原告一个人坐在靠墙的椅子上、连续四天安排在靠近鞋架的角落午睡、禁止参与游戏等集体活动、座位由中级组降级调换至初级组、禁止再说"小鸡鸡"等词汇。上述事件发生后园方将相关情况告知过原告家长，以及曾将原告午睡位置转移至教室内的鞋柜处，还有安排原告单独坐在靠墙位置等情况。同月19日，原告由母亲陪同至上海市某医院中心门诊，医院诊断：心理发育障碍。①

---

①　上海市浦东新区人民法院(2021)沪0115民初19342号。

【法律问题】

本案中被告需要承担责任吗?

【法理解读】

健康权是自然人以其身体的生理机能的完整性和保持持续、稳定、良好的心理状态为内容的权利。①健康权是个人所享有的一项重要的物质性人格权。健康权与身体权存在一定的关联性,如强制抽取他人的血液并因此使他人感染相关疾病的,既侵害他人身体权,也侵害他人健康权。侵害健康权的后果往往比身体权来得严重。自然人享有健康权。自然人的身心健康受法律保护。任何组织或者个人不得侵害他人的健康权。

健康权主要具有如下特征:(1)权利主体限于自然人,法人和非法人组织作为组织体并不享有健康权。(2)权利具有固有性和人身专属性,健康权无法与权利人分离,不得转让和继承,也不得抛弃。(3)健康权同时包括维护生理健康和心理健康的权利。身体健康和心理健康具有密切的联系。心理健康是身体健康的精神支柱,身体健康又是心理健康的物质基础。良好的情绪状态可以使生理功能处于最佳状态,反之则会降低或破坏某种功能而引起疾病。身体状况的改变可能带来相应的心理问题,生理上的缺陷、疾病,特别是痼疾,往往会使人产生烦恼、焦躁、忧虑、抑郁等不良情绪,导致各种不正常的心理状态。②对于学生心理健康权的保护,《未成年人保护法》《预防未成年人犯罪法》《义务教育法》都有规定。如《未成年人保护法》中保护儿童心理健康的条款有家庭保护的第 16 条、学校保护的第 30 条、社会保护的第 50 条、网络保护的第 65 条和第 67 条以及政府保护的第 90 条。

侵害健康权的损害后果,包括三个层次:第一,身心健康受损,损害了自然人维持人体生命活动的身心机能正常运作和功能,包括生理上的器质性损害、功能性损害和心理上的严重伤害。第二,健康受损导致财产受损。这种损失是受害人康复支出的必要费用及其他财产损失,如医疗费和误工损失等。第三,精神痛苦的损害。健康权受损必然造成受害人精神上的痛苦和折磨。例如受害人双眼被打瞎陷入无边的黑暗,这种损害无法用金钱计算。

本案中被告幼儿园在履行法定教育管理职责过程中确有瑕疵,应对不当惩戒所造成的原告心理健康受损的相应后果承担民事侵权责任。法院判决被告于

---

① 王利明:《人格权重大疑难问题研究》,法律出版社 2019 年版,第 427 页。
② 黄薇主编:《中华人民共和国民法典人格权编解读》,中国法制出版社 2020 年版,第 68 页。

判决生效之日起十日内赔偿原告姚某 113 675 元;于判决生效之日起十日内向原告姚某书面赔礼道歉。

【法条链接】

《民法典》第 1004 条、第 1179 条,《教育法》第 45—46 条,《学前教育法(草案)》第 29 条,《刑法》第 234 条等。

【风险防范】

1　保护师生的生理和心理健康权。任何组织或个人不得侵害他人的健康权。

2　师生健康权受到损害或者现实威胁的行为。

3　(1)健康权受到损害,权利人有权依法请求停止侵害、排除妨碍、消除危险。(2)侵害他人造成人身损害的,应当赔偿医疗费、护理费、交通费、营养费、住院伙食补助费等为治疗和康复支出的合理费用,以及因误工减少的收入。造成残疾的,还应当赔偿辅助器具费和残疾赔偿金。(3)受害人在心理健康遭受侵害时,有权请求精神损害赔偿。侵害未成年人的健康权,造成残疾或者其他严重后果的,对受害人的终身产生严重影响,因此更应当予以严密的保护,受害人的父母或者其他抚养人有权单独请求适当的精神损害抚慰金赔偿,以补偿其长期受到的损害和痛苦。(4)侵害生命权和健康权的刑事法律风险分别涉嫌故意杀人罪和故意伤害罪。犯故意伤害罪的,处3年以下有期徒刑、拘役或者管制;致人重伤的,处3年以上10年以下有期徒刑;致人死亡或者以特别残忍手段致人重伤造成严重残疾的,处10年以上有期徒刑、无期徒刑或者死刑。

4　未成年学生是祖国的未来、民族的希望,对未成年人应遵循教育与保护相结合的工作原则,负有法定管理、保护和救助义务的学校和老师,更应从自身做起,充分保护学生的健康权。

三、身体权保护

【典型案例】

案例 1:2017 年 9 月,被告人李某(不具备教师资格)通过应聘到某县幼儿园任小班教师。2018 年 3 月 6 日下午上课期间,李某在该幼儿园小班教室内,以学生上课期间不听话、不认真读书为由,用针分别扎多名幼儿的手心、手背等部位。经鉴定,多名幼儿的损伤程度虽均不构成轻微伤,但体表皮肤损伤存在,损伤特点符合具有尖端物体扎刺所致。2018 年 5 月,被害幼儿家长报警,随后李某被刑事拘留。

案例 2:某中学要求男生不得留长发,要求"前不扫眉,侧不掩耳,后不抵领",女生留运动短发。新生中一位女生拥有一头长发,被老师勒令剪掉,尽管女生舍不得,甚至含泪央求老师不要剪掉,但最后还是被老师拉到理发店剪成了齐耳短发。

【法律问题】

案例 1 李某应该承担什么责任？案例 2 学校教师的行为侵犯了学生什么权利？

【法理解读】

身体权是指自然人保持其身体组织完整并支配其肢体、器官和其他身体组织的权利。身体包括头颈、躯干、四肢、器官以及毛发指甲等。作为生命的载体，自然人的身体受法律保护，任何人不得非法侵害。当他人侵害自然人的身体，但未侵害自然人的身体组织和正常功能时，侵害的仅是自然人的身体权，而非健康权。[①]如甲未经乙同意突然将乙的长头发剪断，此时乙的身体组织和功能正常并未受到侵害，但甲侵害了乙身体组织的完整及对自己身体组织的支配，侵害了乙的身体权。

自然人享有身体权。自然人的身体完整和行动自由受法律保护。任何组织或者个人不得侵害他人的身体权。为了维护个人的主体资格、维护个人的人格尊严，不应当允许个人对其身体进行有偿交易，如非法出售自己的身体器官。但在法律规定的范围内，个人也有权支配自己的身体，也就是说，身体权也具有一定的处分权能。例如，无偿献血、遗体捐献等。[②]

身体权的内容：(1)身体权的权利主体对自己的身体具有支配权，可以根据自己的意志支配自己的身体。比如，献血、理发、美容等。(2)维护身体完整的权利。即个人有权维护自己身体组织、器官等的完整性，任何人不得非法侵害他人的身体，破坏他人身体的完整性。例如，强制摘取他人器官的行为。镶装、配置的人工制作的身体残缺部分的替代物，不能自由拆卸的，构成身体的组成部分，例如，种植牙是身体的组成部分；能够自由拆卸的，不认为是身体的组成部分，不受身体权的保护。[③]当一个行为既侵犯健康权又侵犯身体权时，只认定为侵犯健康权，而不再同时认定为侵犯身体权。

侵害学生身体权和健康权的刑事法律风险涉嫌虐待被监护、看护人罪。对未成年人、老年人、患病的人、残疾人等负有监护、看护职责的人虐待被监护、看

---

① 李适时主编：《民法总则释义》，法律出版社 2017 年版，第 339 页。

② 国家卫生健康委于 2019 年发布《关于印发人体捐献器官获取与分配管理规定的通知》，该通知对公民逝世后捐献器官规则作出了规定，这实际上是允许个人依法处分自己的身体。

③ 杨立新：《中华人民共和国民法典条文精释与实案全析》(下)，中国人民大学出版社 2020 年版，第 22 页。

护的人,情节恶劣的,处三年以下有期徒刑或者拘役。单位犯前款罪的,对单位判处罚金,并对其直接负责的主管人员和其他直接责任人员,依照前款的规定处罚。虐待,即折磨、摧残被监护、看护人身心健康的行为。虐待行为具有经常性、连续性的特点,行为人对被监护、看护的人在相当长的时间里,进行持续的肉体摧残或者精神折磨,致使被害人的身心遭受严重创伤,通常表现为打骂、冻饿、捆绑、强迫超体力劳动、限制自由、凌辱人格行为等。偶尔发生的打骂、冻饿等行为,不构成犯罪。

案例1中,被告人李四作为幼师,用针对多名幼儿进行扎刺,虽未造成轻微伤,不符合故意伤害罪的法定标准,但其行为对受害幼儿的身心造成了严重伤害,情节恶劣,故其构成虐待被看护人罪。对这种恶劣的虐童行为,人民法院采取"零容忍"态度,依法进行严厉打击,对其判处二年有期徒刑(本罪法定最高刑为三年有期徒刑),对被告人判处从业禁止最高年限五年。

案例2中学校强制学生剪头发是违法的。因为这种强制剪发行为,侵犯了学生的身体权。《中小学生守则》里有对中小学生发型的规定,女生只要不烫发不染发就可以了。学校在制定和执行校规校纪时,应当充分考虑学生的权益和需求,遵循教育法律法规,尊重学生的个性发展,确保校规校纪的内容合法、合理。

【法条链接】

《民法典》第1003条,《刑法》第260条之一,《未成年人保护法》第27条,《义务教育法》第29条第2款,《小学管理规程》第23条,《幼儿园工作规程》第6条等。

【风险防范】

1　禁止教师体罚、变相体罚、性骚扰等各种形式侵害学生生命权、身体权和健康权的行为。

2　学校教职员工不得对未成年人实施体罚、变相体罚的行为。(1)体罚主要是指以击打、刺扎等方式,直接造成身体痛苦的侵权行为,常见的如打耳光、拧耳朵,以及扯头发、用脚踢、橡皮筋崩脸等;(2)变相体罚一般是指超过正常限度的罚站、反复抄写,强制做不适的动作或姿势,刻意孤立等间接伤害学生身体、心理的侵权行为,通常还包括长时间罚跪讲台、过量的罚跑步、罚蛙跳、罚半蹲、罚举重物、罚额外劳动或作业、饿着肚子罚课后留校、烈日下暴晒、吓唬幼儿、让幼儿受冻饿等。

3　体罚需要承担侵权民事责任、行政处分、行政处罚的责任,情节严重的承担刑事责任。

4　对于有体罚学生等不当行为的教师在处理时一定要合法合规、合情合理。合法合规,是要严格执行《教师法》《事业单位工作人员处分规定》《中小学教育惩戒规则(试行)》等规定,该处理时决不含糊;合情合理,就是要综合考量教师的一贯表现及其行为后果,在社会认知的正常范围内进行处理,对于没有造成严重损害后果的,不能一味迎合家长不合理诉求,片面加重教师责任。

风险区　合规区　责任区　防范对策　法律风险

四、学生特殊体质和教师身体特殊疾病

【典型案例】

2013 年 1 月,某市小学学生王某某患有先天性心脏病、主动脉瓣单瓣畸形、主动脉瓣狭窄(重度)。家长将王某某患病的情况告知了学校,学校不让王某某参加任何体育活动,王某某也未参加任何体育活动。2013 年 4 月,该学校大课间操期间,王某某参加了学校组织的新的大课间操活动,老师在王某某至少跑了两圈晕倒后才发现王某某在队伍中。事发后,王某某被送至某医院进行抢救,因抢救无效死亡,死亡原因为猝死,头颈胸闭合性损伤。[①]

【法律问题】

学校明知其患有特定疾病,让王某某参加了跑步后猝死,需要承担什么责任?

【法理解读】

(一)学生有特异体质或特定疾病

如果学生具有特殊的身体条件或患有某种特定疾病,不适合参加特定的教育教学活动,学校在知道或应该知道这一情况下未能给予必要的关注和注意,导致学生发生伤害事故,那么学校应按法律规定承担相应的责任。学校应该对身心有障碍的学生提供关爱和支持。对于行为异常的学生,学校应该耐心帮助他们。此外,学校还应根据未成年学生的身心发展特点,进行社会生活指导、心理健康辅导、青春期教育和生命教育等工作。

新生入学时需要提交体检证明,学校应该建立学生的健康档案,并组织学生进行定期体检。对于具有特殊体质或特定疾病的学生,如果学校不能给予他们比普通学生更多的关注和特殊保护,那么他们很容易发生自伤或伤人的事故。在学校中,学生每年应进行一次健康体检。学校应在学生入学后的一个月内建立学籍档案,其中包括体质健康测试、健康体检和预防接种等信息(涉及学生个人隐私的信息,学校有保密义务)。托幼机构的卫生保健工作包括建立健康检查制度,定期进行儿童健康检查,并建立健康档案。同时,托幼机构要坚持晨检和全日健康观察,做好常见病的预防工作,及时发现问题并进行处理。

如果父母发现他们的子女具有特殊体质、特定疾病或异常心理状况,应该及时告知学校。学校可以根据实际情况要求家长提供相应的告知或承诺文件。对

---

① 银川市中级人民法院(2015)银民终字第 1817 号二审民事判决书。

于在校期间出现身体、心理、情绪和行为异常的学生,即疑似具有特殊体质或特定疾病但尚未确诊的学生,学校应根据前述规定督促学生的父母履行法定职责,并配合学校对该学生进行教育、管理和保护。对于已知或应该知道具有特殊体质或特定疾病的学生,学校应避免安排他们参加不适宜的教学活动,并给予适当的关注、必要的保护和及时的救助。即使家长再三要求,学校也不应随意安排这些学生参加不适宜的活动。在这种情况下,即使家长了解相关责任和后果,并向学校提供了相应的承诺书,学校可能仍无法免除或减少因未能履行必要的注意和特殊保护而导致的相关责任。

(二)教师有特异体质或特定疾病

学校明知教职工患有不适宜担任教学工作的疾病,但未采取必要措施造成学生伤害事故的,应依法承担相应的责任。教师应符合"具有良好的身体素质和心理素质,无传染性疾病,无精神病史,适应教育教学工作的需要,在教师资格认定机构指定的县级以上医院体检合格"的要求。学校不得聘用因故意犯罪而受到刑事处罚的人,或者有精神病史的人担任教职工。从托幼机构任职要求上看,慢性传染病、精神病患者,不得在幼儿园工作。在岗人员患有传染性疾病的,应立即离岗治疗,治愈后方可上岗工作。精神病患者、有精神病史者不得在托幼机构工作。

学校知道教师或其他工作人员患有不适宜担任教育教学工作的疾病,但未采取必要措施造成学生伤害事故的,学校应依法承担相应的责任。如患有精神病的教师在履职中暴力伤害学生,依法不追究教师的刑事责任,由学校承担赔偿责任。

除了明显不适合从事教学工作的明显疾病外,学校也应当警惕教师可能引发学生伤害的隐性亚健康状态。如果教师的心理、身体等亚健康状态无法得到及时缓解,长期下去,严重情况下可能成为潜在的导致违规或违法执教的"杀手"。实际上,有很多教师体罚或变相体罚学生的导火线是家庭或工作压力过大,一时无法控制情绪所致。即使是相对轻微的情况,也难免会导致教师产生消极执教的职业倦怠,从而导致他们在履行教学职责时违反工作要求、操作规程、职业道德或其他相关规定等。所以学校需要定期对教师进行身体健康检查,并因地制宜安排教师进行休养。

本案中,学校明知王某某患有特定疾病,让其参加了跑步猝死,需要承担相应的责任。王某某系限制民事行为能力人且学校明知其患有特定疾病,在学校课间操过程中,学校未尽到必要的管理与注意义务,导致王某某参加了跑步,学校存在过错,应承担一定的责任。另,若王某某自身未患有特定疾病,跑步两圈半导致猝死的概率极小,故王某某患有特定疾病亦是其死亡结果的原因。故,法院判决小学在本案中承担50％的责任。

【法条链接】

《教师法》第29条,《〈教师资格条例〉实施办法》第8条,《幼儿园管理条例》第9条,《学生伤害事故处理办法》第9条,《未成年人保护法》第29—30条,《未成年人学校保护规定》第46条等。

【风险防范】

1 建立学生健康档案,掌握学生是否有特殊体质或某些不适宜剧烈运动的疾病,以便在安排有关活动时加以控制。学校应要求家长定期为学生做体检,以保证学生在校参加教育教学活动的安全。

2 (1)除显性的"不适宜担任教学工作的疾病"外,隐性的教师亚健康状态可能诱发的学生伤害也值得学校警惕。(2)对于有特异体质或特定疾病的学生,学校若不给予高于普通学生的注意及特殊保护,则其很容易发生自伤或伤人的事故。学生的疾病属于学生的隐私,学校教师要为其保密,以免造成对其隐私权的侵犯。

3 (1)学校知道教师或其他工作人员患有不适宜担任教育教学工作的疾病,但未采取必要措施造成学生伤害事故的,学校应依法承担相应的责任。如患有精神病的教师在履职中暴力伤害学生,由于依法不追究教师的刑事责任,很可能由学校承担赔偿责任。(2)学生有特异体质或特定疾病,不宜参加某种教育教学活动,学校知道或应当知道,但未予以必要注意造成学生伤害事故的,应依法承担相应的责任。

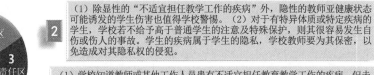

4 (1)教师的医疗同当地国家公务员享受同等的待遇;定期对教师进行身体健康检查,并因地制宜安排教师进行休养。(2)针对学生有特异体质引发的安全风险,学校一方面可在每年度学生入学时,请家长如实填报学生身体情况尤其是特异体质情况,以便学校采取针对性的管理和保护措施;并明确告知家长,如因其隐报、瞒报学生健康情况而发生伤害情况时,学校尽到必要救治义务后,将依法不承担法律责任。(3)学校应当建立学生重大生理、心理疾病报告制度,向家长及时告知学生身体及心理健康状况;发现学生身体状况或者情绪反应明显异常、突发疾病或者受到伤害时,应当及时通知学生家长。

第三节　标表型、尊严型人格权保护的法律风险

一、姓名权保护

【典型案例】

被告郑环与郑华系堂姐妹关系,郑环系堂姐。为了能享受到当年中考有关应届生和历届生的政策优惠,1993年起堂姐郑环使用郑华的姓名及身份信息就读于龙海市古县某中学,1994年中学毕业后参加中考并就读于福建省龙海某师范学校,1997年7月毕业。1997年8月郑环持漳州市教育委员会的"福建省普通中等师范学校毕业生就业派遣报到证"和福建省龙海某师范学校的毕业证书,

被分配至龙海市某校任教。1999年6月29日郑环与其丈夫陈某标办理结婚登记。并在其后的工作、生活中沿用郑华的姓名及身份信息。2020年4月间因疫情原因,双方生活、工作上均需要出示健康码等不便,为此,堂妹郑华催促堂姐将其姓名及身份信息恢复未果,后双方发生纠纷原告郑华诉至法院。[①]

【法律问题】

被告郑环应该承担什么责任?

【法理解读】

姓名权是自然人在不违背公序良俗的前提下,依法决定、使用、变更或者许可他人使用自己的姓名,并要求他人尊重自己姓名的权利。姓名权本质上是一种人格权,即在一个人的直接存在以及他的个人生活范围内,承认他不受侵犯的权利。[②]自然人享有姓名权,有权依法决定、使用、变更或者许可他人使用自己的姓名,但是不得违背公序良俗。对此处所谓姓名应作广义理解和解释,不仅指公民在户籍和居民身份证上显示的姓名,还包括曾用名、笔名、艺名及我国传统文化中所独具的"字""号"等。

学校享有名称权,名称权是法人、个体工商户、合伙组织依法决定、使用和变更自己名称的权利,是人格权的主要组成部分。法律严禁以冒用、玷污等手段侵犯他人名称权,对于干涉、假冒、盗用他人名称的行为,造成财产上的损失,受害人有权请求消除侵害、赔偿经济损失。

姓名权内容包括姓名决定权、姓名保有权、姓名使用权、姓名变更权、许可他人使用姓名的权利。姓名使用权,即自然人有权依法使用自己的姓名。例如,权利人在与他人签订合同或者在自己的作品上署名时,有权依法使用自己的姓名,任何人不得非法干涉、任何人不得冒用,否则将构成对他人姓名权的侵害。许可他人使用姓名的权利。即自然人可以许可他人使用其姓名的权利。从实践来看,一些企业为了促销的产品或者服务,打开市场,吸引消费者的眼球,会与一些知名演艺人员签订姓名许可使用合同。对姓名的许可使用,参照适用肖像许可使用的有关规定。未经允许使用他人姓名的,则构成盗用或者假冒。自然人对本名之外与自身存在稳定对应关系的特别名称,亦享有姓名权,故姓名权授权使用应及于权利人的本名、笔名、艺名等。[③]

[①]　福建省漳州市中级人民法院(2021)闽06民终2505号。

[②]　[德]拉伦茨:《德国民法总论》,王晓晔等译,法律出版社2004年版,第166页。

[③]　最高人民法院民法典贯彻实施工作领导小组主编:《中华人民共和国民法典人格权编理解与适用》,人民法院出版社2020年版,第54页。

本案是一起侵犯姓名权的典型案件,法院判决被告郑环立即停止使用郑华的身份信息;给予被告一个月的时间用以解决恢复身份信息事宜。判决生效之日起十日内赔偿原告律师费损失 20 000 元及精神损害抚慰金 10 000 元,合计 30 000 元。

【法条链接】

《民法典》第 1012—1016 条、第 1023 条、第 1165 条。

【风险防范】

1	学校没有以干涉、盗用、假冒等方式侵害师生的姓名权和其他学校的名称权。
2	(1)行为人非法干涉他人决定、使用或者变更其姓名。(2)未经他人同意或授权,擅自利用他人的姓名从事实施有害于他人和社会的相关活动。(3)在冒充他人姓名的情况下,侵权人常常利用他人对知名人士的崇敬、羡慕、信任,使用某知名人士的姓名从事各种活动。(4)其他侵害方式。如甲将生活中与自己争吵的邻居乙的姓名作为家里饲养宠物的名称,大声呼喊训斥等。
3	承担侵犯姓名权或名称权的民事责任。
4	学校教职工在尊重和维护学生的姓名权方面应当注意如下问题:(1)不得蓄意对学生姓名读不正确的发音或读其谐音予以嘲讽,或蓄意对学生姓名书写歪斜、潦草予以丑化;(2)不得以错误的学生姓名发录取通知书、入学注册、发奖章、奖状、申请助学金、颁发学历、学位证书等;(3)不得使用学生作品而不标明其姓名;(4)公开报道和宣传确实有必要使用学生姓名的,应当与学生或其监护人协商,签订姓名使用协议,约定使用方式、地域、期限和使用费用,并严格按约定使用。

二、肖像权保护

【典型案例】

被告广东某技工学校是全日制中等技工教育学校,校内开设有汽车维修与营销专业。原告是汽车维修电工高级技师,获得多种奖项。2020 年 3 月份,原告与被告协商进行合作,由原告担任被告的汽修专业讲师。原告因此向被告提交了个人简历、照片等,后双方未能合作。约于 2020 年 3 月 25 日,原告发现被告将原告的照片、姓名及个人简介发布在其学校网站的师资力量教师风采中进行商业宣传,在其微信公众号进行商业宣传、在校内宣传栏上介绍原告照片、姓名,并印刷了多本画册进行派发。原告与被告交涉后,被告于 2020 年 5 月 28 日将其微信公众号上有关原告的内容删除,并声明第一批画册已经发完了,但被告并未将其网站及学校宣传栏上的侵权内容予以删除或撤下。①

---

① 广东省佛山市南海区人民法院(2020)粤 0605 民初 32403 号。

【法律问题】

作为被告的学校应该承担什么责任?

【法理解读】

《民法典》第 1018 条规定:"自然人享有肖像权,有权依法制作、使用、公开或者许可他人使用自己的肖像。肖像是通过影像、雕塑、绘画等方式在一定载体上所反映的特定自然人可以被识别的外部形象。"法条揭示了肖像应具备"外部形象""载体反映""可识别性"等基本要素。肖像以面部形象为主能够区分不同自然人的外在形象。王泽鉴先生认为:"肖像固以人之面部特征为主要内容,但应从宽解释,凡足以呈现个人外部形象者,均包括在内。"①

肖像权的内容包括以下几项:(1)肖像制作权。肖像只有再现在一定载体上才具有法律意义。但是否制作自己的肖像是肖像权人的权利,自然人有权自己或者许可他人通过影像、雕塑、绘画等方式制作自己的肖像,任何组织或者个人都不得干涉或者侵犯。例如自拍、直播的方式都是智能手机时代很流行的方式。行为人未经许可制作他人肖像的,除存在法定事由外,将构成对他人肖像权的侵害,权利人有权依法请求行为人承担民事责任。(2)肖像使用权,即自然人对于自己的肖像,依照自己的意愿决定如何使用,例如可自我欣赏,也有权决定是否在报纸、杂志、书籍、电视、电影、网络等载体中使用其肖像,包括发表、复制、发行、出租、展览等使用方式。权利人可以用自己的肖像用于任何合法的目的,既可以获得精神上的愉悦,也可以获取一定的财产价值。他人利用肖像权人的肖像应当获得肖像权人的同意或者许可。(3)肖像公开权。肖像权人对于已经制作的肖像,可以自己对外公开或者许可他人公开,禁止他人擅自公开。例如将自己拍摄或者他人拍摄的照片公开等。需要注意的是,从实质上讲,公开肖像应当属于广义上的使用权能的内容。但是考虑到公开肖像这种形式对于肖像权的重要性,肖像公开与否对肖像权人的影响是极大的,所以将公开权从广义上的使用权能中分离出来加以单独规定。②(4)肖像使用许可权。肖像权人可以通过授权或者同意等方式许可他人使用自己的肖像的权利。这种许可使用通过合同的形式,可以是有偿的,也可以是无偿的。但任何组织或者个人未经肖像权人的许可擅自使用其肖像都构成侵权。

---

① 王泽鉴:《人格权法:法释义学、比较法、案例研究》,北京大学出版社 2013 年版,第 141 页。

② 黄薇主编:《中华人民共和国民法典人格权编解读》,中国法制出版社 2020 年版,第 141 页。

本案中,被告未经原告本人同意使用其肖像,目的在于吸引生源、扩大招生,具有营利目的,已经侵犯了原告肖像权。法院判决被告于本判决发生法律效力之日起十日内在其学校网站及学校宣传栏上向原告赔礼道歉,于判决发生法律效力之日起十日内赔偿原告维权支出 7 160 元及其他经济损失 6 000 元。

【法条链接】

《民法典》第 1018—1022 条等。

【风险防范】

1 学校教职工尊重并维护学生的肖像权。

2 (1)未能妥善保管好学生上交的照片,导致丢失或随意散发。(2)擅自将学生照片提供给商家等外人;擅自利用学生肖像做广告、商标、装饰橱窗,等等。(3)存在以丑化、污损,或者利用信息技术手段伪造等方式侵害肖像权。(4)未经权利人同意制作、使用、公开他人肖像。在一定情况下,行为人擅自公开他人肖像的,如果照片中涉及个人的私密空间、私密活动或私密信息也可能构成对他人隐私权的侵害。(4)肖像作品权利人以发表、复制、发行、出租、展览等方式使用或者公开个人肖像的,未经权利人同意。

3 侵害肖像权,侵权人应当承担侵权责任,包括停止侵害、消除影响、赔礼道歉、赔偿损失。对于以营利为目的擅自使用他人肖像的,无论情节是否严重,也无论使用后是否赢利,肖像权人请求赔偿的,就应确定承担赔偿责任。

4 合理使用学生肖像不构成侵权。合理使用的情形有:(1)为学生本人的利益而使用。例如,为表彰学生先进事迹而将其肖像张贴或在学校网站公布等。(2)为科学研究和文化教育目的而在一定范围内使用。例如,将学生的获奖情况附照片编入学校有关教育教学材料等。(3)为减少纠纷的发生,在使用学生肖像前应事先征得学生本人或其监护人的同意。学校根据招生宣传等实际需要使用学生肖像的,应当与该学生或其监护人协商,签订肖像使用协议,约定使用方式、地域、期限和使用费用,并严格按约定使用肖像和支付费用。

三、名誉权保护

【典型案例】

2019 年 4 月 19 日星期五,正在被告深圳某希望学校九年级一班就读的原告古某辉未来学校上课,旷课一天,班主任随即将原告该天未经请假旷课情况及其之前不良表现书面向学校报告。被告于 2019 年 5 月 20 日经校行政会讨论决定,对原告等同学予以记过处分,并在师生集会上当场宣布处分决定,将处分张贴在学校政务处门口。处分布告使用了"表现极差""品行不端""影响恶劣"等严重负面评价字眼,在公开宣读处分决定时,使用"没有撤销这些处分将永远留存在档案里面,不管你是读高中、读技校甚至去打工,没有撤销这些档案还是继续存在"的语言。2019 年 6 月 13 日,被告经校行政会议讨论决定,撤销对原告等三位同学的处分。但此后该撤销处分的决定并未告知原告,为此原告一直以为处分还在生效,背负极大心理负担。直到 2020 年 1 月 22 日,在原告及其家人的要求下,被告校长伍某乾以学校名义表示,处分已撤销,处分结果未记入任何档案。之后原告因出现"情绪低与高涨交替一年,情绪低伴疑心重 1 周"的症状,入江西省惠民医院诊治,诊断为"双相情感障碍,伴有重度抑郁发作、甲状腺结节",住院治疗 22 天出院,用去医疗费 16 803.22 元。①

【法律问题】

学校是否需要承担责任?

【法理解读】

名誉是指社会公众对特定自然人、法人及非法人组织的品德、声望、才能、信用等方面的客观评判,是针对特定主体的综合表现作出的良好的,客观的社会评价。②法人的名誉是社会对法人的经营与生产能力、生产或销售的商品质量、服务态度、工作态度、工作状况、对社会的贡献等的总评价。③这种评价直接关系到民事主体的人格尊严、社会地位甚至经济效益,属于重要的人格利益。名誉权就是自然人、法人及非法人组织依法享有的维护其所获得的社会公正评价并排斥他人侵害的权利。有良好名誉的民事主体不仅可以获得社会的更多尊重,还可能获得更好的经济效益。对于民办学校而言,好的口碑好的名誉,就有好的市场好的效益。反之,行为人侵害他人名誉权,导致被他人误解和排斥,对于民办学校而言可能是失去市场濒临倒闭。

民事主体的名誉权内容包括:(1)名誉保有权。它是指权利人有权享有并支配自己名誉。权利人有权享有社会公众的良好评价,名誉是一种积极的评价,会让权利人的自尊和自信增强,权利人有权保留并支配其好名誉所带来的物质和精神利益。(2)名誉利用权。权利人可以对其名誉进行积极利用。一方面,名誉是一种良好的社会评价,可以为他人提供担保,从而提供交易上的便利。另一方面,法人的名誉包括商誉,而法人的商誉与财产紧密相关,这实际上也增加了名誉利用的可能性。(3)名誉维护权。民事主体可以采取合法措施维护自己的名誉的权利。一方面是内部维护,指民事主体通过自身的努力,使自己的名誉处于社会公众评价的一个良好状态,赢得一个良好的声誉。另一方面是外部维护,指民事主体对于侵害自己名誉权的行为,通过自力救济和司法救济等渠道,积极维

---

① 江西省遂川县人民法院(2022)赣 0827 民初 1339 号。

② 王利明:《人格权法研究》,中国人民大学出版社 2005 年版,第 467、468 页。

③ 马俊驹、余延满:《民法原论》,法律出版社 2010 年版,第 138 页。

护自己的权利,阻止侵权行为,使受到损害的名誉得以恢复。

侮辱教师应承担法律责任。侮辱、殴打教师的,根据不同情况,分别给予行政处分或者行政处罚;造成损害的,责令赔偿损失;情节严重,构成犯罪的,依法追究刑事责任。对于造成轻微伤害的,或公然侮辱教师尚不够刑事处罚的,依《治安管理处罚法》由公安机关处以 15 日以下拘留、200 元以下罚款或者警告。情节严重,构成犯罪的,则可能构成侮辱罪或故意伤害罪。犯侮辱罪的,处 3 年以下有期徒刑、拘役、管制或者剥夺政治权利。同时,承担赔偿损失、赔礼道歉等民事责任。

本案中学校需要承担名誉侵权责任。被告作出的处分布告使用了严重负面评价字眼,在公开宣读处分决定时,使用"没有撤销这些处分将永远留存在档案里面"的语言。被告的上述行为使原告的社会评价明显降低,让原告感觉到一种不公正的社会压力和心理负担,精神上和心理上遭受一定程度的创伤。法院判决被告在判决生效之日起 20 日内以法院认定的事实和理由为依据,在被告校园公示栏内张贴《道歉信》七日以上,公开为原告古某辉赔礼道歉、消除影响、恢复名誉,《道歉信》相关内容须经法院审判部门审核确认。被告拒不履行上述义务的,由人民法院采取在报刊、网络等媒体发布类似内容的公告执行,产生的费用由被告全部承担;支付原告古某辉精神损害抚慰金 5 000 元,限于判决生效之日起 20 日内履行。

【法条链接】

《民法典》第 1024 条,《未成年人保护法》第 5 条,《教育法》第 83 条,《教师法》第 35 条。

【风险防范】

1 尊重和保护师生的名誉权。

2 (1)公然将有损于学生社会评价的事实扩散或传播; (2)评价学生时言词不当、贬毁学生人格、诋毁学生名誉等; (3)捏造、散布有损于学生名誉的虚假事实,使学生遭受精神痛苦; (4)披露、散布学生隐私,使学生名誉受损; (5)用肮脏的语言辱骂、嘲讽学生,使学生的心灵蒙受耻辱; (6)让学生投票"选差生",以及对学生召开"批判大会"等,侵犯了学生名誉权。

3 对学生进行处分时,如果使学生的人格尊严、名誉当众受损,要承担侵权责任。有权要求停止侵害、恢复名誉、消除影响、赔礼道歉,并可以要求赔偿损失,情节严重,构成犯罪的,依法追究刑事责任。

4 (1)处分决定书应当送达给违纪学生本人及其家长。 (2)至于学校能否把针对某一学生的处分决定书予以公开(包括将处分决定书张贴在校园宣传栏,利用校园广播播报处分决定书的内容等),法律并未规定,国家也没有相关规定。考虑到未成年学生的身心发展特点,为了避免发生意外或引发纠纷,学校应尽其可能不公开对学生的处分决定。

四、荣誉权保护

【典型案例】

原告李某贤系被告大荔县某初级中学退休教师,1996 年年初,被告学校因学生猛增,校舍严重不足,加之老校舍破旧不堪,急需扩建和改建校舍,当时县财政资金困难,县政府在原操场召开建校动员大会。时任校长多次与原告沟通并给原告承诺,如果原告同意捐资 10 000 元,校方可以在图书楼上镶嵌其名作永久留念。当时原告就同意了校方的要求,在原告的带动下,当天动员大会捐资总额达 60 余万元,县政府和时任校长亲自向原告颁发了捐资一万元的奖牌,并现场宣布,整体楼建成后,校图书楼以原告名字命名。但大楼竣工后,被告并未按照约定镶嵌原告名字,后原告多次找被告协商,而被告学校也陆续更换校长,协商均未果,原告诉至法院。在审理中,原告撤回诉讼请求第一项中要求被告图书楼上镶嵌其名,改主张被告赔偿原告荣誉损失费 10 万元。[1]

【法律问题】

本案中原告主张的是什么权利? 本案该如何处理?

【法理解读】

荣誉权属于人格权的一种类型,是自然人、法人和非法人组织,依法享有的参与荣誉授予,获得、接受和保持其享有的荣誉称号,并不受他人非法侵害和剥夺的权利。民事主体享有荣誉权。任何组织或者个人不得非法剥夺他人的荣誉称号,不得诋毁、贬损他人的荣誉。获得的荣誉称号应当记载而没有记载的,民事主体可以请求记载;获得的荣誉称号记载错误的,民事主体可以请求更正。

荣誉从某种程度上说是名誉的一种特殊情形,也是一种社会评价,因此,荣誉权与名誉权存在着密切联系。非法剥夺他人的荣誉称号或者诋毁、贬损他人的荣誉,会导致他人名誉的破坏,侵害他人的名誉权。如学校、教师提供虚假的负面证明材料,致使学生丧失获得荣誉称号的机会。

但荣誉权与名誉权也存在很多区别:(1)权利主体的范围不同,名誉权是每一个民事主体普遍享有的权利,而荣誉权只有表现突出者才有,那些在学习、工作以及社会各领域中贡献突出、成绩优异的民事主体,才有资格获得荣誉权。(2)取得的条件和程序不同,名誉权的取得不需要法定的条件和相关程序,而荣誉权取得必须通过自己的辛勤劳动、努力工作甚至是经过牺牲奋斗,为国家社会作

---

[1]　陕西省大荔县人民法院(2019)陕 0523 民初 4459 号。

出重大贡献,经过相关程序才能得到国家或社会组织的表彰,被授予荣誉称号。(3)评价形式不同。名誉是社会公众的自发和自由的评价,是一种道德舆论式的评价,并没有固定的程序。荣誉则具备专门性和程式性,荣誉必须是国家机构和社会组织的正式评价,随意的口头的赞颂表扬并不能获得荣誉。有关荣誉的授予、撤销、剥夺均为要式行为,须严格依照法定条件或约定的程序进行。当然荣誉的剥夺也应当依照法定程序进行,否则为侵权。(4)权利客体不同。名誉权客体的名誉是一般公众的综合性评价,既包括积极的褒奖,也包括消极的批评,还包括中性的评价,且该评价的作出具有随意性。荣誉权的客体是荣誉,是国家机构和社会组织对民事主体的优异表现给予其的积极、正面、正式评价。(5)权利消灭方式不同。名誉权通常无法剥夺和限制;荣誉权经合理、正当的程序,可以剥夺。①

本案中原告主张的是荣誉权,被告违反诚实信用原则,其行为使原告所期待享受的荣誉不能实现,给其精神带来痛苦,使其精神权益受到损害,故原告的诉讼请求,有事实依据及法律依据。根据被告的侵权过错程度、侵权行为的具体情节以及给原告造成精神损害的后果等情况确定相应的赔偿数额。法院判决由被告某初级中学赔偿原告李某贤精神损失费 20 000 元。

【法条链接】

《民法典》第 120 条、第 1031 条。

【风险防范】

1　学校教职工要尊重和维护学生的荣誉权。

2　(1)在评先进过程中,有关组织、个人徇私舞弊、弄虚作假,致使具备获得先进称号资格、原本应获得先进称号的学生没有获得该荣誉。(2)在没有法定理由或非经法定程序的情况下剥夺学生获得荣誉的权利。(3)向荣誉授予组织诬告、诋毁获得荣誉的学生,或者当众故意损毁学生的奖杯、奖品、奖章或撕毁其获奖证书,或者公开发表言论诋毁学生荣誉名不符实等。(4)侵害学生因获荣誉而带来的相应的物质利益,如扣发、少发奖金。在整理、审核学生填报的升学志愿过程中,学校漏填或填错学生的荣誉称号(可以加分的奖项),以致影响学生被高一级学校录取的机会。

3　师生的荣誉权一旦被侵犯,就会损害师生的人身权益(涉及物质奖励的,也损害其财产权益),甚至影响其个人发展前途,需要承担侵权责任。荣誉侵权的构成,以情节严重为限。若仅是发表一般的不当评价,未给师生造成损害事实,将不会被认定为侵犯师生荣誉权。

4　(1)学校在组织评选各种先进荣誉的过程中,应当本着公平、公正、公开的原则,保证程序的正当性,做到"奖当其所",不得弄虚作假、徇私舞弊。(2)对于学生获得的各种校外荣誉证书及奖品、奖金,学校、教师应当及时将其交还给获奖学生本人。(3)在审查、整理学生的升学志愿、档案的过程中,教师务必要认真负责,防止将学生的荣誉称号填错、改错,从而影响学生的升学录取结果。

---

① 江必新、夏道虎主编:《中华人民共和国民法典重点条文实务详解》(中册),人民法院出版社 2020 年版,第 990 页。

第四节　自由型人格权保护的法律风险

一、人身自由权保护

【典型案例】

2016 年年底,被告人凡某和被告人杨某建(职业是教师)因租车一事相识,后合谋由凡某出资,杨某建出面,共同向学生发放贷款,进行套路贷违法犯罪活动,两人按一定比例分成。其间,被告人仲某作为中介,经常介绍学生前来贷款,并时而伙同赵某对被害人进行套路贷违法犯罪活动。2016 年年底至 2018 年下半年,出资方、放贷人、催债人、中介人相互配合,共同实施非法拘禁、寻衅滋事、诈骗等违法犯罪活动。被告人凡某犯非法拘禁罪,判处有期徒刑一年七个月。被告人杨某建犯非法拘禁罪,判处有期徒刑一年二个月。[①]

【法律问题】

实施非法拘禁侵犯了受害人的什么权利?

【法理解读】

在私法领域,自由首先是民法的一项基本原则,也是民法的基本精神和理念。民法的所有规则都体现了对人格自由和财产自由的保护,并因此而确立了婚姻自由、契约自由、人身自由(包括身体自由和精神自由)等具体原则。[②]人身自由权是支配身体、行动的自由权,与通信自由、婚姻自由等具体自由权为同一层次的权利,属于具体人格权。人身自由权是自然人身体行动的自由,即人身不受非法拘束和限制的状态,并不包括精神活动自由。[③]

人身自由权与人格自由不同,不是抽象人格权,而是指自然人在法律规定的范围内按照自己的意志和利益进行行动,人身不受约束、控制和妨碍的具体人格权。以非法拘禁等方式剥夺、限制他人的行动自由,或者非法搜查他人身体的,受害人有权依法请求行为人承担民事责任。情节严重涉嫌非法拘禁罪,即以拘押、禁闭或者其他强制方法,非法剥夺他人人身自由的行为。非法拘禁罪的主体既可以是国家工作人员,也可以是一般公民。该罪在主观方面表现为故意,并以

---

① 江苏省南京市鼓楼区人民法院(2020)苏 0106 刑初 222 号。
② 杨立新:《自由权之侵害及其民法救济》,载《法学研究》1994 年第 4 期。
③ 程啸:《侵权行为法总论》,中国人民大学出版社 2008 年版,第 217 页。

剥夺他人人身自由为目的。该罪侵犯的客体是公民的人身自由权。非法剥夺人身自由是一种持续行为,即该行为在一定时间内处于继续状态,使他人在一定时间内失去身体自由,不具有间断性。时间持续的长短不影响非法拘禁罪的成立,只影响量刑。但时间过短、瞬间性地剥夺人身自由的行为,则难以认定为非法拘禁罪。非法拘禁他人或者以其他方法非法剥夺他人人身自由的,处三年以下有期徒刑、拘役、管制或者剥夺政治权利。具有殴打、侮辱情节的,从重处罚。犯前款罪,致人重伤的,处三年以上十年以下有期徒刑;致人死亡的,处十年以上有期徒刑。①

学校制定的行为规则,要符合合法性、合理性、适当性的要求,不仅不能与上位法相冲突,还要符合未成年人身心发展特点和学校管理实际。学校不得设置侵犯学生人身自由的管理措施,不得对学生在课间及其他非教学时间的正当交流、游戏、出教室活动等言行自由设置不必要的约束。②如果学校禁止学生课间出教室活动,禁止男女生正常交谈等,则超出了合理、适当的范围,侵犯了学生的自由权。但是,如对于初中生,禁止其化妆可以让学生把更多注意力投入学习上,如果能够征求家长和多数学生的同意,则可以视为一种必要的管理措施。

本案中,被告实施非法拘禁侵犯了受害人的人身自由权。

【法条链接】

《宪法》第 37 条,《民法典》第 1011 条,《刑法》第 238 条,《未成年人学校保护规定》第 8 条等。

【风险防范】

1 学校制定的行为规则,要符合合法性、合理性、适当性的要求,要保护学生的人身自由权。

2 (1)关学生禁闭,以反思错误、写作业等为由将学生锁在办公室、宿舍、储藏室等封闭空间。即使是学生上课时严重扰乱课堂秩序影响教育教学活动,教师也应当请示教务处、教育处或教研组,由该部门有关人员带到办公室进行批评教育,而不得以任何形式限制学生的人身自由。(2)教职工隐匿、毁弃、私自开拆或者非法检查学生信件,或者查阅、复制、删除学生的手机短信和电子邮件,侵犯通信自由。(3)学校为了抓好校风纪律建设,通常会禁止学生染发、烫发、戴耳环、穿高跟靴、着奇装异服等。实际情况中,有的学校采取拒绝有此类行为的学生进入校园或教室,或让家长把学生领回家去作"整顿"后方允许其进入学校,此类行为均侵害了学生的受教育权,且学生缺乏学校的监管,一旦实施违法犯罪行为,或者发生人身财产安全事故,学校将负有不可推卸的法律责任。

---

① 立案标准:(1)非法剥夺他人人身自由 24 小时以上的;(2)非法剥夺他人人身自由,并使用械具或者捆绑等恶劣手段,或者实施殴打、侮辱、虐待行为的;(3)非法拘禁,造成被拘禁人轻伤、重伤、死亡的等。

② 《未成年人学校保护规定》第 8 条。

3 （1）学校在教育教学过程中，对违纪学生采取措施不当而涉嫌非法拘禁行为的，依法应当承担相应的法律责任，责任形式主要有刑事责任和刑事附带民事责任。
（2）公民的通信自由和通信秘密受法律保护。侵害公民通信自由和通信秘密依法应当承担相应的责任，责任形式有民事责任、行政责任和刑事责任。隐匿、毁弃或者非法开拆他人信件，侵犯公民通信自由权利，情节严重的，处一年以下有期徒刑或者拘役。冒领、隐匿、毁弃、私自开拆或者非法检查他人邮件的，处五日以下拘留或者五百元以下罚款。

4 （1）学校不得采取强制措施禁止学生发饰着装自由，以免使学生的合法权益受到侵害。可以结合民族审美观、家长的感受、学生身份等方面进行教育。（2）如果有充分证据显示学生涉嫌危害国家安全或者刑事犯罪行为，则应当及时报警，由警察按法定程序来处理该信件。

二、性自主权保护

【典型案例】

张某基，男，汉族，1979年2月24日出生于甘肃省静宁县，大学文化。2010年至2019年6月，其在静宁县某小学历任教导主任、校长兼教师期间，通过体罚等手段，对缺乏性防卫能力的小学生形成精神挟制，利用讲解习题、学生交作业等机会，在其宿舍内多次对5名时年8岁至12岁的幼女实施奸淫，在教室内当众或在其宿舍里，多次对17名时年8岁至14岁的儿童实施猥亵。①

【法律问题】

张某基的行为侵犯了学生什么权利？需要承担什么法律责任？

【法理解读】

性自主权是指人在遵循法律和公序良俗的前提下，自主表达自己的性意愿和自主决定是否实施性行为和以何种方式实施性行为，实现性欲望而不受他人强迫和干涉的权利。②侵犯性自主权的行为主要有性骚扰、强奸、猥亵、负有照护职责人员性侵罪等违法犯罪行为。

所谓性骚扰，是指以身体、语言、动作等方式，违背他人意愿而对其实施的以性为取向的有辱其尊严的行为。学校、幼儿园应当建立预防性侵害、性骚扰未成年人工作制度。禁止违背妇女意愿，以言语、文字、图像、肢体行为等方式对其实施性骚扰，受害妇女可以向有关单位和国家机关投诉。接到投诉的有

---

① 载"极目新闻"微信公众号，2023年11月13日发布。
② 郭卫华：《论性自主权的界定及其私法保护》，载《法商研究》2005年第1期。

关单位和国家机关应当及时处理,并书面告知处理结果。受害妇女可以向公安机关报案,也可以向人民法院提起民事诉讼,依法请求行为人承担民事责任。①学校性骚扰防治义务包括"建立性骚扰防治体系"和"性骚扰防治措施必须合理"两个维度。前者包括性骚扰防治机构设置与人员配备、校内性骚扰防治专项规范、校内性骚扰防治法律及政策宣传等方面,后者则主要从性骚扰认定标准、性骚扰事实证明标准、性骚扰处置结果判断标准、交叉询问调查方式适用、校内调查与刑事调查之间关系的处理等方面予以判断。同时,为确保上述义务履行更有效果,学校在性骚扰防治时还须注重案件信息保密和受害人保护。②单位负有反性骚扰的作为义务,此等作为义务属于法定注意义务。如果单位未能尽到此等作为义务,则其具有过错,应当依照《民法典》第1165条第1款的规定承担侵权责任。③

强奸指违背妇女意志,使用暴力、胁迫或者其他手段,强行与妇女发生性交的行为,或者故意与不满14周岁的幼女发生性关系的行为。其中,行为人明知对方是不满14周岁的幼女,而仍然与其发生性关系的(即故意与不满14周岁的幼女发生性关系的),无论幼女本人是否同意,无论行为人是否使用了暴力、胁迫或者其他手段,行为人的行为都构成强奸。对强奸罪的量刑分为两个幅度:第一个量刑幅度是处3年以上10年以下有期徒刑,适用于一般的强奸案件,奸淫不满14周岁的幼女的,在这一量刑幅度内从重处罚。第二个量刑幅度是处十年以上有期徒刑、无期徒刑或者死刑,适用于性质特别恶劣的强奸行为。④

所谓猥亵,是指除了强奸行为以外,其他以性为目的而实施的淫秽行为,包括公开暴露生殖器,强制抠摸、搂抱、吮吸、舌舐以及手淫、鸡奸等行为。猥亵儿童罪的受害者多数是女童,少数情况下也有可能是未满14周岁的男童。以暴力、胁迫或者其他方法强制猥亵他人或者侮辱妇女的,处5年以下有期徒刑或者

---

① 《妇女权益保障法》(2023年1月1日施行)第23条。
② 杨天红、马晶:《民法典视域下高校的性骚扰防治义务及其履行》,载《复旦教育论坛》2021年第5期。文章尽管分析的是高校的角度,对于其他性质的学校也有相当的参考价值。
③ 张新宝:《单位的反性骚扰义务与相关侵权责任研究》,载《中国法学》2022年第3期。
④ 《刑法》第236条第3款:强奸妇女、奸淫幼女,有下列情形之一的,处十年以上有期徒刑、无期徒刑或者死刑:(1)强奸妇女、奸淫幼女情节恶劣的;(2)强奸妇女、奸淫幼女多人的;(3)在公共场所当众强奸妇女、奸淫幼女的;(4)二人以上轮奸的;(5)奸淫不满十周岁的幼女或者造成幼女伤害的;(6)致使被害人重伤、死亡或者造成其他严重后果的。

拘役。聚众或者在公共场所当众犯前款罪的,或者有其他恶劣情节的,处 5 年以上有期徒刑。强制猥亵罪,是指以暴力、胁迫或者其他方法强制猥亵他人的行为。①

负有照护职责人员性侵罪:该罪的主体仅限于对已满 14 周岁不满 16 周岁的未成年女性负有监护、收养、看护、教育、医疗等特殊职责的人员。主观上必须明知对方是或者可能是已满 14 周岁不满 16 周岁的未成年女性。与该未成年女性发生性关系的,处 3 年以下有期徒刑;情节恶劣的,处 3 年以上 10 年以下有期徒刑。犯该罪,同时触犯强奸罪的,系想象竞合犯,应择一重罪论处,成立强奸罪。负有特殊职责的人员奸淫幼女的,依照强奸幼女罪规定从重处罚,应当适用较重的从重处罚幅度。②

本案张某基侵犯了学生的性自主权,张某基犯强奸罪,被判处死刑,剥夺政治权利终身;犯猥亵儿童罪,被判处有期徒刑十年。数罪并罚,决定执行死刑,剥夺政治权利终身。上诉被甘肃省高级人民法院驳回,维持死刑原判,并由最高人民法院核准判处强奸、猥亵儿童犯张某基死刑。2023 年 11 月 7 日,平凉中院遵照最高人民法院院长签发的执行死刑命令,对张某基执行死刑。

【法条链接】

《民法典》第 1010 条第 1 款,《未成年人保护法》第 40 条,《刑法》第 236 条、第 236 条之一、第 237 条,《关于建立侵害未成年人案件强制报告制度的意见(试行)》等。

---

① 根据最高人民法院,最高人民检察院《关于办理强奸、猥亵未成年人刑事案件适用法律若干问题的解释》(法释〔2023〕3 号,2023 年 6 月 1 日起施行)规定,猥亵儿童,具有下列情形之一的,应当认定为刑法第二百三十七条第三款第三项规定的"造成儿童伤害或者其他严重后果":(1)致使儿童轻伤以上的;(2)致使儿童自残、自杀的;(3)对儿童身心健康造成其他伤害或者严重后果的情形。猥亵儿童,具有下列情形之一的,应当认定为刑法第二百三十七条第三款第四项规定的"猥亵手段恶劣或者有其他恶劣情节":(1)以生殖器侵入肛门、口腔或者以生殖器以外的身体部位、物品侵入被害人生殖器、肛门等方式实施猥亵的;(2)有严重摧残、凌辱行为的;(3)对猥亵过程或者被害人身体隐私部位制作视频、照片等影像资料,以此胁迫对被害人实施猥亵,或者致使影像资料向多人传播,暴露被害人身份的;(4)采取其他恶劣手段实施猥亵或者有其他恶劣情节的情形。

② 《关于办理强奸、猥亵未成年人刑事案件适用法律若干问题的解释》(法释〔2023〕3 号)第 2 条。

【风险防范】

1 学校应当根据自身情况，建立合理的预防、处置性骚扰行为的措施，以切实履行其预防和制止性骚扰行为的义务。（1）合理的预防义务。单位应当制定防治性骚扰制度，从单位的各级组织机构明确性骚扰防治的责任，预防措施以及性骚扰投诉处理程序，并在工作场所公开规章制度。（2）及时救济义务。用人单位、学校等知悉发生性骚扰事件时，应立即制止并采取有效的补救措施等，以适当的方式处理投诉，及时进行调查，并采取措施予以处置。将性骚扰投诉人与实施性骚扰者分开；确保性骚扰的处理过程是在保密的情况下进行的。如果性骚扰投诉被证实，相关责任部门在保证受害人隐私的前提下将决定具体采取的适当措施。

2 学校等强制报告义务主体在工作中发现未成年人遭受或者疑似遭受不法侵害以及面临不法侵害危险的情况：（1）未成年人的生殖器官或隐私部位遭受或疑似遭受非正常损伤的；（2）不满十四周岁的女性未成年人遭受或疑似遭受性侵害、怀孕、流产的；（3）十四周岁以上女性未成年人遭受或疑似遭受性侵害所致怀孕、流产的；（4）未成年人身体存在多处损伤、严重营养不良、意识不清，存在或疑似存在受到家庭暴力、欺凌、虐待、殴打或被人麻醉等情形的；（5）未成年人因自杀、自残、工伤、中毒、被人麻醉、殴打等非正常原因导致伤残、死亡情形的；（6）未成年人被遗弃或长期处于无人照料状态的；（7）发现未成年人来源不明、失踪或被拐卖、收买的；（8）发现未成年人被组织乞讨的；（9）其他严重侵害未成年人身心健康的情形或未成年人正在面临不法侵害危险的。

3 侵害性自主权，除了停止侵害等人格请求权外，损害赔偿请求权包括：（1）经济损失的赔偿，包括受害人造成身体和心理上伤害康复费用，包括身体治疗、心理治疗的花费；侵害性自主权而使受害人因被强奸而怀孕者，其孕享期间、分娩及养育子女所增加的生活的必要费用。（2）精神损害的赔偿，包括精神利益的损失赔偿和精神创伤的抚慰金赔偿。（3）承担相应的刑事责任。

4 （1）对学生进行必要的性知识教育和预防性侵害教育，提高未成年人防范性侵害、性骚扰的自我保护意识和能力。学校要让未成年学生明白，对未成年人实施性侵害不仅严重损害了他们的身心健康，而且也严重触犯了法律，应当受到法律的严惩。学校还应当向未成年学生传授防范性侵害、实施自我保护的知识和技能。（2）严把教师的入口关。对于学生而言，来自教师的侵害行为往往让其防不胜防。当教师将犯罪的双手伸向自己的学生时，其后果将是灾难性的。鉴于教师职业的特殊性，教育行政部门和学校应当建立严格的教师行业准入制度。（3）正确处理校园性侵害案件。保护现场要立即向公安和教育行政部门报告，积极协助公安、司法部门尽快侦破案件、惩办罪犯；对推卸责任、延缓上报的要追究学校领导的行政责任，对包庇罪犯、隐瞒不报的要坚决依法追究有关领导以及相关责任人的法律责任。保护和帮助受害学生。鉴于性侵害案件的敏感性，相关单位、组织及其工作人员应注意保护未成年人隐私，在维护孩子的隐私与尊严、顾及孩子感受的基础上，在心理上、学业上给予其更多的关怀和支持，鼓励、帮助其尽快走出阴影，恢复正常的生活。

三、隐私权保护

【典型案例】

原告高某与被告张某均系被告丹东某私立学校八年级学生。2020 年 7 月 26 日晚，高某与张某均未上晚自习，学校老师对高某与张某的行为进行了批评教育，后高某与张某私自翻越学校围墙离校出走，一夜未归下落不明，次日上午原告的父亲报警，公安机关出具高某与被告张某身份信息及二人照片的《寻人协查》,通过电台和广播电台的公众号发布该《寻人协查》。次日上午九时许,张某的家长找到了高某与张某二人。原告方及二被告方均认可原告高某与被告张某存在未成年人处男女朋友关系的行为,原告方主张高某与张某翻墙出走因寻人而致二人处男女朋友关系的隐私被公众知晓,原告高某的隐私权受到侵害,被告丹东某私立学校及被告张某均应承担侵权责任。①

【法律问题】

本案中被告是否侵犯了原告的隐私权?

【法理解读】

隐私权指自然人维护私人生活安宁和不愿为他人知晓的私密空间、私密活动、私密信息的支配权并排斥他人非法干涉的权利。隐私权的客体是自然人的隐私。

隐私包括以下四种类型:一是私人生活安宁,即自然人所享有不受他人打扰的安定和宁静的生活状态,也免受非法跟踪等各种形式的骚扰。二是私密空间。私密空间既包括私人住宅、更衣室、旅居酒店客房、私家车、个人的箱包乃至衣服口袋,也包括虚拟空间中的私密空间。三是私密活动,即自然人与公共利益和他人权益无关的个人活动,例如日常起居、夫妻生活、男女恋爱等活动。四是私密信息。即指自然人的不愿公开的以信息符号形式体现出来的有关恋爱情书、生理缺陷、疾病状况、遗传特征、财产状况和档案材料等个人情况。

侵害隐私权的情形:(1)侵害私人生活安宁。不得以短信、电话、即时通信工具、电子邮件、传单等方式侵扰他人的私人生活安宁。(2)侵扰私密空间。任何人不得无故闯入他人住宅,除法律、行政法规另有规定或者经该他人同意的,任何人不得进入、窥视、拍摄他人的住宅、宾馆房间、采取保密措施的QQ空间等私密空间。只要有"进入""窥视""拍摄"的行为,就构成侵犯私人空间,与拍摄、窥视的位置无关。(3)侵害私密活动。不得"拍摄、录制、公开、窥视、窃听他人的私密活动"。除非得到授权,可以是默示,如果公开拍摄对方没有拒绝也视为同意。(4)侵害身体隐私。身体的隐私是私人生活中最私密、最敏感的领域。擅自暴露他人的身体隐私,如披露他人的裸体照片,不仅侵害他人隐私权,而且会对他人的名誉造成损害。②(5)非法收集、处理他人的私密信息。不得收集、处理他人的

_____
① 辽宁省东港市人民法院(2020)辽0681民初4390号。
② 王利明:《人格权法研究》,中国人民大学出版社2018年版,第607页。

私密信息。私密信息可包含以下内容:个人的生理信息(例如身高、体重、血型、肤色、长相、性别、基因、健康状况、疾病信息等)、财产隐私(例如财产状况)、家庭隐私(例如家族关系、血缘关系、婚姻关系等)等。泄露他人私密信息是隐私权侵权的典型形式。无论是否以营利为目的非法利用他人隐私,均构成侵权行为。

(6)以其他方式侵害他人隐私权。随着互联网和人工智能技术的发展,特别是大数据时代的来临,给隐私权保护的法律规则带来了新的挑战。如通过网络进行人肉搜索,公开自然人的隐私,非法拦截他人电子邮件,非法进入他人电子邮箱和网络空间等,这些行为侵扰了私人生活安宁,破坏了对私人空间和私密信息的保护,构成对他人隐私权的侵害。

《未成年人保护法》关于保护学生隐私的规定如下:任何组织或者个人不得披露未成年人的个人隐私。对未成年人的信件、日记、电子邮件,任何组织或者个人不得隐匿、毁弃;除因追查犯罪的需要,由公安机关或者人民检察院依法进行检查,或者对无行为能力的未成年人的信件、日记、电子邮件由其父母或者其他监护人代为开拆、查阅外,任何组织或者个人不得开拆、查阅。

侵害隐私权的直接后果就是隐私利益遭受侵害,即私人生活被打扰、私人空间被侵入、秘密信息被披露等。间接后果是名誉受损、精神损害和财产损失。如某人以前曾患有艾滋病,会使周围人对其评价降低。因隐私被他人披露而感到羞辱、恐惧、焦躁、忧虑、抑郁等各种精神痛苦和压力折磨。因隐私被披露而导致权利人精神上出现疾患,必然要承担支付医疗费、误工费等诸多费用的责任。

相关刑事法律风险是需要防范非法搜查罪。非法搜查他人身体、住宅,或者非法侵入他人住宅的,处三年以下有期徒刑或者拘役。[1]教育者怀疑学生涉嫌盗窃、私藏管制刀具、非法持有毒品或吸毒等行为,而擅自搜查学生的身体或箱柜。教师应当避免以任何理由实施搜查学生的身体或私有财物的风险行为。确有证据证明学生涉嫌盗窃、私藏管制刀具、非法持有毒品或吸毒等行为的,应当通过教育说服的方法,让该学生主动交出盗窃物或违禁品;该学生拒不交出的,可以及时报警,交由公安机关处理。

本案被告未侵犯原告的隐私权。原告被公开的隐私只是2020年7月26日晚原告与被告张某一起离校出走未归的私密活动信息,发布的寻人协查内容中

---

[1] 立案标准:(1)非法搜查他人身体、住宅,情节严重的;(2)多次或对多家非法搜查,影响很坏的;(3)非法搜查引起被搜查人自杀或造成财物严重损坏的;(4)非法搜查,造成其他严重后果的。

并未涉及二人处男女朋友关系的内容。原告高某与被告张某一起私自离校出走的私密活动信息被公开的原因系原告父亲以及被告张某家长还有校方为两个未成年人的人身安全所计,在寻人中采取的合理必要的相关措施和行为所致,该行为不构成侵权责任上的过错。

【法条链接】

《民法典》第 1032—1033 条,《刑法》245 条,《未成年人保护法》第 10 条、第 52 条第 2 款、第 129 条,《治安管理处罚法》第 42 条、第 48 条。

【风险防范】

1 学校尊重和保护学生的隐私权。

2 (1)学校和老师以检查物品或寻找遗失物等为借口亲自或指使学生对学生进行搜身检查等;(2)泄露学生个人及其家庭隐私;(3)公开学生的考试成绩、名次等学业信息;(4)除因法定事由,查阅学生的信件、日记、电子邮件或者其他网络通信内容;(5)宣扬学生的心理秘密,或公开学生的体检结果、生理缺陷或疾病状况等;(6)公开学生的恋爱史,或公开批评学生的恋爱行为;(7)安排学生做"密探"跟踪其他学生的行踪,或通过"密探"了解其他学生的私事;(8)在学生宿舍内、澡堂内、厕所内安装监控设备,或在学生宿舍门上打观察孔;(9)到学生宿舍搜查学生的行李、衣物、箱柜等;(10)学校在与有关部门、机构、社会组织及个人合作进行学生保护专业服务与支持过程中,未能与相关人员签订保密协议,未能保护学生个人及家庭隐私。

3 (1)学生的民事权益受到侵害的,被侵权的学生及其监护人有权请求侵权的学校、教职工承担侵权责任;承担民事责任的方式包括停止侵害、赔偿损失、消除影响、恢复名誉和赔礼道歉等。(2)从行政责任角度看,偷窥、偷拍、窃听、散布他人隐私,或冒领、隐匿、毁弃、私自开拆或非法检查他人邮件的,由公安机关按照情节轻重处拘留或罚款。

4 加强教职工的隐私意识,学校应该加强教职员工的保护隐私权的教育。

四、个人信息保护

【典型案例】

被告人杜某禹通过植入木马程序的方式,非法侵入山东省 2016 年普通高等学校招生考试信息平台网站,取得该网站管理权,非法获取 2016 年山东省高考考生个人信息 64 万余条,并向另案被告人陈某辉出售上述信息 10 万余条,非法获利 14 100 元,陈某辉利用从杜某禹处购得的上述信息,组织多人实施电信诈骗犯罪,拨打诈骗电话共计 1 万余次,骗取他人钱款 20 余万元,并造成高考考生徐某某死亡。①

---

① 山东省临沂市罗庄区人民法院(2017)鲁 1311 刑初 332 号。

【法律问题】

杜某禹的行为应该承担什么法律责任？

【法理解读】

个人信息是指以电子或者其他方式记录的能够单独或者与其他信息结合识别特定自然人身份的各种信息，包括自然人的姓名、出生日期、身份证件号码、生物识别信息、住址、电话号码、电子邮箱、健康信息、行踪信息等。个人信息中包括敏感信息，需要特别保护。敏感个人信息是一旦泄露或者非法使用，容易导致自然人的人格尊严受到侵害或者人身、财产安全受到危害的个人信息，包括生物识别、宗教信仰、特定身份、医疗健康、金融账户、行踪轨迹等信息，以及不满十四周岁未成年人的个人信息。只有在具有特定的目的和充分的必要性，并采取严格保护措施的情形下，个人信息处理者方可处理敏感个人信息。《个人信息安全规范》相关规定，将不满14周岁未成年人的个人信息列入敏感个人信息。[①]

以行为表征的不同为标准划分，侵害个人信息的具体行为类型主要包括：非法获取个人电子信息、非法出售个人电子信息、非法向他人提供个人电子信息、非法泄露个人电子信息、非法篡改个人电子信息、非法毁损个人电子信息、丢失个人电子信息和违法发送电子信息侵扰生活安宁、对泄露公民个人电子信息或侵扰他人的电子信息未采取补救措施的行为。[②]

相关刑事法律风险需要防范侵犯公民个人信息罪。违反国家有关规定，向他人出售或者提供公民个人信息，情节严重的，处3年以下有期徒刑或者拘役，并处或者单处罚金；情节特别严重的，处3年以上7年以下有期徒刑，并处罚金。违反国家有关规定，将在履行职责或者提供服务过程中获得的公民个人信息，出售或者提供给他人的，依照前款的规定从重处罚。窃取或者以其他方法非法获取公民个人信息的，依照第一款的规定处罚。单位犯前三款罪的，对单位判处罚金，并对

---

① 按照《GBT35273-2017信息安全技术个人信息安全规范》解释，个人敏感信息包括：(1)个人财产信息：银行账号、鉴别信息（口令）、存款信息（包括资金数量、支付收款记录等）、房产信息、信贷记录、征信信息、交易和消费记录、流水记录等，以及虚拟货币、虚拟交易、游戏类兑换码等虚拟财产信息。(2)个人健康生理信息：个人因生病医治等产生的相关记录，如病症、住院志、医嘱单、检验报告、手术及麻醉记录、护理记录、用药记录、药物食物过敏信息、生育信息、以往病史、诊治情况、家族病史、现病史、传染病史等，以及与个人身体健康状况产生的相关信息等。(3)个人生物识别信息：个人基因、指纹、声纹、掌纹、耳廓、虹膜、面部识别特征等。(4)个人身份信息：身份证、军官证、护照、驾驶证、工作证、社保卡、居住证等。(5)网络身份标识信息：系统账号、邮箱地址及与前述有关的密码、口令、口令保护答案、用户个人数字证书等。(6)其他信息：个人电话号码、性取向、婚史、宗教信仰、未公开的违法犯罪记录、通信记录和内容、行踪轨迹、网页浏览记录、住宿信息、精准定位信息等等。

② 杨立新：《侵害公民个人电子信息的侵权行为及其责任》，载《法律科学（西北政法大学学报）》2013年第3期。

其直接负责的主管人员和其他直接责任人员,依照各该款的规定处罚。①

本案中,被告人杜某禹违反国家有关规定,非法获取公民个人信息 64 万余条,出售公民个人信息 10 万余条,其行为已构成侵犯公民个人信息罪。据此,法院以侵犯公民个人信息罪判处被告人杜某禹有期徒刑 6 年,并处罚金人民币 6 万元。

【法条链接】

《民法典》第 1034 条,《个人信息保护法》第 28 条、第 38 条,《未成年人保护法》第 69 条、第 72 第 1 款、第 73 条,《刑法》第 253 条之一等。

【风险防范】

1. (1) 学校应该采取必要的技术和组织措施,确保学生的个人信息得到安全保护。这包括加密敏感数据、限制访问权限、定期更新安全软件和系统等。
(2) 学校还应教育教职员工关于信息安全的重要性,并提供相关培训。
(3) 学校等场所为未成年人提供的互联网上网服务设施,应当安装未成年人网络保护软件或者采取其他安全保护技术措施;信息处理者通过网络处理未成年人个人信息的,应当遵循合法、正当和必要的原则。

2. 非出于维护学校公共卫生安全需要,擅自公布学生所患有的疾病、身体部位或智力、心理的缺陷、父母离异或违法、犯罪等信息。

3. 从民事责任角度看,被侵权的学生及其监护人有权请求侵权的学校、教职工承担民事责任,方式包括停止侵害、赔偿损失、消除影响、恢复名誉和赔礼道歉等。对违反法律规定处理个人信息、处理违法个人信息未履行个人信息保护义务的,依不同情形分别给予警告、没收违法所得、罚款等处罚。如"为校外培训机构和他人介绍生源、提供相关信息"或"泄露幼儿与家长的信息",教师构成侵害学生个人信息,受到处分或其他处理。情节严重,承担侵犯公民个人信息罪的刑事责任。

4. (1) 关于学生个人信息的法律保护,只有在具有特定的目的和充分的必要性,并采取严格保护措施的情形下,个人信息处理者方可处理敏感个人信息;个人信息处理者处理不满 14 周岁未成年人个人信息的,应当取得未成年人的父母或者其他监护人的同意,并应当制定专门的个人信息处理规则。学校应该向学生和家长清楚地说明个人信息的收集目的、使用方式和保护措施,并取得他们的知情同意。 (2) 学生和家长应该有权了解自己的个人信息被收集和使用的情况,并有权选择是否提供信息或撤回同意。 (3) 学校采集学生个人信息,应当告知学生及其家长,并对所获得的学生及其家庭信息负有管理、保密义务,不得毁弃以及非法删除、泄露、公开、买卖。

---

① 立案及量刑标准:有下列情形之一的,属"情节严重",刑期 3 年以下,并处或者单处罚金:(1)出售或者提供行踪轨迹信息,被他人用于犯罪的;(2)知道或者应当知道他人利用公民个人信息实施犯罪,向其出售或者提供的;(3)非法获取、出售或者提供行踪轨迹信息、通信内容、征信信息、财产信息 50 条以上的;(4)非法获取、出售或者提供住宿信息、通信记录、健康生理信息、交易信息等其他可能影响人身、财产安全的公民个人信息 500 条以上的;(5)非法获取、出售或者提供第三项、第四项规定以外的公民个人信息 5 000 条以上的;(6)数量未达到第三项至第五项规定标准,但是按相应比例合计达到有关数量标准的;(7)违法所得 5 000 元以上的;(8)将在履行职责或者提供服务过程中获得的公民个人信息出售或者提供给他人,数量或者数额达到第三项至第七项规定标准一半以上的;(9)曾因侵犯公民个人信息受刑事处罚或者二年内受过行政处罚,又非法获取、出售或者提供公民个人信息的;(10)其他情节严重的情形。有下列情形之一的,属"情节特别严重",刑期 3 年至 7 年,并处罚金:(1)造成被害人死亡、重伤、精神失常或者被绑架等严重后果的;(2)造成重大经济损失或者恶劣社会影响的;(3)数量或者数额达到前款第三项至第八项规定标准 10 倍以上的;(4)其他情节特别严重的情形。

第六章　学生伤害事故预防与应对的法律风险

第一节　学生伤害事故的侵权责任构成和免责事由

一、学生伤害事故、侵权行为和归责原则

【典型案例】

刘某某系某学校初三学生,某日(星期三)15 时许,该班上体育课,刘某某在踢球时摔倒,于当日即送至医院治疗,住院治疗 60 天。出院时诊断为:左胫骨骨折。经司法鉴定中心鉴定:左胫骨下端斜行骨折,并骺板骨折,评定伤残十级。此后,因赔偿事项协商无果,刘某某的监护人向法院起诉,要求学校赔偿医疗费、伙食补贴费、护理费、交通费、伤残赔偿金等各项损失 8 万余元。①

【法律问题】

学校是否应当承担赔偿责任?

【法理解读】

学生伤害事故是指在学校实施的教育教学活动或者学校组织的校外活动中,以及在学校负有管理责任的校舍、场地、其他教育教学设施、生活设施内发生的,造成在校学生人身损害后果的事故。②学生伤害事故是特指发生在学校管理职责范围内的学生人身伤害事故,与学校管理职责无关的学生伤害事故,如学生自行上下学途中发生的交通事故、假期下河游泳溺水死亡事故等,不属于学生伤

---

① 载"河北高院"微信公众号,2019 年 4 月 10 日发布。
② 《学生伤害事故处理办法》第 2 条。

害事故。从时间上看,是指在"学校实施的教育教学活动或者学校组织的校外活动"中发生的伤害事故,包括:(1)学生合理的到校时间与合理的离校时间期间的时间;(2)教师要求学生提前到达学校或延迟离开学校的时间;(3)教师要求学生补课的时间;(4)课间休息时间;(5)体育课、实验课、劳动课等课上的时间;(6)学校组织学生参加集会、比赛、演出、参观、旅游、军训等活动的路上或活动期间的时间等。但学生在校期间擅自离开学校发生的伤害学校可以免责。从空间上看,是指在"学校负有管理责任的校舍、场地、其他教育教学设施、生活设施"内发生的伤害事故。

学生伤害事故是学生人身权受到侵害的一种侵权行为。侵权行为是指行为人违反法定义务,由于过错侵害他人民事权益,依法应当承担侵权责任的行为;以及侵害他人民事权益,不论有无过错,依照法律规定应当承担侵权责任的行为。[1]侵权行为归责原则,是指在行为人的行为致他人损害发生之后,据以确定责任由何方当事人承担的根据和标准。

侵权行为归责原则体系是由各归责原则构成的具有逻辑联系的系统结构。《民法典》第 1165 条第 1 款规定的是过错责任原则,第 2 款规定的是过错推定原则,第 1166 条规定的是无过错责任原则。我国侵权责任制度的归责原则体系是由这三个归责原则构成的,其各自调整着不同的侵权行为的责任归属。无民事行为能力人在幼儿园、学校或者其他教育机构学习、生活期间受到人身损害的,适用过错推定责任原则;限制民事行为能力人在学校或者其他教育机构学习、生活期间受到人身损害的,适用过错责任原则;无民事行为能力人或者限制民事行为能力人在幼儿园、学校或者其他教育机构学习、生活期间,受到幼儿园、学校或者其他教育机构以外的人员人身损害的,适用过错责任原则,幼儿园、学校或者其他教育机构未尽到管理职责的,承担相应的补充责任。

本案中,教育机构对限制民事行为能力人承担责任实行过错原则,即有过错则承担责任。学生及监护人无法提供证据证明学校具有过错的,则须承担举证不能的法律后果。法院判决驳回刘某某的诉讼请求。

【法条链接】

《民法典》第 1165—1166 条,《学生伤害事故处理办法》第 8 条、第 12 条、第 26 条等。

---

[1]　魏振瀛主编:《民法》,北京大学出版社 2021 年版,第 780 页。

【风险防范】

1　学校对下列情形下发生的学生伤害事故，需要举证证明自己履行相应职责且行为并无不当，学校不承担责任：（1）地震、雷击、台风、洪水等不可抗力的自然因素造成的；（2）来自学校外部的突发性、偶发性侵害造成的；（3）学生有特异体质、特定疾病或者异常心理状态，学校不知道或者难以知道的；（4）学生自杀、自伤的；（5）在对抗性或者具有风险性的体育竞赛活动中发生意外伤害的；（6）其他意外因素造成的。

2　学校承担无过错责任的法定情形有如下几种：（1）产品质量责任。因学校提供的教学设备、教学用具、食品、药品等物品的质量不合格造成的学生伤害事故。（2）环境污染责任。因学校实验室排放废液等学校原因引起的环境污染造成的学生伤害事故。（3）高危作业责任。学校在安装高压配电盘、抢修电路、车辆高速行驶、运送腐蚀性化学实验用品等行为中造成的学生伤害事故。（4）禁止饲养的烈性犬等危险动物伤人。

3　因学校、学生或者其他相关当事人的过错造成的学生伤害事故，相关当事人应当根据其行为过错程度的比例及其与损害后果之间的因果关系承担相应的责任。当事人的行为是损害后果发生的主要原因，应当承担主要责任；当事人的行为是损害后果发生的非主要原因，承担相应的责任。学校对学生伤害事故承担的责任为过错责任。

4　（1）过错责任原则和过错推定原则的适用，使学校相对轻松地防控学生伤害事故的法律风险。（2）适用公平责任原则的前提是，受害学生和学校对损害均没有过错，且不能适用无过错责任原则。其次，公平责任原则的适用类型需有法律的明确规定。再次，学校因适用公平责任原则而承担的损害赔偿仅限于财产损害，不包括精神损害。最后，学校分担损失的比例需考量学校及受害学生的经济状况。

二、侵权责任构成要件——加害行为和损害事实

【典型案例】

2023年9月26日，山西省某市联合工作组发布通报，近日，该市某双语学校发生未成年人欺凌事件，引发社会公众关注。经由教育、公安、检察、司法行政等部门参与的联合工作组开展调查及相关工作，查明，某双语学校小学生赵某（男，9岁）、晋某（男，9岁）对同寝室同学孙某（男，10岁）多次实施辱骂、殴打、欺凌等严重不良行为。[①]

【法律问题】

某市某双语学校、赵某、晋某以及他们的监护人需要承担什么责任？

【法理解读】

（一）加害行为

加害行为，也称为违法行为，是一般侵权行为的构成要件之一。加害行为是

---

① 载"中国教育报"微信公众号，2023年9月26日发布。

民事主体在人的意志支配下所实施的侵害他人民事权益的行为。[①]加害行为是侵权人或者其被监护人、雇员等实施的行为。从实施加害行为的主体来看,包括两种:(1)行为人自己实施的加害行为;(2)被告对其造成的损害负有赔偿等义务的人实施的"行为",这主要是指雇员在执行雇佣工作的过程中或者为了雇主的利益实施的行为以及被监护人致人损害的情况。动物致人损害不是人的加害行为,物件的内在危险之实现造成损害(如建筑物倒塌造成人身伤害)也不是人的加害行为,在侵权责任法理论中被称为"准侵权行为"。[②]

(二) 损害

损害是所有侵权损害赔偿的必备要件,没有损害则没有赔偿。损害事实是指民事主体人身或财产权益所遭受的不利影响,包括财产损害、非财产损害。非财产损害又包括人身损害、精神损害。最广义的损害概念,即侵害他人民事权益造成损害。它既包括实际造成的损害后果,也包括各种危险和妨碍;既包括现实的损害,也包括将来可能发生的损害;还包括对各种权利和利益的行使而形成的妨害。

学生人身损害事实的存在,也是学校承担损害赔偿责任的前提条件之一。如果没有学生人身损害事实,也就不存在学校承担损害赔偿责任的问题。学生人身损害主要包括对学生的生命健康权等人格权和精神利益的损害。如在教师变相体罚学生的行为中,可能损害学生的名誉权、荣誉权、隐私权、姓名权等人格权。

(三) 校园欺凌与治理

校园欺凌是发生在校园内外、学生之间,一方一次或多次蓄意或恶意通过肢体、语言及网络等手段实施欺负、侮辱,造成另一方身体伤害、财产损失或精神损害的事件。

校园欺凌主要有以下五种常见类型。言语欺凌是指用言语对他人进行嘲笑、恐吓、漫骂、嘲讽、威胁、言语羞辱、起绰号和造谣等的行为。身体欺凌是指直接攻击身体如拳打脚踢、扇巴掌、撕扯衣物、强夺财物、逼迫对方为自己做事(例如买东西、抄作业)、故意损毁他人物品、迫使对方做出不雅行为等的行为。关系欺凌是指故意孤立、冷落,并动员其他同学一起排挤、排斥他人的行为。网络欺凌是指通过微信、QQ、微博、邮件、短信、抖音等方式恶意散播对方的谣言、照片、视频、音频等的欺凌行为。性欺凌是指通过语言、肢体或其他暴力,对他人之性或性别特征、性特质、性倾向、性别认同进行贬抑、攻击或威胁的行为。

---

① 宋纪连:《民法典人生导图》,上海人民出版社2022年版,第68页。
② 王利明:《侵权责任法研究》(上卷),中国人民大学出版社2016年版,第2页。

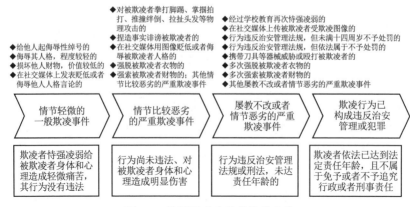

图 6-1　校园欺凌事件按情节分类

　　发生校园欺凌时,首先,学校要根据事态出动教师、校园安保人员或联系公安民警及时制止,并对受伤学生及时救治且通知其监护人。其次,学生欺凌事件的处置以学校为主,学校对此规定了较为细致的调查、处理、申诉程序及对应的惩戒方式。防治中小学生欺凌和暴力:(1)要建立中小学生欺凌和暴力事件及时报告制度,包括面向学生的所在班级指定紧急事件报告员(也可由班干部兼任);(2)对实施欺凌和暴力的中小学生必须依法依规区分不同情况,采取适当的矫治措施予以教育惩戒,"抓早、抓小""宽容不纵容、关爱又严管",对严重欺凌事件,学校可邀请公安机关参与警示教育或对实施欺凌学生予以训诫;(3)欺凌和暴力事件妥善处置后,学校要持续对当事学生追踪观察和辅导教育,及时开展相应的心理辅导和家庭支持,必要时要妥善做好班级调整和转学工作。

　　本案因赵某、晋某均系未成年人,公安机关依据《预防未成年人犯罪法》对赵某、晋某依法予以训诫,责令其接受心理辅导、行为矫治;依据《家庭教育促进法》对赵某、晋某的监护人予以训诫,责令其接受家庭教育指导。经查,某双语学校在管理上严重失职失责,造成恶劣社会影响,教育行政部门依据《民办教育促进法》《民办教育促进法实施条例》等法律法规,责令某双语学校立即整顿、限期整改;解除许某的校长职务,辞退副校长兼小学部主任裴某、分管安全工作的副校长白某、涉事班级班主任辛某和生活老师侯某。同时教育行政部门作出对某双语学校新学年缩减招生规模的决定。联合工作组责令赵某、晋某及其监护人向孙某及其监护人诚恳道歉,同时组织力量对学生及家长开展关护、安抚、心理疏导等工作。

【法条链接】

《民法典》第 1165 条,《未成年人保护法》第 39 条,《预防未成年人犯罪法》第20 条,教育部等九部门《关于防治中小学生欺凌和暴力的指导意见》等。

【风险防范】

1 保护被欺凌学生的身心健康,防止二次伤害发生,帮助被欺凌学生尽早恢复正常的学习生活;依法依规处置学生欺凌事件,按照"宽容不纵容、关爱又严管"的原则,对实施欺凌的学生予以必要的处置及惩戒,及时纠正不当行为。

2 学校学生欺凌治理委员会对排查发现欺凌事件的苗头,未能进行风险评估:(1)一般风险包括具有欺凌倾向的学生为个体;偶尔对不特定的同学模仿使用具有欺凌特征的言语。(2)较大风险包括具有欺凌倾向的学生是群体性的;该群体比较活跃,其行为已经具有欺凌的一些特征。(3)重大风险包括具有欺凌倾向的主体是群体性的且涉及校外群体;该群体比较活跃,其行为具有明显的欺凌特征。学校学生欺凌治理委员会发现存在较大欺凌风险或者重大欺凌风险,未能向校长提出预警报告,校长未能召开校长办公会或者党政联席会议审批预警报告,启动学生欺凌综合治理应急预案发布预警,学校有关部门、班主任、任课教师、心理辅导教师、值班巡查教师、学校保安等未能进入预警状态开展工作。

3 (1)对情节轻微的欺凌行为,由学校对欺凌者开展批评、教育。可采取口头批评的形式;也可以让欺凌者单独反省,尤其是那些情绪激动的、屡教不改的学生,可以将他们安置在一个安静、无聊但安全的地方进行反省,但时间不宜过长。(2)对于反复发生的一般性欺凌事件,学校可视具体情节和危害程度给予欺凌学生纪律处分;要求欺凌者进行适当赔偿、补偿;欺凌者应向被欺凌者当面或书面道歉,取得谅解。(3)对被欺凌学生身体和心理造成明显伤害的欺凌事件,学校对欺凌者开展批评、教育的同时,可请公安机关参与警示教育或对欺凌者予以训诫;学校可视具体情节和危害程度给予欺凌者纪律处分,将其表现记入学生综合素质评价;当欺凌导致了人身、财产损伤,或者欺凌行为可能涉嫌违法时,教师可以联系家长,约家长来校谈话。(4)对于屡教不改或者情节恶劣的欺凌事件,必要时可按照《预防未成年人犯罪法》有关规定、专门(工读)学校招生入学程序,将欺凌者转送专门(工读)学校进行教育。(5)涉及违反治安管理或者涉嫌犯罪的严重欺凌事件,教育行政部门和学校要及时联络公安机关依法处置;各级公安、人民法院、人民检察院依法办理学生欺凌犯罪案件,做好相关侦查、审查逮捕、审查起诉、诉讼监督和审判等工作。

4 (1)建立学校学生欺凌综合治理委员会;(2)健全防治学生欺凌的规章制度和措施,将防治学生欺凌工作纳入学校教职工岗位职责;(3)开展多种形式的防治学生欺凌教育,增强学生的是非观念和法治意识;(4)完善预防和处置学生欺凌的应急预案和处置流程,妥善处理学生欺凌事件;(5)认定学生欺凌事件的性质和等级,对实施欺凌的学生进行法治教育或惩戒;(6)教育学生监护人增强法治意识,指导监护人科学实施家庭教育,依法督促监护人履行法定监护职责。

三、侵权责任构成要件——因果关系和过错

【典型案例】

2010 年 12 月 27 日,王某皓于北京市某中学体育课上不慎伤及李某桥。2011 年 12 月 19 日,法院判决王某皓一方承担主要责任,赔偿李某桥精神损害抚慰金 400 元,北京市某中学承担次要责任,赔偿李某桥精神损害抚慰金 600

元。后李某桥于 2016 年更换烤瓷牙后,第二次提起诉讼,经法院调解,北京市某中学给付李某桥医疗费、交通费 3 000 元,王某皓给付李某桥医疗费、交通费 4 500 元。2021 年第三次提起诉讼,李某桥主张被告赔偿其在北京大学口腔医院 2021 年 11 月 19 日及此后治疗相关费用。根据病历资料、庭审陈述等,李某桥系因自身病情,行正颌、正畸治疗。二审中,李某桥亦认可如果没有牙周炎则不需要更换假牙。综合案件审理情况,现有证据不足以证明李某桥本案主张的治疗及相关费用与 2010 年 12 月 27 日的侵权行为存在法律上的因果关系,一审法院未予支持李某桥的诉请并无不当。如李某桥后续产生与本案 2010 年 12 月 27 日侵权行为具有因果关系之治疗费用,可依法另行主张。李某桥上诉坚持对本案的异议,因事实依据不足,法院不予支持。综上所述,李某桥的上诉请求不能成立,应予驳回;一审判决认定事实清楚,适用法律正确,应予维持。[①]

【法律问题】

李某桥系因自身病情行正颌、正畸治疗,为何被告不需要承担责任?

【法理解读】

(一)因果关系

因果关系是指各种现象之间引起与被引起的关系。因果关系,包括责任成立的因果关系和责任范围的因果关系。责任成立的因果关系,指可归责的行为与权利受侵害之间具有因果关系,如李四之"死亡"是否"因"遭张三下毒。倘若有所作为即得防止结果之发生,因其不作为乃致他人之权利受到侵害时,则不作为与权利受侵害之间有因果关系。[②]责任范围的因果关系指"权利受侵害"与"损害"之间的因果关系。

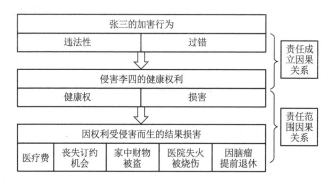

图 6-2　责任成立因果关系与责任范围因果关系

---

① 参见北京市第二中级人民法院(2023)京 02 民终 2766 号。

② 王泽鉴:《侵权行为》,北京大学出版社 2009 年版,第 94 页。

责任成立因果关系与责任范围因果关系是建立在侵权行为法区别事实要件、违法性及有责任(故意过失)之上,提供了一个判断何种损害应归由行为人负责的思考方法,以李四被张三违章驾驶撞伤为例,将其基本思考架构,如图6-2所示。

侵害行为(驾车撞人)与侵害他人权利(身体健康)之间的责任成立因果关系。侵害他人权利所生的损害应否赔偿,乃属责任范围因果关系。[①]李四的权利受损和张三的行为是责任成立因果关系。关于责任范围的认定,医疗费用与身体健康所侵害具有因果关系(相当因果关系),应予赔偿;其他损害项目,均不具因果关系(相当因果关系),不应归于行为人负责。[②]

因果关系就是引起与被引起的关系,其具有如下两个特点:第一,它具有严格的时间顺序性,即原因在前、结果在后。第二,它具有客观性。一个现象作用于另一个现象,一个现象引起另一个现象的因果性,并不以人们的意志为转移。因果关系,学界通说采相当因果关系说。相当因果关系的构造可分为"条件关系"及"相当性"两个组成部分。[③]条件关系是指行为与权益被侵害之间具有条件关系。条件关系的认定系采"若无,则不"的检验方式。[④]如果没有某行为,则不会发生某结果,那么该行为就是该结果的条件。相当性是指具备条件关系的行为与权益被侵害之间的关系达到一定程度,从而使得该行为人对权益的被侵害承担法律后果具有正当性。相当性的判断标准是"有此行为,通常足生此种损害"。[⑤]

(二) 过错

过错包括故意与过失。故意是指行为人预见到损害后果的发生并希望或放任该结果发生的心理状态。过失是指行为人对自己行为的结果应当预见或者能够预见而竟没有预见,亦称为疏忽的过失,或虽然预见了却轻信这种结果可以避免,亦称为轻信的过失。根据注意义务违反的程度不同,可将过失分为轻微过失、一般过失与重大过失。轻微过失是指较小的过失。一般过失,指行为人违反善良管理人的注意义务。善良管理人的注意,乃通常合理人的注意,系一种客观化或类型化的过失标准,即行为人应具其所属职业(如教师、医生、建筑师、律

①　王泽鉴:《侵权行为》,北京大学出版社2009年版,第183—185页。
②　宋纪连、徐青英、郭艺蓓:《侵权责任与生活》,上海人民出版社2022年版,第67页。
③　王泽鉴:《侵权行为》,北京大学出版社2009年版,第186页。
④　王泽鉴:《损害赔偿》,北京大学出版社2017年版,第85页。
⑤　王泽鉴:《损害赔偿》,北京大学出版社2017年版,第91页。

师),某种社会活动的成员(如汽车驾驶人)或某年龄层(老人或未成年人)通常所具的智识能力。①重大过失,指行为人极端疏忽或极端轻信,严重违反该行为领域一般从业者应具有的最起码的注意义务。如外科医生在缝合胸腔时无视操作规程的要求,没有进行检查而将手术钳遗留在患者体内。

学校的安全注意义务贯穿学生伤害事故防范与控制的全过程,也就是履行教育、管理和保护义务的过程。以组织学生校外活动为例:出发前,学校应当对学生进行相关的安全教育,对活动地点预先踩点、现场考察及排除隐患,制定切实可行的应急方案;活动时,应有导游带队并配备医务人员,应当控制学生活动的范围,教师视线不得离开学生,统一作息时间,每次集合均清点人数;出现安全事故时,应当及时实施救治措施,及时告知受伤学生的监护人,及时向有关主管部门报告,必要时到当地派出所报案,最大限度地减少事故造成的损害;等等。在此过程中任一环节未尽安全注意义务,学校均有可能被认定为存在过错。

(三) 学校的安全保障义务

实践中,学校在下列情形下可能被认定为存在过错:(1)学校违反约定的安全保障义务。如果学校与学生或其监护人约定了关于保障学生安全的义务,而这些约定没有违反法律、行政法规的强制性规定,则学校违反这些约定义务的将被认定为存在过错。(2)学校违反法定的安全保障义务。学校违反法律法规中规定的安全保障义务,可能被认定为存在过错。(3)学校未尽合理的安全注意义务,也可能被认定为存在过错。

一旦发生学生伤害事故,学校可以通过证明自己的行为不符合构成学生伤害事故的责任要件来进行抗辩。学校可以以下理由为依据:自己没有过错、学生没有受到人身损害或者学校的行为与学生受伤没有因果关系。只要其中任何一个理由成立,学校就有可能不承担责任。但学校承担无过错责任或公平责任的情形另当别论。

本案中,李某桥主张的治疗及相关费用与 2010 年 12 月 27 日的侵权行为不存在法律上的因果关系,所以被告不需要承担责任。

【法条链接】

《民法典》第 1165 条,《未成年人保护法》第 25 条第 2 款,《中小学幼儿园安全管理办法》第 32 条、第 35 条,《未成年人学校保护规定》第 30 条,《中小学教育

---

① 王泽鉴:《侵权行为》,北京大学出版社 2009 年版,第 242 页。

惩戒规则（试行）》第 7 条、第 11 条，《中小学幼儿园安全防范工作规范（试行）》第14—15 条。

【风险防范】

1 对于较为常见的学生危险行为，学校需具有一定的预知性，且做好事前教育、管理及预防工作。

2 常见的具有较高危险性的学生行为主要包括但不限于以下类型：（1）学生在校园内相互追逐、打闹而导致学生摔倒受伤，如手部骨折等。（2）学生在校园内快速奔跑，与其他同学发生碰撞，导致自己或其他同学牙齿脱落等。（3）学生在校园内的宿舍晾衣服或晒被子时将身体探出阳台，或是因为捡东西等而将身体探出教室窗外，从高空坠落导致受伤甚至死亡。（4）学生在校园内攀高，如树木、围墙、篮球架等，或跳台阶、乒乓球台等，或骑着栏杆扶手滑行，从高处坠落导致受伤甚至死亡。（5）学生携带烟花爆竹在教室内燃放，导致自己或其他同学的眼睛、手指等部位被炸伤。（6）学生携带打火机、火柴等到教室内玩火将教室烧毁或导致学生受伤。（7）学生在校园内自行玩如叠罗汉、跳山羊等危险游戏导致受伤。（8）学生携带危险化学物品到校园内导致多名学生受伤，如携带化学药剂金属钠到校且投放到水桶中，导致水桶爆炸并炸伤多名同学等。（9）学生在校园内不当使用一些锋利、尖锐的工具、玩具，划伤、刺伤同学身体，或戳伤同学眼睛等。（10）学生在校园内用力关门或关窗户，夹到自己或其他同学的手指或头部，导致手指关节坏死、头部受伤，或抽走其他同学的椅子导致伤害等。（11）学生在体育课上不按照体育老师的指示操作，不正确使用体育器械或用品导致自己或其他同学受伤，如用羽毛球拍直接追打同学等。（12）学生在校园内用力击打学校窗户、玻璃门、电灯泡等易碎物品，导致自己或其他同学被碎玻璃弄伤。（13）学生在校园内快速骑行自行车、电动车甚至驾驶机动车等撞伤其他同学。（14）学生在校园内从宿舍或教室窗户往外扔水瓶或书本等，砸伤在楼下行走的同学或老师。（15）学生携带具有攻击性的动物进校园，如狗咬伤其他同学。（16）学生带校外人员进入校园，殴打其他同学，导致同学受伤。（17）学生在校园内从事自残、自杀的行为，如用小刀划伤自己，从高层往下跳等，从而导致受伤甚至死亡等。

3 （1）学校教师或其他工作人员在负有组织、管理未成年学生的职责期间，发现学生行为具有危险性，未进行必要的管理、告诫或制止，造成学生伤害事故的，学校应依法承担相应的责任。（2）学生行为具有危险性，学校、教师已经告诫、纠正，但学生不听劝阻、拒不改正的，由此造成的学生伤害事故，由学生及未成年人监护人依法承担相应的责任。

4 （1）学校应当建立健全学生行为规范，培养未成年学生遵纪守法的良好行为习惯。学校和老师应在履职期间，预知到学生可能会做出的危险行为，同时在事前对学生进行教育、管理且采取相应的预防措施，力争从源头上大大减少学生伤害事故的发生。（2）学校应在大门口、教学楼、学生宿舍楼等主要出入口以及操场等人员聚集场所设置视频图像采集装置，在易燃易爆等危险化学品储存室、实验室等重要场所在安装视频图像采集装置的基础上安装入侵警报装置，学校各部位的视频监控应不间断地进行图像采集，学校重点部位和区域可根据需要设置电子巡查装置及其他技术防范措施。（3）晚自习学生没有离校之前，学校应有负责人和教师值班、巡查。（4）学校发现学生从事危险行为应及时告诫或制止，并与学生监护人进行沟通。学校应当以适当方式教育、提醒学生及家长，避免学生使用兴奋剂或者镇静催眠药、镇痛剂等成瘾性药物；如发现学生使用的，应当予以制止、向主管公安机关报告，并及时通知家长，但学生因治疗需要并经执业医师诊断同意使用的除外。（5）学生有"实施有害于自己或者他人身心健康的危险行为"等情形的，学校及其教师应当予以制止并进行批评教育，确有必要的，可以实施教育惩戒；学生扰乱课堂或者教育教学秩序，影响他人或者可能对自己及他人造成伤害的，教师可以采取必要措施，将学生带离教室或者教学现场，并予以教育管理。（6）教师、学校发现学生携带、使用违规物品的，应当采取措施予以制止；发现学生藏匿违法、危险物品的，应当责令学生交出并可以对可能藏匿物品的课桌、储物柜等进行检查；教师、学校对学生的违规物品可以予以暂扣并妥善保管，在适当时候交还学生家长；属于违法、危险物品的，应当及时报告公安机关、应急管理部门等有关部门依法处理。

法律风险

2 风险区
1 合规区
3 责任区
4 防范对策

231

四、侵权责任不成立的法律事实——免责事由

【典型案例】

魏某与陈某系同学关系,此前均就读于某中学。2020年6月30日放学后,魏某与陈某及多名同学留在学校内打篮球。在活动中,陈某因争抢篮球力度过大,造成魏某头部损伤、创伤性牙脱位的身体损害结果。魏某向法院起诉请求:(1)请求依法判令陈某及其父母、某中学赔偿魏某已产生的医疗费共计人民币1 466元;(2)请求依法判令陈某及其父母、某中学赔偿魏某后续治疗所应花费的医疗费(具体金额经评估后再行确定);(3)本案诉讼费用由陈某及其父母、某中学承担。[①]

【法律问题】

本案中学校需要承担责任吗?

【法理解读】

免责事由,是指因其存在而使侵权责任不成立的法律事实。[②]免责事由可分为一般免责事由和特别免责事由。一般免责事由,是指损害确系被告的行为所致,但其行为是正当的、合法的。这种事由与阻却违法行为相同,如正当防卫、紧急避险、职务授权行为、自助行为等。特别免责事由,是指损害并不是被告的行为造成的,而是由一个外在于其行为的原因独立造成的,如意外事件、不可抗力、受害人过错和第三人过错等。[③]

(一)正当防卫、紧急避险

因正当防卫造成损害的,不承担民事责任。正当防卫超过必要的限度,造成不应有的损害的,正当防卫人应当承担适当的民事责任。所谓正当防卫,是指行为人为了保护社会公共利益、自身或者他人的合法权益免受正在进行的紧迫侵害,针对这一非法侵害采取必要措施,在必要限度内采取的防卫措施。由于正当防卫本身具有正当性,是一种合法行为,因此在符合正当防卫构成要件的前提下,对此造成的损害,防卫人不承担赔偿责任。学校在履行教育、管理和保护职责时,有时会发生教职工制止学生打架、制止学生毁坏公共财物、防卫学生报复性的人身攻击等情形。一旦发生此类情形,教职工可以实施正当防卫行为,但必

---

① 参见福建省福州市中级人民法院(2021)闽01民终8167号。

② 程啸:《侵权责任法》,法律出版社2021年版,第325页。

③ 杨立新:《侵权责任法》,法律出版社2021年版,第167页。

须保证防卫行为符合上文讨论的正当防卫的构成要件。实施正当防卫行为造成不法侵害者人身伤害的,学校可以主张免除自己的法律责任。

因紧急避险造成损害的,由引起险情发生的人承担民事责任。危险由自然原因引起的,紧急避险人不承担民事责任,可以给予适当补偿。紧急避险采取措施不当或者超过必要的限度,造成不应有的损害的,紧急避险人应当承担适当的民事责任。为了社会公共利益、自身或者他人的合法利益免受更大的损害,在不得已的情况下采取的造成他人少量损失的紧急措施,称为紧急避险。①学校在履行教育、管理和保护职责时,可能会出现实施紧急避险行为的情形。例如,学校建筑设施倒塌或建筑设施悬挂物脱落,或者校运会中运动员正在扔铅球、投标枪,或者校外第三方正持刀伤害学生,教职工为保护遭受人身危险的学生而将其推开,该学生被推倒致人身伤害。此时学校对其符合紧急避险要件的行为所造成的损害不需承担责任,但因假想避险、避险不适时、避险过当造成的损害则须赔偿。

(二)自愿实施紧急救助和自甘风险

自愿实施紧急救助即行为人针对紧急情势,及时对遭受困难的受助人予以救助的情形。这里的紧急情势既可能是不法侵害,也可能是受助人突发疾病、个人危难等情况。因自愿实施紧急救助行为造成受助人损害的,救助人不承担民事责任。《民法典》从鼓励见义勇为、倡导助人为乐的社会风气角度,将紧急救助行为规定为免责事由。

自甘风险又称自愿承受危险,是指受害人参加某些活动而将自己置于危险场合,自愿承担可能的损害,非故意造成损害的行为人不承担责任。参加者原则上应不以有行为能力为要件,而应以个别的识别能力为判定标准。②例如,参加篮球运动一定会存在冲撞,参加足球运动必然有铲球动作,这些行为都有可能会造成倒地、骨折的风险。从本质上讲,参加任何文体活动都存在风险、有可能造成损害。在对抗性或者具有风险性的体育竞赛活动中发生意外伤害的,学校已履行了相应职责、行为并无不当的,无法律责任。

自甘风险的前提是活动参与者能够认识到活动的风险,并在此基础上决定是否自愿参加。③为此,学生的心智成熟度需与活动的风险程度相适应。教育部制定了中小学"体育与健康"课程标准,规定了不同年级学生需掌握的体育与健

---

①　杨立新:《侵权责任法》,法律出版社2021年版,第171页。

②　王泽鉴:《侵权行为》,北京大学出版社2009年版,第227页。

③　尹力、李洋:《自甘风险在学校文体活动中的适用研究》,载《中国教育学刊》2022年第3期。

康知识与技能。如小学 1—2 年级：小足球、小篮球、蛙泳、冰上行走等；小学 3—6 年级：小足球、小篮球、羽毛球、爬竿、单双杠、跳山羊、蛙泳、滑冰、滑雪等；初中 7—9 年级：篮球、排球、足球、羽毛球、网球、跨栏跑、跳高、蛙泳、滑冰、滑雪等；高中/中等职业技术学校：球类、跨栏跑、跳高、单双杠、游泳、滑冰、滑雪、武术、轮滑、攀岩等。即便其中确有一些运动项目存在固有风险，其风险程度应当被认定为与学生的身心发展阶段相匹配。因此，中小学生自发组织或自愿参加这些活动，可视为自甘风险。高校学生多为成年人，其适用自甘风险的情形更为广泛。此外，各级各类学校的体育特长生参加训练和体育赛事也应视为自甘风险。高等学校体育特长生包括但不限于：球类、体操、武术、搏击、田径、水上、冰雪、户外等活动等。

舞蹈和戏曲活动包含跳跃、翻转等肢体动作，具备一定的固有风险。学校组织开展这类艺术课程和活动时，必须充分考虑学生的艺术天赋、身体发育和健康状况，确保学生掌握与其自身状况相适应的舞蹈或戏曲动作。此外，学校的舞蹈、戏曲特长生以及就读于舞蹈、戏曲、杂技学校的学生，因其接受系统、正规的专业培训，参加日常训练和赛事活动应视为自甘风险。

（三）受害人同意和自助行为

在不违背法律强制或禁止规定，也不违背公序良俗原则的前提下，受害人同意才能作为免责事由，这体现了对权利人自由处分权利的承认和尊重。我国《民法典》虽未将同意一般性地规定为免责事由，但是，在医疗损害责任（第 1219 条）、侵害隐私权（第 1033 条）、个人信息的保护（第 1035—1036 条）等相关规定上也明确认可了权利人的同意属于免责事由。

自助行为，是指权利人为了保护自己的权利，在情势紧迫而又不能获得国家机关及时救助的情况下，对他人的财产或者自由在必要范围内采取扣押、拘束或者其他相应措施，为法律或社会公德所认可的行为。[①]自助行为属于私力救济的范畴。"自助行为"制度可以赋予公民在一定条件下的自我保护权利，是对国家权力在维护社会秩序和保护公民权益不及时情况下的有益补充。自助行为依法不负赔偿责任。

（四）行使权利和执行职务

行使权利是指仅民事主体依法行使其私法上的权利，如所有权、抵押权、质权、债权、诉讼权等。例如，债务人不履行到期债务或者发生当事人约定的实现

---

① 杨立新：《侵权责任法》，法律出版社 2021 年版，第 180 页。

质权的情形,质权人可以与出质人协议以质押财产折价,也可以就拍卖、变卖质押财产所得的价款优先受偿。此种行为不构成对出质人所有权的侵害。权利人行使其私权利的行为只要不超过正当的范围,就不构成侵权行为。

执行职务即公权力机关必须依照法定的权限和程序行使公法上的权力的行为,例如,公安机关依法作出的对相对人进行罚款或者拘留等行政行为,不构成对相对人财产权和人身权的侵害;司法机关发布载有犯罪嫌疑人肖像的通缉令,不构成对其肖像权的侵害。

(五) 特别免责事由:不可抗力、受害人故意、第三人原因

因不可抗力不能履行民事义务的,不承担民事责任。法律另有规定的,依照其规定。不可抗力是不能预见、不能避免且不能克服的客观情况。从分类上讲,既有自然原因的不可抗力,比如地震、台风、海啸等,也有社会原因的不可抗力,比如战争、动乱等。需要注意的是,出现不可抗力事由后,学校就不可抗力导致的学生伤害不需承担责任,但不可抗力事由出现后,学校有及时救治受害学生的义务,学校未尽及时救治义务而使损失扩大的,就损失扩大部分,学校应当承担赔偿责任。

损害是因受害人故意造成的,行为人不承担责任。受害人对损害的发生或者扩大的主观故意,说明受害人的这一故意行为是损害发生或者扩大的唯一原因,从而应使加害人对该损害或者扩大的损害免责。如交通事故的损失是由非机动车驾驶人、行人故意碰撞机动车造成的,机动车一方不承担赔偿责任,保险公司免责。

第三人行为中断因果关系,该第三人的过错行为与侵权人的侵权行为不构成共同侵权,[①]被告可以免责,应当由第三人承担侵权责任。例如,第三人驾驶汽车撞击学校建筑物致使建筑物倒塌而给他人造成损害的,此时应由该第三人承担侵权责任,学校无需承担侵权责任。

本案中学校不需要承担责任。魏某与陈某均为自愿参与具有一定风险的篮球体育活动,涉案篮球活动虽属业余性质,但身体激烈对抗可能引发受伤的风险性高于其他日常体育锻炼活动,因此对魏某与陈某的行为均不能过于苛责。但同时,各方亦均应遵守文体活动规则,主观上尽到合理限度的安全注意义务。在本案活动中,陈某未尽合理限度的安全注意义务,争抢力度过大致魏某头部损

---

① 最高人民法院民法典贯彻实施工作领导小组主编:《中华人民共和国民法典侵权责任编理解与适用》,人民法院出版社 2020 年版,第 105 页。

伤、创伤性牙脱位的身体损害结果,依法可认定具有重大过失,对于造成魏某受伤导致的损失1 466元,可酌情分担50%的赔偿责任,即733元。后续治疗费应待实际发生后另行主张。陈某系未成年在校学生,其应承担的赔偿责任由其法定监护人承担。从本案证据上看,某中学在日常教学活动中,有进行过一定的安全教育,本案发生时间是在放学后,是学生自行组织的篮球活动,并非学校组织的体育活动。法院认定某中学不承担过错赔偿责任。陈某的父母于判决生效之日起十日内赔偿魏某733元。

【法条链接】

《民法典》第180—182条、第184条、第436条第2款、第1173—1178条,《学生伤害事故处理办法》第12—13条等。

【风险防范】

1 举证证明存在一般免责事由:正当防卫、紧急避险、职务授权行为、自助行为等。特别免责事由,是指损害并不是被告的行为造成的,而是由一个外在于其行为的原因独立造成的,如意外事件、不可抗力、受害人过错和第三人过错等。

2 (1)免责事由不能提供证据,也不能适用免责事由来免责。(2)当事人迟延履行后发生不可抗力的,不能免除责任。(3)防卫过当。(4)避险过当。

3 在发生学生伤害事故时学校无法律责任的10种情形:(1)地震、雷击、台风、洪水等不可抗的自然因素造成的;(2)来自学校外部的突发性、偶发性侵害造成的;(3)学生有特异体质、特定疾病或异常心理状态,学校不知道或难以知道的;(4)学生自杀、自伤的;(5)在对抗性或具有风险性的体育竞赛活动中发生意外伤害的;(6)其他意外因素造成的;(7)在学生自行上学、放学、返校、离校途中发生的;(8)在学生自行外出或擅自离校期间发生的;(9)在放学后、节假日或假期等学校工作时间以外,学生自行滞留学校或自行到校发生的;(10)其他在学校管理职责范围外发生的。

4 可以由资质齐全的保险公司推出符合国家需要和市场规律的学生伤害险种,学校统一为每位学生投保,保费由中央和地方政府、学校和学生个人依照合理比例分担,降低学生承担比例,最大限度彰显公益性。另外,针对家庭经济困难、无法支付保费的学生,应按照实际情况,由政府、学校或其他社会组织代为缴纳,确保每一位学生都能在学校教育教学活动全过程中得到保护,彻底消除学生参加文体活动的后顾之忧。

第二节 学生伤害事故的责任

一、学校承担责任的情形

【典型案例】

2018年暑假,某实验小学应市教育局要求组织包括于某、牛某在内的在校学生参加足球比赛赛前训练。在训练过程中,于某被牛某踢起的足球伤到左眼。一周后于某因视网膜脱离入住医院进行治疗,共住院 7 天,二级护理 2 天,花费医疗费 16 395.26 元。实验小学在人民财险白城分公司投保了校园方责任险,事故发生在保险期内;理赔数额为每人每次事故有责 450 000 元、无责120 000 元。①

【法律问题】

某实验小学校是否应该承担于某受伤的全部赔偿责任?

【法理解读】

学校应当依法承担相应责任的事故是指由于学校的原因造成的学生伤害事故,即事故的发生与学校有直接的因果关系。对于这类事故,学校显然应当依法承担相应的责任:(1)学校的校舍、场地、其他公共设施,以及学校提供给学生使用的学具、教育教学和生活设施、设备不符合国家规定的标准,或者有明显不安全因素的;(2)学校的安全保卫、消防、设施设备管理等安全管理制度有明显疏漏,或者管理混乱,存在重大安全隐患,而未及时采取措施的;(3)学校向学生提供的药品、食品、饮用水等不符合国家或者行业的有关标准、要求的;(4)学校组织学生参加教育教学活动或者校外活动,未对学生进行相应的安全教育,并未在可预见的范围内采取必要的安全措施的;(5)学校知道教师或者其他工作人员患有不适宜担任教育教学工作的疾病,但未采取必要措施的;(6)学校违反有关规定,组织或者安排未成年学生从事不宜未成年人参加的劳动、体育运动或者其他活动的;(7)学生有特异体质或者特定疾病,不宜参加某种教育教学活动,学校知道或者应当知道,但未予以必要的注意的;(8)学生在校期间突发疾病或者受到伤害,学校发现,但未根据实际情况及时采取相应措施,导致不良后果加重的;(9)学校教师或者其他工作人员体罚或者变相体罚学生,或者在履行职责过程中违反工作要求、操作规程、职业道德或者其他有关规定的;②(10)学校教师或者其他工作人员在负有组织、管理未成年学生的职责期间,发现学生行为具有危险性,但未进行必要的管理、告诫或者制止的;(11)对未成年学生擅自离校等与学生人身安全直接相关的信息,学校发现或者知道,但未及时告知未成年学生的监

---

① 参见吉林省白城市中级人民法院(2022)吉 08 民终 227 号。

② 如在体育课或学校组织的体育活动中,学校未落实安全保护措施,或教师的教学活动安排违反教学大纲要求;在学校实验课或组织的社会实践活动中,指导教师实施了错误指导;在正常的教学时间内,教育人员擅离工作岗位;在学校组织的课外活动中,有关教育人员玩忽职守,没有履行教育管理责任。

护人,导致未成年学生因脱离监护人的保护而发生伤害的;(12)学校有未依法履行职责的其他情形的。①如因学校或有关教育人员的直接责任造成的其他事故。对未成年学生擅自离校等与学生人身安全直接相关的信息,学校发现或者知道,但未及时告知未成年学生的监护人,导致未成年学生因脱离监护人的保护而发生伤害;学校知道或者应当知道学生患有传染性疾病,未采取必要的隔离防范措施导致其他学生感染。

下列情形中引发的事故,一般属于学校间接责任事故:(1)学校或有关教育人员在教育教学过程中有某些过失,但这些过失不直接导致学生伤亡;(2)在正常的教育教学时间内,教师随意不准学生进教室上课或让学生中途离校而学生在校外发生事故;(3)学校或教师不遵守教学计划和学校作息时间,随意安排补课,随意提前上课时间或推后放学时间,放学时间过后罚留学生,而学生由于以上原因在上学、放学途中发生事故;(4)在学校组织的校内文体、科技等活动中,学校未安排有关人员值班,或有关人员不负责任,擅离岗位,其间因学生相互打闹,游戏失手或活动不慎引起伤亡;(5)在学校组织的校外活动中,事故的直接责任者为校外部门,但学校组织管理措施也有不完善之处;(6)有关教育人员对学校内已发生的打架斗殴事件没有及时制止,致使伤害程度加重;(7)伤亡事故发生后,学校没有及时将受害学生送往医院,或采取其他必要的医疗救护措施,由此延误病情或导致伤害程度加重;(8)因学校或有关教育人员的连带责任造成的其他事故。

无民事行为能力学生、限制民事行为能力学生在校学习、生活期间受到人身损害,学校未尽教育、管理、保护职责的,应当承担与其过错相应的赔偿责任。无民事行为能力学生、限制民事行为能力学生受到校外第三方人身损害,学校未尽教育、管理、保护职责的,应当承担相应的补充赔偿责任。学校对完全民事行为能力学生也应当承担教育、管理、保护职责,因安全注意义务较小,如果伤害事故学校负有明显过错也应当承担相应的赔偿责任。在学生伤害事故中,学校承担法律责任的形式主要是民事责任,学校相关责任人承担法律责任的形式主要有民事责任、行政责任和刑事责任。发生学生伤害事故,学校负有责任且情节严重的,教育行政部门对学校的直接负责的主管人员和其他直接责任人员给予相应的行政处分;有关责任人的行为触犯刑律的,移送司法机关依法追究刑事责任。

本案中某实验小学需要承担全部责任。某实验小学应市教育局要求组织包括于某、牛某在内的在校学生参加足球比赛赛前训练。在训练过程中,于某被牛

---

① 《学生伤害事故处理办法》第 9 条。

某踢起的足球伤到左眼。受伤的时候于某只有12岁,在学校正常组织的体育训练中,其属于限制民事行为能力人,缺乏自我保护意识,身体对外界侵扰的抵抗能力较差,对事物的判断能力和自我保护能力也较差,特别容易受到伤害,需要予以特殊保护。因学校提前配置了责任险,在事故发生后,被保险人某实验小学依法对第三者承担赔偿责任,符合保险合同的条件,由保险公司进行理赔。保险公司白城市分公司于判决生效后五日内在保险限额内赔偿于某各项损失共计244 288.52元。

【法条链接】

《教育法》第30条,《教师法》第8条第5项,《义务教育法》第16条,《未成年人保护法》第21—24条、第4条、第35条,《民法典》第1199—1200条,《学生伤害事故处理办法》第5条第2款、第9条、第32条,《未成年人学校保护规定》第7条第1款等。

【风险防范】

1　学校、幼儿园安排未成年人参加文化娱乐、社会实践等集体活动,应当保护未成年人的身心健康,防止发生人身伤害事故。学校组织学生参加的集体劳动、教学实习或社会实践活动,应符合学生的心理、生理特点和身体健康状况。研学旅行要结合学生身心特点、接受能力和实际需要等。

2　(1)未成年学生不具备完全的辨认和控制能力,教师要对未成年学生尚未成熟的心智有充分的认识。老师在安排班干部维持纪律前和班干部维持纪律的过程中,都应进行必要的教育、管理和保护,而不能将管理学生的职责交给未成年的班干部。(2)学校不得违反有关规定,组织或安排未成年学生从事不宜未成年人参加的劳动、体育运动或其他活动,主要包括:学校不得组织学生参加抢险、救灾、扑火等应当由专业人员或成人从事的活动;参与制作烟花爆竹、有毒化学品等具有危险性的活动;参加商业性活动;职业学校不得违规安排学生实习活动;普通中小学校组织学生参加劳动,不得让学生接触有毒有害物质或者从事不安全工种的作业,不得让学生参加夜班劳动;学校还不得安排学生巡查江河湖泊岸线、堤防、山塘、水库,不宜组织学生从事高楼户外擦窗等高风险性的劳动;等等。

3　学校违反有关规定,组织或安排未成年学生从事不当活动,造成学生伤害事故的,应依法承担相应的责任。

4　(1)一些未成年学生班干部由于心智尚未成熟,觉得自己有特权,高高在上,可任意发号施令,随意处分其他同学,进而引发不必要的学生伤害事故,对此老师应予以重视和防范,履行好安全教育和管理职责。(2)以劳动教育为例,《中共中央、国务院关于全面加强新时代大中小学劳动教育的意见》提出"根据教育目标,针对不同学段、类型学生特点,以日常生活劳动、生产劳动和服务性劳动为主要内容开展劳动教育"和"小学低中年级以校园劳动为主,小学高年级和中学可适当走向社会、参与集中劳动";《大中小学劳动教育指导纲要(试行)》明确学校"要依据学生身心发育情况,适度安排劳动强度、时长,切实关注劳动任务及场所设施的适宜性"。《学校卫生工作条例》第11条、第12条规定,学校应根据学生的年龄,组织学生参加适当的劳动,并对参加劳动的学生,进行安全教育,提供必要的安全和卫生防护措施。(3)学校在安排体育课以及劳动等体力活动时,应注意女学生的生理特点,给予必要的照顾。《全民健身条例》第21条规定,学校应根据学生的年龄、性别和体质状况,组织实施体育课教学;《学校卫生工作条例》第10条规定,运动项目和运动强度应适合学生的生理承受能力和体质健康状况,防止发生伤害事故。《学校体育运动风险防控暂行办法》第9条规定,学校应按规定安排学生健康体检,建立学生健康档案,对不适合参与体育课或统一规定的体育锻炼的学生,学校和教师应当减少或免除其体育活动。

法律风险

合规区　1

风险区　2

责任区　3

防范对策　4

二、学生和家长承担责任的情形

【典型案例】

原告刘某与被告邓某怀系被告重庆市某学校的同班学生。2018年11月27日上午第三节课间休息时,原告出教室在走廊中行走时,被告邓某怀从后面抱住原告,不慎将原告摔倒在地,致原告右上前牙齿两颗折断。当天原告被送往涪陵中心医院口腔医院治疗,诊断为:右上前牙外伤性折断。当天的治疗费由被告邓某怀父亲邓某支付。后原告又用去治疗费347.06元。2019年1月15日原告经司法鉴定,结论:原告受伤之日起需1人护理7天左右,需营养补助15天左右,续医费(牙齿修复费)15 600元。为此原告用去本次事故的鉴定费650元。另查明,被告重庆市某学校在各教室和校区张贴栏均张贴有中小学生安全守则,其中有"严禁学生在走廊、教室、寝室内追逐、打闹、跑跳"等警示内容。原告刘某向法院提出诉讼请求:请求判决被告邓某、重庆市某学校连带赔偿原告医疗费347.06元、续医费15 600元、鉴定费650元、交通费300元、护理费840元、营养费300元,共计人民币18 037.06元。①

【法律问题】

本案中学校需要承担责任吗?

【法理解读】

学生或者未成年学生监护人应当依法承担相应责任的事故,指事故发生的直接原因不在学校,而在当事学生之间(如学生打架引起伤害),或在学生本人(如课间活动不小心受了伤),或者学生患有特定疾病,或者监护人未履行相应监护职责而导致的学生伤害事故。学生或者未成年学生的监护人由于过错,有下列情形之一,造成学生伤害事故,应当依法承担相应的责任:(1)学生违反法律法规的规定,违反社会公共行为准则、学校的规章制度或者纪律,实施按其年龄和认知能力应当知道具有危险或者可能危及他人的行为的;(2)学生行为具有危险性,学校、教师已经告诫、纠正,但学生不听劝阻、拒不改正的;(3)学生或者其监护人知道学生有特异体质,或者患有特定疾病,但未告知学校的;(4)未成年学生的身体状况、行为、情绪等有异常情况,监护人知道或者已被学校告知,但未履行

---

① 参见重庆市涪陵区人民法院(2021)渝0102民初3833号。

相应监护职责的;(5)学生或者未成年学生监护人有其他过错的。这类事故属于学校间接责任事故,学校视具体情况承担部分责任。①

当事故的发生与学校的教育教学活动无关,或者在教育教学活动中学校行为并无不当的,如当不可抗力的自然因素或学生自身原因导致事故发生,且学校已经履行了职责,学校不承担法律责任。(1)地震、雷击、台风、洪水等不可抗的自然因素造成的;(2)来自学校外部的突发性、偶发性侵害造成的;(3)学生有特异体质、特定疾病或者异常心理状态,学校不知道或者难于知道的;(4)学生自杀、自伤的;②(5)在对抗性或者具有风险性的体育竞赛活动中发生意外伤害的;(6)其他意外因素造成的。③

下列情形下发生的造成学生人身损害后果的事故,学校行为并无不当的,不承担事故责任:(1)在学生自行上学、放学、返校、离校途中发生的;(2)在学生自行外出或者擅自离校期间发生的;(3)在放学后、节假日或者假期等学校工作时间以外,学生自行滞留学校或者自行到校发生的;(4)其他在学校管理职责范围外发生的。④

学校和家庭应当加强沟通,建立家校合作机制。学校、教师可以对学生家长提供家庭教育指导。家庭教育指导机构、中小学校、幼儿园、婴幼儿照护服务机构、早期教育服务机构违反本法规定,不履行或者不正确履行家庭教育指导服务职责的,由主管部门责令限期改正;情节严重的,对直接负责的主管人员和其他直接责任人员依法予以处分。特别是随着《中小学教育惩戒规则(试行)》的施行,学校、教师应当重视家校协作,积极与家长沟通,使家长理解、支持和配合实施教育惩戒,形成合力等。

本案中,原告牙齿折断由被告邓某怀的侵权行为导致,应由被告邓某怀承担侵权责任;因邓某怀系未成年学生,其民事赔偿责任应由其法定代理人即被告邓某承担。原告请求的各项损失均系合理性费用,并无不当,法院予以支持。被告重庆市某学校在校区及各教室均张贴了学生安全守则,已尽到警示管理职责,且原告与被告邓某怀均系限制行为能力人,对学校的相关安全告示应有所认识,而原告受伤系被告邓某怀的过错行为所致,故被告重庆市某学校不应在本案中承担民事责任。

---

① 《学生伤害事故处理办法》第10条。
② 如学校和有关教育人员的教育方法完全正当、合理、合法,学生却在校内外自伤、自杀。
③ 《学生伤害事故处理办法》第12条。
④ 《学生伤害事故处理办法》第13条。

【法条链接】

《民法典》第 1188 条,《未成年人保护法》第 15 条,《教育法》第 50 条第 3 款,《预防未成年人犯罪法》第 32 条,《家庭教育促进法》第 2 条、第 4 条、第 51 条,《未成年人学校保护规定》第 46 条,《学生伤害事故处理办法》第 7 条、第 10 条、第 12—13 条等。

【风险防范】

1 中小学幼儿园建立健全家庭教育工作机制,充分发挥学校在家庭教育中的重要作用。

2 学生或未成年学生监护人由于过错,造成学生伤害事故,应依法承担相应的责任:(1)学生违反法律法规的规定,违反社会公共行为准则、学校的规章制度或纪律,实施按其年龄和认知能力应知道具有危险或可能危及他人的行为的;(2)学生行为具有危险性,学校、教师已经告诫、纠正,但学生不听劝阻、拒不改正的;(3)学生或其监护人知道学生有特异体质,或者患有特定疾病,但未告知学校的;(4)未成年学生的身体状况、行为、情绪等有异常情况,监护人知道或已被学校告知,但未履行相应监护职责的;(5)学生或未成年学生监护人有其他过错。

3 (1)未成年学生造成学校教师、其他工作人员、其他组织、个人损害的,由监护人承担侵权责任。监护人尽到监护职责的,可以减轻其侵权责任。有财产的无民事行为能力人、限制民事行为能力人造成他人损害的,从本人财产中支付赔偿费用;不足部分,由监护人赔偿。(2)致害学生实施侵害行为构成犯罪的,依法应当承担相应的刑事责任。可能构成的罪名主要有故意伤害罪、故意杀人罪等。已满12周岁不满14周岁的人,犯故意杀人、故意伤害罪,致人死亡或者以特别残忍手段致人重伤造成严重残疾,情节恶劣,经最高人民检察院核准追诉的,应当负刑事责任。已满14周岁不满16周岁的学生,犯故意杀人、故意伤害致人重伤或者死亡罪的,应当负刑事责任;因不满16周岁不予刑事处罚的,责令其家长或者监护人加以管教,必要的时候,也可以由政府收容教养;已满16周岁不满18周岁的学生犯罪,应当从轻或者减轻处罚;已满18周岁的学生犯罪,应当负刑事责任;犯罪的时候不满18周岁的学生,不适用死刑。

4 未成年人的父母或者其他监护人应当与中小学校、幼儿园密切配合,积极参加其提供的公益性家庭教育指导和实践活动,共同促进未成年人健康成长。学校应当做到:(1)将家庭教育工作纳入教师培训和考核内容,将学校安排的家庭教育指导服务计入教师工作量;(2)落实《家庭教育指导手册》(学校卷),共同办好家长学校;(3)发挥好家长委员会的作用;(4)有条件的中小学和幼儿园可派教师到街道、社区(村)挂职,为家长提供公益性家庭教育指导服务;(5)学校要推动建立街道、社区(村)家庭教育指导机构,积极引导多元社会主体参与家庭教育指导服务,如依托青少年宫、乡村少年宫、儿童活动中心等公共服务阵地,为城乡不同年龄段孩子及其家庭提供家庭教育指导服务;(6)学校要特别关心流动儿童、留守儿童、残疾儿童和贫困儿童,鼓励和支持各类社会组织发挥自身优势,倡导企业履行社会责任,支持志愿者开展志愿服务,逐步培育形成家庭教育社会支持体系;(7)学校可单独或联合建立由专家、指导服务者、专业社会工作者等组成的家庭教育媒体舆情监测团队,组织开展舆情分析,回应热点难点问题。

三、第三人承担责任的情形

【典型案例】

6 死 1 伤!广东一幼儿园突发命案!吴某杰(25 岁,广东人)被抓。2023 年

7月10日7时40分许,廉江市横山镇发生一起故意伤害案,致6人死亡、1人受伤。当日8时许,我局将犯罪嫌疑人吴某杰(男,25岁,廉江市人)抓获归案。目前,案件正在加紧侦办中。①

【法律问题】

该案件中幼儿园需要承担责任吗?

【法理解读】

损害是因第三人造成的,第三人应当承担侵权责任。未成年学生在校学习、生活期间,受到学校以外的第三人人身损害,由第三人承担侵权责任;学校未尽到管理职责的,承担相应的补充责任;学校承担补充责任后,可以向第三人追偿。当然,在这种情形下,学校承担的仅是相应的补充责任,而不是全部的补充责任;与此同时,学校承担补充责任的前提应是侵权的第三人不能承担或不能全部承担侵权责任或第三人下落不明;在侵权的第三人已承担全部侵权责任的情况下,学校不应承担责任;且学校在承担相应的补充责任后,有权向侵权的第三人追偿。

第三人承担责任的这类事故又分两种情形,一种情形是活动是由学校安排的,但事故的发生是由于活动承担者的过错造成的,则有过错的当事人是担责主体。学校安排学生参加活动,因提供场地、设备、交通工具、食品及其他消费与服务的经营者,或者学校以外的活动组织者的过错造成的学生伤害事故,有过错的当事人应当依法承担相应的责任。另一种情形是因学校教师或者其他工作人员与其职务无关的个人行为,或者因学生、教师及其他个人故意实施的违法犯罪行为,造成学生人身损害的,由致害人依法承担相应的责任。

本案中损害是因第三人吴某杰造成的,第三人应当承担侵权责任。幼儿园未尽到管理职责的,承担相应的补充责任;幼儿园承担补充责任后,可以向第三人追偿。

【法条链接】

《民法典》第1175条、第1201条,《学生伤害事故处理办法》第11条、第14条等。

---

① 载广东省廉江市公安局"平安廉江"微信公众号,2023年7月30日发布。

【风险防范】

1. 在校外第三方致害造成的学生伤害事故中，学校承担相应的补充责任后有权向校外第三方追偿。

2. 因教师个人行为让学生从事与教学无关的活动，或在非上学时间从事与教学有关的活动，如果发生学生伤害事故的，教师个人承担法律风险。同时，若因第三方（教师）个人故意从事犯罪行为，侵犯学生的合法权益，造成学生人身损害，由第三方（教师）个人依法承担相应的刑事责任或民事赔偿责任等。

3. 校外第三方侵害学生造成伤害事故的，其承担法律责任的形式主要是刑事责任和民事责任。（1）刑事责任。校外第三方侵害学生，构成故意伤害罪、故意杀人罪、强制猥亵、侮辱妇女罪、猥亵儿童罪、强奸罪等罪的，依法应当承担相应的刑事责任。（2）民事责任。校外第三方侵害造成未成年学生人身损害的，由校外第三方承担损害赔偿责任；学校有过错的，承担相应的补充赔偿责任。相应的补充赔偿责任是指，受害人应当先向作为直接致害人的校外第三方请求赔偿，只有当校外第三方的财产不足以赔偿时，才由学校对其不足赔偿部分承担赔偿责任，但赔偿数额不一定是校外第三方不足赔偿部分的全部，而应根据学校未尽管理、保护义务的程度确定其应承担的赔偿数额。

4. （1）当学生伤害事故的发生与第三人的过错有关时，学校认真分析各方当事人责任承担问题，以在处理损害赔偿纠纷时避免己方承担不应当承担的责任，最终减少自己的损失。（2）发生校外第三方侵害校内学生的情形时，学校应及时报警并尽力将致害人擒拿，切勿让其逃脱。因为如果受害人直接起诉学校时，法院本应依法追加致害人作为共同被告，并判决致害人首先承担责任，致害人无力或不足赔偿的方由学校承担相应的补充责任。但如果致害人逃脱，法院将直接确定学校相应的赔偿责任。而学校承担责任后，本可以向致害人追偿损失，但因致害人逃脱导致追偿无从实现。因致害人身份不明，法院无法查封、扣押、冻结其财产，即使将来将致害人抓获归案，其财产也可能已经减少甚至不复存在，追偿也不易实现。

四、按份承担责任的情形

【典型案例】

原告王某文系海城市某校四年四班学生。被告曹某博与被告尚某滨系海城市某校四年一班学生。2021年9月14日下午课间歇息时,被告曹某博与被告尚某滨在玩耍时,互相有推操行为,原告王某文从旁边经过,三人不慎发生碰撞,导致原告王某文摔倒,并于当日送到海城市正骨医院住院治疗。原告因此次受伤产生的经济损失为170 645.80元。①

【法律问题】

本案的二被告和学校需要承担什么责任?

【法理解读】

（一）分别侵权行为

分别侵权行为是指数个行为人事先没有共同故意,也没有共同过失,只是由

---

① 参见辽宁省海城市人民法院(2023)辽0381民初1618号。

于他们各自的行为与损害后果之间客观上的联系,造成了同一个损害结果的侵权行为类型。两个以上学生分别实施侵权行为造成同一损害,能够确定责任大小的,由其监护人各自承担相应的责任;难以确定责任大小的,由其监护人平均承担责任;被侵权的学生对同一损害的发生或扩大有过错的,可以减轻侵权学生的责任;损害是因受害学生故意造成的,致害行为学生不承担责任;受害学生和致害行为学生对损害的发生都没有过错的,依照法律的规定由双方监护人分担损失。

分别侵权行为是二人以上分别实施侵权行为,要求数个侵权行为相互之间是独立的,不存在侵权责任编关于共同侵权行为的情形。这数个侵权行为虽然都要满足独立的侵权责任构成,但在损害后果上他们之间必须具有与此损害后果的关联,即造成"同一损害",而且每个侵权行为都不足以造成全部损害后果。

(二) 按份责任的承担

二人以上没有共同故意或者共同过失,但其分别实施的数个行为间接结合发生同一损害后果的,应当根据过失大小或者原因力比例各自承担相应的赔偿责任。在按份责任的案件中,原告方可以单独起诉其中的某一责任主体,也可以将他们作为共同被告起诉。

本案因二被告在玩耍的过程中,互相有推操行为,不慎导致原告摔倒,故二被告的玩耍行为与原告的摔倒结果之间存在因果关系。法院判决被告曹某博在原告经济损失范围内承担30%责任、被告尚某滨在原告经济损失范围内承担30%责任。又因原告在行走过程中,理应小心,保证自身安全,但原告在此时并没有尽到自身的注意义务,故亦应自行承担相应的责任,原告王某文应在其经济损失范围内自行承担20%责任。根据公平原则,判决学校承担20%责任。

【法条链接】

《民法典》第1172条、第1186条等。

【风险防范】

1　二人以上没有共同故意或者共同过失,但其分别实施的数个行为间接结合发生同一损害后果的,应当根据过失大小或者原因力比例各自承担相应的赔偿责任。

2　确定按份责任大小往往是要争议的,有可能需要通过诉讼和非诉讼程序来确定。

3　二人以上分别实施侵权行为造成同一损害,能够确定责任大小的,各自承担相应的责任;难以确定责任大小的,平均承担责任。

4　学校不要承担全部的责任,需要确定好相应责任的比例才承担相应的责任。

第三节　学生伤害事故的民事赔偿

一、共同侵权赔偿

【典型案例】

原告与被告王某博系某中学八年级二班同班同学。2019年12月5日15时许,下午第三节课下课后,王某博在教室内睡觉,王某博以原告说话声音大为由殴打原告,原告还手,双方厮打,当时历史课老师在场立即让同学将双方拉开。第四节课下课后,王某博纠集张某、孟某等4人在教室对原告进行了殴打。原告入住桦南县中医院住院治疗14天,经诊断为腹部闭合性损伤、脾挫裂伤;多发性软组织挫伤。其伤情经司法鉴定,结论意见为:腹部闭合性损伤、脾挫裂伤,与腹部受钝性外力作用之间存在直接因果关系;未达到人体损伤致残等级程度;医疗终结时间为伤后2个月;护理期应为伤后30日,护理人数应不少于1人;营养期限应为伤后60日。原告因伤损失合计为24 253.37元。①

【法律问题】

被告4人和学校需要承担什么责任?

【法理解读】

根据我国《民法典》的规定,通常认为共同侵权行为是指数人共同不法侵害他人权益造成损害的行为。②这是对共同侵权行为的广义理解。数人侵权行为人对损害后果的出现具有共同故意或共同过失,或者虽无共同故意或共同过失通谋,而是分别实施数个行为,但数个行为直接结合导致了同一个不可分割的损害后果。③共同侵权人对受害人承担连带责任。受害人有权请求侵权人中的任何一人或数人承担全部损害赔偿责任,任何侵权人都有义务向受害人负全部赔偿责任。

依据其归责原则的不同,广义的共同侵权行为分为以下四种类型:(1)共同加害行为,即狭义的共同侵权行为,又称典型的共同侵权行为。二人以上共同实施侵权行为,造成他人损害的,应当承担连带责任。它包括共同故意的侵权行

---

① 参见黑龙江省桦南县人民法院(2020)黑0822民初1035号。
② 黄薇:《中华人民共和国民法典侵权责任编释义》,法律出版社2020年版,第14页。
③ 张艳、马强:《试论无意思联络的数人侵权》,载《民商法论丛》2003年第1期。

为、共同过失的侵权行为、故意与过失混合的侵权行为。(2)共同危险行为,即准共同侵权行为。二人以上实施危及他人人身、财产安全的行为,其中一人或者数人的行为造成他人损害,能够确定具体侵权人的,由侵权人承担责任;不能确定具体侵权人的,行为人承担连带责任。(3)教唆和帮助行为,视为共同侵权行为。(4)无意思联络的数人侵权,即客观共同侵权行为。无意思联络的数人侵权行为,其本身又可分为两类:一是承担连带责任的无意思联络的数人侵权行为;二是承担按份责任的无意思联络的数人侵权行为。

本案被告王某博纠集张某、孟某等 4 人共同对原告进行了殴打,因共同加害人均系未成年人,应由其各自监护人承担共同侵权责任。王某博在第一次对原告进行殴打时历史课老师在场,在双方被分开后,学校老师应及时对王某博进行批评教育,但学校采取放任的态度,致使纠纷进一步升级,应认定学校未尽到教育管理职责,亦应承担相应过错责任。被告 4 人和学校相互承担连带赔偿责任。

【法条链接】

《民法典》第 1168—1171 条。

【风险防范】

1　共同侵权人对受害人承担连带责任。受害人有权请求侵权人中的任何一人或数人承担全部损害赔偿责任,任何侵权人都有义务向受害人负全部赔偿责任。

2　(1)如果伤害结果是由校外第三方与本校学生共同侵害造成;(2)校外第三方教唆、帮助本校无民事行为能力学生、限制民事行为能力学生实施侵害行为;(3)如果本校教职工履行职务行为时与校外第三方共同的过错造成学生伤害。

3　(1)应当由校外第三方与致害学生或其监护人承担连带责任;学校有过错的,应当承担与其过错相应的补充责任。学校承担补充责任的,可以在校外第三方应当赔偿的份额范围内向该校外第三方追偿,但不得向致害学生或其监护人追偿。(2)学校没有过错的,则学校不需承担责任,应当由校外第三方承担责任。该无民事行为能力学生、限制民事行为能力学生的监护人未尽到监护责任的,应当承担相应的责任。

4　学校应当与校外第三方承担连带赔偿责任,受害方有权请求校外第三方和学校共同承担责任或请求其中任一方承担全部责任。受害方请求学校承担全部责任的,学校承担全部责任后,可以在校外第三方应当承担的份额范围内向其追偿,包括向存在故意或重大过失的致害人教职工追偿。

二、人身损害赔偿的范围与标准

【典型案例】

方某哲出生于 2013 年 7 月 28 日,就读于监利市某学校。2020 年 1 月 5 日下午 3 时 21 分左右,班主任老师发现方某哲不舒服,量体温 39 度,遂到校医务室使用了退热栓,并随即和方某哲父亲方某玄联系,要求家长接回小孩。其父母方某玄、吴某芳接到电话后赶往学校,接到方某哲后于下午 4 点 40 左右离开学校,并前往汴河街道诊所进行了简单诊治后回家,到了 6 日晚上 23 时,方某哲病情恶化,高烧不退,当天送往武汉儿童医院救治。10 日转院到武汉同济医院。17 日因医治无效死亡,死亡原因:呼吸循环衰竭,重症脑炎。监利市某学校不能举示证据证明校医务室接诊的医生具备行医资质。监利市某学校违反规定让不具备执业资格的人从事校医工作为方某哲诊疗,没有尽到管理职责,存在过错。根据方某玄提交的医疗机构资料,方某哲死亡的原因主要是严重脓毒症、重症脑炎,从学校发现其身体不适到其去世仅十多天时间,病情严重且病程进展较快,其损害后果主要是自身病情发展的结果。因此,监利市某学校应对本案的损失承担次要责任。法院酌定监利市某学校对本案的损失承担 20% 的责任。①

【法律问题】

人身损害的赔偿范围有哪些?

【法理解读】

侵害他人造成人身损害的,应当赔偿医疗费、护理费、交通费、营养费、住院伙食补助费等为治疗和康复支出的合理费用,以及因误工减少的收入。造成残疾的,还应当赔偿辅助器具费和残疾赔偿金;造成死亡的,还应当赔偿丧葬费和死亡赔偿金。

医疗费指为了使直接遭受人身伤害的自然人恢复健康、进行医疗诊治的过程中所花费的必要费用。计算方式:医疗费=诊疗费+医药费+住院费。

误工费指直接遭受人身伤害的自然人因遭受人身伤害,致使无法进行正常工作或正常经营活动而丧失的工资性收入或者经营性收入。计算方式:(1)受害人有固定收入:误工费赔偿金额=受害人工资(元/天)×误工时间(天);(2)受害人无固定收入:误工费赔偿金额=受害人最近三年平均收入(元/天)×误工时间(天);误工费赔偿金额=受诉法院所在地相同或者相近行业上一年职工的平均工资(元/天)×误工时间(天)(不能证明最近三年平均收入状况的)。

护理费指受害人因遭受相当程度的人身损害,导致其行动能力和自理能力一定程度的降低,为了帮助其进行正常的生活,在医疗诊治和休养康复期间,根据医疗机构的意见或司法鉴定,委派专人对其进行护理,并因此所需支出的费

---

① 参见湖北省荆州市中级人民法院(2021)鄂 10 民终 2002 号。

用。计算方式:(1)护理人员有收入:护理费赔偿金额＝护理人工资(元/天)×护理期限(天);(2)护理人员没有收入或雇佣护工:护理费赔偿金额＝当地护工从事同等级别护理的劳务报酬标准(元/天)×护理期限(天)×护理人员人数(个)。护理人员原则上一人,但医疗机构或者鉴定机构有明确意见的,可以参照确定护理人员人数。护理期限应计算至受害人恢复生活自理能力时为止。受害人因残疾不能恢复生活自理能力的,可以根据其年龄、健康状况等因素确定合理的护理期限,但最长不超过二十年。

交通费指受害人及其必要的陪护人在就医或者转院治疗过程中,因需乘坐交通工具而实际发生的费用。交通费应当以正式票据为凭。计算方式:交通费赔偿金额＝就医、转院实际发生的交通费用。

住院伙食补助费指受害人在住院治疗期间因为必要的饮食消费而支出的费用。计算方式:住院伙食补助费＝当地国家机关一般工作人员出差伙食补助标准(元/天)×住院天数。

营养费指受害人在诊疗期间,为了及时恢复健康,在医生的指导和要求下,为购买营养物品所支出的费用。计算方式:营养费＝实际发生的必要营养费用(根据受害人伤残情况参照医疗机构的意见确定)。

残疾赔偿金指由于人身损害,致使受害人身体残疾或者丧失劳动能力而导致其收入减少或者丧失生活来源,在此种情况下给予受害人一定数额的损害赔偿。计算方式:残疾赔偿金＝受诉法院所在地上一年度城镇居民人均可支配收入×赔偿年限×伤残系数。残疾赔偿金赔偿年限的确定,自定残之日起按 20 年计算。但 60 周岁以上的,年龄每增加一岁减少一年;75 周岁以上的,按 5 年计算。

残疾辅助器具费指在受害人因人身伤害致残的情况下,为补偿其丧失的器官功能,辅助其实现生活自理或者从事生产劳动而购买、配备的生活辅助器具支出的费用。计算方式:残疾辅助器具费＝普通适用器具的合理费用。

丧葬费是受害人因人身伤害失去生命,受害人的亲属为了处理其丧葬事宜而支出的必要费用。计算方式:丧葬费赔偿额＝受诉法院所在地上一年度职工月平均工资(元/月)×六个月。

死亡赔偿金是受害人因遭受人身伤害失去生命的情形下,由赔偿义务人给予其家属的一定数额的赔偿费用。计算方式:死亡赔偿金＝受诉法院所在地上一年度城镇居民人均可支配收入×赔偿年限。死亡赔偿金赔偿年限的确定,按 20 年计算。但 60 周岁以上的,年龄每增加一岁减少一年;75 周岁以上的,按

5 年计算。

被抚养人生活费是在受害人因人身伤害丧失劳动能力或者死亡的情况下，给予受害人依法应当承担抚养义务的未成年人或者丧失劳动能力又无其他生活来源的成年近亲属一定数额的维持其正常生活的费用。计算方式：(1)被抚养人为未成年人：生活费＝城镇居民人均消费性支出×(18－实际年龄)。(2)被扶养人为 18 周岁至 60 周岁，无劳动能力又无其他生活来源的：生活费＝城镇居民人均消费性支出×20 年。(3)被扶养人为 60 周岁至 75 周岁，无劳动能力又无其他生活来源的：生活费＝城镇居民人均消费性支出×[20－(实际年龄－60)]年。(4)被扶养人为 75 周岁以上，无劳动能力又无其他生活来源的：生活费＝城镇居民人均消费性支出×5 年。(5)有其他扶养人时：生活费＝被扶养人生活费÷扶养人数。(6)被扶养人有数人时：年赔偿总额≤城镇居民人均消费性支出。

精神损害抚慰金是在受害人遭受严重的人身伤害甚至导致残疾或者死亡的情况下，受害人及其近亲属在精神上遭受巨大创伤，并基于此要求赔偿义务人给予受害人及其近亲属一定数额的赔偿金。计算方式：精神损害抚慰金适用《最高人民法院关于确定民事侵权精神损害赔偿责任若干问题的解释》(2020 修订)。

本案中方某玄、吴某芳人身赔偿的范围包括：(1)医疗费：监利县汴河中心卫生院诊查费 300 元，监利县人民医院门诊 2 320 元、住院个人负担 2 234.89 元。此外对于武汉市儿童医院的费用，实际在该医院花费 22 380.22 元。方某玄等主张还有在武汉市同济医院产生的医疗费 84 696.64 元已被红十字会承担，不能提交相应票据，不予确认。医疗费共计 27 235.11 元；(2)护理费：法院以一人护理和居民服务业在岗职工人均工资收入为标准 42 677 元/年计算方某哲就医 11 天的护理费共计 1 286.12 元(42 677 元÷365 天×11 天)；(3)交通费：5 800 元，有发票；(4)住院伙食补助费：550 元，方某玄等主张以 50 元/天计算 11 天；(5)丧葬费：方某玄等主张 32 330.5 元，符合法律规定，予以支持；(6)死亡赔偿金：方某玄等主张 752 020 元，本案一审立案前，湖北省统计局已于 2021 年 1 月 19 日公布本地上一年度城镇居民人均可支配收入为 36 706 元/年，对受害人的死亡赔偿金按照该标准计算 20 年为 734 120 元(36 706 元/年×20 年)；(7)精神损害抚慰金：方某玄等主张 50 000 元，法院予以支持。方某玄等还主张亲属办理丧葬事宜支出的交通费、住宿费和误工损失等 25 000 元，因未提交任何证据，不予支持。以上损失共计 851 321.73 元。法院判决监利市某学校应赔偿方某玄、吴某芳 17 0264.35 元(851 321.73 元×20%)。

【法条链接】

《民法典》第 1179 条,《学生伤害事故处理办法》第 29—31 条,《关于审理人身损害赔偿案件适用法律若干问题的解释》等。

【风险防范】

1　发生学生伤害事故后,受害方要求学校承担赔偿责任的,学校应当按照规定确定赔偿范围和标准,避免超出法定赔偿范围和标准支付金额。同时应当注意:(1)受害方基于同一伤害事故受有利益的情况下,该利益应从赔偿额中扣除,学校就差额部分予以赔偿;(2)受害学生或其监护人对损害的发生也有过错的,可以减轻学校的赔偿责任;(3)损害是由校外第三方直接侵害造成,学校存在过错的,学校仅承担相应的补充责任。

2　赔偿数额可以协商,但要在法律承担的范围内承担赔偿责任。学校在筹措赔偿经费时应当注意:(1)由学校筹措赔偿经费的,不得挪用国家财政拨付的教育教学经费,而仅可在学校预算外收入中支付。(2)学校参加校方责任保险后,校方责任由保险公司代替学校赔偿。但保险合同条款约定赔偿限额和免赔情形,学校参加校方责任保险后仍有可能承担部分赔偿责任。(3)学生参加了"学平险"的,不影响学校对受害方赔偿责任的承担。

3　赔偿经费的解决责任:(1)学校筹措或由学校的主管部门或举办者协助学校筹措。学校应当负责筹措;学校无力完全筹措的,由学校的主管部门或者举办者协助筹措。(2)教育行政主管部门或举办者设立赔偿准备金或其他形式。县级以上人民政府教育行政部门或者学校举办者有条件的,可以通过设立学生伤害赔偿准备金等多种形式。(3)学校参加校方责任保险。

4　学校向受害学生赔偿损失后,可以责令有故意或重大过失的教职工承担部分或全部赔偿费用,但学校追偿时应遵循以下原则:(1)追偿金额以学校支付的损害赔偿金额为限。在学校追偿时,学校支付的诉讼费用不应列入追偿范围。(2)追偿金额的多要与过错程度相适应,同时考虑被追偿者的工资收入。追偿具有惩戒性质,惩戒是针对过错,因而,追偿要根据过错程度来确定,过错重的多追偿,过错轻的少追偿。同时追偿金的具体数额也应与被追偿者的工资和津贴相适应,酌情考虑被追偿者的家庭生活费用,追偿金额只能由教师个人的工资和津贴来承担,不能涉及其他个人财产和其家庭财产及收入。

三、补偿和追偿

【典型案例】

被告李某梅原系原告昭通某特色学校聘用教师。2018 年 11 月 2 日在被告李某梅上课的班级,两个学生比画铅笔打闹时其中一名学生被另一名学生的铅笔戳伤左眼,该事件经法院判决原告昭通某特色学校承担共计 94 922.57 元,该赔偿费用原告已经向受害人履行。另查明,学生受伤时被告在教室内巡视,学生受伤瞬间被告系背对受伤学生,但几分钟后被告发现受伤学生趴在桌子上便上前询问后并向相关老师报告该事件。被告 2020 年 7 月初已经从原告处离职,离职时向原告交纳了 3 000 元现金及其应发的半个月工资 3 104 元,共计向原告交纳了 6 104 元赔偿款,扣除被告已交的部分款项,被告共承担侵权责任赔偿款 71 166 元。现原告向法院起诉,请求:(1)依法判令被告承担侵权责任赔偿款 71 166 元;(2)依法判令被告承担本案诉讼费用。①

【法律问题】

被告李某梅是否应当承担赔偿责任?

【法理解读】

(一) 补偿

对发生在学校的伤害事故,学校无责任的,如果有条件,可以根据实际情况,本着自愿和可能的原则,对受伤害学生给予适当的帮助。在学生伤害事故中,学校在两种情况下不负责任,主要是《学生伤害事故处理办法》第10—13条规定的情形。在这些情形中,虽然学校没有责任,但是,由于致害人或受害人家庭经济困难,无力承担必要的救治费用,学校可以根据人道主义原则和受害人的实际情况给予道义上的经济帮助,以体现学校对学生的关爱。适用经济帮助原则要具备四个条件:第一,学校在学生伤害事故中没有损害赔偿责任。第二,学校有条件。这里的条件是指学校的财务状况在保证学校正常办学条件的前提下有部分剩余。第三,学校根据自愿、可能、适当的原则可以给予经济帮助。第四,经济帮助的对象是受伤害学生。

(二) 追偿

第三人在校园实施的侵权行为,造成了校园的无民事行为能力或者限制民事行为能力的学生人身损害的,第三人承担侵权责任,赔偿受害人的损失;如果校方存在未尽管理职责的过失的,应当承担相应的补充责任,即在自己过失所致损失的范围内,就第三人不能承担的赔偿责任中,承担补充赔偿损失的责任。

《民法典》第1201条规定:"无民事行为能力人或者限制民事行为能力人在幼儿园、学校或者其他教育机构学习、生活期间,受到幼儿园、学校或者其他教育机构以外的第三人人身损害的,由第三人承担侵权责任;幼儿园、学校或者其他教育机构未尽到管理职责的,承担相应的补充责任。幼儿园、学校或者其他教育机构承担补充责任后,可以向第三人追偿。"校方在承担了相应的补充责任之后,可以就其承担补充责任造成的损失向第三人请求追偿。其原因,也是因为第三人才是真正的侵权人,对于损害的发生具有全部原因力,校方的不作为行为只是存在未尽教育、保护义务的间接原因而已。

---

① 参见云南省昭通市昭阳区人民法院(2020)云 0602 民初 4899 号。

根据《学生伤害事故处理办法》第 27 条的规定,因学校教师或者其他工作人员在履行职务中的故意或者重大过失造成的学生伤害事故,学校予以赔偿后,可以向有关责任人员追偿。追偿,是指学校向受伤害学生支付赔偿金后,要求违法行使职权的教师或者其他工作人员个人承担部分或全部赔偿费用。

学校行使追偿权须具备两个条件:第一,学校已经向受害学生赔偿了损失。第二,教师或者其他工作人员对加害行为有故意或重大过失,轻微过失不应追偿。对于是否尽到注意义务的判断,需要结合该专业领域的一般人员(正常的普通老师)的业务水准进行判断。如果行为人不但没有遵守法律对他的较高要求,甚至连普通人都应当注意并能注意的一般标准也未达到,就是重大过失。

本案中,被告李某梅系原告原聘用教师,在履行职务时学生发生打闹,造成学生伤害事故。根据本案查明事实,在被告上课期间学生发生比画铅笔打闹致伤,当时被告李某梅在教室内巡视,发生该事故时李某梅并未做与教学无关的事情,也未做违反相关教学规定的事情。因而学生受伤被告李某梅不存在重大过错或者故意,故其不承担赔偿责任。

【法条链接】

《民法典》第 1191 条、第 1201 条,《学生伤害事故处理办法》第 26 条第 2 款、第 27 条等。

【风险防范】

 1 学校进行追偿时必须区分教职工的职务行为和个人行为。教职工的职务行为有过错与学生伤害事故有因果关系,由学校先承担赔偿责任,再由学校向故意或有重大过失的教职工追偿。教职工的行为属于非职务行为即个人行为,其赔偿责任仅由教职工个人承担。

2 教师在履行职务中因故意或重大过失造成学生伤害事故。

3 因学校教师工在履行职务中的故意或重大过失造成的学生伤害事故,学校予以赔偿后,可以向有关责任人员追偿,教师将承担经济赔偿等法律责任,同时教师个人可能还需依法承担行政处分、纪律处理、治安管理处罚乃至刑事责任。民事主体因同一行为应承担民事责任、行政责任和刑事责任的,承担行政责任或刑事责任不影响承担民事责任。如老师因打学生而被公安机关治安拘留及罚款,甚至是因殴打学生而被处以故意伤害罪判刑等。

4 发生学生伤害事故,学校与受伤害学生或者学生家长可以通过协商方式解决;双方自愿,可以书面请求主管教育行政部门进行调解。成年学生或者未成年学生的监护人也可以依法直接提起诉讼。协商和调解方式具有明显经济赔偿等法律优点,同时学校应以此两种方式解决赔偿纠纷。仲裁方式具有简便、快捷、费用低等特点。非万不得已,不宜对簿公堂。诉讼方式比较公正、公开透明、程序严格,具有法律强制性和权威性。诉讼方式手续繁杂、费时较长、费用较高,并需要专业律师的帮助才能获得理想结果。诉讼方式也会影响纠纷双方的感情,且往往给学校带来声誉等方面的负面影响。

四、伤害赔偿的保险应对

【典型案例】

被告某中学系寄宿制完全中学,原告 13 岁,系被告初中部 2019 级 2 班在校学生。原告在校期间利用微机课时间,在网上查看小说,并进行小说创作导致学习成绩下降。2020 年 12 月 24 日晚自习期间,原告班主任老师在教师办公室因原告寝室内务卫生不符合学校检查要求,批评了原告和与原告同寝室的其他同学。又因原告和另一同学创作小说影响正常学习的行为对原告和该同学进行了批评,并要求原告通知其家长第二天到校。原告离开教师办公室后并未通知其家长。晚自习课后,原告独自从被告某中学尚学楼五楼教室窗边跳下,摔至楼下受伤,共花医疗费 229 136.50 元,购买康复器械费用 3 200.00 元。法院委托司法鉴定中心对原告的伤残等级进行了鉴定,鉴定报告意见为:原告的伤残等级评定为四级、九级、九级伤残;原告护理依赖程度为部分护理依赖;原告的后续治疗费为 24 500—32 500 元。被告某中学在被告某保险公司投有校方责任保险,每生每次事故赔偿限额 1 000 000.00 元,以及校方无过失责任保险,每人责任限额 100 000.00 元、每次事故责任限额 1 000 000.00 元。本案事故发生在保险合同有效期内。[①]

【法律问题】

本案保险公司需要承担责任吗?

【法理解读】

保险制度最大的功能就是将个人在生活中因遭遇各种人身危险、财产危险及对他人责任的危险所产生的损失,在共同团体中分摊消化。以保险事故发生所在的客体为区分标准,可将保险分为财产保险与人身保险两类。财产保险是指投保人根据合同约定,向保险人交付保险费,保险人按保险合同的约定对所承保的财产及其有关利益因自然灾害或意外事故造成的损失承担赔偿责任的保险。财产保险,包括责任保险、保证保险、信用保险等。人身保险是指以人的生命、身体或健康为承保客体的保险,包括人寿保险、健康保险、伤害保险及年金保险。

---

① 参见四川省雷波县人民法院(2021)川 3437 民初 778 号。

　　校方责任险,是财产保险的一种,由学校作为投保人,因校方过失导致学生伤亡的事故及财产损失,由保险公司来赔偿。学校是受益方,是一种责任保险。凡取得合法资格的教育机构,包括中小学、幼儿园及高等院校,均可作为被保险人。教育部发布的《关于印发〈全国依法治校示范校创建指南(中小学)〉的通知》,要求全员购买校方责任险或者校园综合险,建立社会化的安全风险分担机制。学校对学生依法应负的赔偿责任通常指:在学校活动中或由学校统一组织或安排的活动过程中,因校方疏忽或过失导致注册学员的人身伤亡,依法应由学校承担的全部或部分直接经济损失赔偿责任。校方责任保险保护的是学校的利益,即当发生学生伤害事故后,如果学校是有责任的,学校就要面对家长的经济损失的赔偿,而校方责任保险就是由保险公司承担这部分经济赔偿责任的商业保险。江苏省政府从 2006 年开始在这方面进行了实践探索。①

　　学生平安保险属于人身保险,是学生在自愿原则下购买的保障在校学生的人身意外伤残、死亡和医疗费用的意外伤害保险,价格一般在百元左右,由于其具有针对性强、保费低、保障范围广、投保门槛低等特点,因此很受欢迎,是青少年投保最广泛、最普遍的一种保险。

　　目前,中小学生"研学旅行"逐渐发展成为中小学基础教育课程体系中综合实践活动课程的重要组成部分。由于参与研学旅行的学生人数众多且都是未成年人,天性好动,自理能力、自我保护能力较弱,研学途中难免面临交通安全、食品卫生、自然灾害等各类风险,因此,保险公司推出了研学旅行专属保险产品,主要分为以下两类:一类是研学旅行安全责任保险。另一类是研学旅行学生意外综合保险。此种保险产品属于一种意外综合保险,是一种依据自愿购买的原则投保的短期补偿性险种。涵盖人身意外、医疗责任、个人责任、救援服务、旅行保障及其他安全责任等保障范围。

　　职校学生实习责任保险,属于职业院校或实习单位购买的责任保险范畴,保障的是职业院校或实习单位依法承担的民事经济赔偿责任,同时也为学生发生人身伤害后的事故处理和在保险责任范围内的赔偿提供资金支持。

---

　　①　2006 年 11 月 30 日,江苏省十届人大常委会第二十七次会议审议通过了《江苏省中小学生人身伤害事故预防与处理条例》,并于 2007 年 3 月 1 日起开始施行。强化政府预防与处理学生伤害事故的责任,2007 年起,江苏省政府安排专项经费 3 000 万元,为全省 1 000 万中小学生统一购买意外伤害事故校方责任险,每名学生保费 3 元,保额为 30 万元。从 2010 年起,投保范围从中小学扩大到幼儿园和高校,惠及全省 1 300 万名在校生,最高赔付额达 30 万元,实现城市、农村全覆盖。

县级以上人民政府教育行政部门或者学校举办者有条件的,可以通过设立学生伤害赔偿准备金等多种形式,依法筹措伤害赔偿金。

本案原告不能正确看待学校的教学行为,不进行沟通,而是采取极端的行为来发泄自身的不满。且原告在事故发生时已年满13岁,系限制民事行为能力人,有一定的认知能力和安全常识,应当对从五楼翻窗跳楼可能造成的危险性及后果具有较为清晰的认识,应承担本次事故的主要责任。被告某中学是一所附带寄宿制管理的学校,无证据证明该校对学生安全教育管理落实到位,且事发时处于被告的就寝时间,原告滞留于教学楼,未按时归寝,被告未及时发现这一情形,存在管理上的疏漏,应承担本次事故40%的次要责任。保险公司根据校方责任险的合同约定承担该部分赔偿责任。

【法条链接】

《学前教育法(草案)》第30条,《学生伤害事故处理办法》第30—31条,《关于印发〈全国依法治校示范校创建指南(中小学)〉的通知》等。

【风险防范】

1 政府或学校购买校方责任险或者校园综合险,学校组织的校外活动购买研学旅行安全责任保险,学校实习购买实习责任保险。家长还需要为孩子配置好高保额的少儿医疗险、意外伤害保险和重疾险等保障产品。

2 没有保险,遇到重大伤害,学校往往很难承担赔偿责任,不利于事故的善后处理。

3 没有保险,面对可能会带来数额极高的赔偿,无法解决,会导致事故处理的后遗症和社会舆情的关注。

4 学校有条件的,应当依据保险法的有关规定,参加学校责任保险。教育行政部门可以根据实际情况,鼓励中小学参加学校责任保险。提倡学生自愿参加意外伤害保险。在尊重学生意愿的前提下,学校可以为学生参加意外伤害保险创造便利条件,但不得从中收取任何费用。

第四节　学生伤害事故的预防和处理

一、安全管理职责

【典型案例】

原告马某与被告康某2020年就读于子长市某小学,二人均为六年级十班的学生。2020年11月22日上午10点课间休息时间,原告马某拍了一下被告康某,二人在班级的楼道内追逐打闹,后原告的左手被楼道内消防箱的尖锐铁皮割伤。原告马某受伤后,被家长送往医院进行急救,因原告伤势严重转院住院治疗8天,被诊断为:左手开放性伤口并肌腱损伤、皮肤逆行撕脱,行左手清创皮肤反削皮回植术。共产生医疗费28 973.84元,其中,被告康某的父母支付了5 000元。法院判决:(1)由被告子长市某小学于判决生效后10日内一次性给付原告马某各项损失25 306.44元;(2)由被告康某及其法定监护人于本判决生效后10日内一次性给付原告马某各项损失7 230.41元(执行时扣除已付5 000元);剩余损失3 615.06元,由原告马某自行承担。①

【法律问题】

学校承担赔偿责任的原因是什么?

【法理解读】

(一) 校园周边安全的责任

学校周边的治安、交通、环境、产品等问题严重影响学校安全,学校周边的学生人身伤害事故时有发生。"校园周边"指校园200米范围内的空间范围,即自中学、小学围墙或者校园边界的任意一点向外沿直线延伸200米的区域(而非限于校园门口200米)。②

结合《未成年人保护法》等有关法律法规的规定和实践来看,校园周边安全管理一般包括但不限于以下方面:(1)校园周边(尤其是校园门口)道路交通安全,特别是上学、放学交通秩序管理(如非法营运车辆搭载学生);(2)校园周边(尤其是学校门前通道)摆摊设点以及堆放杂物、停放车辆、违章搭建、占道经营等风险防控;(3)校园周边道路地下管网井盖巡查、维护;(4)校园周边食品药品经营不法行为监管;(5)校园周边施工安全;(6)中小学校园周边不得设置营业性娱乐场所、酒吧、互联网上网服务营业场所和烟、酒、彩票销售网点等不适宜未成年人活动的场所;(7)校园周边污染物排放的监督、检测;(8)定期巡查、测评学校以及周边山体、水流、斜坡、挡土墙对学校建筑物、活动场所、通道的安全影响;(9)校园周边新建危险或污染建筑物、构筑物、设施或场所的监管;(10)校园周边治安管理;(11)传染病风险的隔断等。

"校园周边"安全管理关键在于学校建立健全长效工作机制,具体包括但不限于以下几个方面:(1)制定校园周边安全风险清单,提供安全风险提示,健全风

---

① 参见陕西省子长市人民法院(2022)陕0623民初1882号。
② 《互联网上网服务营业场所管理条例》第9条。

险评估和预防制度,建立学校周边治安形势研判预警机制;(2)落实校园周边安全制度,强化对校园周边安全隐患、风险的排查,加强对老师、学生和家长的"校园周边"安全风险防控教育,比如,校园周边有河道堤防、山塘、水库的,学校可建议相关管理单位在易发生溺水的显著位置设置安全警示标志;(3)有条件的可建立学校安全保卫志愿者队伍,在上下学时段维护学校及校门口秩序;(4)加强与公安、综治等部门在信息沟通、应急处置等方面的沟通协作,健全联动机制,设置"护学岗",加强对校园门口和校园周边安全区域的治安巡逻,在上学、放学时段校园门口安排警力重点守护等。

(二)学校、幼儿园维护未成年人校内、园内安全的责任

建立校内安全工作领导机构,实行校长负责制,可任命一名领导成员具体负担起实施和运行安全管理的特定职责。学校应将事故防范工作的责任分解为若干层次、若干环节,明确划分每个部门、每个岗位的防范工作范围、内容和具体责任,包括工作责任和法律责任。领导责任制、部门责任制、岗位责任制及伤害责任追究制度的建立,可避免部门之间、岗位之间责任不清、相互推诿的情况,增强全体人员的责任感,有效地促进安全管理工作的落实。

学校、幼儿园应当完善安保设施、配备安保人员,保障未成年人在校、在园期间的人身和财产安全。学校、幼儿园应当按照相关规定,根据实际和需要,配备必要的安全保卫力量;除学生人数较少的学校、幼儿园外,每所学校、幼儿园应当至少有1名专职安全保卫人员或者受过专门培训的安全管理人员。完善学校安全技术防范系统,在校园主要区域要安装视频图像采集装置,有条件的要安装周界报警装置和一键报警系统,做到公共区域无死角。学生在校期间,对校园实行封闭化管理,并根据条件在校门口设置硬质防冲撞设施,阻止人员、车辆等非法进入校园;学校、幼儿园要与社区、家长合作,有条件的建立安全保卫志愿者队伍,在上下学时段维护校门口秩序;寄宿制学校、幼儿园要根据需要配备宿舍管理人员。①

(三)中小学生研学旅行的安全管理职责

中小学生研学旅行是由教育部门和学校有计划地组织安排,通过集体旅行、集中食宿方式开展的研究性学习和旅行体验相结合的校外教育活动。安全管理职责主要涉及以下几个方面。

---

① 《关于加强中小学幼儿园安全风险防控体系建设的意见》。

教育部门的职责:教育部门应制定相关政策,明确研学旅行的安全管理要求,并加强对学校研学旅行活动的指导和监督,确保其符合安全标准。

学校的职责:学校是研学旅行活动的组织者,应承担起安全管理的主体责任。学校需要制定详细的安全管理制度和应急预案,对学生进行安全教育和培训,确保学生在研学旅行过程中的人身安全。此外,学校还需对研学旅行目的地、交通工具、食宿条件等进行严格的安全评估,并配备足够的教师和安全保障人员。学校与家长签订协议书,明确学校、家长、学生的责任权利。

教师的职责:教师是研学旅行活动的具体执行者,需要全程陪同学生,并负责学生的日常管理和安全保障工作。教师应熟悉安全管理制度和应急预案,及时发现和解决安全隐患,确保学生的安全。

学生的职责:学生需要遵守学校的安全管理制度,听从教师和工作人员的安排,增强自我保护意识,不参与危险活动,确保自身安全。

家长或其他监护人的职责:家长或其他监护人应配合学校做好学生的安全教育工作,引导学生在研学旅行中注意安全,并与学校保持密切联系,及时了解学生的安全情况。

中小学生研学旅行的安全管理职责需要教育部门、学校、教师、学生和家长或其他监护人共同承担,形成全方位的安全保障体系。在实际操作中,各地区和各学校应根据具体情况制定相应的安全管理措施。

本案被告有对学校内的设施设备进行及时检查和维修的义务,且应当对学生进行安全教育,对课间在校的学生进行有效的管理。但被告没有尽到安全管理职责和安全防范义务,导致原告马某某在与被告康某某相互追赶时被消防箱的不锈钢边框割伤,学校对此次事故的发生存在过错,应当承担此次事故70%的主要责任。原、被告均为未成年人,双方应当清楚在课间也应遵守学校纪律,不应在课间相互追赶打闹。被告康某的谈话也证实其与原告马某追逐打闹,相互追赶,故被告康某应当承担次要赔偿责任。因被告康某为限制行为能力人,故应当由其父母承担赔偿责任。

【法条链接】

《未成年人保护法》第22条、第35条、第37条、第39—40条、第58—59条、第88条,《义务教育法》第24条,《中小学幼儿园安全管理办法》第6—14条、第28—37条、第47—54条,《幼儿园管理条例》第7—8条,《幼儿园工作规程》第

30—33条,《小学管理规程》第45—47条,《国务院办公厅关于进一步加强学校及周边建筑安全管理的通知》,《教育部关于加强高等学校学生公寓安全管理的若干意见》,《教育部关于切实落实中小学安全工作的通知》等。

【风险防范】

1 研学旅行要坚持安全第一,建立安全保障机制,明确安全保障责任,落实安全保障措施,确保学生安全。

2 由于未成年学生活泼好奇、参加人数众多、活动环境开放、不可控因素聚集,故校外活动往往有较大的安全风险,常见的既有摔伤、磕伤、碰伤等个体伤害,也不乏火灾、拥挤踩踏、活动场地坍塌、交通事故、溺亡、食物中毒等群死群伤。

3 学校组织学生参加校外活动不当,造成学生伤害事故的,将依法承担相应的责任。

4 (1)中小学要探索制定中小学生研学旅行工作规程,做到"活动有方案,行前有备案,应急有预案"。(2)学校组织开展研学旅行可采取自行开展或委托开展的形式,提前拟订活动计划并按管理权限报教育部门备案,通过家长委员会、致家长的一封信或召开家长会等形式告知家长活动意义、时间安排、出行线路、费用收支、注意事项等信息,加强学生和教师的研学旅行事前培训和事后考核。(3)学校自行开展研学旅行,要根据需要配备一定比例的学校领导、教师和安全员,也可吸收少数家长作为志愿者,负责学生活动管理和安全保障,与家长签订协议书,明确学校、家长、学生的责任权利。(4)学校委托开展研学旅行,要与有资质、信誉好的委托企业或机构签订协议书,明确委托企业或机构承担学生研学旅行安全责任。(5)学校要做好行前安全教育工作,负责确认出行师生购买意外险,必须投保校方责任险,与家长签订安全责任书,与委托开展研学旅行的企业或机构签订安全责任书,明确各方安全责任。(6)鼓励通过社会捐赠、公益性活动等形式支持开展研学旅行等。

二、安全管理制度和应急预案

【典型案例】

原告李某(五年级三班)及被告韦某(四年级三班)均系天峨县某实验小学学生。2022年11月22日14时14分,有学生将放在球场边展板下的凳子拿到篮球筐下并踩凳子抓篮筐玩耍片刻后离开,14时17分,另一学生将该凳子挪到球场边篮球架旁,并踩凳子攀爬篮球架,14时18分,被告韦某又将凳子拿到篮球筐下并投篮吊篮筐玩耍,稍后,原告李某加入玩耍,14时24分,原告李某踩在凳子上跃起吊篮筐时,被告韦某从原告李某背后推了原告一下,导致原告李某未能抓稳篮筐摔倒受伤。后原告被送往天峨县人民医院住院治疗15天,原告各项损失合计20 361元。事后从监控视频可以看到,事故发生时系学生进校时间,从14时14分开始到发生事故的14时24分,多名学生多次借助涉案凳子进行起跳投篮、攀爬篮球架或吊篮筐等危险行为,但此期间没有老师上前阻止。①

【法律问题】

被告韦某监护人和学校需要承担什么民事侵权责任？

【法理解读】

(一) 建立健全校内安全管理制度

学校、幼儿园应当遵守有关安全管理工作的法律、法规和规章，建立健全校内园内各项安全管理制度。《中小学幼儿园安全管理办法》对校长负责制、门卫制度、校内安全定期检查和危房报告制度、消防安全制度、食堂卫生制度、实验室管理制度、学生安全信息通报制度、住宿学生安全管理制度、校车管理制度、安全工作档案等学校应当建立健全的各项具体的安全管理制度作出了明确规定，同时还针对大型集体活动、体育活动等日常管理中容易发生安全事故的领域与环节作出了明确的安全管理要求。学校还应当建立应对突发事件和意外伤害预案、学生欺凌防控工作制度、预防性侵和性骚扰未成年人工作制度等安全管理制度，从各个方面保障未成年人的安全。其中，健全门卫制度的同时，还要求建立校外人员入校的登记或者验证制度，禁止无关人员和校外机动车入内，禁止将非教学用易燃易爆物品、有毒物品、动物和管制器具等危险物品带入校园。学生安全信息通报，就是将学校规定的学生到校和放学时间、学生非正常缺席或者擅自离校情况以及学生身体和心理的异常状况等关系学生安全的信息，及时告知其监护人。安全工作档案，记录日常安全工作、安全责任落实、安全检查、安全隐患消除等情况。安全档案是实施安全工作目标考核、责任追究和事故处理的重要依据。

(二) 建立安全应急机制

要制定学校安全应急预案，以应对校内突发的火灾、食物中毒、重大治安等安全事故及地震、洪水、台风等自然灾害。学校应针对可预见的学生伤害事故，研究和制定事故应急预案，指定人员，安排物质准备。平时，可组织教师学习急救知识，掌握应急本领；通过小红十字会员活动、夏令营活动等方式，组织学生学习救护常识，普及避险、自救本领，提高学生的自我保护意识和自救能力。有些事故发生后处理困难，与学校、教师没有及时采取必要的医疗急救措施有密切的关系。此外，对学生擅自离校等有关学生人身安全的信息，教师或学校其他工作人员得知后应立即告知学生家长或其他法定监护人。开展避险逃生自救演

---

① 参见广西壮族自治区天峨县人民法院(2023)桂 1222 民初 65 号。

练,学校可根据当地实际情况,组织师生按照《中小学幼儿园应急疏散演练指南》开展多种形式的事故或灾害预防演练。学校应当每学期至少开展一次针对洪水、地震、火灾等灾害事故的紧急疏散演练,使师生掌握避险、逃生、自救的方法。

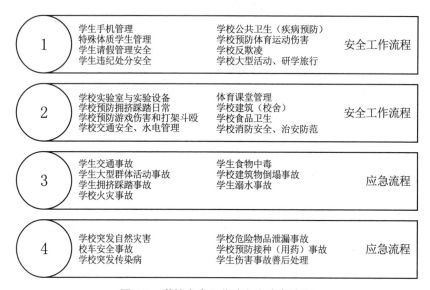

图 6-3 学校安全工作流程和应急流程

本案中,原告李某踩凳子跳起吊篮筐时被告韦某在其背后推了一下,导致原告李某不能抓稳篮筐摔倒在地,可以确认被告韦某对此次事故的发生存在过错。因被告韦某系限制民事行为能力人,被告的监护人承担其民事侵权责任。原告李某已年满 10 周岁,作为限制民事行为能力人,理应知晓踩凳子跳起吊篮筐系危险行为,该行为属于自陷风险行为,对损害结果的扩大亦有过错。学校对学生的危险行为没有及时阻止,导致安全隐患未能及时消除,被告天峨县某实验小学亦存在过错。法院结合事故视频及庭审调查各方的过错程度,确定原告李某自负 10% 的责任比例,被告韦某监护人负 80% 的责任比例,被告天峨县某实验小学负 10% 的责任比例。

【法条链接】

《教育法》第 73 条,《未成年人保护法》第 37 条、第 39 条、第 40 条,《中小学幼儿园安全管理办法》第 15—27 条,《国务院办公厅关于加强中小学幼儿园安全风险防控体系建设的意见》等。

【风险防范】

1. 学校要建立安全管理制度，对未成年人进行安全教育，完善安保设施、配备安保人员，保障未成年人在校、在园期间的人身和财产安全；地方人民政府及其有关部门应当保障校园安全，监督、指导学校等单位落实校园安全责任，建立突发事件的报告、处置和协调机制。

2. 学校安全管理制度管理和执行不到位，有明显疏漏，未能及时采取措施杜绝重大安全隐患。

3. 学校应全方位构建覆盖学生和教职工的安全工作保障体系和长效机制，全面落实安全工作责任制和事故责任追究制，健全学校安全预警机制，制订突发事件应急预案并组织演练，完善事故预防措施，及时排除安全隐患。

4. 学校安全管理制度体系：（1）建立健全校内各项安全管理制度和安全应急机制，建立校内安全工作领导机构。（2）设立保卫机构，配备专职或兼职安全保卫人员，健全门卫制度，建立校外人员入校的登记或验证制度，禁止无关人员和校外机动车入内，禁止将非教学用易燃易爆物品、有毒物品、动物和管制器具等危险物品带入校园。在校园内，学校应加强治安巡逻，建立健全护校教师值班、巡查制度，特别是要强化对教室、学生宿舍、操场、食堂、主要道路等重点区域和学生上学、放学、课间休息及夜间等重点时段的安全巡查。（3）建立校内安全定期检查制度和危房报告制度，维修、更换前应当采取必要的防护措施或设置警示标志。（4）建立用水、用电、用气等相关设施设备的安全管理制度，定期进行检查或按照规定接受有关主管部门的定期检查。（5）有寄宿生的学校应建立住宿学生安全管理制度，并对学生宿舍实行夜间巡查、值班制度，配备专人负责并加强对女生宿舍的安全巡查。（6）完善学校安全技术防范系统，在校园主要区域要安装视频图像采集装置，有条件的要安装周界报警装置和一键报警系统，做到公共区域无死角。（7）建立安全工作档案，记录日常安全工作、安全责任落实、安全检查、安全隐患消除等情况，安全档案作为实施安全工作目标考核、责任追究和事故处理的重要依据等。

三、安全教育

【典型案例】

2023 年 4 月 15 日,江苏无锡一中学组织高二学生前往锡山鹅湖玫瑰园春游,6 名学生乘坐游船时侧翻,6 人全部落水,4 人被现场人员及时施救上岸,2 人因救生衣在翻船时滑落溺水不幸身亡。[①]

【法律问题】

对于本案的发生,学校有什么值得反思的地方?

【法理解读】

未成年学生生活经验欠缺,他们对危险的识别能力较差,也缺乏自我保护的知识和技能。预防学生伤害事故的发生,最重要的一点就是要对学生开展充分的安全教育。从实际操作来看,学校安全管理制度的落地从根本上有赖于常抓

---

① 载"中国应急管理"微信公众号,2023 年 4 月 17 日发布。

不懈、久久为功的教职工安全教育,具体可以依照《中小学幼儿园安全防范工作规范(试行)》并参考《中小学校岗位安全工作指南》,将安全工作的各项职责进行层层分解,落实到人,每一个班主任、任课教师都要担负起对学生进行安全管理和教育的责任。

对教工的教育和培训,落实《中小学校岗位安全工作指南》,树立"学生安全人人有责"的安全责任意识,通过多种途径和方法,使教职工熟悉安全规章制度、把握基本的安全操作规范、掌握安全救护常识,学会指导学生预防事故、自救、逃生、紧急避险的方法和手段。从而做到遇事不乱,应对有方。任课老师应严格按照学校的课时安排,按时上下课,不得擅自更改课堂内容,不得提前宣布下课或拖堂,不得以回办公室取教具、上厕所或外出看病等理由中途离开教室,确因情况特殊必须离开课堂的,应提前报批并与代课老师做好衔接。

学校、幼儿园应当健全学校安全教育机制,加强对未成年人的安全教育。

安全教育的主要内容:(1)按照国家课程标准和地方课程设置要求,将安全教育纳入教学内容,对学生开展安全教育,培养学生的安全意识,提高学生的自我防护能力(如防溺水、防电、防火、防盗抢、交通、消防、防溺水、防自然灾害、防网络沉迷、反欺凌、反暴力、反邪教、禁毒、反恐怖行为、防范未成年人犯罪等),将安全教育与法治教育、健康教育等有机融合,使学生掌握基本的自我保护技能,应对不法侵害。同时,学校应当将安全教育与法治教育有机融合,把尊重生命、保障权利、尊重差异的意识和基本安全常识从小根植在学生心中,在教育中要适当增加反欺凌、反暴力、反恐怖行为、防范针对未成年人的犯罪行为等内容,引导学生明确法律底线、强化规则意识。(2)按照教育部于2007年2月7日颁布的《中小学公共安全教育指导纲要》的规定,中小学校应当对学生开展公共安全教育。(3)学校应引导学生监护人与学校互相配合,在日常生活中加强对被监护人的各项安全教育等。

安全教育的主要途径:(1)学校应在开学初、放假前,通过学生手册、班会、团会、校会、黑板报、国旗下讲话、普法培训、专题讲座、学生安全教育须知、安全知识竞赛、参观和演练等形式有针对性地对学生集中开展安全教育。新生入校后,学校应帮助学生及时了解相关的学校安全制度和安全规定。(2)利用班会、升旗仪式、墙报、板报、各种方式全方位、多角度地开展安全教育。在学科教学和综合实践活动课程中渗透安全教育的内容。(3)通过游戏、实际体验、影片欣赏、角色扮演等寓教于乐的形式开展安全教育活动。(4)通过与公安、消防、交通、治安以及卫生、地震等部门建立密切联系,聘请专业人员对学生开展相应的安全教育。

(5)指导学生的家长加强对孩子的安全教育。

相关刑事法律风险需要防范大型群众性活动重大安全事故罪,该罪是指举办大型群众性活动违反安全管理规定,因而发生重大伤亡事故或者造成其他严重后果的,对直接负责的主管人员和其他直接责任人员,处三年以下有期徒刑或者拘役;情节特别恶劣的,处三年以上七年以下有期徒刑。[①]

本案对学校的启示:学校应当健全学校安全教育机制,重视并加强对教师和未成年人的安全教育。学校要加强对教师和户外活动参与者的安全教育,学校和主办方要对活动场所进行严格的安全检查。在涉水活动场所,必须确保所有游船和救助工具的完整性和有效性。游船应配备充分的救生圈和浮力设备,以便在突发情况下及时进行救助。同时学校作为活动的组织者,应该对学生进行安全教育,让学生充分认识到安全问题的重要性,掌握自我保护的技能和知识。如上船后,熟悉救生衣、救生圈、消防设备的位置和使用方法。虽然是自由活动时间,但是也应该提前叮嘱学生,并且在容易发展危险的场所比如河边、游船附近,安排老师看管,发现学生行为具有安全隐患,应该及时制止。

【法条链接】

《未成年人保护法》,《刑法》第 135 条之一,《中小学幼儿园安全管理办法》第29 条、第 38—46 条、第 62 条。

【风险防范】

1 学校组织学生参加校外活动,应对学生进行相应的安全教育,并在可预见的范围内采取必要的安全措施。

2 学校组织学生参加教学活动,未对学生进行相应的安全教育,并未在可预见的范围内采取必要的安全措施,造成学生伤害事故的,学校应依法承担相应的责任,这也就要求学校应建立有关已进行相应安全教育和已采取必要安全措施的工作档案,留存记录(含监控视频)。学校组织学生集体外出活动,如春游、秋游、参观博物馆、观看演出、参加社会实践或社会调查活动等。

3 学校组织学生参加校外活动,未对学生进行相应的安全教育,并未在可预见的范围内采取必要的安全措施,造成学生伤害事故的,学校应依法承担相应的责任;学校安排学生参加活动,因提供场地、设备、交通工具、食品及其他消费与服务的经营者,或学校以外的活动组织者的过错造成的学生伤害事故,有过错的当事人应依法承担相应的责任。由于学校组织学生参加的校外活动通常涉及人数较多,容易演变为群体性事故(如重大交通事故),如学校不履行安全管理和安全教育职责,对重大安全隐患未及时采取措施,严重者教育部门还将对学校负责人和其他直接责任人员给予行政处分;构成犯罪的,依法追究刑事责任。

---

① 根据最高人民法院最高人民检察院《关于办理危害生产安全刑事案件适用法律若干问题的解释》,立案标准:(1)造成死亡一人以上,或者重伤三人以上的;(2)造成直接经济损失 100 万元以上的;(3)其他造成严重后果或者重大安全事故的情形。

4

（1）在组织学生校外集体活动前，要对活动进行全面考量，选择安全的活动路线和场所，并视情况事先对活动路线和活动场所进行勘察和踩点；对校外活动中有可能出现的意外情况要进行充分考虑，制订有针对性的安全应急预案，并提前配备相应设施，避免在大风、大雾、雨雪等恶劣天气组织学生外出活动；（2）在组织学生进行校外集体活动时，要安排足够的管理人员，带队教师要全程跟随，明确安全职责，如遇到突发情况，要果断采取应急措施妥善处理；（3）开展大型体育活动以及其他大型学生活动，必须经过主要街道和交通要道的，应事先与公安机关交通管理部门共同研究并落实安全措施；组织学生参加跨地区体育活动和体育比赛，应本着自愿的原则，根据活动或比赛要求向学生及家长提供安全告知书（告知家长活动的时间、地点、意义、收费项目和注意事项等），获得家长书面反馈意见，临时变更的，应及时告知学生家长；大型体育活动或体育比赛需要第三方提供交通、食品、饮水、医疗等服务的，依法选择有合格资质的服务机构，依法签订规范的服务合同，明确各方责任、权利和义务；（4）有条件的，学校可购买校方责任保险，学校也可鼓励和提倡监护人自愿为学生购买意外伤害保险，完善校外活动风险管理和转移机制；（5）一些地方教育主管部门还发文明确要求"学校组织春游活动要报经上级教育主管部门批准""学校校（园）长是学生校外集体活动的第一责任人，要严格执行学生校外集体活动报备制度"；如学校组织学生参加的校外活动涉及学生人数众多，还应履行组织学生参加大型集体活动的专门职责。

四、学生伤害事故的处理

【典型案例】

某市曾组织中小学生在场馆内举行近 800 人参加的汇报演出，由于舞台上方光柱灯烤燃附近纱幕引发大火，火势迅速蔓延，约一分钟后电线短路，灯光熄灭；剧厅内各种易燃材料燃烧后产生大量有毒有害气体，致使众人被烧或窒息，造成重大责任事故，伤亡极为惨重；后经调查，此次活动的主办者和组织者，事先没有考虑和检查安全问题，火灾发生后又没有及时、有效地指挥疏散，属于严重失职渎职，最终包括学校在内的责任人员均遭到严厉惩处，直至被追究刑事责任。①

【法律问题】

对于本案的发生，组织者有什么值得反思的地方？

【法理解读】

《学生伤害事故的处理办法》从实际出发，明确规定了学生伤害事故的处理程序。在处理事故过程中，学校要依法做到：

（1）发生学生伤害事故，学校应当及时救助受伤害学生。

在初步观察学生伤势的情况下，作出应急判断，若学生无明显重大伤势，可先行通知学校卫生室，由学校的专职卫生人员前往现场进行查看；若卫生人员认为伤势较为严重，则应及时送往医院进行治疗；若学生身体表面有明显重大伤痕

---

① 顾昂然主编：《七五普法·青少年以案学法读本》，人民日报出版社 2016 年版，第 33—34 页。

或虽无明显伤痕但学生处于昏迷状态或存在高空坠落、重物打击等情况,学校在通知卫生室的同时应及时拨打急救电话,不可随意挪动学生。从当时、当地的实际出发,以有利于控制伤害的扩大,尽量减轻伤害后果为原则,学校及时将学生送到医院。至于医疗费用,学校也要设法筹措先行垫付,以免贻误了抢救时机。而且在医院的救护过程中,学校要派专人在场,了解情况,帮助看护,以免不测。

(2)想方设法,及时告知家长。

发生学生伤害事故,学校应及时告知未成年学生的监护人。告知必须及时,拖延告知就可能使学生家长错过履行监护义务的重要时机。

(3)事发、事后,及时报告上级。

发生学生伤害事故,情形严重的,学校应当及时向主管教育行政部门报告。事故处理结束,学校应当将事故处理结果书面报告主管的教育行政部门。事发的报告可先行即时口头报告,尽快写成书面报告。报告的内容应包括事故发生的时间、地点、经过、伤害情形、已经采取的措施、事故发生的原因、涉及的人员、处理的建议等。需要报告的是"情形严重的"。例如,造成轻伤,可能导致学生残疾、影响学生正常学习和生活的,甚至个别学生死亡的。学生伤害事故如涉及其他政府部门管辖的,学校除向教育主管部门报告外,还应同时报告其他有关部门。

事后的报告是指在伤害事故处理结束后,学校要向教育主管部门作书面报告,报告的内容应写明事故处理的经过,包括事故处理过程中曾出现的争议、解决争议的途径、事故的原因与责任、赔偿金额、对有关责任人员的处理,还应总结事故的教训和改进防范工作的措施等。此报告还应附上双方协商同意签订的协议或调解协议或判决书等。

(4)保护现场,组织专人处理。

事故发生后,在积极救助受伤学生的前提下,要设法尽可能完整地保护好事故发生的现场,最好请派出所和其他有关部门(如保险公司)到场与学校一起取证,以便日后查明原因、分清责任、提出改进措施之用。做到及时保存事故视频监控及其他相关证据材料。

(5)主动协商,慎重对待承诺。

学校发生伤害事故,学校与受伤学生家长如对事故的处理有争议,可通过协商方式解决。协商是争议各方在自愿的基础上,直接进行磋商,互谅互让,依法达成协议。当然,协商不成或不愿协商,可请求教育行政主管部门调解即行政调解,不愿行政调解或是行政调解无效的,可依法提起诉讼。

（6）分清责任，处理有关人员。

如果伤害事故是由学校教师或其他工作人员在履行职务过程中的故意或重大过失造成的，学校应先向受伤害的学生进行赔偿，然后可以向有关责任人员追偿，并可对责任者给予必要的行政处分。

相关刑事法律风险需要防范不报、谎报安全事故罪。该罪是指在安全事故发生后，负有报告职责的人员不报或者谎报事故情况，贻误事故抢救，情节严重

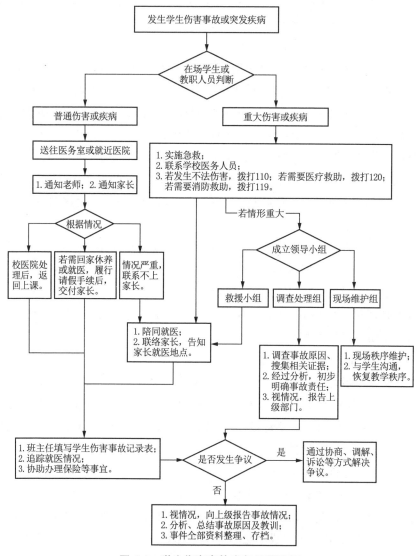

图 6-4　学生伤害事故应急处置流程

的,处三年以下有期徒刑或者拘役;情节特别严重的,处三年以上七年以下有期徒刑。①

对于本案的发生,组织者需要严格按照学生伤害事故应急处置流程处理,力求将损失降低到最低。

【法条链接】

《刑法》第 139 条之一,《学生伤害事故处理办法》第 15—20 条、第 22 条、第 26 条,《中小学幼儿园安全管理办法》第 55—59 条。

【风险防范】

1　学校、幼儿园安排未成年人参加文化娱乐、社会实践等集体活动,应当保护未成年人的身心健康,防止发生人身伤害事故。

2　学校组织学生大型集体活动,未对学生进行相应的安全教育,并未在可预见的范围内采取必要的安全措施。

3　造成学生伤害事故的,履职不当的校方就要承担民事赔偿责任;学校不履行安全管理和安全教育职责,对重大安全隐患未及时采取措施的,有关主管部门应责令其限期改正;拒不改正或者有规定情形之一的,教育部门应对学校负责人和其他直接责任人员给予行政处分;构成犯罪的,依法追究刑事责任。

4　学校组织学生参加大型集体活动,应充分履行专门的安全教育和采取适当的安全措施职责:(1)学校组织学生参加大型集体活动,应采取"成立临时的安全管理组织机构""有针对性地对学生进行安全教育""安排必要的管理人员,明确所负担的安全职责"和"制定安全应急预案,配备相应设施"等安全措施。(2)在学生放学(含下晚自习)、参加升旗仪式、做操、集会、下课或就餐等群体活动的上下楼过程中,要专门针对预防学生拥挤踩踏事故建立制度和预案,采取措施、组织演练。要从学生实际出发,在上操、集合等上下楼梯的活动中,不强调快速、整齐,适当错开时间、分年级、分班级逐次下楼,并安排教职工在楼梯间负责维持秩序,管理学生。(3)学校组织学生参加大型集体活动期间,发现学生行为具有危险性,应及时进行必要的管理、告诫或制止。(4)公共场所发生突发事件时,应当优先救护未成年人。(5)组织学生参加大型集体活动,有条件的学校可购买校方责任保险,学校也可鼓励和提倡监护人自愿为学生购买意外伤害保险等。

---

① 根据最高人民法院、最高人民检察院《关于办理危害生产安全刑事案件适用法律若干问题的解释》(法释〔2015〕22 号),立案标准为情节严重:(1)导致事故后果扩大,增加死亡一人以上,或者增加重伤三人以上,或者增加直接经济损失 100 万元以上的;(2)实施下列行为之一,致使不能及时有效开展事故抢救的:决定不报、迟报、谎报事故情况或者指使、串通有关人员不报、迟报、谎报事故情况的;在事故抢救期间擅离职守或者逃匿的;伪造、破坏事故现场,或者转移、藏匿、毁灭遇难人员尸体,或者转移、藏匿受伤人员的;毁灭、伪造、隐匿与事故有关的图纸、记录、计算机数据等资料以及其他证据的。

第七章　教师违反职业道德行为的法律风险

第一节　新时代师德存在问题及原因分析

一、教师师德的内涵

【典型案例】

案例 1:2021 年 7 月,北京市教委在开展校外培训机构专项整治过程中,发现 5 名中小学在职教师在校外培训机构违规兼职取酬,具体情况为:朝阳区呼家楼中心小学语文教师许某出借教师资格证给其配偶参与校外培训并取酬;朝阳区润丰学校化学教师刘某利用周末时间参与校外培训机构辅导并取酬,语文教师胡某利用暑假期间为校外培训机构发放招生传单并取酬;通州区觅子店中学数学教师王某、英语教师程某,从事有偿补课并取酬。经调查核实,相关区教委对以上 5 名涉事教师给予警告处分,并调离教学岗位。①

案例 2:2014 年 9 月起,刘某宇入职无锡某中学,并签订了劳动合同,从事数学学科教学工作。学校与刘某宇签订的最后一份《全日制劳动合同书》的聘用时间是 2019 年 9 月 1 日至 2020 年 8 月 31 日。2018 年 11 月,学校开展教师拒绝有偿补课公开承诺书签订活动,学校向全体教职工传达了江苏省教育厅关于拒绝有偿补课的规定,刘某宇参会并签署了《江苏省中小学教师拒绝有偿补课公开承诺书》,承诺书中载明:"如有违反,我愿意接受学校和上级组织的严肃处理。"刘某宇在工作时间外在自己的居住地开展与本职工作的教学内容相关的课外辅导,一定程度上影响了大楼居民的正常生活,该行为遭到同住大楼居民的不满并

---

① 载"中国教育新闻网"微信公众号,2021 年 8 月 25 日发布。

向有关部门进行举报。刘某宇因有偿补课被举报查实,学校解除合同。原告刘某宇以被告无锡某中学违法解除劳动合同为由提起诉讼,要求被告支付赔偿金。①

【法律问题】

案例1中5名中小学在职教师在校外培训机构违规兼职取酬违反师德吗?案例2中学校是否有权解除与刘某宇的劳动合同?

【法理解读】

(一)教师职业道德的概念

教师职业道德,简称师德,是教师行业道德和角色道德的总称,是教师在从事教育活动过程中必须遵守的道德规范和行为准则。

(二)教师职业道德的结构

教师职业道德包括职业道德认知、职业道德情感、职业道德意志和职业道德行为四个方面。

教师职业道德认知是指教师对于教育伦理准则、职业责任和职业行为规范的理解和认知。教师应该熟悉并遵守教育领域的伦理准则,教师应该认识到自己在学生教育中的重要责任和影响力。教师职业道德认知是教师职业发展和教育质量的基础,它有助于教师树立正确的职业观念。

教师职业道德情感是指教师在面对职业伦理和道德问题时所表现出的情感反应和态度。教师应该具备对道德问题的敏感性,能够意识到何时涉及道德抉择和决策。教师应该对学生和教育事业怀有同情心和关怀之情。教师应该对教育事业怀有理想和热情。

教师职业道德意志是指教师在面对职业伦理困境和挑战时,能够保持职业道德标准和原则的决心和意愿。教师应该坚守职业道德的核心价值观和原则,不受外界压力或诱惑的影响。无论面临何种困难或诱惑,应该始终以道德为准绳,坚守职业操守。教师应该具备自律和自制力,能够控制自己的行为和情绪,避免任何可能损害学生利益或破坏职业形象的行为。教师在面临道德决策时,应该能够进行权衡和判断,选择符合职业道德的最佳行动方案。

教师职业道德行为是指教师在实际工作中所表现出的符合职业道德要求的行为和实践。教师职业道德行为是教师职业的核心要求之一。通过展现符合职业道德的行为,教师能够树立良好的职业形象,获得学生、家长和社会的尊重和信任,为学生的全面发展和教育事业的进步作出积极贡献。

---

① 江苏省无锡市梁溪区人民法院(2021)苏 0213 民初 1028 号。

《中小学教师违反职业道德行为处理办法》第 4 条第 10 款将"组织、参与有偿补课，或为校外培训机构和他人介绍生源、提供相关信息"列为应予处理的教师违反职业道德行为，教育部《严禁中小学校和在职中小学教师有偿补课的规定》细化了有偿补课的行为类型。①

案例 1 中 5 名中小学在职教师在校外培训机构违规兼职取酬，违反了不得参与有偿补课的师德规范。案例 2 中学校有权解除与刘某宇的劳动合同。刘某宇的行为明显违反了此前签署的"拒绝有偿补课公开承诺"，学校按照上级教育主管部门的文件精神对此从重处理，解除与其的聘用合同关系，符合规定，不属于违法解除，无需支付赔偿金。

【法条链接】

《教师法》第 1 条，《中小学教师违反职业道德行为处理办法》第 4 条，《严禁中小学校和在职中小学教师有偿补课的规定》。

【风险防范】

师德培养离不开榜样示范和教师的职业地位。（1）榜样具有强大的影响力并对教师师德的培养起着至关重要的作用。优秀的教师可以通过自身的言行举止、专业素养和教学实践，为其他教师树立良好的榜样。（2）教师的职业地位对师德的培养和维护至关重要。当教师的职业地位得到充分的认可和尊重时，他们更有动力去追求专业发展和维护师德，从而增强他们对于师德的责任感和使命感。

没有榜样示范，师德的导向作用就不能很好地发挥，没有教师的职业地位师德的理想就失去一个重要的支撑点。

各级政府教育主管部门和学校树立教书育人楷模、模范教师、优秀教师的榜样作用，是一个重要的职责。

采取的措施：（1）健全教书育人楷模、模范教师、优秀教师等多元的教师荣誉表彰体系，通过评选和表彰优秀教师，组织经验交流和分享，充分发挥典型引领示范和辐射带动作用。鼓励优秀教师在教育研究、教材编写等方面发挥引领作用，提供更多的机会让他们展示专业素养和教学成果。（2）教育机构应该加强师德教育培训，通过开展专题讲座、研讨会和培训课程等方式，帮助教师理解和践行师德要求，帮助教师将师德理念转化为具体行动。（3）社会应该加大对教育事业的支持力度，提高教师的社会地位和待遇。（4）政府可以建立健全的教师职业发展体系，包括职称评定、晋升机制和培训机会等。（5）政府应制定相关法律法规，保障教师的合法权益，建立健全的教师绩效评价和考核机制，避免片面追求成绩指标而忽视教师的实际贡献。（6）支持教师专业发展，政府可以提供经费支持和政策倾斜，鼓励教师参与教育研究、学术交流和专业培训。

---

① 教育部指出，治理有偿补课是全面贯彻党的教育方针，落实立德树人根本任务的必然要求，是进一步加强中小学师德师风建设，规范中小学校办学行为，大力推进素质教育，切实减轻学生学业负担，坚决纠正人民群众反映强烈的教育行风问题的有力举措。2015 年 6 月 29 日，教育部印发：《严禁中小学校和在职中小学教师有偿补课的规定》：(1)严禁中小学校组织、要求学生参加有偿补课；(2)严禁中小学校与校外培训机构联合进行有偿补课；(3)严禁中小学校为校外培训机构有偿补课提供教育教学设施或学生信息；(4)严禁在职中小学教师组织、推荐和诱导学生参加校内外有偿补课；(5)严禁在职中小学教师参加校外培训机构或由其他教师、家长、家长委员会等组织的有偿补课；(6)严禁在职中小学教师为校外培训机构和他人介绍生源、提供相关信息。

二、教师师德规范

【典型案例】

某小学低年级段一班级在录制活动视频时,因表演者朗诵声音较大,在座多名学生捂住耳朵,扭身回头。其中坐在第一排的一名学生动作幅度偏大,教师认为影响了录制进程。拍摄暂停后,现场两名教师以不尊重表演者为由,轮流批评、命令该学生换座,言辞中多次出现"去滚,起来""讨厌"等字眼,并鼓动全班学生一起针对该学生,"(耽误大家时间)你让全班同学都讨厌你,是吗?"不少学生也因此表现出对该生的不满。涉事视频流传至网络,引发全网热议。后续该校作出回应,向学生及家长致歉,并停止涉事教师工作。①

【法律问题】

本案中教师的批评行为符合教师师德规范吗?

【法理解读】

从师德的层次来区分,师德规范既包括具有激励功能的师德理想,也包括有指导功能的师德原则,还包括有约束功能的师德规则和违反师德行为的处理办法。

师德理想是对教育人员的最高要求,它涵盖了教育者的价值观、伦理自主性、道德情感和认知态度。(1)价值观:教育者的价值观是指他们对教育的目标、意义和价值的看法。教育者应该具备正确的价值观,包括关注学生的全面发展、尊重学生的个体差异、追求公平与正义等。(2)伦理自主性:伦理自主性是指教育者在面对伦理困境时能够独立思考、作出正确的道德选择的能力。教育者应该具备独立思考的能力,能够根据伦理原则和专业道德准则来判断和处理各种伦理问题。(3)道德情感:道德情感是指教育者对于道德行为的情感态度和责任感。教育者应该培养自己的道德情感,包括对学生的关爱、责任感和同理心,以及对教育事业的热爱和奉献精神。(4)认知态度:认知态度是指教育者对知识、学习和教育的认知方式和态度。教育者应该具备积极的学习态度和开放的知识观,不断更新自己的知识和教育理念,以适应不断变化的社会和教育环境。总之,师德理想有助于教育者更好地履行教育使命,为学生的成长和社会的进步作出贡献。

---

① 载《中国教育报》2022年4月27日第5版。

师德原则是对教育者的基本要求,它规定了教育行为的"基准",是教育工作中需要遵守的行为准则。包括:(1)忠诚与政治原则。忠诚于社会主义教育事业原则,包含两个维度,一是教师应当坚持社会主义的教育理念,要自觉用习近平新时代中国特色社会主义思想武装头脑,成为符合社会要求的新型教师;二是教师要把培养社会主义事业的建设者和接班人作为自己的志向和抱负,要自觉把党的教育方针贯彻教学管理工作全过程。(2)师爱与法治原则。教师在教育教学活动中,要始终把学生当人看待,尊重学生的人格尊严,尊重学生的个体差异,确立"我与你"的师生关系。以爱心和关怀对待学生,关注他们的成长、发展和福祉,避免对学生实施体罚和变相体罚。法治原则是指教师在教育教学活动中,要依照法律制度从事教育活动,保证教育活动的合法性、正确性,促使学生健康发展。(3)教书与育人原则。这一原则要求教师既要做"经师",更要做"人师"。教师要正确认识和处理好教书与育人的关系。教书永远是手段,育人才是最终目的。(4)诚信与责任。教育者应该保持诚信,言行一致,守信用。应该对自己的承诺和行为负责,并对自己的教育工作负责任。(5)尊重与示范原则。教育者应该尊重学生的个人尊严和多样性,应该要营造一种使学生能平等交流、自由探索、大胆创新的氛围,能够对学生提出的与众不同的观点和看法给予充分的尊重。示范原则是指教师通过自身高尚的人格力量给学生以良好的榜样示范。它要求教育者要努力提高自己的理论修养和道德修养,用人格魅力影响学生。

师德规则是教育者需要达到的底线行为要求,它确立了师德的基本标准和行为规范。师德规则是教育者的行为准则,对教师的言行举止进行强制约束,确保他们在教育工作中秉持正确的道德和职业操守。师德规则是教育者必须遵守的底线行为要求,它确保了教育者的行为符合伦理准则和职业操守。这些规则与教育者的从教行为相统一,并随着时代的发展不断丰富与完善,以适应新的教育需求和挑战。改革开放以来,我国先后四次颁布或修订过教师职业道德规范文件。2008年修订的《中小学教师职业道德规范》基本内容包括六个师德条目,简称为"三爱两人一终身"。(1)爱国守法是教师职业道德的基本要求。热爱祖国,热爱人民,拥护中国共产党领导,拥护社会主义;全面贯彻国家教育方针,自觉遵守教育法律法规,依法履行教师职责权利;不得有违背党和国家方针政策的言行。(2)爱岗敬业是教师职业道德的本质要求。忠诚于人民教育事业,志存高远,勤恳敬业,甘为人梯,乐于奉献;对工作高度负责,认真备课上课,认真批改作业,认真辅导学生;不得敷衍塞责。(3)关爱学生是教师职业道德的灵魂。关心爱护全体学生,尊重学生人格,平等公正对待学生;对学生严慈相济,做学生良师益友;保护学生安全,关心学生健康,维护学生权益;不讽刺、挖苦、歧视学生,不体罚或变相体罚学生。(4)教书育人是教师的天职。遵循教育规律,实施素质教育;循循善诱,诲人不倦,因材施教;培养学生良好品行,激发学生创新精神,促进学生全面发展;不以分数作为评价学生的唯一标准。(5)为人师表是教师职业道德的内在要求。坚守高尚情操,知荣明耻,严于律己,以身作则;衣着得体,语言规范,举止文明;关心集体,团结协作,尊重同事,尊重家长;作风正派、廉洁奉公;自觉抵制有偿家教,不利用职务之便谋取私利。(6)终身学习是教师专业发展的内在动力。崇尚科学精神,树立终身学习理念,拓宽知识视野,更新知识结构;潜心钻研业务,勇于探索创新,不断提高专业素养和教育教学水平。

学校及其主管部门对于教师违反师德行为,给予教师处分按照以下权限决定:(1)警告和记过处分,公办学校教师由所在学校提出建议,学校主管教育部门决定。民办学校教师由所在学校决定,报主管教育部门备案。(2)降低岗位等级或撤职处分,由教师所在学校提出建议,学校主管教育部门决定并报同级人事部门备案。(3)开除处分,公办学校教师由所在学校提出建议,学校主管教育部门决定并报同级人事部门备案。民办学校教师或者未纳入人事编制管理的教师由所在学校决定并解除其聘任合同,报主管教育部门备案。(4)给予批评教育、诫勉谈话、责令检查、通报批评,以及取消在评奖评优、职务晋升、职称评定、岗位聘用、工资晋级、申报人才计划等方面资格的其他处理,按照管理权限,由教师所在学校或主管部门视其情节轻重作出决定。处理决定应当书面通知教师本人并载明认定的事实、理由、依据、期限及申诉途径等内容。对教师的处理,在期满后根据悔改表现予以延期或解除,处理决定和处理解除决定都应完整存入人事档案及教师管理信息系统。

本案中教师的批评行为不符合教师师德规范,涉事教师受到学校停职处理。本案教师行为有三处不当:一是言语粗暴。教师多次厉声对学生说出"去滚""讨厌"等字眼,是一种极其负面的语言表达方式,违反"辱骂或者以歧视性、侮辱性的言行侵犯学生人格尊严"的规定。二是刻意孤立。教师的言语客观上鼓动全班学生排挤该学生,无疑会导致学生正常的同伴关系受损,产生心理压力,违反禁止的教师"刻意孤立等间接伤害身体、心理的变相体罚"的规定。三是选择性惩戒。视频显示其他数名学生都有影响秩序的行为,但教师仅批评了涉事学生,显失公平,不利于学生心理健康,违反"选择性实施教育惩戒"的规定。教师虽未实施体罚,但教师的言语已违反了惩戒规则中相关禁止性规定,构成实施教育惩戒失当。

【法条链接】

《中小学教师职业道德规范》(教育部 2008 年修订)第 1—6 条,《中小学教师违反职业道德行为处理办法》第 3—8 条,《幼儿园教师违反职业道德行为处理办法》第 3—8 条。

【风险防范】

1. 教师遵守师德理想、原则和师德规范,爱国守法、爱岗敬业、关爱学生、教书育人、为人师表、终身学习。

2. (1) 在教育教学活动中及其他场合有损害党中央权威、违背党的路线方针政策的言行。(2) 损害国家利益、社会公共利益,或违背社会公序良俗。(3) 通过课堂、论坛、讲座、信息网络及其他渠道发表、转发错误观点,或编造散布虚假信息、不良信息。(4) 违反教学纪律,敷衍教学,或擅自从事影响教育教学本职工作的兼职兼薪行为。(5) 歧视、侮辱学生,虐待、伤害学生。(6) 在教育教学活动中遇突发事件、面临危险时,不顾学生安危,擅离职守,自行逃离。(7) 与学生发生不正当关系,有任何形式的猥亵、性骚扰行为。(8) 在招生、考试、推优、保送及绩效考核、岗位聘用、职称评聘、评优评奖等工作中徇私舞弊、弄虚作假。(9) 索要、收受学生及家长财物或参加由学生及家长付费的宴请、旅游、娱乐休闲等活动,向学生推销图书报刊、教辅材料、社会保险或利用家长资源谋取私利。(10) 组织、参与有偿补课,或为校外培训机构和他人介绍生源、提供相关信息。(11) 其他违反职业道德的行为。

3. 处分包括警告、记过、降低岗位等级或撤职、开除。警告期限为6个月,记过期限为12个月,降低岗位等级或撤职期限为24个月。是中共党员的,同时给予党纪处分。其他处理包括给予批评教育、诫勉谈话、责令检查、通报批评,以及取消在评奖评优、职务晋升、职称评定、岗位聘用、工资晋级、申报人才计划等方面的资格。取消相关资格的处理执行期限不得少于24个月。教师涉嫌违法犯罪的,及时移送司法机关依法处理。

4. (1) 学校及学校主管教育部门发现中小学教师违反师德行为,视情节轻重分别给予相应处分。学校及学校主管教育部门对教师违反师德规范的行为,应当及时组织调查,核实有关事实。作出处理决定前,应当听取教师的陈述和申辩,听取学生、其他教师、家长委员会或者家长代表意见,并告知教师有要求听证的权利。对于拟给予降低专业技术职务等级以上的处分,教师要求听证的,拟作出处理决定的部门应当组织听证。(2) 给予教师处分,应当坚持公正、公平和教育与惩处相结合的原则;应当与其违反职业道德行为的性质、情节、危害程度相适应;应当事实清楚、证据确凿、定性准确、处理恰当、程序合法、手续完备。

三、教师师德问题内涵和外在表现形式

【典型案例】

2019 年 8 月,郭某在婚姻关系存续期间,多次与他人发生不正当性关系,造成了严重不良影响。学校给予郭某开除党籍、降低岗位等级处分,并解除聘用合同。①

---

① 载"湘微教育"微信公众号,2021 年 5 月 13 日发布。

【法律问题】

学校为何与郭某解聘合同？

【法理解读】

师德问题是指教师在职业行为上违背职业道德规范上存在的问题。

违背教师职业道德认知意味着教师在这些方面存在缺失或违反了相关的道德要求。主要表现为忽视教育伦理准则，教师对自己的职业责任感缺乏认识或不予重视，可能缺乏扎实的学科知识和教育专业知识，可能没有持续学习和专业发展的意愿，可能缺乏反思和自我评估的能力，无法及时审视自己的教育实践和职业行为。

违背教育职业道德情感是指教师在情感层面上存在与教育职业道德要求不一致或相悖的行为。主要表现为教师可能缺乏对学生的同情心和关怀之情，可能缺乏对教育事业的理想和热情，缺乏对教育的信念和热爱，无法激发学生的学习动力和兴趣。

违背教师职业道德意志是指教师在面对职业伦理困境和挑战时，没有保持职业道德标准和原则的决心和意愿，而做出违背职业道德的行为。表现为教师可能在面临困难或压力时放弃了坚守职业道德的决心，可能缺乏面对职业伦理挑战时的勇气和坚定的意愿。可能在关键时刻退缩或妥协，无法坚决拒绝违背职业道德的行为，导致自己和学生受到伤害。可能缺乏自律和自制力，无法控制自己的行为和情绪。可能在决策和行动中受到个人偏见、情绪波动或诱惑的影响。可能缺乏进行道德决策和权衡的能力，无法在伦理困境中作出正确的选择。可能缺乏持续发展和学习的意愿，无法提升自己的职业道德意识和素养。

违背教师职业道德行为是指教师在实际工作中违反了教师职业道德准则和行为规范的行为。(1)师德方面出现的问题主要有以下三个方面。首先是思想品德方面的问题，主要表现为没有坚持正确的政治方向，无法处理好学术自由和政治纪律之间的关系，也无法平衡科学研究和课堂讲授的关系。比如在研究、课堂或媒体上发表错误的言论；没有处理好知识传授和价值传递之间的关系；缺乏立德树人的觉悟，只是简单地传授书本知识，而忽视了育人的责任。其次是学术道德方面存在的问题，包括学术腐败和学术不端问题。例如存在权力和学术交易、权力和研究交易、权力和金钱交易、抄袭剽窃、实验造假等行为。最后是社会公德方面存在的问题，主要表现在教师在处理日常人际关系和师生关系时的行为、举止和语言粗鲁不文明。比如在指导学生过程中采取不恰当的方式和方法，简单粗暴地对待学生，以及有侮辱辱骂学生的言行，甚至体罚学生。(2)师风方面存在的问题也有三个方面。首先是学风方面,少数教师在工作学习和理论提升方面表现得过于随意,不思进取、对理论政策的理解不深入,贯彻不到位。其次是教风方面,部分教师过于重视科研而轻视教学,过于计较得失,安于现状。个别教师缺乏敬业精神,教学方法呆板,教学内容陈旧,还存在违规进行有偿补课等问题。最后是生活作风方面存在的问题,在教师群体中个别教师的行为不端、作风败坏,甚至出现违法乱纪的现象,比如对女生进行性骚扰等行为。

师德建设是一个系统长期性的任务,首先要严格招聘、引进标准,严格把好教师队伍入口关。

本案中,郭某违背了教师要言行雅正的师德规范。教师要为人师表,以身作则,举止文明,作风正派,自重自爱。郭某的行为违反了《新时代高校教师职业行为十项准则》第2项规定。根据《教育部关于高校教师师德失范行为处理的指导意见》等相关规定,学校与郭某解除合同。

【法条链接】

《教师法》第37条,《新时代高校教师职业行为十项准则》等。

【风险防范】

1　严格规范教师聘用,将思想政治和师德要求纳入教师聘用合同。通过完善教师招聘和引进制度,严格思想政治和师德考察,充分发挥党组织的领导和把关作用,建立科学完备的标准和程序。有条件的地方和学校结合实际探索开展拟聘人员心理健康测评,作为聘用的重要参考。

2　严格招聘、引进,把好教师队伍入口。没有完善教师招聘和引进制度,不注重思想政治和师德考察,没有充分发挥党组织的领导和把关作用,未能建立科学完备的标准、程序,在教师招聘引进中存在唯分数、唯文凭、唯职称、唯论文、唯帽子等倾向。

3　加强试用期考核,全面评价聘用人员的思想政治和师德表现,对不合格人员取消聘用,及时解除聘用合同。

4　在教师招聘和引进过程中:(1)严格思想政治和师德考察,通过面试、问卷调查、个人陈述等方式来评估候选人的政治立场、道德修养和职业操守。(2)党组织在教育机构中应发挥领导和把关作用,对教师招聘和引进进行指导和监督。确保招聘过程公正、透明,并符合党的要求和教育事业的需要。(3)制定教师招聘和引进的科学完备的标准和程序是关键。这些标准应该综合考虑候选人的学术能力、教学能力、专业素养、思想政治素质和师德行为等方面的要求。(4)避免唯分数、唯文凭、唯职称、唯论文、唯帽子倾向,应该综合考量候选人的综合素质和能力,注重教学实践经验、教育教学观念、团队合作能力等方面的评估。

四、教师师德问题存在的原因

【典型案例】

2022年8月,经认定,某大学教师许某在某期刊上发表的论文存在研究内容剽窃、擅自标注他人国家自然科学基金面上项目的行为。学校根据《中国共产党纪律处分条例》《事业单位工作人员处分暂行规定》《教育部关于高校教师师德失范行为处理的指导意见》等相关规定,给予许某党内严重警告处分,记过处分,撤销其教授任职资格,取消其研究生导师资格,取消其三年内在评奖评优、职务晋升、职称评定、申报人才计划、申报科研项目等方面资格。对所在学院党政主要负责人进行诫勉谈话,责成作出检讨。①

【法律问题】

许某的行为违反了《新时代高校教师职业行为十项准则》中哪项规定?

【法理解读】

当前教师队伍中出现的一些问题虽然只发生在少数人身上,属于个别现象,但是由于教师角色的特殊性,所以哪怕是个别问题也会引起不良的社会反应。只有分析问题存在的原因,才能对症下药。

(一) 外在因素

(1)不良社会风气的负面影响。人是社会关系的产物,人的行为和观念总是会受到社会环境的影响。当下,由于受享乐主义和不正之风的影响,个别教师出现理想信念丧失、师德失范的问题。要杜绝师德师风中违法乱纪的问题,需要加强社会大环境的建设,以此根绝此类问题产生的社会土壤。(2)管理制度和管理机制的不完善。学校的聘用制度不严格、责任制度不健全、培训制度不落实、监督制度不透明等问题,也会导致师德师风问题的出现。此外,具体的执行机制方面,如考核机制不完善、晋升机制不公正、绩效评估机制不科学、保障机制不到位等,特别是缺乏有效的监督和惩罚机制,会使学术不端的问题缺乏有效遏制。(3)师德教育不到位。职业道德培训不够、师德师风学习不足,加上部分教师参加培训的主观意愿不强,导致道德教育和师德培训的不足,容易使教师思想松懈,责任感丢失,道德感弱化。

(二) 内在因素

(1)理想信念松懈。部分教师自己的思想观念放松、对理想信仰缺乏,是导致师德师风问题的一个内在原因。2014年9月,习近平总书记在北京师范大学师生座谈会上的讲话指出,不能想象一个没有正确理想信念的人能够成为好老师。"传道"是第一位的,一位教师如果只知道"授业""解惑"而不"传道",那这位教师是不完全称职的,充其量只能是"经师""句读之师"罢了。所以理想信念不

---

① 载"人民网"微信公众号,2023年4月21日发布。

能丢失,丢失了理想信念,就会犯各种错误。(2)道德意识淡漠。有些教师缺乏道德义务感,对道德责任心不够强,这是导致行为失范的内在原因之一。习近平总书记说,好老师应该懂得,选择当老师就选择了责任,就要尽到教书育人、立德树人的责任,并把这种责任体现到平凡、普通、细微的教学管理之中。如果丢失了职业责任心、道德义务感,就可能导致对学生漠不关心甚至伤害学生的行为发生。(3)职业倦怠的影响。一些教师可能因为工作环境不理想、工作单调乏味、薪水不高、专业不匹配、晋升困难等原因,而失去了工作的热情和动力,导致职业尊严缺乏,职业倦怠严重。众所周知,在学生心目中,教师扮演着重要的角色,教师的一句话可能会造就一个天才,也可能毁灭一个天才。教育是一项重要的事业,需要每位教师持之以恒、不厌其烦地教学。一旦教师懈怠放弃,就会出现学风和教风方面的问题。

案例中许某的行为违反了《新时代高校教师职业行为十项准则》第七项规定:遵守学术规范。严谨治学,力戒浮躁,潜心问道,勇于探索,坚守学术良知,反对学术不端;不得抄袭剽窃、篡改侵吞他人学术成果,或滥用学术资源和学术影响。

【法条链接】

《教师法》第 8 条,《关于高校教师师德失范行为处理的指导意见》第 1—5 条。

【风险防范】

1 高校教师要自觉加强师德修养,严格遵守师德规范,严于律己,为人师表,把教书育人和自我修养结合起来,坚持以德立身、以德立学、以德施教、以德育德。

2 高校教师存在师德失范行为。

3 (1)对高校教师师德失范行为实行"一票否决"。高校教师出现违反师德行为的,根据情节轻重,给予相应处理或处分。(2)情节较轻的,给予批评教育、诫勉谈话、责令检查、通报批评,以及取消其在评奖评优、职务晋升、职称评定、岗位聘用、工资晋级、干部选任、申报人才计划、申报科研项目等方面的资格。担任研究生导师的,还应采取限制招生名额、停止招生资格直至取消导师资格的处理。以上取消相关资格处理的执行期限不得少于24个月。(3)情节较重应当给予处分的,还应根据《事业单位工作人员处分规定》给予行政处分,包括警告、记过、降低岗位等级或撤职、开除,需要解除聘用合同的,按照《事业单位人事管理条例》相关规定进行处理。(4)情节严重、影响恶劣的,应当依据《教师资格条例》报请主管教育部门撤销其教师资格。是中共党员的,同时给予党纪处分。(5)涉嫌违法犯罪的,及时移送司法机关依法处理。

4 (1)对师德失范行为的处理,应坚持公平公正、教育与惩处相结合的原则,做到事实清楚、证据确凿、定性准确、处理适当、程序合法、手续完备。(2)高校要建立健全师德失范行为受理与调查处理机制,指定或设立专门组织负责,明确受理、调查、认定、处理、复核、监督等处理程序。在教师师德失范行为调查过程中,应听取教师本人的陈述和申辩,同时当事各方均不应公开调查的有关内容。(3)教师对处理决定不服的,按照国家有关规定提出复核、申诉。(4)对高校教师的处理,在期满后根据悔改表现予以延期或解除,处理决定和处理解除决定都应完整录入个人人事档案。

第二节　教师师德问题与违法问题的关系

一、违法问题的定义与分类

【典型案例】

2021年11月9日,江西九江11岁男孩张某放学后,在小区里跳楼自杀,留下遗书称,班主任对其使用暴力。后其父母提起刑事自诉,请求判决班主任邹某犯侮辱罪、虐待被看护人罪,追究其刑事责任。2022年8月9日,法院一审宣判,涉事教师不构成侮辱罪、虐待被看护人罪,宣告被告邹某无罪。法院经审理查明,被告人邹某系张某班主任、语文老师,事发前,张某多次未按规定的时间、形式、质量完成作业任务,且存在多次请假现象。根据教室监控视频显示,2021年10月26日至11月9日间,被告人邹某在教学过程中,因张某未按规定的时间、形式、质量完成作业任务,未正确回答问题等原因,使用了"脑子笨死""欠债大王""言而无信""咬本子吃""常用的惯例"等言语批评,还实施了一次用书本拍头颈部、一次半小时左右的罚站、一次换座位、课后到讲台站着读课文等行为。2022年7月,当地教育局通报指出,邹某多次对学生有讥讽、歧视行为,违规收受红包礼金,接受宴请等问题,给予其降职并调离教学岗处理。但通报中并未认定与张某跳楼事件有关。①

【法律问题】

被告人邹某的行为如何定性?

【法理解读】

违法问题是指教师在职业行为中违反法律法规的行为。教师作为一种特殊职业群体,承担着培养下一代的重要责任和使命,应该遵守法律法规,维护社会秩序和公共利益。如贪污腐败,这是违法问题中较为严重的一类,包括教师滥用职权、索贿受贿、挪用公款等行为,损害公共财产利益,破坏公平公正的教育环境。教师对学生权益的侵害,如体罚、虐待、歧视等行为,侵犯学生的人格权益。考试作弊与舞弊的违法问题包括泄露考题、篡改成绩等行为,严重影响教育公平和学生的努力付出。违规招生、虚假宣传等行为,破坏教育秩序和社会公信力。

教师的违法行为可以分为民事违法、行政违法和刑事违法。(1)民事违法。教师在教育工作中可能会涉及与学生、家长或其他相关方之间的合同、侵权等民

---

① 载"中国新闻周刊"微信公众号,2023年8月9日发布。

事关系。如果教师在履行教育职责过程中违反了相关的法律规定,例如违约、侵权等,就构成民事违法行为。在这种情况下,被侵权方可以通过民事诉讼来维护自己的权益,并要求教师承担相应的民事责任。(2)行政违法。教师在从事教育工作时,需要遵守国家和地方教育行政部门制定的各项规章制度和管理办法。如果教师违反了这些规定,例如未经批准擅自组织活动、违反学校纪律等,就构成行政违法行为。在这种情况下,学校或相关教育行政部门可以采取相应的行政处罚措施,例如警告、罚款等。(3)刑事违法。教师在从事教育工作时,如果涉嫌犯罪行为,例如故意伤害学生、性侵犯学生等,就构成刑事违法行为。在这种情况下,公安机关将介入调查,并依法对教师进行刑事追究,如拘役、有期徒刑等。

本案中被告邹某的批评、教育、惩戒的用语和行为不符合师德要求,但不构成侮辱罪。被告人邹某对张某的批评、教育、惩戒发生在正常的教育教学过程中,用语和行为虽有失当之处,但总体上未偏离教育目的,旨在促使张某更好地完成学习任务,并引以为戒、认识和改正错误;所采用的教育、惩戒措施总体上未违反《中小学教育惩戒规则(试行)》的规定,且在程度上基本与张某的行为相适应;在张某同班同学的基本认知里,没有造成张某人格贬损、名誉破坏的不良影响。被告人邹某的行为不符合侮辱罪的构成要件,不构成侮辱罪。故依法判决被告人邹某无罪。但是,被告人邹某的用语和行为不符合师德要求,对学生的心理情绪亦失于关心关爱,未及时加强对学生的帮扶和与家长的沟通。教育主管部门对其违反师德的行为给予相应的党纪政务处分。

【法条链接】

《教师法》第 37 条等。

【风险防范】

1 突出规则立德,强化教师的法治和纪律教育。以学习《教师法》、新时代教师职业行为十项准则系列文件等为重点,提高全体教师的法治素养、规则意识,提升依法执教、规范执教能力。

2 加强警示教育,引导广大教师时刻自重、自省、自警、自励,坚守师德底线。学校可以通过展示一些违反师德的案例,以引起教师的警觉性和自省意识,提醒他们时刻保持师德底线。

3 强化纪律建设,全面梳理教师在课堂教学、关爱学生、师生关系、学术研究、社会活动等方面的纪律要求,依法依规健全规范体系,开展系统化、常态化宣传教育。依据梳理出的纪律要求,学校可以制定相应的规章制度、管理办法或纪律条例,明确教师的权责义务、行为规范、违纪处分等,建立健全教师纪律规范的体系。学校组织教师培训、召开教师大会、发布通知公告等方式,向教师宣传教育纪律要求,强调纪律的重要性和遵守纪律的责任。

4 制订教师法治教育大纲,将法治教育纳入各级各类教师培训体系,可以确保教师法治教育的系统性和连续性,提高教师的法治素养和规则意识,推动教师依法执教水平的提高。无论是师范生培养阶段、初始教师培训还是在职教师继续教育,都应该设置相应的法治教育课程或模块,培养教师的法治素养和规则意识。教师法治教育可以采用多种形式的教学方法,如讲座、研讨会、案例分析、角色扮演等。通过互动交流和实践操作,教师可以更好地理解法律知识和法治理念,并将其应用于实际教育教学中。

二、教师违法问题与师德问题的关系

【典型案例】

2021年11月,海南某学校副校长符某对3名欲翻墙出校游玩的学生进行体罚,惩戒过当造成学生受伤,被公安机关行政拘留。符某的行为违反了《新时代中小学教师职业行为十项准则》第5项规定。根据《中国共产党纪律处分条例》《事业单位工作人员处分暂行规定》《中小学教师违反职业道德行为处理办法(2018年修订)》等相关规定,给予符某撤销学校党支部副书记处分,免去副校长职务,专业技术岗位等级从十级降至十一级。责令其所在学校主要负责人作出检讨。①

【法律问题】

教师体罚行为为什么说既是违法行为也是失德行为?

【法理解读】

教师师德问题指的是教师在教育实践中存在的道德失范现象,例如以权谋私、敷衍了事、不负责任等。这些问题不仅损害了学生的权益和利益,也严重影响了教育教学质量和社会公信力。与之相关的,违法问题指的是教师在职业行为中违反法律法规的行为,例如贪污腐败、侵犯学生权益、涉及性骚扰等。这些违法行为不仅触犯了法律,还背离了教师应有的职业操守和道德底线。

违法问题和教师师德问题之间存在相互作用的情况确实存在。违法行为可能会涉及教师的师德问题,而教师的师德问题也可能导致违法行为的发生。

一方面,教师的师德问题可能引发违法行为。教师的师德问题若严重影响到教育教学秩序和学生权益,就有可能触犯法律。如果教师在职业道德方面存在缺失,例如贪污、受贿、虐待学生等行为,这些行为可能涉及违法行为,如贪污罪、受贿罪、虐待罪等。另一方面,违法行为也可能影响到教师的师德问题。如果教师自身参与违法活动,例如吸毒、赌博等,这些违法行为会严重损害其师德形象,丧失教育者的道德权威和影响力。这种情况下,教师的师德问题与违法行为直接相关,并会对教育教学工作产生负面影响。

因此,维护教师的师德和遵守法律是教育系统中的重要任务。2019年,教育部等七部门印发的《关于加强和改进新时代师德师风建设的意见》则进一步提出:"严格考核评价,落实师德第一标准。将师德考核摆在教师考核的首要位置,

---

① 《教育部公开曝光第九批7起违反教师职业行为十项准则典型案例》,载教育部官网。

坚持多主体多元评价,以事实为依据,定性与定量相结合,提高评价的科学性和实效性,全面客观评价教师的师德表现。发挥师德考核对教师行为的约束和提醒作用,及时将考核发现的问题向教师反馈,并采取针对性举措帮助教师提高认识、加强整改。强化师德考核结果的运用,师德考核不合格者年度考核应评定为不合格,并取消在教师职称评聘、推优评先、表彰奖励、科研和人才项目申请等方面的资格。"教育部门应加强对教师的职业道德培养和教育,建立健全的师德评价机制,并配合司法机关对违法行为进行打击和惩处,以确保教育事业的健康发展和学生的权益保障。

本案中教师体罚问题既是触犯师德准则的底线道德规范问题,也是《教师法》《民法典》等法律规制的侵权问题,情节严重的也会受到刑法的制裁。

【法条链接】

《教师法》第 8 条、第 22 条等。

【风险防范】

1 将师德考核摆在教师考核的首要位置,坚持多主体多元评价,以事实为依据,定性与定量相结合,提高评价的科学性和实效性,全面客观评价教师的师德表现。建议制定明确的师德考核标准和评价指标,确保评价的科学性和客观性。考核标准应包括教师职业道德、教学质量、学生关系、师生沟通等方面。同时,建议采取多元评价方法,包括学生评价、同行评价、家长评价等,以获取不同角度的反馈信息。

2 对于师德表现不佳的教师,未能及时采取相应的纠正和惩处措施。

3 为提高评价的实效性,强化师德考核结果的运用,建议将师德考核结果与教师的职业发展、晋升、奖惩等挂钩,建立激励机制和约束机制。对于表现优秀的教师,可以给予奖励和晋升机会。师德考核不合格者年度考核应评定为不合格,并取消在教师职称评聘、推优评先、表彰奖励、科研和人才项目申请等方面的资格。

4 建立健全的师德考核程序和机构,确保考核的公正性和透明度。考核程序应包括评价准备、评价实施、评价结果反馈等环节,确保每个环节都符合法律法规和程序要求。发挥师德考核对教师行为的约束和提醒作用,及时将考核发现的问题向教师反馈,明确指出存在的不足和问题,并采取针对性举措帮助教师提高认识、加强整改。提供相关的师德培训和辅导,为教师提供专业支持和指导,帮助教师提升师德素养和职业道德水平。建立健全的监督机制,对教师的整改情况进行跟踪和评估,确保问题得到有效解决,教师的师德行为得到改善。

三、底线师德规范转化为违法问题

【典型案例】

经查,当事人为北京大学北京国际数学研究中心助理教授。当事人于 2017

年11月16日,经北京市教育委员会认定取得高等学校教师资格。2019年11月20日,北京大学收到有关当事人师风师德败坏,男女关系混乱,与数名女性发生不正当性关系的实名举报信,随即展开调查,在调查过程中,当事人承认曾与3人发生过性关系。当事人涉案情况在互联网上引发舆情关注。当事人在北京大学对其调查过程中于2019年12月3日向北京大学递交辞呈后与北京大学失联。北京大学于2019年12月11日作出《处理决定》(校发〔2019〕370号),认定当事人在任课期间与其班上的学生恋爱结婚,在离异期间同时与多名异性保持往来,且与其中若干人发生性关系,并作出了取消当事人国家海外高层次人才引进计划青年项目入选资格,取消当事人研究生导师资格,解除与当事人的聘用合同。此事件经多家媒体进行了相关报道。处罚依据:《教师资格条例》第19条第1款第2项,给予以下行政处罚:撤销当事人教师资格、吊销许可证。①

【法律问题】

当事人违反师德,被撤销教师资格、吊销许可证,是一种什么法律责任?

【法理解读】

底线师德规范转化为违法问题是指教师在职业行为中违反了师德规范中的禁止性规定,涉及违法犯罪行为。教师作为社会的一员,应当遵守法律法规,遵循职业道德,履行教育职责,保障学生的合法权益。如《中小学教师违反职业道德行为处理办法(2018年修订)》第4条对应予处理的教师违反职业道德行为进行了列举:(1)在教育教学活动中及其他场合有损害党中央权威、违背党的路线方针政策的言行。(2)损害国家利益、社会公共利益,或违背社会公序良俗。(3)通过课堂、论坛、讲座、信息网络及其他渠道发表、转发错误观点,或编造散布虚假信息、不良信息。(4)违反教学纪律,敷衍教学,或擅自从事影响教育教学本职工作的兼职兼薪行为。(5)歧视、侮辱学生,虐待、伤害学生。(6)在教育教学活动中遇突发事件、面临危险时,不顾学生安危,擅离职守,自行逃离。(7)与学生发生不正当关系,有任何形式的猥亵、性骚扰行为。(8)在招生、考试、推优、保送及绩效考核、岗位聘用、职称评聘、评优评奖等工作中徇私舞弊、弄虚作假。(9)索要、收受学生及家长财物或参加由学生及家长付费的宴请、旅游、娱乐休闲等活动,向学生推销图书报刊、教辅材料、社会

---

① 参见北京市海淀区市场监督管理局京海市监处罚〔2022〕3446号。

保险或利用家长资源谋取私利。(10)组织、参与有偿补课,或为校外培训机构和他人介绍生源、提供相关信息。(11)其他违反职业道德的行为。如果教师违反了以上底线师德规范,并涉及违法行为,可能会面临法律责任。如教师对学生进行歧视、侮辱,以及虐待、伤害学生的行为严重违反职业道德,也是法律禁止的行为。

具体的法律责任将根据违法行为的性质和情节而定,可能包括行政处罚、刑事处罚等。同时,教育主管部门也会对教师的违法行为进行处分,采取警告、记过、撤职等措施,甚至取消其教师资格。

对于底线师德规范转化为违法问题,社会应高度重视,教育部门应完善多方广泛参与、客观公正科学合理的师德师风监督机制。加强对教师的管理和监督,建立健全教师职业道德评价体系,加强师德师风建设,以保障学生的权益和教育的公平公正。

教师作为从事教育工作的专业人士,他们的行为不仅受到职业道德的约束,也受到法律法规的制约。当教师违反职业道德规范时,可能会面临一系列的法律后果。以下是一些常见的法律后果:(1)纪律处分。教育行政部门或学校会对违反职业道德行为的教师进行纪律处分,如警告、记过、记大过、撤职等。这些处分将对教师的职业发展产生负面影响,并可能导致其失去教师资格。(2)民事责任。当教师的违法行为给他人造成损害时,受害人可以通过民事诉讼追究教师的民事责任。教师可能需要承担赔偿责任,包括支付医疗费用、精神损失赔偿等。(3)行政责任。教师的违法行为也可能触犯行政法律法规,教育行政部门可以依法对其进行行政处罚,如罚款、吊销教师资格证书等。(4)刑事责任。某些严重的违法行为可能涉及刑事犯罪,如贪污、受贿、性侵犯等。如果教师被判定犯罪成立,将面临刑事处罚,包括有期徒刑、罚金等。(5)职业禁止。在某些情况下,教师的严重违法行为可能导致终身禁止从事教师职业。这将对教师的职业发展和个人生活产生长期影响。

本案中,当事人违反师德,被撤销教师资格、吊销许可证,是一种行政处罚,属于行政责任。

【法条链接】

《教师法》第37条,《教师法(修订草案征求意见稿)》第19条、第52条。

【风险防范】

四、违法问题对教师师德的影响

【典型案例】

2020年7月,广东某小学教师成某因吸毒被行政拘留。成某的行为违反了《新时代中小学教师职业行为十项准则》第2项规定。根据《中国共产党纪律处分条例》《事业单位工作人员处分暂行规定》《中小学教师违反职业道德行为处理办法(2018年修订)》等相关规定,给予成某开除党籍和撤职处分,撤销其教师资格,列入教师资格限制库。给予其所在学校校长和副校长提醒谈话和诫勉谈话处理。①

【法律问题】

吸毒是违法问题,为何也是师德问题?

【法理解读】

守法是教师职业道德的基本要求,教师自觉遵守宪法、法律、教育法规,依法履行教师职责权利。违法问题对教师师德的影响是非常严重的。当教师涉及违法行为时,不仅会破坏其个人的师德形象,还会对整个教育系统和学生产生负面影响。

首先,违法行为会损害教师的职业道德。教师是社会的楷模和榜样,他们应该

---

① 《教育部公开曝光第十批7起违反教师职业行为十项准则典型案例》,载教育部官网。

具备高尚的道德品质和职业操守。然而,如果教师从事违法行为,如贪污、受贿、考试作弊等,将严重违背教师应有的职业道德,破坏了教师在学生心中的崇高形象。

其次,违法行为会削弱教师的权威和信任度。教师在教育过程中依靠其专业知识和道德影响力来引导学生。然而,一旦教师涉及违法行为,学生和家长对教师的信任度将大幅下降,教师的权威也将受到质疑。这将对教育教学工作产生严重影响,导致学生对教育的态度和价值观形成偏差。

最后,违法行为还可能导致教师失去工作机会和受到法律制裁。一旦教师涉及严重的违法行为,如性侵犯、虐待学生等,不仅会被解雇,还可能面临法律的制裁和处罚。这将对教师的职业生涯和个人声誉造成长期的负面影响。

因此,教师应该时刻牢记自己的师德责任,遵守法律法规,坚持职业道德准则。教育管理部门也应该加强对教师的监督和评估,建立健全的师德教育和管理机制,以确保教师的行为符合职业道德标准,维护教育系统的正常运行和学生的权益。

《禁毒法》第 62 条规定,吸食、注射毒品的,依法给予治安管理处罚。《治安管理处罚法》第 72 条规定,吸食、注射毒品的,处十日以上十五日以下拘留,可以并处二千元以下罚款;情节较轻的,处五日以下拘留或者五百元以下罚款。《中小学教师职业道德规范》第 1 条指出爱国守法是教师职业道德的基本要求,教师成某吸毒是行政违法问题,当然也是师德问题。

【法条链接】

《中小学教师职业道德规范》第 1 条等。

【风险防范】

（1）结合新时代教师职业行为十项准则,制定具体明确的教师职业行为负面清单。该清单可以列举一些不符合职业道德要求的行为,以引导教师遵守职业道德和行为规范。（2）强化权利保护,维护教师职业尊严。学校和相关部门依法确保教师履行教育职责的权利和义务。

（1）未能将群众反映强烈、社会影响恶劣的问题作为重点,加大查处力度。对于涉及性骚扰、学术不端和违规有偿补课等问题的教师,未能依规进行调查和处理,确保公正和严肃。（2）未能快速响应机制,对教师受到侮辱、谩骂、肢体侵害或网络诽谤等行为进行及时调查和处理。

（1）对于查实的师德失范行为,应依据相关法律法规和规章制度进行处理。这包括分组织处理、纪律处分等,根据情节严重程度采取相应的措施,同时确保教师职业行为的规范性和公正性。对于严重违反职业道德准则的教师,应依法撤销其教师资格,并清除出教师队伍。（2）相关部门应高度重视教师的尊严和权益,确保其受到法律的保护。针对教师受到侮辱、谩骂、肢体侵害或网络诽谤等行为,应根据法律法规,追究相关责任人的法律责任。学校及教育部门应及时采取措施保护教师的权益,并追究责任人的法律责任。

（1）加强对师德失范行为的处理和警示,可以建立师德失范曝光平台,公开曝光查实的师德违规行为。这样可以增加舆论监督和社会关注,起到警示和震慑作用,同时也能让公众了解教师职业行为的标准和要求。建立健全师德违规通报制度,确保及时、准确地通报师德失范情况。（2）建立健全教师保护机制,包括教师权益保障、安全保护等方面。相关部门应加强对教师权益的宣传和培训,提高教师的法律意识和自我保护能力。

第三节　行为准则的典型行为与预防(一)

一、教师职业行为十项准则的概述

【典型案例】

《教育部公开曝光第十一批 7 起违反教师职业行为十项准则典型案例》：(1)湖南省长沙市龙湾国际幼儿园教师彭某某伤害幼儿问题。2021 年 4 月,彭某某在课上将幼儿石某某掉落的鞋子踢还给本人,击中嘴巴导致该幼儿乳牙掉落受伤。(2)河南省信阳市光山县罗陈乡完全小学教师付某体罚学生问题。2021 年 6 月,付某在课堂上对学生进行体罚,导致学生受伤,事后向家长道歉并达成谅解。(3)中山大学教师杨某某性侵女学生未遂问题。2021 年 7 月,杨某某酒后对女学生图谋不轨,因涉嫌强奸罪被刑事拘留,后判处有期徒刑一年六个月。(4)宁夏回族自治区银川市北塔中学教师张某惩戒不当问题。(5)辽宁大学教师何某性骚扰女学生问题。2022 年 7 月,何某通过微信多次对学生进行性骚扰被实名举报,经查属实。(6)江苏省盐城市向阳路小学教师朱某某收受学生家长钱物问题。2022 年 9 月,朱某某收受学生家长钱物的清单被网曝,经查属实。(7)浙江省义乌市文华小学教师顾某某猥亵学生问题。2022 年 11 月,顾某某因在校外辅导期间对多名学生实施猥亵被判处有期徒刑五年四个月。①

【法律问题】

教育部公开曝光的典型案例对于加强师德师风建设有何作用?

【法理解读】

准则与教师职业道德规范和师德"十条红线""红七条"的关系。首先,准则是结合新时代、新要求、新形势、新问题制定的教师职业行为规范,既有正面倡导、高线追求,也有负面禁止、底线要求,是对之前教师职业道德规范和"十条红线""红七条"等师德底线的继承和发展。其次,准则规范的不仅是教师职业道德行为,还对教师提高政治素质、传播优秀文化、积极奉献社会等方面提出要求。最后,准则是原则性规定,此前制定的"红七条"等以及严禁教师违规收受学生及家长礼品礼金、严禁中小学校和在职中小学教师有偿补课的规定与准则结合执行。

准则结合高校、中小学、幼儿园教师队伍的不同特点,分别提出十条针对性的要

---

①　载教育部官网。

求,包括坚定政治方向、自觉爱国守法、传播优秀文化、爱岗敬业、关爱学生、诚实守信、廉洁自律等方面,每一条既提出正面倡导,又划定师德底线。其中,坚定政治方向、自觉爱国守法、传播优秀文化等是共性要求,爱岗敬业、关爱学生、诚实守信、廉洁自律等几个方面,结合高校、中小学、幼儿园教师中的不同表现、存在的问题及在不同阶段教师队伍的差异性,提出不同要求,更贴合实际、更具针对性。要特别指出的是,十条准则并不能涵盖教师职业行为的所有方面,只是针对主要问题、突出问题进行规范。各校根据准则,结合实际制定教师职业行为负面清单和实施办法。

全面理解把握准则。一是提高政治站位,增强"四个意识"。要站在教师职业承担的重要使命和责任的位置上,从党和国家事业全局的角度理解准则的要求。处理好个人利益和国家、社会利益的关系,处理好个人理想和民族梦想的关系,集聚奋斗力量,做新时代的见证者、开创者、建设者。二是把握基本定位,增强底线意识。准则中的禁行性规定是底线,是从事教师职业的最低要求,是大中小幼职特各级各类学校教师必须遵守的,是不可触碰的红线。三是正确理解认识,取得思想一致。准则中的禁止性规定,不是体检结果,是预防保健手册,是对广大教师的警示提醒,是严管厚爱。

典型案例对师德失范行为从严依规处理,有很强的警示作用。对情节严重、影响恶劣的教师,依法依规撤销其教师资格,列入教师资格限制库,清除出教师队伍。在常态化开展师德教育的同时加强警示教育,划"红线",守"底线",筑"防线",维护教师职业形象,提振师道尊严。

【法条链接】

《新时代高校教师职业行为十项准则》《新时代中小学教师职业行为十项准则》《新时代幼儿园教师职业行为十项准则》《关于高校教师师德失范行为处理的指导意见》第6—9条。

【风险防范】

1 高校师德师风建设要坚持权责对等、分级负责、层层落实、失责必问、问责必严的原则。

2 有下列情形之一的,根据职责权限和责任划分进行问责:(1)师德师风制度建设、日常教育监督、舆论宣传、预防工作不到位;(2)师德失范问题排查发现不及时;(3)对已发现的师德失范行为处置不力、方式不当;(4)已作出的师德失范行为处理决定落实不到位,师德失范行为整改不彻底;(5)多次出现师德失范问题或因师德失范行为引起不良社会影响;(6)其他应当问责的失职失责情形。

3 教师出现师德失范问题,所在院(系)行政主要负责人和党组织主要负责人需向学校分别作出检讨,由学校依据有关规定视情节轻重采取约谈、诫勉谈话、通报批评、纪律处分和组织处理等方式进行问责。

4 教师出现师德失范问题,学校需向上级主管部门作出说明,并引以为戒,进行自查自纠与落实整改。如有学校反复出现师德失范问题,分管校领导应向学校作出检讨,学校应在上级主管部门督导下进行整改。各地各校应当依据本意见制定高校教师师德失范行为负面清单及处理办法,并报上级主管部门备案。

二、政治方向、自觉爱国守法

【典型案例】

2019年2月,重庆某大学教师唐某在课程教学中发表损害国家声誉的言论。唐某的行为违反了《新时代高校教师职业行为十项准则》第1项、第3项规定。根据《事业单位工作人员处分暂行规定》《教育部关于高校教师师德失范行为处理的指导意见》等相关规定,给予唐某撤销教师资格,调离教师岗位,降低岗位等级的处理。学校对其所在学院党政负责人进行约谈并责令作出深刻检查。①

【法律问题】

教师唐某发表错误言论问题需要承担什么责任?

【法理解读】

(一) 坚定政治方向

党员教师需要遵守党纪,通过网络、广播、电视、报刊、传单、书籍等,或者利用讲座、论坛、报告会、座谈会等方式,妄议党中央大政方针,破坏党的集中统一的,情节较轻的,给予警告或者严重警告处分;情节较重的,给予撤销党内职务或者留党察看处分;情节严重的,给予开除党籍处分。公职人员公开发表反对宪法确立的国家指导思想,反对中国共产党领导,反对社会主义制度,反对改革开放的文章、演说、宣言、声明等的,予以开除。②

《新时代中小学教师职业行为十项准则》中的一项准则是"坚定政治方向"。该准则要求教师始终坚持以习近平新时代中国特色社会主义思想为指导,拥护中国共产党的领导,贯彻党的教育方针。同时,教师在教育教学活动中及其他场合不得有损害党中央权威、违背党的路线方针政策的言行。教师要始终坚定中国特色社会主义道路,坚守马克思主义的立场、观点和方法,坚决拥护中国共产党的领导。教师要全面贯彻党的教育方针,将立德树人作为教育的根本任务,注重培养学生的社会责任感和公民意识。教师要以德育为基础,注重学生的品德培养,引导学生树立正确的世界观、人生观和价值观。教师在教育教学活动中及其他场合不能有任何言行举动,损害党中央权威。这意味着教师要自觉遵守党的路线方针政策,不得传播和宣扬与党中央立场相悖的言论,不得参与违背党的决策和指示的行动。

2019—2023年教育部公开曝光违反教师职业行为十项准则,涉及违反坚定政治

---

① 《教育部公开曝光第七批8起违反教师职业行为十项准则典型案例》,载教育部官网。

② 《事业单位工作人员处分规定》第12条。

方向的典型案例有3起:重庆某大学教师唐某发表错误言论问题。九江某学院教师朱某在网上发表不当言论问题。大连市某幼儿园教师宋某发表错误言论问题。

（二）自觉爱国守法

忠于祖国,忠于人民,恪守宪法原则,遵守法律法规,依法履行教师职责;不得损害国家利益、社会公共利益,或违背社会公序良俗。(1)教师应当对祖国和人民怀有忠诚之心,为国家的繁荣和人民的幸福贡献自己的力量。应当把培养德智体美劳全面发展的社会主义建设者和接班人作为自己的使命,为国家的未来作出积极贡献。(2)作为教育工作者,要以身作则,遵纪守法,为学生树立正确的法治观念和行为规范。教师应当依法履行教师职责,关心学生的成长,传授知识,培养能力,引导学生树立正确的价值观和人生观,承担起培养学生的重要责任。教师不得损害国家利益、社会公共利益。他们要遵循社会公序良俗,言谈举止要符合社会道德规范,为学生树立良好榜样。

本案中唐某发表错误言论问题需要承担行政法律责任。

【法条链接】

《事业单位工作人员处分规定》第16条,《新时代幼儿园教师职业行为十项准则》、《新时代中小学教师职业行为十项准则》、《新时代高校教师职业行为十项准则》第1—2项,《中国共产党纪律处分条例》第42条第1款第2项,《公职人员政务处分法》第28条第3款。

【风险防范】

1 坚持思想铸魂,用习近平新时代中国特色社会主义思想武装教师头脑。健全教师理论学习制度,开展习近平新时代中国特色社会主义思想系统化、常态化学习,重点加强习近平总书记关于教育的重要论述的学习,使广大教师学懂弄通、入脑入心,自觉用"四个意识"导航、用"四个自信"强基,用"两个维护"铸魂。定期开展教师思想政治轮训,使广大教师更好掌握马克思主义立场观点方法,认清中国和世界发展大势,增进对中国特色社会主义的政治认同、思想认同、理论认同、情感认同。

2 (1)散布有损宪法权威、中国共产党领导和国家声誉的言论的;参加旨在反对宪法、中国共产党领导和国家的集会、游行、示威等活动的;拒不执行或者变相不执行中国共产党和国家的路线方针政策、重大决策部署的;参加非法组织、非法活动的;利用宗教活动破坏民族团结和社会稳定的;挑拨、破坏民族关系,或者参加民族分裂活动的;在对外交往中损害国家荣誉和利益的;携带含有依法禁止内容的书刊、音像制品、电子出版物进入境内的;其他违反政治纪律的行为。(2)教师不得违法,不得在职业行为中损害国家利益、社会公共利益,或违背社会公序良俗的要求,包括但不限于违反婚姻道德、传播低俗信息等。

3 (1)给予记过处分;情节较重的,给予降低岗位等级处分;(2)情节严重的,给予开除处分;公开发表反对宪法确立的国家指导思想,反对中国共产党领导,反对社会主义制度,反对改革开放的文章、演说、宣言、声明等的,给予开除处分。

4 坚持党建引领,充分发挥教师党支部和党员教师作用。建强教师党支部,使教师党支部成为涵养师德师风的重要平台。开展好"三会一课",健全党的组织生活各项制度,通过组织集中学习、定期开展主题党日活动、经常开展谈心谈话、组织党员教师与非党员教师结对联系等,充分发挥教师党支部的战斗堡垒作用和党员教师的先锋模范作用。涉及教师利益的重要事项、重点工作,应征求教师党支部意见。

三、优秀文化、潜心教书育人

【典型案例】

案例1：2020年5月，江苏某学校教师耿某在上课时间带领学生为娱乐明星应援，并录制视频在网络传播，造成不良影响。

案例2：2020年9月，三峡大学教师郎某某使用低俗不雅的图文在校讲授日语课程，影响恶劣。[①]

【法律问题】

案例中的当事人违反了什么道德行为准则？该如何处理？

【法理解读】

(一) 传播优秀文化

带头践行社会主义核心价值观，弘扬真善美，传递正能量；不得通过课堂、论坛、讲座、信息网络及其他渠道发表、转发错误观点，或编造散布虚假信息、不良信息。(1)教师应该积极传播和弘扬具有积极向上、真善美特点的优秀文化。他们要引导学生学习和传承中华民族的优秀传统文化，培养学生的审美能力和文化素养。(2)教师应该以身作则，自觉践行社会主义核心价值观，树立正确的价值观念，并通过言传身教的方式引导学生树立正确的世界观、人生观和价值观。(3)教师应该积极宣传和弘扬真善美的事物和精神，通过教育教学活动传递正能量，激发学生的积极向上的情感和行为。(4)教师在课堂、论坛、讲座、信息网络等渠道上不得发表或转发错误观点。(5)教师不得编造、散布虚假信息，也不得传播不良信息。不良信息指的是具有负面、有害或者不适宜的内容的信息。这些信息可能包括暴力、色情、恶俗、仇恨言论、违法违规行为等内容，可能引发社会问题、伤害个人或者违背社会公序良俗。

(二) 潜心教书育人

落实立德树人根本任务，遵循教育规律和学生成长规律，因材施教，教学相长；不得违反教学纪律，敷衍教学，或擅自从事影响教育教学本职工作的兼职兼薪行为。以上准则是指教师应该潜心教书育人，落实立德树人的根本任务，遵循教育规律和学生成长规律，因材施教，教学相长。同时，不得违反教学纪律，敷衍教学，也不得擅自从事影响教育教学本职工作的兼职兼薪行为。(1)教师应该专

[①] 《教育部第四批公开曝光8起违反教师职业行为十项准则典型案例》，载教育部官网。

注于教书育人的工作,把教育教学放在首要位置。应该全身心地投入教学过程中,关注学生的学习和成长,努力培养学生的综合素质和能力。(2)教师要深入贯彻立德树人的根本任务,注重培养学生的品德和道德素养。(3)教师应该了解并遵循教育规律和学生成长规律。要因材施教,根据学生的特点和需求,采用适合的教学方法和手段,促进学生全面发展。(4)教师不得违反教学纪律,不能敷衍教学工作。应该认真备课、讲好每一堂课,确保教学质量,关注学生的学习效果和成果。(5)教师不得擅自从事与教育教学本职工作无关的兼职兼薪行为。

2019—2023年教育部公开曝光违反教师职业行为十项准则,涉及违反潜心教书育人的典型案例有3起:郑州某大学某外籍教师违反教学纪律等问题。武汉某大学教师陈某2013—2017年间,在课堂讲授与教学无关的内容等行为。宁夏回族自治区某中学教师吴某教学方式不当问题。

（三）幼儿园教师要潜心培幼育人

落实立德树人根本任务,爱岗敬业,细致耐心;不得在工作期间玩忽职守、消极怠工,或空岗、未经批准找人替班,不得利用职务之便兼职兼薪。(1)幼师应该专注于幼儿的培养和教育工作,这意味着幼师要全身心地投入幼儿园教育中,关注每个幼儿的成长,促进他们的全面发展。(2)幼师应该热爱自己的工作,尽职尽责,对待幼儿园教育工作应具备细致和耐心。这要求幼师在教学过程中认真细致,关注每个幼儿的个体差异,耐心引导和帮助他们的学习和成长。(3)幼师在工作期间不得玩忽职守、消极怠工,也不能空岗或未经批准找人替班。(4)幼师不得利用自己的职务之便从事兼职并获得报酬。这要求幼师在职业行为上保持廉洁和正直,不滥用职权,不违反职业道德和法律法规。

案例1中耿某的行为违反了《新时代中小学教师职业行为十项准则》第3项规定。根据《中小学教师违反职业道德行为处理办法(2018年修订)》等相关规定,给予耿某停职检查处理;对学校校长进行诫勉谈话。案例2中的当事人用低俗不雅方式授课,传播不良信息,违反了传播优秀文化的师德行为准则。根据《教育部关于高校教师师德失范行为处理的指导意见》等相关规定,给予郎某某停课、调离教学工作岗位处理,并对其进行通报批评、取消年度评优资格、扣罚绩效工资;对该教师所在的二级学院进行通报批评。

【法条链接】

《新时代幼儿园教师职业行为十项准则》、《新时代中小学教师职业行为十项准则》、《新时代高校教师职业行为十项准则》第3—4项。

【风险防范】

1. 带头、践行社会主义核心价值观，弘扬真善美，传递正能量，落实立德树人根本任务，遵循教育规律和学生成长规律，因材施教，教学相长。

2. （1）通过课堂、论坛、讲座、信息网络及其他渠道发表、转发错误观点，或编造散布虚假信息、不良信息。（2）违反教学纪律，敷衍教学，或擅自从事影响教育教学本职工作的兼职兼薪行为。（3）不得在工作期间玩忽职守、消极怠工，或空岗、未经批准找人替班，不得利用职务之便兼职兼薪。

3. 教师出现违反师德行为的，根据情节轻重，给予相应处理或处分。（1）情节较轻的，给予批评教育、诫勉谈话、责令检查、通报批评，以及取消其在评奖评优、职务晋升、职称评定、岗位聘用、工资晋级、干部选任、申报人才计划、申报科研项目等方面的资格。担任研究生导师的，还应采取限制招生名额、停止招生资格直至取消导师资格的处理。以上取消相关资格处理的执行期限不得少于24个月。（2）情节较重应当给予处分的，还应根据《事业单位工作人员处分暂行规定》给予行政处分，包括警告、记过、降低岗位等级或撤职、开除，需要解除聘用合同的，按照《事业单位人事管理条例》相关规定进行处理。情节严重、影响恶劣的，应当依据《教师资格条例》报请主管教育部门撤销其教师资格。是中共党员的，同时给予党纪处分。涉嫌违法犯罪的，及时移送司法机关依法处理。

4. 坚持价值导向，引导教师带头践行社会主义核心价值观。将社会主义核心价值观融入教育教学全过程，体现到学校管理及校园文化建设各环节，进一步凝聚起师生员工思想共识，使之成为共同价值追求。自觉践行社会主义核心价值观，树立正确的价值观念，并通过言传身教的方式引导学生树立正确的世界观、人生观和价值观。落实立德树人根本任务，爱岗敬业，细致耐心。弘扬中华优秀传统文化、革命文化和社会主义先进文化，培育科技创新文化，充分发挥文化涵养师德师风功能。身教重于言教，引导教师开展社会实践，深入了解世情、党情、国情、社情、民情，强化教育强国、教育为民的责任担当。

四、爱护学生(幼儿)

【典型案例】

2023 年 9 月 7 日,长沙岳麓区教育局通报,9 月 6 日下午,岳麓区某小学一名学生受伤。据初步调查,系该校四年级教师宋某明在组织课后服务时致该学生额部受伤。事发后,受伤学生已及时送医治疗。受伤学生家长表示,事发后学校和老师擅自带小孩到医院进行了缝合,隐瞒了家长 2 个多小时。家长赶到医院带孩子做了检查后,发现孩子破碎的头骨和部分尺板还在脑内,随即进行开颅手术,花费 5 个小时时间才取出打碎的头骨和异物。家长表示,孩子现已残缺的颅骨使用的是钢板修补,仍处于危险期。教育局对该校党总支书记和涉事教师宋某明作出停职处理,7 日下午,岳麓区警方通报称:涉事教师宋某明因涉嫌故意伤害罪,被依法刑事拘留。①

---

① 载"扬子晚报"微信公众号,2023 年 9 月 7 日发布。

【法律问题】

涉事教师宋某的行为违背了哪一条行为准则?

【法理解读】

(一) 关心爱护学生

严慈相济,诲人不倦,真心关爱学生,严格要求学生,做学生良师益友;不得歧视、侮辱学生,严禁虐待、伤害学生。(1)教师应该以严明的纪律和要求对待学生,同时展现出关怀和理解。应该不厌其烦地教导学生,耐心地解答问题,帮助学生克服困难,激发他们的学习兴趣和潜力。(2)教师应该真心关爱学生,关注他们的成长和发展。应该尊重学生的个体差异,积极倾听学生的需求和困扰,给予他们适当的关怀和支持。(3)教师应该对学生有严格的要求,促使他们形成正确的学习态度和行为习惯。要为学生设立明确的学习目标,提供有效的指导和反馈,帮助学生不断提高自己。(4)教师不得歧视、侮辱学生。应该尊重每个学生的个人尊严和权益,不因其背景、性别、种族或其他特征而对其进行歧视或侮辱。(5)教师严禁虐待或伤害学生。应该创造安全、和谐的学习环境,保护学生的身心健康,及时发现并妥善处理任何可能存在的虐待或伤害行为。

2019—2023年教育部公开曝光违反教师职业行为十项准则,涉及违反关心爱护学生的典型案例有14起:广西百色市某小学教师蒋某歧视体罚学生、为校外培训机构介绍生源等问题。安徽省宿州市某学校教师许某体罚学生问题。河南省某民办水泉小学教师江某虐待学生问题。山西省太原市某中学校教师李某组织有偿补课,在管理教育学生过程中简单粗暴等问题。天津市某二中教师肖某在课堂上歧视、侮辱学生问题。陕西省宝鸡市某小学教师赵某体罚学生问题。贵州省余庆县某中学多名教师体罚学生问题。河北省衡水市某学校教师姚某某体罚学生问题。海南省东方市某学校副校长符某体罚学生问题。河南省信阳市某小学教师付某体罚学生问题。宁夏回族自治区银川市某中学教师张某惩戒不当问题。重庆市奉节县某小学教师马某体罚学生问题。南京市某大学教师张某要求学生从事与教学、科研、社会服务无关的事宜问题。山东省青岛市某职业技术学院教师李某体罚学生问题。

(二) 幼儿教师应关心爱护幼儿

呵护幼儿健康,保障快乐成长;不得体罚和变相体罚幼儿,不得歧视、侮辱幼儿,严禁猥亵、虐待、伤害幼儿。(1)幼儿教师要保护幼儿的身体和心理健康。教育者应该提供良好的生活环境、合理的饮食安排和适当的运动活动,以确保他们的身体健康。(2)幼儿时期是孩子们快乐成长的重要阶段,教育者应该为幼儿提供有趣而富有挑战性的学习环境,鼓励他们积极参与各种活动,培养他们的兴趣和才能。(3)体罚和变相体罚是指对幼儿使用身体上的暴力或惩罚手段。这些行为可能对幼儿的身体和心理造成伤害,违背了幼儿权益的原则,因此是严格禁止的。(4)教育者应该尊重每个幼儿的个体差异,不因为他们的种族、性别、身体条件或其他特征而歧视或侮辱他们。每个幼儿都应该受到平等和尊重的对待。(5)保护幼儿的安全是首要任务,教育者必须杜绝任何形式的猥亵、虐待或伤害行为。如果发现有人对幼儿进行了这些行为,应立即采取措施保护幼儿,并向相关部门报告。

2019—2023 年教育部公开曝光违反教师职业行为十项准则,涉及违反关心爱护幼儿的典型案例有 9 起:江苏省盱眙市某幼儿园教师陈某体罚幼儿问题。海南省屯昌县某民办幼儿园教师许某、潘某体罚幼儿问题。山东省青岛市某幼儿园某外籍教师猥亵幼童问题。安徽省合肥市某幼儿园教师苏某体罚幼儿问题。安徽省黄山市某少儿服务中心教师潘某伤害幼儿问题。宁夏银川市某幼儿园 3 名教师虐待幼儿问题。江苏省宿迁市某幼儿园教师陈某虐待幼儿问题。湖南省长沙市某幼儿园教师彭某伤害幼儿问题。河南省郑州市某幼儿园教师李某、戚某体罚幼儿问题。

教师合法惩戒与体罚或变相体罚之间存在明显的区别。(1)目的和动机不同。教师合法惩戒的目的是促进学生的学习和发展,帮助他们纠正错误行为,并提供教育指导;体罚或变相体罚是以对学生身体或精神施加伤害为目的,是需要严加制止的。惩戒与体罚或变相体罚的本质区别在于,惩戒是以不损害学生的身心健康为前提的,是以小惩大诚作为最终目的的。(2)方法和手段不同。教师合法惩戒使用的方法和手段通常是基于教育原则和专业标准的,例如口头警告、额外作业、时间限制、书面警告、谈话、辅导等。这些方法旨在引导学生改善行为,激发积极学习态度。(3)尊重和尊严不同。教师合法惩戒注重尊重学生的尊严和权益。合法惩戒不涉及任何形式的身体伤害、精神虐待或侮辱。(4)合规性不同。教师合法惩戒符合学校和教育机构制定的政策、规定和法律法规。它们是在合法框架内实施的,并受到相关法律和道德标准的约束。

案例中涉事教师宋某的行为违背了关心爱护学生的行为准则,教师严禁虐待或伤害学生。

【法条链接】

《新时代幼儿园教师职业行为十项准则》第 6 项,《新时代中小学教师职业行为十项准则》第 5 项,《新时代高校教师职业行为十项准则》第 5 项,《中小学教育惩戒规则(试行)》第 12 条。

【风险防范】

1 严慈相济，诲人不倦，真心关爱学生，严格要求学生，做学生良师益友。

2 教师不得对学生（幼儿）有下列体罚、变相体罚等违法行为：（1）以击打、刺扎等方式直接造成身体痛苦的体罚；如殴打、鞭笞、打耳光、揪耳朵、踢屁股等行为。（2）超过正常限度的罚站、反复抄写，强制做不适的动作或者姿势，以及刻意孤立等间接伤害身体、心理的变相体罚，如罚跪、罚蹲、长时间罚站、罚跑步、罚冻等。（3）辱骂或者以歧视性、侮辱性的言行侵犯学生人格尊严。教师不得进行心理上的虐待，如恐吓、威胁、羞辱或恶意批评学生。常见的手段包括：对学生态度冷淡、放任、嘲讽、区别对待等。（4）因个人或者少数人违规违纪行为而惩罚全体学生；如一人迟到，全班罚站。（5）因学业成绩而教育惩戒学生。（6）因个人情绪、好恶实施或者选择性实施教育惩戒；教师应公正对待每个学生，不得对特定学生进行偏袒或歧视性待遇。（7）指派学生对其他学生实施教育惩戒。（8）其他侵害学生权利的。如不得未经学生或家长同意擅自公开或泄露学生的个人信息，教师不得有任何形式的性骚扰行为。

3 体罚、变相体罚等违法行为需要承担民事责任、行政责任，情节严重承担刑事责任。

4 制止体罚和变相体罚的方法：（1）学校和教育机构应该制定明确的政策，明确禁止体罚和变相体罚行为，并将其纳入教师行为准则中。政策明确规定体罚的定义、禁止范围和后果，以及学校对违反规定的处理措施。（2）学校应该提供针对教师的培训，使他们了解体罚和变相体罚的严重性，以及合适的替代教育方法和纪律手段。培训还应强调尊重学生的权益和尊严，以及建立积极的教育环境的重要性。（3）学校管理层应该加强对教师行为的监督和评估，确保他们遵守政策和规定。如定期观察课堂和评估教师的纪律方法，以及建立学生和家长投诉机制，鼓励举报任何体罚或变相体罚行为。（4）学校应该建立开放和透明的沟通渠道，使学生、家长和教师能够报告和讨论任何体罚或变相体罚的问题。（5）教育机构可以与家庭和社区合作，加强对体罚和变相体罚的宣传和教育。（6）如果发现教师有体罚或变相体罚行为，学校应该采取适当的纪律措施，包括警告、停职、解聘等，以示对违规行为的严肃态度，并向相关部门报告违法行为。

第四节　行为准则的典型行为与预防(二)

一、加强安全防范

【典型案例】

2023 年 11 月 13 日上午 10 时许,武陟县某中学初一初二部分男生在期中考试间隙如厕时,因上下楼梯发生拥挤摔倒受伤,涉及的学生第一时间送往医院接受检查治疗。目前,1 名学生经全力抢救无效死亡,1 名受伤较重学生正在全力救治,4 名受轻微伤学生住院观察治疗、近日即可出院。①

【法律问题】

该案件对学校有什么启示?

———————————

① 载武陟县人民政府官网。

【法理解读】

（一）中小学教师应加强安全防范

增强安全意识,加强安全教育,保护学生安全,防范事故风险;不得在教育教学活动中遇突发事件、面临危险时,不顾学生安危,擅离职守,自行逃离。(1)教师和学校工作人员应该提高对安全问题的认识,意识到安全风险的存在,并采取相应的预防措施。(2)学校应该向学生进行安全教育,包括如何避免事故、如何应对突发事件等方面的知识和技能培养。(3)教师和学校工作人员应该把学生的安全放在首位,确保他们在教育教学活动中的安全。(4)教师和学校工作人员应该认真评估可能存在的事故风险,并采取相应的措施来预防和减少事故的发生。(5)在面临突发事件或危险时,教师和学校工作人员不应该因个人安全而抛弃学生,而是应该坚守职责,采取适当的行动来保护学生的安全。

（二）幼儿园教师应加强安全防范

增强安全意识,加强安全教育,保护幼儿安全,防范事故风险;不得在保教活动中遇突发事件、面临危险时,不顾幼儿安危,擅离职守,自行逃离。(1)教育者应该意识到幼儿的安全至关重要,并加强对安全问题的认识和理解。这包括对潜在风险和危险的警觉性,以及能够迅速作出正确反应的能力。(2)教育者应该向幼儿传授有关安全的知识和技能,例如火灾逃生、交通安全、防止溺水等。通过教育,幼儿可以学会如何保护自己,并在面临危险时采取正确的行动。(3)教育者有责任确保幼儿的安全。这包括提供安全的教育环境,进行必要的安全检查和维护,以防范事故风险。(4)教育者应该采取措施预防和减少事故的发生。这包括制定安全规章制度、设置安全设施、进行紧急演练等,以确保幼儿的安全。(5)在保教活动中,如果遇到突发事件或面临危险,教育者不能因为个人安危而忽略对幼儿的安全责任,也不能擅自离开岗位。应该坚守职责,采取适当的措施保护幼儿的安全。

（三）预防拥挤踩踏事故的专题教育

一是要通过各种丰富多彩的活动,如团队活动、主题班会、黑板报等多种途径和形式对学生深入开展专题教育,让学生充分认识发生拥挤踩踏事故的主要原因、严重后果及防范措施,了解在楼梯间打闹和搞恶作剧、在拥挤的人群中逆行或捡东西或系鞋带、通行速度过快、争先恐后凑热闹等的危险性;二是要在教学楼楼梯间设置指示、警示标志,告诫学生上下楼梯相互礼让,靠右行走,遵守秩序,注意安全;三是要制订应急疏散预案,每学期组织学生演练一次,提高学生应对突发事件的实际能力;四是学生晚间自习,必须有教师值班,出现停电或楼梯间照明设施损坏时,要及时开启应急照明设备,同时学校领导与值班教师要立即到现场疏导;五是学生在教学楼进行教学活动和晚自习时,学校应合理安排学生疏散时间和楼道上下顺序,同时安排人员巡查,防止发生拥挤踩踏伤害事故等。

案例中发生的踩踏事故,需要引起学校对安全教育与防范的足够重视,学校要进行有针对性的预防拥挤踩踏事故的专题教育。

【法条链接】

《新时代幼儿园教师职业行为十项准则》第5项,《新时代中小学教师职业行为十项准则》第6项,《中小学幼儿园安全管理办法》第32条。

【风险防范】

1 学校可以通过黑板报、主题班会、国旗下讲话等渠道,结合各地发生的学生拥挤踩踏事故案例开展安全教育,让学生了解发生拥挤踩踏事故的主要原因、严重后果及防范措施。学校还应当向学生传授逃生、避险的基本知识和技能。例如,教育学生遭遇拥挤的人流时,一定不要采用体位前倾或者低重心的姿势,即使鞋子被踩掉,也不要贸然弯腰提鞋或系鞋带;若被推倒,要设法靠近墙壁,身体蜷成球状,双手在颈后紧扣,以保护身体最脆弱的部位,同时尽量露出口鼻,保持呼吸通畅。

2 引发校园拥挤踩踏事故的风险:(1)学生在集体通行中的不当行为。如拥挤的人群中逆行;在行进中弯腰系鞋带、捡东西;在通行中搞恶作剧(如故意堵住通道、出口,故意大喊"地震了""鬼来了"等,引起人群恐慌,导致学生因急于离开而相互拥挤);通行速度过快(如天气突然变化后,学生急于回教室、回宿舍;或者上课、上操铃声响后,学生急于回教室或到达操场,因部分学生通行速度快于人群的整体速度而导致推挤);在集体通行中不慎摔倒;教学楼的楼道、楼梯突然停电后,学生因恐慌、害怕、急于离开现场而相互拥挤。(2)校园设施、设备存在安全上的缺陷。如多层教学楼上下行通道少,整栋教学楼只有一部楼梯;楼梯宽度不足;楼梯护栏的高度不够,或者护栏年久失修、易于断裂;楼梯照明设备出现故障,没有及时修复,也未配备紧急照明设备等。(3)学校管理不当,安全制度不健全如楼层班额设置不合理(如每个班级人数过多,或者教学楼每个楼层安排的班额数过多);在学生集体通行高峰期,学校未安排教师在楼道、楼梯处疏导通行、维持秩序;学校未及时消除校园通道中存在的安全隐患(如楼梯扶手坏了,或者楼道、楼梯照明设备发生了故障,学校没有及时进行修理或更换);未对学生开展避免拥挤、紧急疏散等相关的安全教育和演练。

3 学校需要承担学生死亡赔偿金、医疗费等民事赔偿责任。明知校舍或者教育教学设施有危险,而不采取措施或者不及时报告,致使发生重大伤亡事故的,对直接责任人员,处三年以下有期徒刑或者拘役;后果特别严重的,处三年以上七年以下有期徒刑。

4 各所学校应当有针对性地采取相应的安全防范措施,预防在校学生拥挤踩踏事故的发生。(1)各所学校应当确保教学楼的楼梯、通道、照明等校园设施、设备符合国家相关安全规定和标准。平时应定期对相关设施、设备开展安全检查,及时消除潜在的安全隐患。(2)学校应合理安排班级教室,并在集体通行时实行分年级、分班级逐次上下楼。学校在安排教室时,要严格控制每个楼层的班级数,每层一般不宜超过4个班级。同时,要尽可能将大班额、低年级学生安排在底楼或较低楼层,以减轻教学楼楼梯、通道的通行压力。在学生上操、集会、放学、晚自习下课等场合,学校可适当错开学生通行的时间,实行分年级、分班级逐次下楼,并形成制度。(3)学校应当在教学楼楼道、楼梯的墙面上张贴安全通行提示语(如"靠右慢行、不要拥挤、禁止打闹"等),以强化学生的安全通行意识,培养学生安全、文明的通行习惯。在学生下课、上操、集合、放学时,学校应安排教师在楼道、楼梯处值班,负责疏导通行、维持秩序。(4)学校应当对学生开展预防拥挤踩踏事故的安全教育,提高学生的安全意识和自我保护能力。

2 风险区
1 合规区
3 责任区
4 防范对策
法律风险

二、坚持言行雅正、规范从教行为

【典型案例】

2021年7月,某大学教师杨某酒后对女学生图谋不轨,因涉嫌强奸罪被刑事拘留,后判处有期徒刑一年六个月。杨某受到开除处分,丧失其教师资格,列入教师资格限制库,终身不得重新申请认定教师资格。其所在部门党政负责人向学校作出书面检讨。

2022年7月,辽宁某大学教师何某通过微信多次对学生进行性骚扰被实名举报,经查属实。

2022年11月,浙江某小学教师顾某因在校外辅导期间对多名学生实施猥亵被判处有期徒刑五年四个月。顾某的行为违反了《新时代中小学教师职业行为十项准则》第7项规定。根据《事业单位工作人员处分暂行规定》《中小学教师违反职业道德行为处理办法(2018年修订)》《关于落实从业禁止制度的意见》等相关规定,决定顾某丧失教师资格,列入教师资格限制库,终身不得重新申请认定教师资格,禁止其从事密切接触未成年人工作。给予其所在学校校长解聘处理,学校2022年度考核结果不合格,并在教育系统内通报批评。①

【法律问题】

以上案例有何警示作用?

【法理解读】

(一)坚持言行雅正

为人师表,以身作则,举止文明,作风正派,自重自爱;不得与学生发生任何不正当关系,严禁任何形式的猥亵、性骚扰行为。②以上规则强调了教师在言行上应该保持高标准和良好榜样的重要性。这些规则包括以下几个方面:(1)教师应该成为学生的楷模和榜样,言行举止要符合社会道德规范,以正面的形象示范给学生。(2)教师应该通过自己的行为来引导学生,树立正确的价值观和道德观念。(3)教师在与学生交往过程中应该保持文明的举止,包括言语礼貌、态度友好、尊重学生等。(4)教师应该保持良好的工作作风,严谨认真、负责任、公正廉洁,杜绝任何形式的不正当行为。(5)教师必须遵守职业道德,与学生之间应该

---

① 《教育部公开曝光第十二批7起违反教师职业行为十项准则典型案例》,载教育部官网。
② 《中小学教师职业行为十项准则》第7条、《高校教师职业行为十项准则》第6条。

保持适当的师生关系,严禁利用职权进行不正当的交往或关系。(6)教师必须尊重学生的人身权利和尊严,绝对禁止进行任何猥亵、性骚扰等不道德行为。

教职工当中存在极个别害群之马对学生实施性骚扰、性侵害等行为,严重侵害学生权益,性质恶劣、影响极坏,严重违背法律和师德红线,严重冲击社会道德底线。针对这一问题,《未成年人学校保护规定》将防治性侵害、性骚扰纳入专项保护,要求学校建立健全教职工与学生交往行为准则、学生宿舍安全管理规定、视频监控管理规定等制度,建立预防、报告、处置性侵害工作机制。同时,明确规定学校应当采取必要措施预防并制止教职工以及其他进入校园的人员实施六类行为:(1)与学生发生恋爱关系、性关系;(2)抚摸、故意触碰学生身体特定部位等猥亵行为;(3)向学生作出具有调戏、挑逗或者具有性暗示的言行;(4)向学生展示传播包含色情、淫秽内容的信息、书刊、影片、音像、图片或者其他淫秽物品;(5)持有淫秽、色情视听、图文资料;(6)其他构成性骚扰、性侵害的违法犯罪行为。

2019—2023年教育部公开曝光违反教师职业行为十项准则,涉及违反坚持言行雅正的典型案例有17起:郑州某学院辅导员叶某与学生发生不正当关系问题。扬州某大学教师华某性骚扰学生问题。天津某财经大学教师李某性骚扰学生问题。山东某职业学院教师刘某与学生发生不正当关系问题。福州某大学实验师张某性骚扰学生、受贿问题。福建某商学院教师王某多次性骚扰学生问题。南宁某师范大学教师陈某性侵学生问题。河南某大学文学院教师侯某性骚扰女学生问题。吉林某农业科技学院教师王某性骚扰学生、学术不端等问题。中国某矿业大学(北京)教师谢某与学生发生不正当关系问题。内蒙古某财经大学教师乌某性骚扰学生问题。安徽某农业大学教师高某性骚扰女学生、违反工作和廉洁纪律问题。天津某大学教师李某违规使用经费、与学生发生不正当关系问题。广州某大学教师杨某性侵女学生未遂问题。辽宁某大学教师何某性骚扰女学生问题。武汉某科技大学教师张某性骚扰学生问题。武汉某大学教师陈某性骚扰女学生等问题。教育部通报中小学教师警示案例12起:广东潮州市某华侨中学教师吴某性骚扰学生问题。贵州省贵阳市某国际学校(民办)教师刘某猥亵学生问题。辽宁省葫芦岛市某小学校长王某性侵学生问题。安徽省六安市某中学(民办)从教人员袁某猥亵学生问题。广西壮族自治区来宾市某小学教师肖某猥亵学生问题。浙江省安吉县某民办外国语学校教师许某性侵学生问题。广西壮族自治区南宁市某小学教师覃某猥亵学生问题。云南省昭通市某中学教师马某体罚学生问题。浙江省义乌市某小学教师顾某猥亵学生问题。湖南省株洲市某中学教师周某猥亵学生问题。海南省万宁市某中学教师陈某性骚扰学生问题。广西壮族自治区梧州市某中学校长陈某不雅行为问题。

（二）规范从教行为

勤勉敬业，乐于奉献，自觉抵制不良风气；不得组织、参与有偿补课，或为校外培训机构和他人介绍生源、提供相关信息。(1)教师应该尽职尽责,认真履行教学任务,投入时间和精力,提供优质的教育服务。(2)教师应该以奉献精神为驱动,关心学生的成长和发展,为学生提供帮助和指导。(3)教师应该自觉地抵制不良风气和不道德的行为,保持良好的职业操守和行为准则。(4)教师不得以有偿方式组织或参与学生的补课活动,避免利用教育资源谋取个人经济利益。(5)教师不得利用职务之便向校外培训机构提供学生资源或相关信息,避免与商业机构勾结,损害学生和家长的权益。

2019—2023年教育部公开曝光违反教师职业行为十项准则,涉及违反规范从教行为的典型案例有8起:山西省太原市某中学教师李某组织有偿补课。安徽省铜陵市3名教师组织学生有偿补课问题。内蒙古包头市某中学教师贾某有偿补课问题。辽宁省沈阳市某中学教师金某有偿补课、指使家属殴打学生家长问题。河北省石家庄市某中学教师刘某开办校外培训班、诱导学生参加有偿补课问题。贵州省毕节市2名教师在校外培训机构有偿补课问题。湖南省长沙市某小学教师欧阳某某有偿补课问题。浙江省金华市某中学教师李某、杨某、邵某有偿补课问题。

（三）幼儿教师规范保教行为

尊重幼儿权益,抵制不良风气；不得组织幼儿参加以营利为目的的表演、竞赛等活动,或泄露幼儿与家长的信息。(1)保教人员应该充分认识到幼儿作为个体的独立性和尊严,尊重他们的人格和需求,提供安全、温暖、关爱的教育环境。同时,也要保护幼儿的身心健康,避免任何对幼儿有害的行为或不良风气的存在。(2)不得组织幼儿参加以营利为目的的表演、竞赛等活动。这是为了保护幼儿的身心发展,避免给幼儿过度的学习压力和焦虑感。幼儿时期应该注重他们的自由玩耍、探索和社交互动,培养他们的兴趣爱好和创造力,而不是追求功利和竞争。(3)保护幼儿隐私可以建立起可信赖的关系,增强家长对于幼儿园的信任感。

案例中无论是某大学教师杨某的性侵未遂案、辽宁某大学教师何某性骚扰案,还是顾某猥亵案,以上当事人的行为都违反了教师坚持言行雅正的师德规范,有的还涉及违法犯罪的问题,当事人受到了应有的行政制裁甚至是刑罚制裁,教训极其深刻。

【法条链接】

《新时代幼儿园教师职业行为十项准则》第 10 项,《新时代中小学教师职业行为十项准则》第 7 项、第 10 项,《新时代高校教师职业行为十项准则》第 6 项。

【风险防范】

1　坚持言行雅正。为人师表,以身作则,举止文明,作风正派,自重自爱。勤勉敬业,乐于奉献,自觉抵制不良风气。

2　(1) 不得与学生发生不正当关系以及任何形式的猥亵、性骚扰的负面清单:教师不得与学生建立恋爱或性关系,无论法定婚龄如何。教师不得使用猥亵、下流或不适当的言语与学生交流,包括性暗示、挑逗或侮辱性的言辞。教师不得进行身体上的猥亵行为,包括不适当的触摸、抚摸或其他身体接触。教师不得进行任何形式的性骚扰行为,包括言语上的性骚扰、要求性、威胁或恶意传播有关性的信息等。教师不得利用自己的职权地位进行性剥削,包括以提高成绩、给予特殊待遇或其他利益来要求学生提供性服务。教师应尊重学生的个人隐私权,不得未经学生或家长同意擅自侵犯学生的隐私。(2) 严禁组织、推荐和诱导学生参加校内外有偿补课,严禁参加校外培训机构或由其他教师、家长、家长委员会等组织的有偿补课,严禁为校外培训机构和他人介绍生源,提供相关信息。不得组织幼儿参加以营利为目的的表演、竞赛等活动,或泄露幼儿与家长的信息。

3　(1) 丧失教师资格,列入教师资格限制库,终身不得重新申请认定教师资格,禁止其从事密切接触未成年人工作。涉嫌猥亵罪的追究刑事法律责任。(2) 对在职教师不同程度的有偿补课行为都作出了明确的处罚规定,轻则要求当事人写书面检查,重则影响其薪资及岗位晋级、职称评定等,甚至开除或解聘。对学校领导班子对教师从事有偿补课行为管理不力、查处不力等,一票否决制。凡有教职工从事有偿家教被查实的,一律追究校长、分管校长的监管责任,情节严重的,按有关规定给予校长相应的纪律处分或组织处理。

4　教师应提供适当的辅导和支持给学生,不能滥用自己的职权或地位来获取不正当的私人接触或关系。教师应与学生保持适当的距离,避免过度亲密或进入学生的个人生活领域。教师应遵守学校制定的性骚扰政策,并积极参与相关培训和教育活动。教师应及时报告任何涉及性骚扰的行为,并配合学校或相关机构进行调查,不能掩盖或包庇相关行为。

三、遵守学术规范、遵循幼教规律

【典型案例】

2020 年 12 月,江西某师范学院教师尹某在某期刊上发表的论文涉嫌抄袭他人论文中的实验内容和实验结果,于 2021 年 8 月在该期刊发表致歉及撤稿声明。尹某的行为违反了《新时代高校教师职业行为十项准则》第 7 项规定。根据《事业单位工作人员处分暂行规定》《教育部关于高校教师师德失范行为处理的指导意见》等相关规定,给予尹某某警告处分,取消其在评奖评优、职务晋升、职称评定、岗位聘用、干部选任、申报人才计划和科研项目等方面资格。[①]

① 《教育部公开曝光第十批 7 起违反教师职业行为十项准则典型案例》,载教育部官网。

【法律问题】

涉事教师尹某抄袭他人论文是科研失信行为吗?《科研失信行为调查处理规则》对此类行为有何界定?

【法理解读】

(一) 遵守学术规范

严谨治学,力戒浮躁,潜心问道,勇于探索,坚守学术良知,反对学术不端;不得抄袭剽窃、篡改侵吞他人学术成果,或滥用学术资源和学术影响。①(1)严谨治学是指在学术研究和教学中要保持严谨的态度和方法。教师和学者应该以科学的态度对待问题,进行深入的研究和思考,避免浮躁和肤浅的表面工作。应该注重实证和逻辑性,在研究过程中严格遵循学术原则和方法,确保研究结果的可靠性和可信度。(2)潜心问道和勇于探索是指教师和学者应该对学术领域保持持续的兴趣和探索精神。应该不断追问问题、寻找答案,并勇于挑战传统观念和思维方式。通过不断地深入研究和创新探索,推动学科的发展和进步。(3)坚守学术良知是指教师和学者在学术活动中应该始终保持诚实、正直的品德和行为准则。应该尊重学术道德规范,不得抄袭剽窃他人的学术成果,不得篡改他人的研究结果,也不得侵吞他人的学术成果。此外,还应该避免滥用学术资源和学术影响,维护学术公正和学术道德。

2019—2023年教育部公开曝光违反教师职业行为十项准则,涉及违反遵守学术规范的典型案例有8起:南京某大学教师梁某学术不端问题。上海某大学教师姜某学术不端问题。广东省深圳市某小学教师胡某某学术不端问题。北京某外国语学院教师芈某学术不端问题。衢州某职业技术学院教师王某学术不端问题。西北某科技大学教师谢某学术不端问题。江西省某师范学院教师尹某学术不端问题。西安某大学教师许某学术不端问题。

(二) 遵循幼教规律

循序渐进,寓教于乐;不得采用学校教育方式提前教授小学内容,不得组织有碍幼儿身心健康的活动。②(1)幼教应该根据幼儿的成长规律,逐步引导他们学习和发展。教育者应该以幼儿的兴趣和能力为基础,通过有趣的活动和游戏来进行教育,让幼儿在愉快的氛围中学习。(2)幼儿园不应该过早地引入小学阶段的学科知识和学习方式。幼儿的学习应该以探索、体验和兴趣为主导,注重培

---

① 此规定主要针对高校教师,对于中小学教师学术科研同样适用。

② 此条主要是针对幼儿教师。

养幼儿的综合素质和学习能力。(3)教育者应该避免组织可能对幼儿身心健康产生负面影响的活动,包括过于激烈的竞争性活动、过度的学业压力、不适宜幼儿发展的游戏内容等。

涉事教师尹某某的行为属于科研失信行为。2022 年科技部、中央宣传部等二十二部门印发的《科研失信行为调查处理规则》中明确指出,科研失信行为是指在科学研究及相关活动中发生的违反科学研究行为准则与规范的行为,包括:(1)抄袭剽窃、侵占他人研究成果或项目申请书;(2)编造研究过程、伪造研究成果,买卖实验研究数据,伪造、篡改实验研究数据、图表、结论、检测报告或用户使用报告等;(3)买卖、代写、代投论文或项目申报验收材料等,虚构同行评议专家及评议意见;(4)以故意提供虚假信息等弄虚作假的方式或采取请托、贿赂、利益交换等不正当手段获得科研活动审批,获取科技计划(专项、基金等)项目、科研经费、奖励、荣誉、职务职称等;(5)以弄虚作假方式获得科技伦理审查批准,或伪造、篡改科技伦理审查批准文件等;(6)无实质学术贡献署名等违反论文、奖励、专利等署名规范的行为;(7)重复发表,引用与论文内容无关的文献,要求作者非必要地引用特定文献等违反学术出版规范的行为;(8)其他科研失信行为。

【法条链接】

《新时代幼儿园教师职业行为十项准则》第 7 项,《新时代高校教师职业行为十项准则》第 7 项。

【风险防范】

1 确保不抄袭剽窃、篡改侵吞他人学术成果,或滥用学术资源和学术影响的教师职业行为。

2 (1)抄袭剽窃方面:直接复制他人的研究成果、论文、报告或其他学术作品,而未经允许或引用适当的来源。使用他人的观点、数据、图表或其他研究成果,而未正确引用或注明出处。利用他人的研究成果或论文作为自己的研究成果进行发表或申请奖励。(2)篡改侵吞他人学术成果:故意篡改、修改或删除他人的学术成果、数据或实验结果,以掩盖真相或误导他人。未经允许擅自修改他人的学术作品,包括论文、报告或其他研究成果。偷取他人的研究成果、数据或实验结果,并将其作为自己的学术成果进行发表或申请奖励。(3)滥用学术资源和学术影响:利用学校提供的研究经费或资源进行与个人利益无关的活动,如私人商业活动。滥用学术职务或学术影响力谋取个人利益或获得不当权益。将学校的研究成果、数据或知识产权用于个人目的或未经授权的商业活动。利用权威、地位或其掌控的资源,压制不同观点,限制学术自由,造成重大损失或者不良影响的。

3 学校可以采取以下处理办法:进行调查核实,收集相关证据。如果确实存在负面行为,教师可能会面临纪律处分,如警告、记过、降职、开除等。学校可以要求教师公开道歉,并采取相应的补救措施,如撤销发表论文等。侵犯知识产权将承担相应的民事责任、行政责任和刑事责任。

4 学校应建立健全的制度和程序,对教师职业行为进行监督和管理,加强学术诚信教育,提高教师的职业道德意识和学术道德水平。

四、秉持公平诚信、坚守廉洁自律、积极奉献社会

【典型案例】

案例1：2021年7月，福州市某中学陈某等9名教师参加初三毕业班学生聚餐，并收受了价值人均400多元的礼品，费用均由学生家长分摊，事后退还了礼品和餐费。①

案例2：2021年10月，在教师资格注册过程中，发现常德市某职业中专教师李某在2016年11月的教师资格注册时提供虚假材料。李某的行为违反了《新时代中小学教师职业行为十项准则》第八项规定。根据《中小学教师违反职业道德行为处理办法（2018年修订）》等相关规定，给予李某调离教学岗位处理，撤销其教师资格，列入教师资格限制库。②

【法律问题】

陈某等9名教师、教师李某的行为分别违背了哪一条行为准则？

【法理解读】

（一）秉持公平诚信

坚持原则，处事公道，光明磊落，为人正直；不得在招生、考试、推优、保送、保研、就业及绩效考核、岗位聘用、职称评聘、评优评奖等工作中徇私舞弊、弄虚作假。(1)教师应该坚守职业道德和工作原则，不偏袒、不偏私，公正地对待每一个学生和同事。教师在处理事务时应该公正无私，不受个人情感或私利的影响，公平地对待每一个学生和同事。教师应该坦诚待人，言行一致，不做虚伪、欺骗或不诚实的事情，保持真实和透明的态度。教师应该以正直的品质示范给学生，不做违背道德、法律或职业规范的事情。(2)教师在招生、考试、推优、保送以及绩效考核、岗位聘用、职称评聘、评优评奖等工作中，通过非公正手段提前泄露考题或评审标准，或者利用权力或关系为自己或他人推动获得不应得的好处。通过贿赂、托关系或篡改材料等手段，让没有符合条件的人获得特权，被违规保送到学校或工作岗位。利用职务上的权力或资源，为亲友、熟人或特定团体谋取私利，而不公正地对待其他人或群体。故意伪造或篡改文件、报告、数据或证据，以掩盖真相、误导他人或达到个人目的。不得在申请保研或就业时，故意提供虚假

---

① 《教育部公开曝光第八批8起违反教师职业行为十项准则典型案例》，载教育部官网。
② 《教育部公开曝光第九批7起违反教师职业行为十项准则典型案例》，载教育部官网。

的学术成绩、实习经历、奖项或推荐信等材料,以获取不符合自身实际能力和资格的机会。利用职务或资源,为亲友或特定团体提供内部信息、机会或推荐,而忽略其他有能力的申请者。不得通过作弊手段,如传递答案、使用禁止的辅助工具或代替他人参加考试等方式,获取不正当的高分或资格。不得通过贿赂或行贿的方式,向相关人员或机构行贿,以换取被录取或聘用的机会。

2019—2023 年教育部公开曝光违反教师职业行为十项准则,涉及违反秉持公平诚信的典型案例有 1 起:湖南省常德市某职业中专教师李某教师资格证造假问题。

(二)坚守廉洁自律

严于律己,清廉从教;不得索要、收受学生及家长财物或参加由学生及家长付费的宴请、旅游、娱乐休闲等活动,不得向学生推销图书报刊、教辅材料、社会保险或利用家长资源谋取私利。①(1)严于律己:教师应该对自己要求更高,自觉地约束自己的行为,保持良好的职业操守和道德品质。(2)教师应该保持清廉的态度,不以教育工作谋取私利,不追求物质上的私利。(3)教师不得向学生及家长索要或收受任何形式的财物,包括礼品、金钱、购物卡等,不能参加由学生及家长付费的宴请、旅游、娱乐休闲等活动,以确保教育公平和职业道德。(4)教师不得向学生推销图书报刊、教辅材料、社会保险等产品,以确保教学工作的独立性和客观性。教师不得利用家长的人脉资源谋取个人私利,避免与家长之间的关系影响教育工作的公正性和客观性。

2019—2023 年教育部公开曝光违反教师职业行为十项准则,涉及违反坚守廉洁自律的典型案例有 8 起:黑龙江省哈尔滨市那某违规收受学生家长礼品礼金问题。黑龙江省哈尔滨市某小学教师焦某收受礼品礼金问题。河北省沧州市某学校教师曹某收受学生家长礼品、礼金问题。福建省福州市某中学多名教师参加学生家长付费的宴请及违规收受礼品问题。广东省连南瑶族自治县某职业技术学校教师蓝某谋取不正当利益问题。江苏省盐城市某小学教师朱某收受学生家长钱物问题。湖南省某文理学院教师刘某私自收取并侵占学生费用问题。2013—2017 年间,陈某向学生索要并收受礼品等行为。

(三)积极奉献社会

履行社会责任,贡献聪明才智,树立正确义利观;不得假公济私,擅自利用学

---

① 高校教师职业行为规则中没有规定"不得向学生推销图书报刊、教辅材料、社会保险",幼儿园老师"不得推销幼儿读物"。

校名义或校名、校徽、专利、场所等资源谋取个人利益。(1)这条规则禁止个人假公济私,也就是说,不能以学校名义或利用学校的名誉、标识、专利、场所等资源谋取个人利益。这意味着个人不能滥用学校的资源来谋求个人私利,不能将学校的名义和资源用于不正当的个人行为。(2)树立正确的义利观,个人不仅关注自身利益,也考虑到社会的利益和公共利益,形成健康的道德观念和行为准则。禁止假公济私和擅自利用学校资源谋取个人利益,有助于维护公平竞争的环境,保障每个人的权益平等。

　　案例 1 中陈某等 9 名教师违反了坚守廉洁自律的行为准则,教师不得向学生及家长索要或收受任何形式的财物,不能参加由学生及家长付费的宴请、旅游、娱乐休闲等活动。案例 2 中教师李某的行为违背了秉持公平诚信的行为准则。

【法条链接】

　　《新时代幼儿园教师职业行为十项准则》第 8—9 项,《新时代中小学教师职业行为十项准则》第 8—9 项,《新时代高校教师职业行为十项准则》第 8—10 项。

【风险防范】

1. 坚持原则,处事公道,光明磊落,为人正直。严于律己,清廉从教。

2. 教师违反廉洁自律的职业行为负面清单:(1)不得索要、收受学生及家长财物或参加由学生及家长付费的宴请、旅游、娱乐休闲等活动。(2)不得向学生推销图书报刊、教辅材料、社会保险或利用家长资源谋取私利。(3)不得组织、参与有偿补课,或为校外培训机构和他人介绍生源、提供相关信息。(4)不得利用职务之便谋取私利,包括利用职务为他人谋取不正当利益或牟取私利。

3. 教师收受礼物存在的责任。(1)刑事责任:如果教师收受礼物构成了行贿罪或渎职罪,可能会面临刑事责任。(2)法律纠纷和民事责任:如果教师收受礼物导致不公正行为或偏袒某些学生或家长,可能引发法律纠纷和民事诉讼。受损害的学生或家长可能寻求赔偿,并要求学校或教育机构承担相应的责任。(3)违反职业规范和纪律处分:教师收受礼物违反了教育行业的职业规范和纪律,可能会面临行政处分,如警告、记过、降职、开除等。

4. 细化的教师在招生、考试、推优、保送、绩效考核、岗位聘用、职称评聘、评优评奖等工作中徇私舞弊、弄虚作假行为的负面清单:(1)教师不得擅自涂改学生的考卷或成绩,包括增加分数、减少分数或更改答案。(2)教师不得代替学生参加考试,应确保考试的公正性。(3)教师不得向学生或家长索取或接受贿赂,也不得以贿赂的方式影响招生、推优、保送、绩效考核等决策。(4)教师不得在招生、推优、保送、职称评聘等工作中徇私舞弊,应公正、客观地评估学生的能力和表现。(5)教师不得提供非法的考试答案或辅导材料给学生,以获取不正当的考试成绩。(6)教师不得操纵评奖评优的结果,应根据学生的实际表现和能力进行评定。(7)教师不得弄虚作假、夸大自己的绩效成绩和教学成果,应诚实、客观地反映自己的工作情况。(8)教师不得伪造证明文件或材料,包括学生的推荐信、成绩单、研究成果等。(9)教师在推荐学生或教师时应客观评估其能力和素质,不得推荐不合格的候选人。(10)教师应遵守学校或相关机构制定的招生、考试及评聘相关规定,不得违反规定进行操作或规避规定。

第八章　学校教育中法律纠纷的法律救济

第一节　学校教育中行政法律纠纷的法律救济

一、行政申诉

【典型案例】

2019年4月18日,某师附小接到学生家长反映陈某伟师德问题的举报信。2019年4月19日,某师附小经调查作出《陈某伟师德问题调查结论》,认定"陈某伟老师确实存在师德问题"。同日,中共某师附属小学总支部作出第5号会议纪要,其中一项会议决定内容为"停止陈某伟老师工作,转为待岗"。2019年6月,某师附小通过挂号信等方式通知陈某伟参加2018—2019学年度考核。某师附小2019年度(聘期)师德、综合考核他评表中显示陈某伟师德栏为D(不合格),综合栏为空,不合格原因为违反师德规范。2020年12月31日,某师附小作出《关于给予陈某伟批评教育处理的决定》,主要内容为:经查,自2019年4月4日至2019年4月17日期间,陈某伟存在禁止三名学生吃午饭、撕学生记事本、动手打学生头部等行为。陈某伟的行为违反了《新时代北京市中小学职业行为十项准则》的规定和要求,造成了不良影响。依据《北京市中小学教师违反职业道德行为处理办法》第3条、第4条第5项的规定,经学校校长办公会研究决定,给予陈某伟批评教育处理。2021年1月28日,陈某伟向西城教委提交了教师申诉申请书。①

【法律问题】

陈某伟向西城教委提交教师申诉申请书是何种解决争议的方式?

---

① 参见北京市第二中级人民法院(2022)京02行终575号。

【法理解读】

（一）教师申诉制度的含义、范围及程序

教育申诉制度是指当教育法律关系主体的合法权益受到损害时，向有关的国家机关申诉理由，请求处理或重新处理的制度。教育申诉制度按照申诉主体的不同又可分为教师申诉制度和学生申诉制度。教师申诉制度是指教师对学校或者其他教育机构以及政府有关行政部门的处理不服，或其合法权益受到损害时，依法向主管的行政机关申诉理由，请求处理或重新处理的制度。

教师申诉的范围包括：第一，教师认为学校或其他教育机构侵犯其《教师法》规定的合法权益的，可以提出申诉。这里的合法权益，是指教师在职务聘任、教学科研、工作条件、民主管理、培训进修、考核奖惩、工资福利待遇、退休等各方面的合法权益。第二，教师对学校或其他教育机构作出的处理决定不服的，可以提出申诉。第三，教师认为当地人民政府的有关行政部门侵犯其《教师法》规定的合法权益的，可以提出申诉。但被申诉人仅限于当地人民政府有关行政部门，如教育行政部门等。

教师申诉制度由申诉的提出、受理和处理三个环节组成：(1)以书面形式提出申诉。提出申诉必须符合三个条件：符合法定申诉范围；有明确的理由和请求；以法定书面形式提出。(2)申诉的受理。在对教师申诉的受理上，主管教育行政部门接到申诉书后，要对申诉人的资格和申诉条件进行认真审查，并就不同情况作出相应处理。(3)申诉的处理决定。受理机关对于受理的申诉案件，在进行调查研究，全面核查的基础上，应区别不同情况，分别作出处理决定。

对申诉人提出的申诉，主管教育行政部门应当在接到申诉的 30 日内进行处理，逾期未作处理的，或者久拖不决的，其申诉内容涉及人身权、财产权以及其他属于行政复议、行政诉讼受案范围的，申诉人可依法提起行政复议或行政诉讼。教师认为当地人民政府有关部门侵犯其《教师法》规定的权利的，可以向同级人民政府或者上级人民政府有关部门提出申诉，同级人民政府或者上级人民政府有关部门应当作出处理。

申诉的处理结果：符合法定权限和程序，适用法律法规正确，事实清楚的，可以维持原处理结果；管理行为违反法律法规，侵害了申诉人的合法权益的，可撤销其原处理决定，或责令被申诉人限期改正；管理行为的一部分适用法律、法规和规章错误的，或事实不清的，可变更不适用部分或责令重新处理或撤销原处理结果；管理行为所依据的内部规章制度与法律、法规及其他规范性文件相抵触的，可以依照职权撤销该内部管理的规定，并撤销原处理决定。

有关主管部门作出申诉处理决定后,应当将申诉处理决定书发送给申诉当事人。申诉处理决定书自送达之日起发生效力。申诉当事人对申诉处理决定书不服的,可向原处理机关隶属的人民政府申请复核。其申诉内容直接涉及人身权、财产权及其他属于行政复议、行政诉讼受案范围的,可依法提起行政复议或者行政诉讼。

(二) 学生申诉制度的含义、范围及程序

学生申诉制度是指学生在其合法权益受到损害时,依法向有关部门提出申诉,请求处理的制度。学生申诉制度建立的目的在于补救学生受损害的合法权益。学生认为学校、教师侵犯了其人身权、财产权等合法权益时,均可向主管机关提起申诉。

学生申诉的范围包括:第一,对学校作出的各种处分不服的如因考试作弊,学校对其作出开除学籍的处分等,可以提出申诉。第二,认为学校、教师侵犯其人身权、财产权等合法权益的,如在教育活动中对其进行体罚或变相体罚,限制其人身自由的,强迫其购买非必需教学物品的,例如,教师剽窃学生的著作权、发现权、发明权或其他科技成果权,学校强行将学生的知识产权收归学校等,都可以提出申诉。

案例中,陈某伟向西城教委提交教师申诉申请书是教师行使申诉权利的体现,属于行政申诉的范围。

【法条链接】

《宪法》第 41 条第 1 款,《教育法》第 43 条第 4 款,《教师法》第 39 条,《普通高等学校学生管理规定》第 59—65 条,《中小学教师违反职业道德行为处理办法》第 10 条等。

【风险防范】

1　学校设立教师申诉处理委员会(简称"教申委"),作为处理教师校内申诉的专门机构。"教申委"主任委员、副主任委员由校领导担任,成员由学校党组织、校长办公室、工会、人事处、各年级组等相关部门负责人,以及教职工代表、法律顾问等组成。"教申委"的人数应当为单数。常设机构可设在校工会,主要负责教师申诉事项的受理、调查和初审,并将调查情况和初审意见报"教申委"讨论、研究和处理。

2　教师有下列情形的可以向"教申委"提起申诉: (1)认为在人事安排、职称评审、职务聘任、教育科研、进修培训、考核奖惩、福利待遇、民主管理等方面的合法权益受到学校或其有关职能部门侵犯; (2)不服学校及其有关职能部门作出的处理决定的; (3)"教申委"认为应当受理的其他申诉事项。

3　教师申诉的时效为30日,即教师应当在自己的合法权益受到侵犯之日起30日内,或者在学校或其有关职能部门作出处理决定之日起30日内,向"教申委"提出申诉申请,逾期不提出视为自动放弃校内申诉权利。申诉申请应以书面形式提出,申诉申请书应包括申诉人的基本情况、被申诉部门、申诉请求、申诉事实和理由及有关证明材料等。

4 （1）设定科学合理合法的教师申诉处理程序。如与具体申诉事项存在利害关系的"教申委"委员，应当自行回避。（2）在召开评议会议并由委员进行表决后，"教申委"应当作出教师申诉处理决定。申诉人的合法权益并未受到侵犯或者被申诉部门的处理决定并无不当的，裁定驳回申诉人的申诉请求；申诉理由充分，事实清楚，申诉人的合法权益确实受到侵犯或未得到有效保障，且尚能予以补救的，"教申委"裁定责令被申诉部门重新作出处理决定或对有关事宜、结果进行复议；申诉理由充分，事实清楚，申诉人的合法权益确实受到侵犯或未得到有效保障，但限于客观情况难以有效补救的，裁定被申诉部门的原处理决定不当，并建议学校对相关部门和相关责任人予以批评教育或处分。（3）"教申委"在作出书面的教师申诉处理决定后，应当在3个工作日内向申诉人和被申诉部门送达。教师如对申诉处理决定仍有异议的，可以在接到《申诉处理决定书》之日起30日内向学校的上级教育行政部门提出教师申诉；属于诉讼或仲裁受理范围的，也可依法提起诉讼或仲裁。

二、行政复议和行政诉讼受案范围

【典型案例】

（8.1.1 案例续）原告陈某伟不服申诉的处理结果，向法院提起行政诉讼。根据《事业单位人事管理条例》第38条关于"事业单位工作人员对涉及本人的考核结果、处分决定等不服的，可以按照国家有关规定申请复核、提出申诉"的规定，陈某伟对某师附小作出的考核不服的，因事业编制教师年度考核系机关事业单位对其单位工作人员工作情况的评定和处理，属于内部人事管理范畴，虽然属于教育申诉的范围，但是不属于人民法院行政诉讼受案范围。西城教委在收到陈某伟的教师申诉后履行了受理并作出被诉答复的职责。西城教委作出的被诉答复关于维持批评教育的决定程序合法，认定事实清楚，陈某伟要求撤销该答复，予以驳回。陈某伟针对西城教委作出驳回陈某伟关于对考核的申诉，不属于行政诉讼的受案范围。依据规定，判决驳回陈某伟的诉讼请求。二审驳回上诉，维持一审判决。①

【法律问题】

陈某伟针对西城教委驳回其考核申诉提起的诉讼，为什么不属于行政诉讼的受案范围？

【法理解读】

教育行政复议是指公民、法人或其他组织认为教育行政机关的具体行为侵犯其合法权益，依法向上级机关或法律法规规定的其他政府机关提出重新处理

---

① 北京市第二中级人民法院(2022)京 02 行终 575 号。

的申请,由行政复议机关依法对该教育行政行为的合法性和适当性进行审查并作出处理决定的法律制度。教育行政复议的受案范围,是指教育行政复议机关对哪些行政行为具有行政复议审查权。要明确教育行政复议的受案范围,首先要明确一般行政复议的受案范围。

对于一般行政复议,原则上来说,所有侵犯相对人人身权和财产权的具体行政行为都属于复议申请范围。《行政复议法》第6条对一般行政复议的受案范围作了规定,也适用于教育行政复议。

教育行政复议的程序:(1)申请。既可以进行书面申请,也可以口头申请。书面形式申请应在60日内提出复议申请书。(2)受理。指教育行政复议机关基于相对人的申请,经审查认为符合法律规定的申请条件,决定立案并准备审理的行为。(3)审理。这是教育行政复议的中心阶段,复议机关应当在受理之日起7日内将复议申请书副本发送被申请人。(4)决定。复议机关应在复议期限内(自受理之日起60日内)作出决定。(5)执行。复议决定生效后就具有国家强制力,复议双方应自觉履行,否则强制执行。

在教育行政复议与教育行政诉讼的关系方面,除非法律法规作出特别规定,教育行政复议并非提起教育行政诉讼之前的必经程序。而在原告选择方面,既可以选择先申请复议,再提起诉讼,也可以选择不申请复议,直接提起诉讼。

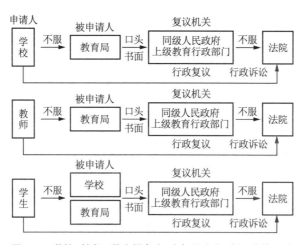

图 8-1　学校、教师、学生提起行政复议和行政诉讼的程序

教育行政诉讼是行政诉讼的一种。它是指公民、法人或其他组织认为行政机关的具体行政行为侵犯了其教育法所保护的合法权益,而以行政机关为被告提起诉讼,人民法院在双方当事人和其他诉讼参与人的参加下,进行审理作出判决。

行政诉讼受案范围包括:(1)对行政拘留、暂扣或者吊销许可证和执照、责令停产停业、没收违法所得、没收非法财物、罚款、警告等行政处罚不服的;(2)对限制人身自由或者对财产的查封、扣押、冻结等行政强制措施和行政强制执行不服的;(3)申请行政许可,行政机关拒绝或者在法定期限内不予答复,或者对行政机关作出的有关行政许可的其他决定不服的;对行政机关作出的关于确认土地、矿藏、水流、森林、山岭、草原、荒地、滩涂、海域等自然资源的所有权或者使用权的决定不服的;(4)对征收、征用决定及其补偿决定不服的;(5)申请行政机关履行保护人身权、财产权等合法权益的法定职责,行政机关拒绝履行或者不予答复的;(6)认为行政机关侵犯其经营自主权或者农村土地承包经营权、农村土地经营权的;(7)认为行政机关滥用行政权力排除或者限制竞争的;(8)认为行政机关违法集资、摊派费用或者违法要求履行其他义务的;(9)认为行政机关没有依法支付抚恤金、最低生活保障待遇或者社会保险待遇的;(10)认为行政机关不依法履行、未按照约定履行或者违法变更、解除政府特许经营协议、土地房屋征收补偿协议等协议的;(11)认为行政机关侵犯其他人身权、财产权等合法权益的。人民法院对公民、法人或者其他组织提出的下列事项不予受理:(1)国防、外交等国家行为。(2)行政法规、规章或者行政机关制定、发布的具有普遍约束力的决定、命令。(3)行政机关对行政机关工作人员的奖惩、任免等决定。(4)法律规定由行政机关最终裁决的具体行政行为,例如《专利法》第43条规定"专利复审委员会对申请人关于实用新型和外观设计的复审请求所作出的决定为终局决定",对此项决定不服提起诉讼的,人民法院不予受理。行政诉讼的受案范围规定同样适用于教育行政诉讼。

案例中当事人诉请属于内部人事管理范畴,不属于以上行政诉讼的受案范围。

【法条链接】

《教育法》第43条第4款,《行政复议法》第6条,《行政诉讼法》第12条、第44条、第69条等。

【风险防范】

1　行政复议和诉讼符合法律的要求的范围。

2　因下列行为向法院起诉将不受理：（1）不属行政诉讼受案范围的行政行为：上级行政机关对下级行政机关、本级人民政府对所属部门的内部监督行为。上下级行政机关之间作出的请示、批复等内部行政行为。行政机关根据法院执行裁定作出的、未设定相对人的权利义务的告知行为。行政机关作出的会议纪要。行政机构撤并、内部人员分流、人事档案交接等事项。历史遗留的落实政策性的房地产纠纷。行政相对人对信访答复意见提起的不履行职责等诉讼请求。行政机关为作出行政行为而实施的准备、论证、研究、层报、咨询等过程性行为等。（2）不属于人民法院的受案范围：关于国防、外交等国家行为。国家行为，是指国务院、中央军事委员会、国防部、外交部等根据宪法和法律的授权，以国家的名义实施的有关国防和外交事务的行为，以及经宪法和法律授权的国家机关宣布紧急状态、实施戒严和总动员等行为。抽象行政行为，行政机关针对不特定对象发布的能反复适用的行政规范性文件。内部行政行为。对行政机关工作人员的奖惩、任免等决定，是指行政机关作出的涉及该行政机关公务员权利义务的决定。教师属于参公管理人员，如诉求恢复公立中学老师编制不属于行政诉讼受案范围。终局行政行为。终局行政行为是指法律规定由行政机关最终裁决的具体行政行为。公安、国家安全等机关依照刑事诉讼法的明确授权实施的行为。民事调解行为和民事仲裁行为。行政指导行为。重复处理行为。对行政相对人的权利义务不产生实际影响的行为。

3　超出范围的诉请不会受理，耽误采用其他更合适解决纠纷的机会，浪费投入的时间和资源。

4　按《行政复议法》第6条和《行政诉讼法》第12条规定的范围提起复议或诉讼。

三、原告、被告、法院管辖

【典型案例】

原告：陈某伟，女，1971年9月24日出生，汉族，住北京市西城区。

被告：北京市西城区教育委员会，住所地北京市西城区广安门内大街165号翔达大厦。

法定代表人王攀，主任。

出庭负责人董某，副主任。

委托代理人张某，北京市地平线律师事务所律师。

第三人：北京市西城区某学校附属小学，住所地北京市西城区六铺炕北小街3号。

法定代表人李某元，校长。委托代理人倪某，北京市西城区师范学校附属小学副校长。

上诉人陈某伟因诉北京市西城区教育委员会（以下简称西城教委）所作答复

意见书一案,不服北京市西城区人民法院(以下简称一审法院)所作(2021)京0102行初798号行政判决,向北京市第二中级人民法院提起上诉。本院依法组成合议庭,对本案进行了审理,现已审理终结。陈某伟不服上述行政行为,向一审法院诉称,请求依法撤销西城教委所作的被诉答复中两条答复意见。①

【法律问题】

本案一审法院的管辖确定依据是什么?

【法理解读】

行政诉讼的原告,是指认为行政主体及其工作人员的行政行为侵犯其合法权益,而向人民法院提起诉讼的个人或者组织。教育行政诉讼中的原告主要是教师、学生和学校。行政诉讼的被告,是指其实施的行政行为被作为原告的个人或者组织指控侵犯其合法权益,而由人民法院通知应诉的行政主体。教育行政诉讼中的被告主要是教育行政管理机关和法律法规委托授权的高等学校。

教育行政诉讼的管辖是指人民法院组织系统内部审判第一审教育行政案件的权限划分。教育行政诉讼的管辖大致分为级别管辖、地域管辖、裁定管辖。

1. 级别管辖

是指上下级人民法院之间受理和审判第一审教育行政案件的权限划分。一般来说,最高人民法院管辖全国范围内重大、复杂的第一审教育行政案件;高级人民法院管辖本辖区的重大、复杂的第一审教育行政案件;中级人民法院管辖本辖区内的重大、复杂的教育行政案件以及由教育部的具体行政行为引起的案件;基层人民法院管辖第一审教育行政案件。

2. 地域管辖

是指同级人民法院之间受理和审判第一审教育行政案件的权限划分。一般来说,教育行政案件由最初作出具体行政行为的教育行政机关所在地的人民法院管辖。经过复议并改变原具体行政行为决定的,也可由复议机关所在地的人民法院管辖。教育行政案件因不动产而提起的,由不动产所在地人民法院管辖。

3. 裁定管辖

是指人民法院裁定教育行政案件的管辖权。它包括三种情形:一是移送管辖,指人民法院将已受理的案件,移送给有管辖权的人民法院审理;二是指定管

---

① 参见北京市第二中级人民法院(2022)京02行终575号。

辖,指上级人民法院以裁定的方式,指定某下级人民法院管辖某一案件;三是管辖权的转移,指上级人民法院决定或同意,将有管辖权的案件,由下级人民法院移送上级人民法院,或由上级人民法院移送下级人民法院。

《最高人民法院关于适用〈中华人民共和国行政诉讼法〉的解释》(2018)进一步加强了管辖规则的灵活性,其第6条规定在管辖的启动上赋予了当事人一定选择权,当事人以案件重大复杂为由认为有管辖权的基层人民法院不宜行使管辖权,或者根据《行政诉讼法》第52条的规定可以直接向中级人民法院起诉,但是否允许最终还是由受诉法院决定。考虑到法院指定管辖可能会给当事人带来一定程度的不便,因此上级法院在确定管辖法院时,应当尽可能采取就近原则。地处边远、交通不便的地方,应当考虑当事人的困难和负担,必要时可以征求当事人的意见。

本案中陈某伟不服西城教委所作答复意见书而起诉,由西城教委所在地的基层人民法院管辖,也就是由北京市西城区人民法院管辖。

【法条链接】

《行政诉讼法》第14—26条等。

【风险防范】

1 对于被告和法院管辖,起诉符合相关条件。

2 (1)原告起诉不符合条件。公民、法人或者其他组织起诉应当符合法律规定条件,不符合法定条件的,人民法院不会受理,即使受理也会驳回起诉。(2)原告诉讼请求不适当。原告应当针对被诉具体行政行为提出明确的、具体、完整的诉讼请求,对未提出的诉讼请求人民法院不予审理。原告提出的诉讼请求要适当,无根据的诉讼请求,将得不到人民法院支持。起诉状副本送达被告后,原告提出新的诉讼请求,除有正当理由外,人民法院不予准许。(3)授权不明。当事人委托诉讼代理人代为承认、放弃、变更诉讼请求,进行和解,提起上诉等事项的,应在授权委托书中特别注明。没有在授权委托书中明确、具体记明特别授权事项的,诉讼代理人就上述特别授权事项进行的代理行为不具有法律效力。(4)不按时交纳诉讼费用。当事人起诉或者上诉,不按时预交诉讼费用,或者提出缓交、减交、免交诉讼费用申请未获批准,仍不按期交纳诉讼费用的,人民法院将会裁定按撤诉处理。

3 没能在诉讼时效内提起诉讼,其诉讼请求将不会得到人民法院的支持:(1)经过行政复议的在收到复议决定书之日起十五日内向人民法院提起诉讼。复议机关逾期不作决定的,在复议期满之日起十五日内向人民法院提起诉讼。(2)未经过复议的行政行为,应当自知道或者应当知道作出行政行为之日起六个月内提起诉讼。(3)行政机关作出行政行为时,未告知公民、法人或者其他组织起诉期限的,起诉期限从公民、法人或者其他组织知道或者应当知道起诉期限之日起计算,但从知道或者应当知道行政行为内容之日起最长不得超过一年。

4 起诉符合条件,诉讼请求适当,在诉讼时效内提起诉讼,按时交纳诉讼费用。

风险区 2

1 合规区

3 责任区

4 防范对策

法律风险

四、诉讼程序和行政赔偿

【典型案例】

原告惠丰某学校是 2000 年依法独资创办的集学文与练武于一身的初级中学,为扩大教学场地,2002 年 11 月 28 日,经五河县教育局、体育局签章同意,向被告五河县人民政府递交《关于惠丰某学校申请用地的报告》,但被告没有答复。2007 年原告租赁花木王小学继续办学。2008 年 10 月 9 日,五河县土地规划建设领导小组会议纪要决定惠丰某学校按教育用地性质挂牌出让。2010 年 3 月,《五河县规划局规划设计条件和通知书》中明确给原告规划办学用地,并附某学校示意图。时任五河县副县长王某渠同意原告先建校,并答应积极补办用地等各种手续。在原告积极筹集资金、勘察设计图纸、建造校园围墙、筹措 600 万元土地出让金之际,被告将该地块划拨给五河县人民法院建造办公楼。被告的行为违反土地法、规划法等法律规定,给原告造成严重经济损失。原告起诉,请求判令被告赔偿因其不审批原告办学用地而给原告造成的经济损失,并赔偿原告的名誉损失。[①]

【法律问题】

本案原告的赔偿请求能获得支持吗?

【法理解读】

(一)教育行政诉讼的程序

1. 起诉与受理

起诉指公民、法人或者其他组织认为行政机关的具体行政行为侵犯了其教育法所保护的合法权益,依法向人民法院提出诉讼请求,要求人民法院予以救济的行为。它要求有明确的被告、有具体的诉讼请求和事实根据、属于人民法院管辖、符合受案范围、符合起诉的日期限定。受理指人民法院经过审查之后,应当在 7 日内立案或作出不予受理的决定。

2. 审理

开庭审理前,人民法院在立案之日起 5 日内,将起诉状副本发送被告,并告知被告应当在收到起诉状副本之日起 10 日内向人民法院提交作出具体行政行

---

① 参见安徽省高级人民法院(2018)皖行赔终 100 号。

为的有关材料,并提出答辩状。在收到被告答辩状之日起5日内,将答辩状副本发送原告。被告不提出答辩状的,不影响人民法院审理。法院确定合议庭组成人员,确定开庭审理的时间、地点,并在开庭之前3日传唤、通知当事人和其他诉讼参与人。人民法院审理教育行政案件,分为宣布开庭、法庭调查、法庭辩论、合议庭评议、宣判五个阶段。

3. 判决

人民法院行政案件审理后,应根据不同情况作出判决:具体行政行为证据确凿,适用法律、法规正确,符合法定程序的,维持原判;具体行政行为主要证据不足,适用法律法规错误,违反法定程序,超越、滥用职权的,判决撤销或部分撤销原判;被告不履行或者拖延履行法定职责的,判决其在一定期限内履行;行政处罚显失公正的,判决变更处罚决定。当事人不服人民法院第一审判决的,有权在判决书送达之日起15日内向上一级法院提起上诉。当事人不服人民法院第一审裁定的,有权在裁定书送达之日起10日内向上一级人民法院提起上诉。逾期不提起上诉的,人民法院的第一审判决或者裁定发生法律效力。

4. 执行

是指人民法院使生效的判决、裁定、调解书等付诸实践。当事人必须履行人民法院发生法律效力的判决、裁定。公民、法人或者其他组织拒绝履行判决、裁定的,行政机关可以向人民法院申请强制执行,或依法强制执行。对拒不履行的,依法追究其法律责任。

(二) 教育行政赔偿的含义和范围

教育行政赔偿是指教育行政机关及其工作人员在执行职务过程中,违法行使职权侵犯了公民、法人或其他组织的合法权益,造成了损害,依照《国家赔偿法》由国家给予的赔偿。侵权主体为教育行政机关及其公务员,侵权损害发生在执行职务的过程中,侵权行为源于教育行政机关及其公务员的违法行政,教育行政赔偿主体是国家。

行政赔偿的范围仅限于侵犯人身权与财产权的违法行政行为。侵犯人身权的违法行政行为,包括:(1)违法拘留或者违法采取限制公民人身自由的行政强制措施的行为。(2)非法拘禁或者以其他方法非法剥夺公民人身自由的行为。(3)以殴打等暴力行为或者唆使他人以殴打等暴力行为造成公民身体伤害或者死亡的违法行为。(4)违法使用武器、警械造成公民身体伤害或者死亡的违法行为。(5)造成公民身体伤害或死亡的其他违法行为。侵犯财产权的违法行政行为,包括:(1)违法实施罚款、吊销许可证和执照、责令停产停业、没收财产等行政处罚行为。(2)违法对财产采取查封、扣押、冻结等行政强制措施的行为。(3)违反国家规定征收财物、摊派费用的行为。(4)违法侵犯财产权造成损害的其他行为。

本案法院判决确认被告五河县人民政府允诺五河县某学校先建设后办手续的行为违法;被告五河县人民政府于该判决生效之日起十五日内赔偿原告的相应损失。

【法条链接】

《国家赔偿法》第3—4条、第7条、第8条,《行政诉讼法》第74条、第76条等。

【风险防范】

1 按照诉讼程序要求积极应诉。

2 （1）证据上的法律风险。不提供或者逾期提供证据：原告对下列事项承担举证责任：证明起诉符合法定条件，但被告认为原告起诉超过起诉期限的除外；在起诉被告不作为的案件中，证明其提出申请的事实；在一并提起的行政赔偿诉讼中，证明因受被诉行为伤害而造成损失的事实；其他应当由原告承担举证责任的事项。提供证据不符合要求：当事人向人民法院提供的证据，应当符合《关于行政诉讼证据若干问题的规定》中提供证据的要求，提供证据不符合要求的，将影响提供证据的证明力，甚至可能不被采信。证人不出庭作证，当事人提供证人证言的，证人应当庭作证。如果证人不出庭作证，可能影响该证人证言的证据效力，甚至不被采信。（2）不按时出庭或者中途退出法庭。原告或上诉人经合法传唤，无正当理由拒不到庭，或者未经法庭许可中途退出法庭的，人民法院将按撤诉处理；被告无正当理由拒不到庭，或者未经法庭许可中途退出法庭的，人民法院将缺席判定。（3）不准确提供送达地址。人民法院按照当事人自己提供的送达地址送达诉讼文书时，因当事人提供的己方送达地址不准确，或者送达地址变更未及时告知人民法院，致使人民法院无法送达，造成诉讼文书被退回的，诉讼文书也视为送达。（4）超过期限申请强制执行。申请强制执行人民法院生效的行政诉讼裁判文书，申请人是公民的，申请期限为1年；申请人是行政机关法人或者其他组织的，申请期限为180日。（5）未在期限内申请再审的风险。当事人对已经发生法律效力的行政判决、裁定申请再审，应当在判决、裁定发生法律效力后6个月内提出，超过6个月再申请再审的，人民法院将不予受理。

3 （1）证据不足：学校或教师需要提供充分的证据来支持其主张，如行政行为的不当性、违法性等。如果证据不足或不充分，可能导致诉讼失败。（2）程序要求：学校或教师需要遵守行政诉讼程序的要求，如起诉时效、适格性等。如果未能满足这些要求，法院可能会驳回诉讼请求。（3）行政裁量权：行政机关在行使职权时通常具有一定的裁量权，法院在审理行政诉讼时需要尊重行政机关的裁量权。如果法院认为行政机关的裁量权合理，可能会支持行政行为的合法性。（4）不利判例：如果相关的先例判决对学校或教师不利，可能会增加其诉讼风险。（5）赔偿责任：如果学校或教师被判违法行为，可能需要承担相应的赔偿责任。

4 为了预防这些法律风险，可以采取以下措施：（1）充分收集证据：在起诉之前，学校或教师应该充分收集与案件相关的证据，包括书面文件、电子邮件、通信记录、证人证言等。确保证据充足可以更好地支持其主张。（2）熟悉程序要求：学校或教师需要了解行政诉讼程序的要求，包括起诉时效、适格性等。确保按照规定的程序要求进行起诉，避免因程序问题而被驳回。（3）寻求专业法律意见：在起诉之前，建议学校或教师咨询专业律师，获取具体的法律意见和风险评估。律师可以帮助评估案件的可行性，并提供相应的法律指导。（4）遵守法律法规：学校或教师应该遵守相关的法律法规，避免违法行为，以降低可能面临的法律风险。

法律风险

2 风险区
1 合规区
3 责任区
4 防范对策

第二节　学校教育中民事法律纠纷的法律救济

一、诉讼当事人和管辖

【典型案例】

四川省雷波县人民法院民事判决书(摘选 1)

原告:何某婷,女,汉族,2007 年 3 月 1 日出生,四川省雷波县人,村民,住四川省雷波县黄琅镇某村 41 号。

法定代理人:何某伟,男,汉族,1979 年 3 月 12 日出生,四川省雷波县人,村民,住四川省雷波县黄琅镇某村 1 号。(系何某婷父亲)

法定代理人:吴某,女,汉族,1981 年 6 月 21 日出生,四川省雷波县人,村民,住四川省雷波县黄琅镇某村 41 号。(系何某婷母亲)

委托诉讼代理人:罗某,四川某则律师事务所律师。代理权限为特别授权。

被告:四川省雷波某中学,住所地:四川省雷波县锦城镇东升路。

法定代表人:徐某,系该校校长。

委托诉讼代理人:李某兵,四川某坤律师事务所律师。代理权限为特别授权。

被告:某财产保险股份有限公司凉山中心支公司,住所地:四川省西昌市胜利南路二段市建筑设计院办公大楼。

法定代理人:於某,该公司经理。

委托诉讼代理人:劳某森,该系公司职工。代理权限为特别授权。

原告何某婷与被告四川省某中学(以下简称某中学)教育机构责任纠纷一案,本院于 2021 年 8 月 12 日立案,2021 年 8 月 20 日本院依法追加中华联合财产保险股份有限公司凉山中心支公司(以下简称中华联保)为本案被告。该案依法适用普通程序于 2022 年 3 月 4 日公开开庭进行了审理。原告法定代理人何某伟、吴某以及原告委托诉讼代理人罗某,被告某中学委托诉讼代理人李某兵,被告某保险公司凉山中心支公司委托诉讼代理人劳某森到庭参加了诉讼。本案现已审理终结。

原告何某婷向本院提出诉讼请求:(1)判令被告赔偿原告医疗费、营养费、伙食补助费、交通费、住宿费、护理费、鉴定费、残疾赔偿金、精神抚慰金等合计：1 777 561.8 元；(2)本案诉讼费用由被告承担。庭审中原告变更第一项诉讼请求为：判令被告赔偿原告医疗费、营养费、伙食补助费、交通费、住宿费、护理费、鉴定费、残疾赔偿金、精神抚慰金等合计：1 271 322.00 元。……①

【法律问题】

本案中的诉讼当事人有哪些？该案的管辖法院是哪个法院？

【法理解读】

(一) 诉讼当事人

民事诉讼中的当事人，是指因民事权利义务发生争议，以自己的名义进行诉讼，要求法院裁判调解的人以及相对人。民事诉讼中的当事人，有狭义和广义之分。狭义上的当事人，仅指原告和被告。广义上的当事人，除原告和被告以外，还包括共同诉讼人、第三人。原告，是指为维护自己或自己所管理的他人的民事权益，而以自己的名义向法院起诉，从而引起民事诉讼程序发生的人。被告，是指被原告诉称侵犯原告民事权益或与原告发生民事争议，而由法院通知应诉的人。

诉讼代理人，是指根据法律规定或当事人的委托，代当事人进行民事诉讼活动的人，可以分为法定诉讼代理人和委托诉讼代理人。法定诉讼代理人的被代理人，只限于无民事行为能力的人或限制民事行为能力的人。委托诉讼代理人，是指根据当事人、法定代表人或法定代理人的委托，代为进行诉讼活动的人。我国的委托诉讼代理人包括：(1)律师、基层法律服务工作者；(2)当事人的近亲属或当事人的工作人员；(3)当事人所在社区、单位或者有关社会团体推荐的人。

诉是当事人向法院提出的针对其权利主张进行裁判的请求。一个完整的诉，由当事人、诉讼标的和诉的理由构成。诉讼标的，是指当事人之间争议并由法院裁判的对象。诉的理由，是指当事人向法院请求保护其权益和进行诉讼的依据。诉的理由包括诉的法律理由和诉的事实理由。

(二) 地域管辖的概念和分类

原告应当向哪个法院提起诉讼？哪个法院对原告提起的案件具有审判权？这就涉及法院的管辖权问题。管辖分为地域管辖和级别管辖。

---

① 参见四川省雷波县人民法院(2021)川 3437 民初 778 号。

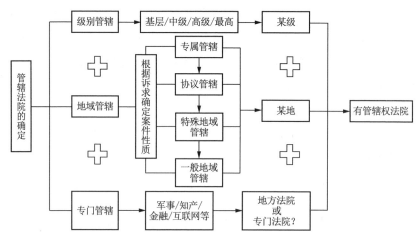

图 8-2 管辖法院的确定

1. 地域管辖

对公民提起的民事诉讼,由被告住所地人民法院管辖;被告住所地与经常居住地不一致的,由经常居住地人民法院管辖。对法人或者其他组织提起的民事诉讼,由被告住所地人民法院管辖。同一诉讼的几个被告住所地、经常居住地在两个以上人民法院辖区的,各人民法院都有管辖权。法人或者非法人组织的住所地是指法人或者非法人组织的主要办事机构所在地,法人或者非法人组织的主要办事机构所在地不能确定的,法人或者非法人组织的注册地或者登记地为住所。

特殊地域管辖,又称特别管辖,是指以当事人住所地、诉讼标的或者诉讼标的物及法律事实所在地为标准确定管辖法院的一种管辖制度。

一般合同纠纷。因合同纠纷提起的诉讼,由被告住所地或者合同履行地人民法院管辖。合同履行地,是指合同约定的履行义务的地点。

侵权行为提起的诉讼,由侵权行为地或者被告住所地法院管辖。侵权行为地,包括侵权行为实施地和侵权结果发生地。(1)信息网络侵权行为的管辖法院可以是:被告住所地;侵权行为发生地,包括计算机等信息设备所在地及其他侵权行为发生地;侵权结果发生地,包括被侵权人住所地。(2)因产品、服务质量不合格造成他人财产、人身损害提起的诉讼,管辖法院可以是:被告住所地;侵权行为发生地,包括产品制造地、产品销售地、服务提供地等侵权行为发生地;侵权结果发生地。(3)侵犯知识产权(商标权、著作权)的诉讼,管辖法院可以是:被告住

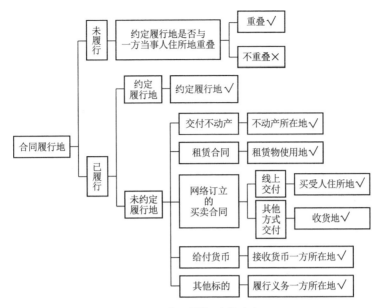

图 8-3　合同履行地的确定

所地;侵权行为实施地;复制品的储藏地(可能有多个)或查封、扣押地。(4)侵犯名誉权的诉讼,管辖法院可以是:被告住所地;侵权行为实施地,包括侵权产品的传播地;侵权结果发生地,通常指原告住所地。

2.级别管辖

我国的法院分为四级:基层人民法院、中级人民法院、高级人民法院、最高人民法院。那么,在起诉时,该向哪一级法院递交诉状而提起诉讼呢? 基层人民法院管辖第一审民事案件,但法律另有规定的除外。中级人民法院管辖下列第一审民事案件:重大涉外案件;在本辖区有重大影响的案件;最高人民法院确定由中级人民法院管辖的案件。高级人民法院管辖在本辖区有重大影响的第一审民事案件。最高人民法院管辖下列第一审民事案件:在全国有重大影响的案件;认为应当由本院审理的案件。

本案中的诉讼当事人包括:原告何某婷,被告四川省雷波某中学和某保险股份有限公司凉山中心支公司。本案的管辖法院是四川省雷波县人民法院。

【法条链接】

《民事诉讼法》第 18—36 条、第 122 条,《最高人民法院关于适用〈民事诉讼法〉的解释》第 18 条等。

【风险防范】

1. 起诉符合以下条件：（1）原告是与本案有直接利害关系的公民、法人或其他组织；（2）有明确的被告；（3）有具体的诉讼请求和事实、理由；（4）属于人民法院主管范围和受诉人民法院管辖。

2. （1）原告不到庭。原告（或其代理人）因各种原因不能按时到庭参加庭审。（2）缺席审理。被告没有到庭或当事人在庭审中与对方当事人对质或辩论中情绪激化，或认为法官有偏袒对方的倾向等，未经许可即中途退出法庭。（3）逾期缴纳诉讼费。原告自接到人民法院交纳诉讼费用通知次日起7日内没有按时交纳案件受理费；反诉案件由提起反诉的当事人自提起反诉次日起7日内没有按时交纳案件受理费。（4）管辖异议。被告在收到起诉状副本之日起十五日后才提出管辖权异议。（5）当事人在举证期限满后，提起反诉。

3. （1）原告经传票传唤，无正当理由拒不到庭，人民法院将按自动撤回起诉处理。（2）被告无正当理由不到庭，法院将缺席审理，缺席者失去申辩和质证、发表自己意见的机会。（3）当事人起诉，不按时预交诉讼费用，或者提出缓交、减交、免交诉讼费用申请未获批准仍不交纳诉讼费，人民法院将会裁定按自动撤回起诉处理；当事人提出反诉，不按规定预交相应的案件受理费的，人民法院将不会审理。（4）未按时提出管辖权异议的，有可能无法达到申请人的目的，受诉人民法院有管辖权。（5）当事人提出反诉，超过人民法院许可或者指定期限的，可能不被审理。

4. （1）作为原告，学校在接到法院开庭传票后应做好出庭准备，异地起诉的，应提前到当地法院查看。切勿错过开庭时间。有正当理由不能到庭的，需向法院说明。（2）作为被告的学校应及时到庭参与庭审。（3）学校确定通过诉讼途径解决的，应按时交纳诉讼费。（4）在诉讼实务中，学校利用管辖权异议，可以节省应诉时间。但是，提出管辖权异议一般应在收到起诉状副本之日起15日内，即答辩期内提出。管辖异议被一审法院驳回后，被告还有权提出上诉。（5）在民事诉讼中，被告则有权提起反诉。被告提起反诉的，最后在举证届满前提出；当事人在举证期限后，提出反诉法院不予受理的，可以另行起诉。

二、诉讼证据和举证质证

【典型案例】

吴某与赵某为某中学初一同班同学。2021年9月，一天午休期间，吴某从座位起身与前座同学交流，赵某路过吴某座位时，将吴某的椅子往后拉出一定距离，吴某坐下时因悬空摔倒在地。吴某很快被送往医院治疗，称出现疼痛、视物模糊等症状。之后数日内，吴某多次前往医院门诊就诊并住院治疗，先后被诊断出颅脑外伤、视物模糊、双目视神经挫伤等。事故发生后，赵某父母（父赵某某、母何某）向吴某父母支付了部分费用。后因与赵某某、何某及某中学协商赔偿事宜未果，吴某将赵某、赵某某、何某、某中学一并诉至法院，要求赔偿医疗费、住院伙食补助费、营养费、护理费、精神损害抚慰金等合计32万余元。①

① 载"山东高法"微信公众号，2024年6月18日发布。

【法律问题】

原告需要在诉讼中提供哪些证据来支持自己的诉讼请求?

【法理解读】

"打官司就是打证据",当学校面临仲裁或诉讼案件时,应依法及时、合理、充分举证。能够证明案件事实情况的一切依据,都是证据。合法有效的证据必须具有客观性、关联性和合法性,就是通常所说的"三性",三者缺一不可。客观性,指证据必须是客观存在的真实情况。不真实的证据无法证明事实的真实。关联性,是指证据必须与证明对象,即案件的事实,存在内在的必然联系,关联性的紧密与否,直接影响证据的证明力。合法性,指证据的表现形式必须符合法律规定及法定程序,合法性不是证据的本身属性,而是直接影响到证据的效力。以侵害他人合法权益或者违反法律禁止性规定的方法取得的证据,不能作为认定案件事实的依据。

证据有下列几种:书证、物证、视听资料、证人证言、当事人的陈述、鉴定结论、勘验笔录。以上证据必须查证属实,才能作为认定事实的根据。证据查证属实的过程就是质证的过程,但举证是质证的前提。"偷录""偷拍"等视听资料,被一定程度上赋予了证据效力,但对其运用时需把握如下几点:(1)以侵害他人合法权益或者违反法律禁止性规定的方法取得的,不能作为认定案件事实的依据。(2)对于"有其他证据佐证并以合法手段取得的、无疑点的视听资料或者与视听资料核对无误的复制件",一方当事人提出的,对方当事人提出异议但没有足以反驳的相反证据的,人民法院应当确认其证明力。(3)人民法院就数个证据对同一事实的证明力,可以依照下列原则认定:第一,国家机关、社会团体依职权制作的公文书证的证明力一般大于其他书证;第二,物证、档案、鉴定结论、勘验笔录或者经过公证、登记的书证,其证明力一般大于其他书证、视听资料和证人证言。(4)进行质证时,当事人有权要求出示证据的原件或者原物(但有下列情况之一的除外:第一,出示原件或者原物确有困难并经人民法院准许出示复制件或者复制品的;第二,原件或者原物已不存在,但有证据证明复制件、复制品与原件或原物一致的)。(5)存有疑点的视听资料,不能单独作为认定案件事实的依据。

举证期限的确定方式:(1)当事人协商＋法院准许;(2)法院指定。

期限:一审普通程序≥15日,简易程序≤15日,小额诉讼程序≤7日,二审当事人提供新证据≥10日。

举证期限届满之前,可以申请延长,由法院决定是否延长,延长期限双方同样适用。

实践中,有部分学校或老师出于对诉讼程序的陌生,不愿参加诉讼庭审,认为事实一清二楚,法院自然会公正裁判,难免会在学校遇到诉讼案件时,存在一定的忽视情绪,突出表现之一就是不重视举证。但是在学校不举证的情况下,法官客观上只能"偏听偏信",真实的情况很难被发现;法官必须基于事实、证据和法律法规进行裁判,庭审之中"证据为王",程序中对举证责任进行了分配,并明确了举证时限要求,举证不能自然就要承担相应"败诉"的不利后果。

因此,学校对自己提出的诉讼请求所依据的事实或反驳对方诉讼请求所依据的事实,应提供证据加以证明,在作出判决前,学校未能提供证据或证据不足以证明其事实主张的,则由负有举证证明责任的学校承担不利的后果。司法实践中法院一般均会在送达应诉通知书、举证通知书等案件材料中一并告知举证期限,如未明确告知,建议学校尽快与法院主动沟通,确定具体的举证期限,并视情况申请延期举证。证据应在法庭上出示,并由当事人相互质证,未经当事人质证的证据,不得作为认定案件事实的根据。故对于对方当事人提交的证据,学校应围绕证据的真实性、合法性以及与待证事实的关联性进行质证,并针对证据有无证明力和证明力大小进行说明和辩论,提前准备质证意见。

当事人因客观原因不能自行收集的证据,及其诉讼代理人因客观原因不能自行收集的证据,或者人民法院认为审理案件需要的证据,人民法院应当调查收集。(1)申请调查收集的证据属于国家有关部门保存并需人民法院以职权调取的档案材料;(2)涉及国家秘密、商业秘密、个人隐私的材料;(3)当事人及其诉讼代理人确因客观原因不能自行收集的其他材料。

当事人应当对其提交的证据材料逐一分类编号,对证据材料的来源、证明对象和内容作简要说明,签名盖章,注明提交日期,并依照对方当事人人数提出副本。

申请法院调查收集证据的各方当事人,不按举证通知书的要求,在规定期限内提出申请和有关证据线索的,法院可不予调查收集有关证据。对有缺陷的鉴定结论,可以通过补充鉴定、重新质证或者补充质证等方法解决的,不予重新鉴定。

二审中的新证据包括:一审庭审结束后新发现的证据;当事人在一审举证期

限届满前申请人民法院调查取证未获准许,二审法院经审查认为应当准许并依当事人申请调取的证据。当事人虽然知道证据的存在,且有条件取得,因不了解其证据价值而未提出的证据,但法院已经予以释明的除外。当事人知道证据的存在,但在举证期限内因客观原因未能取得的证据。为了反驳对方的主张或举证,而在举证期限届满后提出的证据。

本案中原告需要提交的证据包括:(1)纠纷发生的时间、地点、起因的证据;其他部门处理纠纷的相关证据;(2)被告实施侵害行为的证据;(3)人身受到侵害及伤害后果的证明(病情诊断、法医鉴定、有关照片等);(4)赔偿医疗费、护理费、交通费、营养费、住院伙食补助费、康复费、误工费、辅助器具费、残疾赔偿金的证据(如医疗费的证据:抢救医院和县级以上医院的抢救费用和医院的医疗费单据。医院治疗诊断证明书、病历、转院治疗证明、法医鉴定书。医院治疗终结后需继续治疗的费用,应有治疗医院的继续治疗意见或法医鉴定意见。自购药费单据,应当附治疗医院的处方。护理费的证据:医院同意护理人员及护理人数的证明;护理人员的收入证明。没有收入证明的按照误工费的赔偿办法计算;① 护理人员没有收入或者雇佣护工的,参照当地护工从事同等级别护理的劳务报酬标准确定);(5)精神损害抚慰金的证据:被告的过错程度;侵权行为的目的、方式、场合等具体情节;被告侵权行为所造成的后果证明,如受害人人体损伤致残程度分级鉴定意见书;被告的获利情况;被告承担责任的经济能力;受理诉讼法院所在地的平均生活水平。

【法条链接】

《民事诉讼法》第 66—84 条,《最高人民法院关于适用〈民事诉讼法〉的解释》第 90—91 条、第 99—100 条、第 103—104 条,《关于民事诉讼证据的若干规定》等。

---

① 误工费根据受害人的误工时间和收入状况确定。误工时间根据受害人接受治疗的医疗机构出具的证明确定。误工时间可以计算至定残日前一天。受害人有固定收入的,误工费按照实际减少的收入计算。受害人无固定收入的,按照其最近三年的平均收入计算;受害人不能举证证明其最近三年的平均收入状况的,可以参照受诉法院所在地相同或者相近行业上一年度职工的平均工资计算。需要提交的证据:当事人有固定收入的,需要单位出具带有公章的书面证明,内容包括在单位工作的时间、职务以及过去一年平均月工资等信息。其收入包括工资、奖金及国家规定的补贴、津贴。无固定收入的,可以提供过去三年的收入状况证明,需要向当地相关政府部门申请开具。证明内容应包括从事的行业、工作地点、工作内容并提供相关政府部门开具的证明文件。如事故发生前从事某种劳动,包括城乡个体工商户,家庭劳动服务人员等,应有街道办事处或乡镇人民政府出具的证明。

【风险防范】

1	在举证期限内向人民法院提交证据材料；证人到法院作证；对书证、物证、视听资料进行质证时，当事人有权要求出示证据的原件或者原物。
2	（1）学校作为被告未能在举证期限内向人民法院提交证据材料或在举证期限内不提交的。（2）证人因各种原因不愿到法院作证，只写了证人证词作为证据提交。（3）不提供原始证据。（4）当事人为延长诉讼期限，故意在一审时未递交有关证据，在二审过程中进行举证。
3	（1）可能被视为放弃举证权利。如果举证期限届满后提供的证据不是新的证据的，人民法院不予采纳。（2）提供证人证言的，证人须亲自出庭作证（除证人确有困难不能出庭的五种情形外），否则会导致证言效力降低，甚至不被法院采信的后果。（3）当事人向人民法院提供证据，应当提供原件或者原物，如需自己保存证据原件、原物或者提供原件、原物确有困难的，可以提供经人民法院核对无异的复制件或者复制品。证据材料为复制件，提供人拒不提供原件或原件线索，没有其他材料可以印证，对方当事人又不予承认的，在诉讼中不得作为认定事实的根据。（4）可能因不是法律规定的"新证据"而被法院认定举证不能而败诉。
4	（1）学校作为被告应当在举证期限内向人民法院提交证据材料，在举证期限内提交证据材料确有困难的，应当在举证期限内向人民法院申请延期举证，经人民法院准许，可以适当延长举证期限。在延长的举证期限内提交证据材料仍有困难的，可以再次提出延期申请，是否准许由人民法院决定。（2）首先，提供证人证言的一方，应尽量要求证人到庭接受质证。确实无法到庭的，建议首先申请人民法院对证人证词的证据进行保全。其次，申请网络视频作证，或对证人证词进行公证。（3）需注意向人民法院提供证据，应当提供原件或者原物。（4）二审提交"新证据"符合法律规定。

三、审判程序和执行程序

【典型案例】

2023年3月，十堰某小学学生小王在收拾书包时，同班同学小赵、小陈、小杨三人嬉戏打闹间小赵无意撞上小王，致其脑袋受伤住院。小王监护人王某具状诉至十堰市茅箭区人民法院，请求小赵、小陈、小杨监护人与学校连带赔偿医疗费、护理费、营养费等各项费用。①

【法律问题】

本案一审庭审通常会经历几个阶段？

【法理解读】

与他人发生民事纠纷后，可以通过与对方协商、由第三方居中调解或者诉讼的方式来解决纠纷。其中的诉讼，往往因一方的起诉而发生和展开。所谓起诉，是指公民、法人或其他组织在民事权益受到侵犯或发生民事争议的情况下，依法以自己的名义向人民法院提起诉讼，要求人民法院予以审判的诉讼行为。

---

① 载"湖北普法"微信公众号，2023年11月21日发布。

起诉必须符合下列条件:(1)原告是与本案有直接利害关系的公民、法人和其他组织。如果与本案没有直接的利害关系,则不能成为原告。(2)有明确的被告。原告必须明确指出侵害自己合法权益或者与自己发生民事争议的主体是谁,如果被告不明确,法院就无法开展审判活动。在实践中,被告包括公民、法人或其他组织。(3)有具体的诉讼请求和事实、理由。原告必须明确指出其要求法院保护的权益、要求被告履行的义务,并提出支持其诉讼请求的事实依据和理由。这是诉讼活动的核心内容。(4)属于人民法院受理民事诉讼的范围和受诉人民法院管辖。平等主体之间的因财产关系和人身关系引起的民事诉讼纠纷,由人民法院受理。

在起诉的时候,原告需要向法院递交起诉状。起诉状的格式应当符合法院规定的要求。对于原告提交的起诉状,法院经审查,认为符合起诉条件的,应当在七日内立案,并通知当事人;认为不符合起诉条件的,应当在七日内裁定不予受理;原告对裁定不服的,可以提起上诉。法院对原告的起诉予以立案之后,当事人应当做好开庭准备。

为了顺利地参加庭审活动,当事人应当了解庭审的基本程序。庭审活动一般包括以下几个阶段:(1)法官或书记员核实当事人及其委托代理人的身份,宣读法庭纪律。询问是否申请回避。①(2)原告宣读起诉状,被告宣读答辩状。(3)法庭调查。具体包括:①法官向原告、被告、第三人或证人等询问与案件有关的事实情况;②原告进行举证(出示证据并说明其所证明的内容),被告进行质证(对原告的前述证据发表认可或反驳的意见);③被告进行举证,原告进行质证。(4)法庭辩论。原、被告分别围绕着案件的争议焦点,从事实和法律两个方面进一步陈述本方的诉讼主张,反驳对方的诉讼主张,双方展开辩论。(5)最后陈述。原、被告分别陈述自己的最后诉讼意见。(6)法庭调解。法官征询原、被告的调解意愿及调解条件,如果双方在法官的主持下能够达成一致的调解意见,则法庭可作出《民事调解书》,该调解书经双方签收后即具有法律效力。(7)判决。双方中任意一方不愿意调解,或者虽经法官调解但双方无法达成一致意见的,法官可当庭作出判决,也可于一定日期后作出判决。

案例中,小王监护人王某诉小赵、小陈、小杨监护人与学校健康权纠纷案的庭审活动通常也包括以上的7个阶段。

熟悉了庭审活动的这些基本程序之后,学校在庭审过程中应当按照规定或

---

①　审判人员(或其他司法人员)具有下列情形之一,没有自行回避的,参诉企业及其代理人申请其回避:(1)是本案的当事人或者与当事人有直系血亲、三代以内旁系血亲及姻亲关系的;(2)本人或者其近亲属与本案有利害关系的;(3)担任过本案的证人、鉴定人、勘验人、辩护人、诉讼代理人的;(4)与本案的诉讼代理人、辩护人有夫妻、父母、子女或者同胞兄弟姐妹关系的;(5)本人与本案当事人之间存在其他利害关系,可能影响案件公正处理的。

者法官的要求充分地行使自己的诉讼权利,顺利地参加庭审活动,协助法官查明案件事实,清楚地表达本方的诉讼主张和意见。

我国现行的审判制度实行的是两审终审制。对于一审判决结果,如果原、被告都表示服从,在法定上诉期限内都未提起上诉,则上诉期限届满后该判决即发生法律效力,双方应当予以执行。但是,如果原、被告中有一方或者双方均不服从一审判决的,对判决的上诉期间为判决书送达之日起 15 日内,对可上诉的裁定不服的上诉期间为裁定送达之日起的 10 日内,则可以在上诉期限内提起上诉,案件由此进入二审程序。二审的庭审程序与一审相类似。二审判决一经作出即生效,当事人应当履行。再审程序是《民事诉讼法》规定的特殊的救济程序,是对已经发生法律效力的裁判、调解存在法定程序和实体上应当再审的错误情形而启动的再次审理程序。对再审案件的审理程序,《民事诉讼法》第 218 条作了明确规定,即"人民法院按照审判监督程序再审的案件,发生法律效力的判决、裁定是由第一审法院所作出的,按照第一审程序审理,所作出的判决、裁定,当事人可以上诉;发生法律效力的判决、裁定是由第二审法院作出的,按照第二审程序审理,所作的判决、裁定,是发生法律效力的判决、裁定;上级人民法院按照审判监督程序提审的,按照第二审程序审理,所作的判决、裁定是发生法律效力的判决、裁定。人民法院审理再审案件,应当另行组成合议庭。"

对于生效判决,负有履行义务的一方不履行的,胜诉一方可以申请法院予以强制执行。所谓强制执行,是指人民法院按照法定程序,运用国家强制力量,根据执行文书所确定的内容,强制民事义务人完成其所承担的义务,以使权利人的权利得以实现。

关于强制执行,需要注意以下几个问题:(1)执行管辖,即申请人应当向哪一个法院申请强制执行。按照法律规定,发生法律效力的民事判决、裁定,以及刑事判决、裁定中的财产部分,由审理该案件的第一审人民法院或者与第一审人民法院同级的被执行的财产所在地人民法院执行。实践中,胜诉的一方作为申请人,一般应当向审理该案件的第一审人民法院申请强制执行。(2)申请执行的条件。申请人申请强制执行需要满足一定的条件:要有执行依据,也就是要有可据以执行的生效的法律文书,如判决书、裁定书等。申请人要在法定期限内提出申请。申请执行的期限为二年,从法律文书规定履行期间的最后一日起计算;法律文书规定分期履行的,从规定的每次履行期间的最后一日起计算;法律文书未规定履行期间的,从法律文书生效之日起计算。(3)关于执行程序的有关规定。按照法律规定,执行员接到申请执行书或者移交执行书,应当向被执行人发出执行通知,责令其在指定的期间履行,逾期不履行的,强制执行。被执行人不履行法律文书确定的义务,并有可能隐匿、转移财产的,执行员可以立即采取强制执行措施。被执行人未按执行通知履行法律文书确定的义务,人民法院有权向银行、信用合作社和其他有储蓄业务的单位查询被执行人的存款情况,有权冻结、划拨被执行人的存款,但查询、冻结、划拨存款不得超出被执行人应当履行义务的范围;人民法院有权扣留、提取被执行人应当履行义务部分的收入,但应当保留被执行人及其所扶养家属的生活必需费用;人民法院有权查封、扣押、冻结、拍卖、变卖被执行人应当履行义务部分的财产,但应当保留被执行人及其所扶养家属的生活必需品;被执行人隐匿财产的,人民法院有权发出搜查令,对被执行人及其住所或者财产隐匿地进行搜查;人民法院还可以对被执行人采取或者通知有关单位协助采取限制出境,在征信系统记录、通过媒体公布不履行义务信息以及法律规定的其他措施。

【法条链接】

《民事诉讼法》第128—152条,第235条等。

【风险防范】

1 按照民事诉讼程序的要求参加诉讼。

2 (1)学校在参加民事诉讼过程中发现司法人员与案件或案件当事人有某种特殊关系,但基于害怕或其他原因没有申请回避。(2)原告在庭审时,增加或变更诉讼请求。(3)在接到一审判决(裁定)书后,未能在法定的期限内提起上诉,递交上诉状。(4)不在法定期限内申请执行。申请执行人在法定期限内没有申请强制执行,逾期后发现被执行人有财产,方申请法院强制执行。(5)申请执行人无法向人民法院提供被执行人的财产状况和线索。

3 (1)应当回避而没有回避的司法人员参与案件审理可能存在徇私舞弊或发生偏见,对参诉学校不利。(2)诉讼可能因此延期。(3)对一审判决、裁定不服的,可在法定期间内向上一级法院提起上诉,逾期不上诉的,则一审判决、裁定发生法律效力,将承担丧失上诉权的风险。(4)无法定理由逾期申请的,将承担视为放弃申请执行,当事人须承担丧失申请执行权的风险。(5)不能提供,法院又无法查实被执行人可供执行财产的,申请人将承担暂缓执行甚至无法执行的风险。

4 (1)审判人员具有下列情形之一的,当事人及其法定代理人有权要求其回避,但应当提供相关证据材料。①另外,凡在一个审判程序中参与过本案审判工作的审判人员,不得再参与该案其他程序的审判。(2)对作为原告的学校,在起诉前应考虑清楚诉讼请求事项,如果在庭审时,增加或变更诉讼请求,会导致诉讼期限延长。反之,有可能达到对方延期审理的目的。(3)在接到一审判决(裁定)书后,应立即对判决(裁定)内容进行核对,认为有必要上诉的,准备好上诉材料,一般裁定的,在接到裁定10日内;判决的,在接到判决15日内提出上诉。异地法院审理因时间无法赶到的,可以邮寄诉讼材料,或网上预立案。对于确有正当理由而超过上诉期上诉的案件,还可以尝试书面申请延长上诉期限,并说明理由,提供证据。(4)法律对申请执行的期间为二年。申请执行时效的中止、中断,适用法律有关诉讼时效中止、中断的规定。期限自生效法律文书确定的履行义务期限届满之日起算。如认为被执行人没有财产可供执行,亦应先申请备案,发现被执行人有财产后再申请恢复执行。(5)学校在提起诉讼时,如有条件应采取诉讼保全措施,无诉讼保全措施,在执行阶段应及时申请强制执行,请求人民法院查实,或申请将被执行人列入失信的"黑名单"。

---

① 可申请审判人员回避的情形:(1)未经批准,私下会见本案一方当事人及其代理人、辩护人的;(2)为本案当事人推荐、介绍代理人、辩护人,或者为律师、其他人员介绍办理该案件的;(3)接受本案当事人及其委托的人的财物、其他利益,或者要求当事人及其委托的人报销费用的;(4)接受本案当事人及其委托的人的宴请,或者参加由其支付费用的各项活动的;(5)向本案当事人及其委托的人借款、借用交通工具、通信工具或者其他物品,或者接受当事人及其委托的人在购买商品、装修住房以及其他方面给予的好处的。

四、诉讼时效和非诉程序

【典型案例】

申请人保康县某中心学校与吴某因身体权纠纷,于 2021 年 6 月 27 日经保康县某镇人民调解委员会主持调解,达成调解协议如下:第一,甲方某中心学校承担乙方学生吴某全部住院费用共计 8 062.97 元,其余所有费用由乙方(吴某)承担。第二,甲、乙双方达成和解协议后,接受某镇人民调解中心调解,并申请司法确认。第三,此解决(协议)为这次意外伤害事故的最终解决,乙方不再从任何渠道要求其他补、赔偿,后期学生吴某的康复工作由乙方监护人负责,乙方后续如有抽搐症状及其他病情发作,一律与甲方某中心学校和九(4)班班主任吴某柱老师无关,一切责任由乙方承担,甲方不再承担任何责任。①

【法律问题】

当事人采取了何种非诉程序解决纠纷?

【法理解读】

诉讼时效是指权利人在一定期间内不行使权利,即在某种程度上丧失请求利益的时效制度。诉讼时效制度是"法律不保护权利上的睡眠者"的充分体现,即法律只帮助积极主张权利的人,而不帮助怠于主张权利的人。权利人虽然丧失了胜诉权,但是其实体权利并未消灭,如果债务人在债权人丧失胜诉权后,主动履行了债务,那么就不能以不当得利为理由要求债权人返还。

一般诉讼时效期间为 3 年,自权利人知道或者应当知道权利受到损害以及义务人之日起计算。其间起始的时间须具备两个要件:一是权利人知道或者应当知道权利受到损害;二是知道或者应当知道义务人。具备了这两个要件,即开始起算诉讼时效期间。

最长诉讼时效为 20 年。如果权利受到侵害的事实发生之后,权利人一直不知道或者不应当知道权利受到损害及其义务人的,则从权利受到损害之日起计算,超过 20 年的,人民法院不予保护。不过有一个特别规定,即有特殊情况的,人民法院可以根据权利人的申请决定延长。

诉讼时效期间中断,是指诉讼时效期间进行过程中,出现了权利人积极行使权利的法定事由,从而使已经经过的诉讼时效期间归于消灭,从时效期间中断、

---

① 湖北省保康县人民法院(2021)鄂 0626 民特 128 号。

有关程序终结时起,重新开始计算的诉讼时效制度。引起诉讼时效期间中断的法定事由:第一,权利人向义务人提出履行请求。第二,义务人同意履行义务。第三,权利人提起诉讼或者申请仲裁。诉讼时效期间中断,使以前经过的期间归于消灭,时效重新开始计算。

民事诉讼非诉程序是指在民事纠纷解决过程中,当事人通过非司法途径进行协商、调解或仲裁等方式解决纠纷,而不通过正式的诉讼程序。以下是几种常见的民事诉讼非诉程序:(1)和解:当事人自愿通过协商来解决纠纷,双方可以直接进行对话、商议和谈判,寻求达成一致的解决方案。(2)诉讼外调解:当事人可以请求有关机构或第三方调解人进行调解,调解人会以中立公正的身份协助当事人达成和解协议。(3)民商事仲裁:当事人可以选择将纠纷提交给仲裁机构进行仲裁,由仲裁员依据仲裁协议或相关法律规定进行裁决。(4)劳动仲裁:某些特定类型的纠纷,如劳动争议等,当事人可以将纠纷提交给相关的专业机构或行业协会来处理。(5)信访投诉:当事人可以向相关政府机构或部门进行信访投诉,寻求政府的介入和解决。请求诉求事实清楚,符合法律、法规、规章或者其他有关规定的,予以支持;请求诉求事由合理但缺乏法律依据的,应当对信访人做好解释;请求诉求缺乏事实根据或不符合法律、法规、规章或者其他有关规定的,不予支持。

表 8-1　非诉程序与民事诉讼的区别

对比事项	和解	诉讼外调解	民商事仲裁(财产)	劳动仲裁(劳动争议)	信访投诉	民事诉讼(财产+人身)
主体	当事人	当事人+调解组织	当事人+仲裁机构	当事人+劳动争议仲裁委员会	当事人+政府机构或部门	当事人+人民法院
解决结果	和解协议,不具有强制执行力	调解协议相当于合同,不具有强制执行力	仲裁裁决,具有强制执行力	劳动仲裁裁决,具有强制执行力	(1)予以支持;(2)应当对信访人做好解释;(3)不予支持	判决、裁定、调解书,具有强制执行力
救济方式	民事诉讼	诉讼:只能就调解协议起诉;非诉:确认调解协议效力	一裁终局	仲裁前置(先仲裁、后诉讼)	支持信访请求意见的,应当督促有关机关或者单位执行到位	两审终审

民事诉讼非诉程序具有以下特点:(1)灵活性。非诉程序相对于诉讼程序更加灵活,当事人可以根据自身需要和情况选择合适的解决方式,如协商、调解或

仲裁等。这样可以更好地适应纠纷的特点和当事人的需求。（2）快速解决。非诉程序通常比诉讼程序更加迅速。（3）保护关系。非诉程序注重当事人之间的合作和自主性，有助于维护当事人的关系。（4）成本较低。相对于诉讼程序而言，不需要支付律师费用、法院费用等，可以减轻当事人的经济负担。但也存在强制性差、结果不确定、无法强制执行和缺乏法律保护等缺点。当事人在选择解决方式时应权衡利弊，根据具体情况作出决策。

需要注意的是，非诉程序并不适用于所有类型的纠纷，有些纠纷可能需要通过正式的诉讼程序来解决。当事人应根据具体情况选择合适的解决方式，并咨询法律专业人士的意见，以确保自身权益得到有效保护。

案例中当事人采用了调解的方式来解决纠纷。

【法条链接】

《民法典》第188—191条等。

【风险防范】

1 学校及时在诉讼时效内提起诉讼，也可以通过非诉程序合理解决纠纷。

2 （1）原告在诉讼时效届满后提起诉讼。（2）司法争议解决中诉讼与仲裁的选择不当。

3 （1）如果原告没有对超过法律保护期间的事实提供证据证明，其诉讼请求不会得到人民法院的支持。（2）商事仲裁必须双方均同意，一裁终局，对裁决不服不能向法院起诉以及采取其他司法救济途径，因此一旦案件出现错判，除非仲裁本身涉及违法可以由法院对裁决进行撤销，否则将难以更改仲裁结果。否则当事人对仲裁裁决不服的，是不能向法院上诉的。

4 （1）当事人请求人民法院保护民事权利的期间一般为3年。作为原告，应在诉讼时效届满前提起诉讼，或有诉讼时效中断的证据。如双方对货款的结算单、货款确认函及支付时间，原告同意延期支付的等。作为被告，原告向人民法院起诉后，被告认为原告的起诉已超过法律保护期间的，应及时提出诉讼时效的抗辩。如果原告未提出诉讼时效抗辩，则视为其自动放弃该权利，法院不得依照职权主动适用诉讼时效。（2）案件若涉及公司的重大商业、专利技术等秘密，可以考虑在合同中约定选择仲裁程序处理纠纷。而对于其他案件，笔者建议在签订合同时先了解清楚诉讼与商事仲裁的特点，再作选择。

第三节　学校教育中劳动人事法律纠纷的法律救济

一、劳务派遣纠纷

【典型案例】

被告某达服务公司于2012年4月5日登记成立，属于有限责任公司。被告石河子某大学系事业单位法人,被告大学幼儿园系石河子某大学开办的幼儿园,未领取营业执照。2014 年 1 月 1 日,原告王某娟与被告大学幼儿园签订一份书面劳动合同,合同期限至 2014 年 12 月 31 日,约定原告在大学幼儿园从事保育员工作。2016 年 3 月 17 日,原告与被告某达服务公司签订一份书面劳动合同,原告以某达服务公司劳务派遣的方式继续在大学幼儿园工作,合同期限自 2016 年 1 月 1 日至 2016 年 12 月 31 日,此后一年一续签至 2020 年 12 月 31 日。被告某达服务公司为原告支付工资及缴纳社会保险费至 2020 年 7 月。原告称 2020 年 7 月 28 日,幼儿园以原告年满 50 周岁为由,让其办理退休离职手续,将其退回某达服务公司。某达服务公司以原告在其单位工作不满 5 年为由,不给原告办理退休手续,并要求原告继续在其单位从事保洁工作至 2021 年 3 月,工资每月 1 200 元。原告不同意从事保洁工作,故而未再提供劳动。2020 年 9 月 15 日,原告向石河子市劳动人事争议仲裁委员会申请仲裁,该委于 2020 年 9 月 18 日以原告的仲裁请求不属于劳动人事争议处理范围为由,作出石劳人仲不字〔2020〕661 号《不予受理通知书》。原告不服,诉至法院。另查,2020 年石河子市最低工资为 1 620 元/月。①

【法律问题】

某达服务公司是否违法?

【法理解读】

(一) 劳务派遣的概念

劳务派遣是劳动合同法规定的一种特殊用工制度。劳务派遣单位与劳动者之间存在劳动关系,劳务派遣单位与用工单位之间存在劳务派遣合同关系,劳动者与用工单位之间存在劳务关系。(1)劳务派遣单位必须符合法定条件。(2)适用劳务派遣的岗位和数量必须符合法定要求。劳务派遣只能在临时性、辅助性或者替代性的工作岗位上实施,使用的被派遣劳动者数量不得超过用工单位用工总量的 10%。(3)用人单位不得设立劳务派遣单位向本单位或者所属单位派遣劳动者。

在劳务派遣关系中,劳动者的权利不应受到任何限制,按照劳动法以及劳动合同法的规定,劳动者同样享有普通劳动关系中的其他权利。此外,劳务派遣中的劳动者还有一些特殊权利:(1)请求签订二年以上的固定期限劳动合同的权利。(2)知悉劳务派遣协议内容的权利。(3)获得劳动报酬的权利。(4)参加工

---

① 新疆生产建设兵团第(农)八师中级人民法院(2022)兵 08 民终 424 号。

会组织的权利。

劳务派遣单位作为一般用人单位的权利义务。主要包括与劳动者订立书面劳动合同、支付劳动报酬、提供生产和工作条件、建立和健全各项规章制度、支付各种社会保险以及福利待遇、对劳动者进行培训、保障职工参加民主管理等。劳务派遣单位特殊的权利义务主要有：与用工单位签订劳务派遣协议,如实告知被派遣劳动者《劳动合同法》第8条规定的事项、应遵守的规章制度以及劳务派遣协议的内容;建立培训制度,对被派遣劳动者进行上岗知识、安全教育培训;按照国家规定和劳务派遣协议约定,依法支付被派遣劳动者的劳动报酬和相关待遇;依法为被派遣劳动者缴纳社会保险费,并办理社会保险相关手续;督促用工单位依法为被派遣劳动者提供劳动保护和劳动安全卫生条件;依法出具解除或者终止劳动合同的证明;协助处理被派遣劳动者与用工单位的纠纷等。

用工单位的权利义务。用工单位作为劳动力的实际使用者,有权对被派遣劳动者进行劳动组织、管理和监督,并享有劳务派遣协议约定的权利。用工单位除了应当履行劳务派遣协议约定的义务外,还承担法律规定的特殊义务,主要有:执行国家劳动标准,提供相应的劳动条件和劳动保护;告知被派遣劳动者的工作要求和劳动报酬;向被派遣劳动者支付加班费、绩效奖金,提供与工作岗位相关的福利待遇,不得歧视被派遣劳动者;对在岗被派遣劳动者进行工作岗位所必需的培训;连续用工的,实行正常的工资调整机制;不得将被派遣劳动者再派遣到其他用人单位;协助劳动者工伤认定的调查核实工作;在被派遣劳动者申请进行职业病诊断、鉴定时,负责处理职业病诊断、鉴定事宜,并如实提供职业病诊断、鉴定所需的劳动者职业史和职业危害接触史、工作场所职业病危害因素检测结果等资料。

（二）劳务派遣纠纷的常见类型

劳务派遣单位与用工单位订有劳务派遣协议,两者之间是普通民事合同关系。双方在履行劳务派遣协议过程中发生争议的,应当按照《民法典》合同编及协议约定的内容进行处理。

由于劳务派遣中劳动者与用工单位之间不存在劳动合同关系,因此实践中有很多用工单位片面地认为劳务派遣可以规避劳动用工风险。但劳动法出于保护劳动者群体的立法目的,在很多方面都规定劳务派遣单位与用工单位任何一方违法侵害劳动者的合法权益,两者都要承担连带责任。因此,绝大部分劳务派遣纠纷存在于劳动者与劳务派遣单位、用工单位之间,主要表现为以下几种类型:(1)劳务派遣无效所产生的纠纷。(2)用工单位超比例或不当使用劳务派遣产生的纠纷。用工单位所使用的被派遣劳动者数量不得超过其用工总量的10%。(3)用工单位同工不同酬所产生的纠纷。(4)因用工单位的违法行为所产生的纠纷。用工单位违反有关劳务派遣的规定,给被派遣劳动者造成损害的,劳务派遣单位与用工单位承担连带赔偿责任。

本案中原告王某娟于2020年5月9日达到法定退休年龄,其向被告某达服务公司提出退休申请报告,但被告某达服务公司未为其申报退休,原告未享受基本养老保险待遇,其继续在用工单位大学幼儿园工作,某达服务公司继续为原告支付工资并缴纳社会保险费,原告与被告某达服务公司的劳动合同继续履行。2020年7月被派遣劳动者退回后在无工作期间,劳务派遣单位应当按照不低于所在地人民政府规定的最低工资标准,向其按月支付报酬。法院判决某达服务公司于判决生效之日起十日内支付王某娟2020年8月至10月工资4 860元。

【法条链接】

《劳动合同法》第57条、第63条、第66条,《劳动合同法实施条例》第28—32条,《劳务派遣暂行规定》第5—17条等。

【风险防范】

1 法律明确规定劳务派遣员工应签订二年以上固定期限劳动合同,学校在接受派遣工时应核实其是否与劳务派遣单位签订书面劳动合同,执行"先签约再上岗"的入职操作流程。学校可以执行退回的条件有:被派遣员工有《劳动合同法》第三十九条、第四十条第一项、第二项、第四十一条规定的情形;学校被依法宣告破产、吊销营业执照、责令关闭、撤销、决定提前解散或者经营期限届满不再继续经营的;劳务派遣协议期满终止的。

2 (1)避免使用未签订书面劳动合同的派遣工。(2)学校应督促派遣单位履行法定义务。学校未能积极敦促劳务派遣单位履行劳动法的各项义务,包括工资支付、社保缴纳等并展开定期核查以避免大范围侵犯劳动者利益的情况。(3)学校应正确行使"退回"权利。

3 (1)如果学校使用未签订劳动合同的派遣工,且派遣员工拒绝与派遣公司签订合同,而员工又实际接受学校管理,对学校而言存在与"派遣工"建立事实劳动关系的风险。(2)虽然劳务派遣单位系派遣员工的实际雇主,但若学校已经向派遣单位支付了派遣员工的工资、社会保险费,仅仅因为劳务派遣单位未为员工缴纳社会保险费而导致派遣员工发生工伤无法理赔,学校还需承担连带责任。(3)由于劳务派遣员工并非学校的正式雇员,学校"清退"劳务派遣员工的唯一方式是"依法退回",法律规定以外的情形不应执行退回,否则应承担违法责任。

4 (1)学校应认真审核劳务派遣单位的资质,并优先选择资金与实力较强的公司。(2)完善劳务派遣协议内容,将学校与劳务派遣单位的权利义务、违约责任等约定明确,为可能发生的纠纷提供依据。学校将应承担的工资、福利及社会保险费用等一并支付给劳务派遣单位,由劳务派遣单位向派遣员工发放并向社保机构缴纳,避免劳动者对其与学校存在事实劳动关系产生错误认识。对于学校而言,在劳动报酬、福利待遇方面应执行"非歧视原则",实行相同的劳动报酬分配方法和福利政策,避免发生劳动争议和群体性纠纷。

二、女职工权益保护纠纷

【典型案例】

2020年2月,某民办学校女教师缪某因生育向学校申请98天的产假,学校同意。之后,缪某又依据江苏省有关延长产假的规定向学校申请30天的延长产假,学校未同意。2020年6月5日,学校通知缪某返岗。因缪某未返岗,学校于2020年6月15日以旷工违纪为由决定解除劳动合同。缪某申请劳动仲裁,要求支付违法解除劳动合同的赔偿金。仲裁裁决后,学校不服,诉至法院。法院认为,根据《江苏省人口与计划生育条例》的规定,缪某应享受128天产假,某民办学校通知缪某返岗和解除劳动关系时,缪某仍处于法定延长产假期内。某民办学校以缪某旷工为由解除劳动合同违反法律规定,故判决某民办学校支付缪某违法解除劳动合同的赔偿金。

【法律问题】

缪某是否有权申请延长产假?

【法理解读】

(一)男女同工同酬,男女就业平等,学校招录时不得歧视妇女

国家保障妇女享有与男子平等的劳动权利。各单位在录用职工时,除不适合妇女的工种或者岗位外,不得以性别为由,拒绝录用妇女或者提高对妇女的录用标准。用人单位不得因女职工怀孕、生育、哺乳降低其工资、予以辞退、与其解除劳动或者聘用合同。

招录环节不得实施就业性别歧视要求:(1)限定为男性或者规定男性优先;(2)除个人基本信息外,进一步询问或者调查女性求职者的婚育情况;(3)将妊娠测试作为入职体检项目;(4)将限制结婚、生育或者婚姻、生育状况作为录(聘)用条件;(5)其他以性别为由拒绝录(聘)用妇女或者差别化地提高对妇女录(聘)用标准的行为。用人单位在确定招录条件时,需要回归岗位和职务本身所需要的技能与经验本身,不得单纯与求职者性别挂钩。如果相关岗位或工作不适宜经期、孕期、产期和哺乳期女职工从事的,以及女职工要求享受婚假及生育相关假期的,用人单位仍可以采集女职工相应信息。

(二)特殊劳动保护

禁止安排女职工从事高劳动强度的劳动,对女职工"五期"(即经期、孕期、产期、哺乳期、更年期)实行特殊劳动保护。国家采取必要措施,开展经期、孕期、产期、哺乳期和更年期的健康知识普及、卫生保健和疾病防治,保障妇女特殊生理时期的健康需求,为有需要的妇女提供心理健康服务支持。

用人单位应当定期为女职工安排妇科疾病、乳腺疾病检查以及妇女特殊需要的其他健康检查。用人单位在录(聘)用女职工时,应当依法与其签订劳动(聘用)合同或者服务协议,劳动(聘用)合同或者服务协议中应当具备女职工特殊保护条款,并不得规定限制女职工结婚、生育等内容。女职工在怀孕以及依法享受产假期间,劳动(聘用)合同或者服务协议期满的,劳动(聘用)合同或者服务协议期限自动延续至产假结束。

女职工在孕期、产期、哺乳期("三期")内的,用人单位不得依据《劳动法》第26条、第27条的规定解除劳动合同。女职工在孕期不能适应原劳动的,用人单位应当根据医疗机构的证明,予以减轻劳动量或者安排其他能够适应的劳动。对怀孕7个月以上的女职工,用人单位不得延长劳动时间或者安排夜班劳动,并应当在劳动时间内安排一定的休息时间。怀孕女职工在劳动时间内进行产前检查,所需时间计入劳动时间。

女职工产假期间的生育津贴。对已经参加生育保险的,按照用人单位上年度职工月平均工资的标准由生育保险基金支付;对未参加生育保险的,按照女职工产假前工资的标准由用人单位支付。对哺乳未满1周岁婴儿的女职工,用人单位不得延长劳动时间或者安排夜班劳动。用人单位应当在每天的劳动时间内为哺乳期女职工安排1小时哺乳时间;女职工生育多胞胎的,每多哺乳1个婴儿每天增加1小时哺乳时间。《女职工劳动保护特别规定》规定,女职工比较多的用人单位应当根据女职工的需要,建立女职工卫生室、孕妇休息室、哺乳室等设施,妥善解决女职工在生理卫生、哺乳方面的困难。

学校应当按照规定给足女教师产假为98天,分为产前假15天、产后假83天两部分。根据法律规定,女职工生育享受98天产假,其中产前可以休假15天;难产的,增加产假15天;生育多胞胎的,每多生育1个婴儿,增加产假15天。产假是指自然日而非工作日。女教师怀孕未满4个月流产的,享受15天产假;怀孕满4个月流产的,享受42天产假。且不得安排怀孕7个月以上或在哺乳未满1周岁的婴儿的女教师上夜班或延长其工作时间。否则,学校需要承担相关的行政责任。

"三期"女职工的休假权利(如延长生育假天数)因地方规定而有所差异,特别是2016年《人口与计划生育法》修改后,各地地方性人口与计划生育条例均迎来较大幅度的修改,女教师产假分别延长了30—90天不等,用人单位可查询当地的人口与计划生育条例确定员工的具体休假天数。

(三) 预防和制止对女职工进行性骚扰

禁止违背妇女意愿,以言语、文字、图像、肢体行为等方式对其实施性骚扰。

在劳动场所,用人单位应当预防和制止对女职工的性骚扰。用人单位应当采取下列措施预防和制止对妇女的性骚扰:(1)制定禁止性骚扰的规章制度;(2)明确负责机构或者人员;(3)开展预防和制止性骚扰的教育培训活动;(4)采取必要的安全保卫措施;(5)设置投诉电话、信箱等,畅通投诉渠道;(6)建立和完善调查处置程序,及时处置纠纷并保护当事人隐私和个人信息;(7)支持、协助受害妇女依法维权,必要时为受害妇女提供心理疏导;(8)其他合理的预防和制止性骚扰措施。

受害妇女可以向有关单位和国家机关投诉。接到投诉的有关单位和国家机关应当及时处理,并书面告知处理结果。对妇女实施性骚扰的,由公安机关给予批评教育或者出具告诫书,并由所在单位依法给予处分。学校违反法律规定,未采取必要措施预防和制止性骚扰,造成妇女权益受到侵害或者社会影响恶劣的,由上级机关或者主管部门责令改正;拒不改正或者情节严重的,依法对直接负责的主管人员和其他直接责任人员给予处分。

本案中,缪某在休完国家规定的 98 天产假后,有权向某民办学校提出再休30 天的延长产假。某民办学校对缪某合法享有的延长产假申请未予批准,违反了法律规定。该学校在延长产假期间内以缪某旷工为由与其解除劳动合同,属于违法解除,应当向缪某支付赔偿金。

【法条链接】

《妇女权益保障法》第 26—27 条、第 48 条第 2 款,《女职工劳动保护特别规定》第 4 条第 1 款、第 5 条、第 8 条,《劳动保障监察条例》第 23 条。

【风险防范】

1. 学校依法完善劳动人事制度,加强对女职工的保护规定,保护其合法权益。

2. (1)安排怀孕7个月以上的女职工夜班劳动或者延长其工作时间的;(2)女职工生育享受产假少于98天的;(3)女职工在哺乳未满一周岁的婴儿期间,延长其工作时间或者安排其夜班劳动的。

3. (1)学校违反《劳动法》对女职工的保护规定,侵害其合法权益的,由劳动行政部门责令改正,处以罚款;对女职工造成损害的,应当承担赔偿责任,学校及其直接负责的主管人员和其他直接责任人员构成犯罪的,依法追究刑事责任。(2)《女职工劳动保护特别规定》规定,学校违反本规定,由县级以上人民政府人力资源社会保障行政部门、安全生产监督管理部门责令限期改正,处以罚款;情节严重的,责令停止有关作业,或者提请有关人民政府按照国务院规定的权限责令关闭。(3)《劳动保险监察条例》第23条的规定,安排怀孕7个月以上的女职工夜班劳动或者延长其工作时间的;女职工生育享受产假少于98天的;安排女职工在哺乳未满1周岁的婴儿期间从事国家规定的第三级体力劳动强度的劳动或者哺乳期禁忌从事的其他劳动,或者延长其工作时间或者安排其夜班劳动的,由劳动保障行政部门责令改正,按照受侵害的劳动者每人1 000元以上5 000元以下的标准计算,处以罚款。

4. (1)县级以上人民政府人力资源社会保障行政部门、安全生产监督管理部门按照各自职责负责对学校遵守《女职工劳动保护特别规定》的情况进行监督检查。(2)工会、妇女组织依法对学校遵守《女职工劳动保护特别规定》的情况进行监督。(3)学校违反《女职工劳动保护特别规定》,侵害女职工合法权益的,女职工可以依法投诉、举报、申诉,依法向劳动人事争议调解仲裁机构申请调解仲裁,对仲裁裁决不服的,可依法向人民法院提起诉讼。

三、工伤保险纠纷

【典型案例】

雷某红于 2021 年 3 月 8 日与上海某文化传播有限公司签订了期限自 2021 年 3 月 8 日至 2023 年 3 月 7 日的劳动合同,约定雷某红在该公司处从事教学教研、晚托班辅导等其他工作。2021 年 6 月 3 日,雷某红在因工外出途中扭伤左足,被诊断为跟骨骨折。2021 年 12 月 13 日,人力资源和社会保障局作出认定工伤决定书,认定雷某红为工伤。2022 年 2 月 22 日,浦东新区劳动能力鉴定委员会作出初次鉴定结论书,鉴定雷某红为因工致残程度十级。上述认定工伤决定书和初次鉴定结论书用人单位均为上海某文化传播有限公司。2021 年 11 月 30 日雷某红与上海某文化传播有限公司解除劳动合同。2022 年 6 月 2 日,雷某红向上海市浦东新区劳动人事争议仲裁委员会申请仲裁,要求上海某文化传播有限公司:(1)支付 2021 年 6 月 3 日至 2021 年 9 月 3 日期间停工留薪期工资 18 000 元;(2)支付一次性伤残补助金 42 000 元;(3)支付一次性工伤医疗补助金 31 014 元;(4)支付一次性伤残就业补助金 31 014 元;(5)支付鉴定费 350 元;(6)支付 2021 年 6 月 3 日至 2022 年 1 月 11 日期间医药费 1 567.29 元。经仲裁,裁决:(1)上海某文化传播有限公司支付雷某红一次性伤残补助金 42 000 元;(2)上海某文化传播有限公司支付雷某红一次性工伤医疗补助金 31 014 元;(3)上海某文化传播有限公司支付雷某红一次性伤残就业补助金 31 014 元;(4)上海某文化传播有限公司支付雷某红劳动能力鉴定费 350 元;(5)上海某文化传播有限公司支付雷某红 2021 年 6 月 3 日至 2021 年 11 月 3 日期间的医疗费 482.29 元;(6)对雷某红的其他请求不予支持。上海某文化传播有限公司不服该裁决,遂起诉至法院。①

【法律问题】

本案法院该如何审理?

【法理解读】

(一) 教师工伤保险待遇纠纷

教师在法定情形下受到事故伤害的,应当认定为工伤。我国执行无过错责任原则,即劳动者在工作中遭受伤害,无论是否存在履职过错,均不影响工伤的认定,亦不影响工伤待遇的多少。职工有下列情形之一的,应当认定为工伤:(1)在工作时间和工作场所内,因工作原因受到事故伤害的;(2)工作时间前后在

---

① 上海市浦东新区人民法院(2022)沪 0115 民初 95333 号。

工作场所内,从事与工作有关的预备性或者收尾性工作受到事故伤害的;(3)在工作时间和工作场所内,因履行工作职责受到暴力等意外伤害的;(4)患职业病的;(5)因工外出期间,由于工作原因受到伤害或者发生事故下落不明的;(6)在上下班途中,受到非本人主要责任的交通事故或者城市轨道交通、客运轮渡、火车事故伤害的;(7)在工作时间和工作岗位,突发疾病死亡或者在48小时之内经抢救无效死亡的;(8)在抢险救灾等维护国家利益、公共利益活动中受到伤害的;(9)职工原在军队服役,因战、因公负伤致残,已取得革命伤残军人证,到用人单位后旧伤复发的。

职工有下列情形之一的,视同工伤:(1)在工作时间和工作岗位,突发疾病死亡或者在48小时之内经抢救无效死亡的;(2)在抢险救灾等维护国家利益、公共利益活动中受到伤害的;(3)职工原在军队服役,因战、因公负伤致残,已取得革命伤残军人证,到用人单位后旧伤复发的。职工有前款第(1)项、第(2)项情形的,按照《工伤保险条例》的有关规定享受工伤保险待遇;职工有前款第(3)项情形的,按照《工伤保险条例》的有关规定享受除一次性伤残补助金以外的工伤保险待遇。但是有下列情形之一的,不得认定为工伤或者视同工伤:(1)故意犯罪的;(2)醉酒或者吸毒的;(3)自残或者自杀的。

《工伤保险管理办法》于2022年1月1日实施,该《办法》明确规定了参照公务员法管理的机关(单位)及其工作人员(工勤人员除外),工伤处理参照本办法执行。该《办法》施行后,参公管理的事业单位聘用制人员工伤待遇除特殊情形外,依照《工伤保险条例》享受工伤保险待遇。事业单位应当严格按照该《办法》规定,配合进行工伤认定、支付相应待遇,切实维护职工权益。职工应当参加工伤保险,由用人单位缴纳工伤保险费,职工不缴纳工伤保险费。根据《工伤保险条例》的规定,如果用人单位已经依法为员工缴纳工伤保险费,则相应的工伤待遇由用人单位和工伤保险基金共同承担。

(二)工伤保险赔偿

1. 用人单位应承担的工伤保险待遇

在用人单位正常为职工缴纳工伤保险、正常提交工伤认定申请的情况下,需由企业承担的工伤保险待遇通常包括以下四部分:(1)停工留薪期间的工资福利待遇及护理;(2)五级到六级伤残职工,企业难以安排工作时应支付的伤残津贴;(3)五级到六级伤残职工,因职工本人提出解除或终止劳动合同时应支付的一次性伤残就业补助金;(4)七级到十级伤残职工,因职工本人提出解除或终止劳动合同或者劳动、聘用合同期满时应支付的一次性伤残就业补助金。如果依照《工伤保险条例》规定用人单位应当参加工伤保险而未参加工伤保险的职工发生工伤的,将由该用人单位按照《工伤保险条例》规定的工伤保险待遇项目和标准支付全部费用。

2. 一次性伤残医疗补助金、一次性伤残就业补助金

具体标准授权各省、自治区、直辖市人民政府进行规定。

3. 学校在处理与教师的工伤保险待遇纠纷

(1)学校应当自事故伤害发生之日起 30 日内,向统筹地区社会保险行政部门提出工伤认定申请。遇有特殊情况,需要申请适当延长时限的,应当报经社会保险行政部门同意。(2)社会保险行政部门受理工伤认定申请后,根据审核需要对事故伤害进行调查核实的,学校应当予以协助;否则,由社会保险行政部门责令改正,处 2 000 元以上 2 万元以下的罚款。(3)教师需要暂停工作接受工伤医疗的,在停工留薪期内,原工资福利待遇不变,由学校按月支付。停工留薪期一般不超过 12 个月。伤情严重或者情况特殊,经设区的市级劳动能力鉴定委员会确认,可以适当延长,但延长不得超过 12 个月。工伤教师评定伤残等级后,停发原待遇,按照有关规定享受伤残待遇。工伤教师在停工留薪期满后仍需治疗的,继续享受工伤医疗待遇。生活不能自理的工伤教师在停工留薪期需要护理的,由学校负责护理费用。(4)工伤教师工伤复发,确认需要治疗的,按规定享受工伤待遇。(5)教师因工外出期间发生事故或者在抢险救灾中下落不明的,从事故发生当月起 3 个月内照发工资,从第 4 个月起停发工资,由工伤保险基金向其供养亲属按月支付供养亲属抚恤金。生活有困难的,可以获一次性工亡补助金的50%。(6)工伤教师有下列情形之一的,停止享受工伤保险待遇:丧失享受待遇条件;拒不接受劳动能力鉴定;拒绝治疗。(7)学校与教师发生工伤待遇方面的争议,按照处理劳动争议的有关规定处理。有关单位或者个人可以依法申请行政复议,也可以依法向人民法院提起行政诉讼:申请工伤认定的教师或者其近亲属、学校对工伤认定申请不予受理的决定不服;申请工伤认定的教师或者其近亲属、学校对工伤认定结论不服;学校对经办机构确定的单位缴费费率不服。

本案中工伤人员因工致残被鉴定为十级伤残的,享受以下待遇:从工伤保险基金支付一次性伤残补助金;劳动合同期满终止,或者工伤人员本人提出解除劳动合同的,由工伤保险基金支付一次性工伤医疗补助金,用人单位支付一次性伤残就业补助金。法院判决如下:上海某文化传播有限公司于判决生效之日起十日内支付雷某红一次性伤残补助金 42 000 元、一次性工伤医疗补助金 31 014 元、一次性伤残就业补助金 31 014 元、劳动能力鉴定费 350 元、2021 年 6 月 3 日至 2021 年 11 月 30 日期间的医疗费 482.29 元。

【法条链接】

《社会保险法》第 62 条,《工伤保险条例》第 14—16 条、第 33 条、第 62 条第 2

款,《工伤保险管理办法》,《社会保险费征缴暂行条例》第 23 条,《最高人民法院关于审理工伤保险行政案件若干问题的规定》第 4 条等。

【风险防范】

1 学校依法依规为教职员工缴纳社会保险。

2 学校未为员工缴纳社会保险的法律风险。即使劳动者申请不缴纳工伤保险费,发生工伤事故后,学校仍应负有承担所有工伤赔偿责任的义务。(1)未买工伤保险的,将产生工伤赔偿的巨额伤残金由学校自行承担的法律风险。无论学校有无过错,受害者均应得到必要的补偿。学校即使对工伤事故的发生没有过错,也应当对受害者承担补偿责任。(2)未买医疗保险的,发生可以医疗报销的疾病,学校需要承担能报销的部分赔偿。

3 (1)学校未按规定申报应当缴纳的社会保险费数额的,按照该单位上月缴费额的110%确定应当缴纳数额;缴费单位补办申报手续后,由社会保险费征收机构按照规定结算。学校依照本条例规定应当参加工伤保险而未参加的,由社会保险行政部门责令限期参加,补缴应当缴纳的工伤保险费,并自欠缴之日起,按日加收万分之五的滞纳金;逾期仍不缴纳的,处欠缴数额1倍以上3倍以下的罚款。缴费单位未按照规定办理社会保险登记、变更登记或者注销登记,或者未按照规定申报应缴纳的社会保险费数额的,由劳动保障行政部门责令限期改正;情节严重的,对直接负责的主管人员和其他直接责任人员可以处1 000元以上5 000元以下的罚款;情节特别严重的,对直接负责的主管人员和其他直接责任人员可以处5 000元以上10 000元以下的罚款。(2)学校对劳动者造成损害的,造成劳动者工伤、医疗待遇损失的,除按国家规定为劳动者提供工伤、医疗待遇外,还应支付劳动者相当于医疗费用25%的赔偿费用。

4 (1)全员缴纳社会保险。(2)补充部分商业保险以减轻学校赔偿责任。(3)尽管工伤的主体必须是与学校存在劳动关系的劳动者,但工伤保险不因劳动关系的无效而丧失,雇主应承担工伤待遇的支付责任。

四、劳动人事纠纷的解决途径

【典型案例】

倪某与 A 学院签订聘用合同,约定倪某从事教学、科研工作。A 学院对倪某所在岗位制定有岗位年度考核办法。A 学院根据倪某上一年的考核结果,对倪某已预领取的全年校内岗位津贴及新增岗位津贴逐月倒扣,并对其年终一次性奖金扣减 30%;因倪某课时不足,对其作相应扣款。倪某为此提起仲裁、诉讼,要求 A 学院支付其扣减的工资差额及超课时奖金。①

【法律问题】

法院会支持倪某的诉求吗?

【法理解读】

(一) 学校与教工发生劳动争议的范围

学校与教工发生的劳动争议主要包括:(1)因确认劳动关系发生的争议;

---

① 载"上海一中院"微信公众号,2021 年 6 月 7 日发布。

(2)因订立、履行、变更、解除和终止劳动合同发生的争议;(3)因除名、辞退和辞职、离职发生的争议;(4)因工作时间、休息休假、社会保险、福利、培训以及劳动保护发生的争议;(5)因劳动报酬、工伤医疗费、经济补偿或者赔偿金等发生的争议;(6)法律、法规规定的其他劳动争议,如人事档案的争议。

下列争议,则不属于劳动争议的范围,应该通过其他的程序解决:(1)教工请求社会保险经办机构发放社会保险金的纠纷;(2)教工与学校因住房制度改革产生的公有住房转让纠纷;(3)教工对劳动能力鉴定委员会的伤残等级鉴定结论或者对职业病诊断鉴定委员会的职业病诊断鉴定结论的异议纠纷;(4)住房公积金的争议。如果单位不为员工依法缴纳住房公积金,员工可向住房公积金管理中心投诉,不能采用劳动仲裁程序要求缴纳,也不属于劳动监察受理的范围;(5)学生打工,离退休人员接受返聘;等等。

(二) 劳动仲裁是诉讼的前置程序

一般的民事纠纷当事人可以直接诉之法院,请求法院保护自己的合法权益。而对于劳动争议,当事人必须向当地的劳动争议仲裁委员会申请仲裁,对仲裁裁决不服的才可以向人民法院提起诉讼。

劳动仲裁的申请受理范围包括:(1)因确认劳动关系发生的争议;(2)因订立、履行、变更、解除和终止劳动合同发生的争议;(3)因除名、辞退和辞职、离职发生的争议;(4)因工作时间、休息休假、社会保险、福利、培训以及劳动保护发生的争议;(5)因劳动报酬、工伤医疗费、经济补偿或者赔偿金等发生的争议;(6)法律、法规规定的其他劳动争议。

但需要注意的是,教工以学校的工资欠条为证据直接向人民法院起诉,诉讼请求不涉及劳动关系其他争议的,视为拖欠劳动报酬争议,教工可以不经过劳动仲裁而直接向法院提起诉讼,按照普通民事纠纷受理。企业与员工在劳动争议调解委员会主持下仅就劳动报酬争议达成调解协议,学校不履行调解协议确定的给付义务,教工直接向人民法院起诉的,人民法院也可以按照普通民事纠纷受理。

劳动争议案件一般经过"一裁两审"程序,即先申请劳动仲裁,对裁决不服的,提起一审和二审诉讼程序。在特定情形下,劳动争议案件实行一裁终局,即仲裁裁决为终局裁决,裁决书自作出之日起发生法律效力,不再经过诉讼程序。法律规定,实行一裁终局的劳动争议案件包括:(1)追索劳动报酬、工伤医疗费、经济补偿或者赔偿金,其仲裁请求涉及数项,分项计算数额不超过当地月最低工资标准十二个月金额的争议;(2)因执行国家的劳动标准在工作时间、休息休假、社会保险等方面发生的争议。教工在仲裁过程中增加请求数额,如果增加数额后,教工的请求数额已超过当地月最低工资标准十二个月金额,则不属于一裁终局案件。一裁终局经仲裁委盖章后即生效,但这并不意味着教工与学校就没有救济途径了。

教工对于一裁终局裁决不服的,可以自收到仲裁裁决书之日起15日内向人民法院提起诉讼。学校不服一裁终局的救济途径,需要具备一定条件,即学校有证据证明终局裁决有以下情形的,可以自收到仲裁裁决书之日起30日内向劳动争议仲裁委员会所在地的中级人民法院申请撤销裁决:一是适用法律、法规确有错误的;二是劳动争议仲裁委员会无管辖权的;三是违反法定程序的;四是裁决所根据的证据是伪造的;五是对方当事人隐瞒了足以影响公正裁决的证据的;六是仲裁员在仲裁该案时有索贿受贿、徇私舞弊、枉法裁决行为的。人民法院经组成合议庭审查核实裁决有前款规定情形之一的,应当裁定撤销。

学校申请撤销仲裁裁决不等同于诉讼,不会导致仲裁裁决失效,因为是终局裁决,仲裁裁决书一旦送达教工且教工申请执行,法院就应当立案受理申请。至于是否中止或终止,则看法院对仲裁裁决的审查情况和学校是否申请撤销。劳动人事争议仲裁委员会作出终局裁决,教工向人民法院申请执行,学校向劳动人事争议仲裁委员会所在地的中级人民法院申请撤销的,人民法院应当裁定中止执行。学校撤回撤销终局裁决申请或者其申请被驳回的,人民法院应当裁定恢复执行。仲裁裁决被撤销的,人民法院应当裁定终结执行。学校向人民法院申请撤销仲裁裁决被驳回后,又在执行程序中以相同理由提出不予执行抗辩的,人民法院不予支持。

(三) 解决劳动合同纠纷的途径

解决劳动合同纠纷的途径主要有四种:(1)协商。根据劳动合同纠纷当事人意愿,双方相互协商解决纠纷,是双方采取自治方法解决纠纷的有效途径。简单、争议数额不大、责任比较明确的纠纷宜通过双方协商解决。协商的方式简单经济,快捷高效,双方通过直接交涉还可消除隔阂和误会。协商不是解决劳动合同纠纷的必经程序。(2)调解。学校劳动争议调解委员会对争议双方的纠纷,以民主协商的方式促使争议双方达成协议。调解方式使双方不伤和气,且程序灵活。调解也不是解决劳动合同纠纷的必经程序。(3)仲裁。仲裁是由一个公正的第三者在查明事实、明确是非、分清责任的基础上,对争议双方依法作出裁决的活动。学校没有调解委员会或经调解委员会调解不成的,当事人可以申请劳动争议仲裁委员会仲裁,也可直接申请劳动争议仲裁委员会仲裁。仲裁是提起诉讼前的法定必经程序。(4)诉讼。当事人不服劳动争议仲裁委员会的裁决,可以在收到裁决书后的15日内,向人民法院提起诉讼。诉讼方式比较公正、公开、透明、程序严格,具有法律强制性和权威性。但诉讼方式使当事人花费较多的时间和精力,并需要专业律师的帮助方能有很好的结果。

（四）人事争议纠纷的途径

事业单位工作人员与所在单位发生人事争议的，当事人不愿协商、协商不成或者达成和解协议后不履行的，可以向调解组织申请调解；不愿调解、调解不成或者达成调解协议后不履行的，可以向劳动争议仲裁委员会申请仲裁；对仲裁裁决不服的，除了本法另有规定的以外，可以向人民法院提起诉讼。事业单位工作人员对涉及本人的考核结果、处分决定等不服的，可以按照国家有关规定申请复核、提出申诉。但实践中关于档案、原始身份认定、公开招聘、考核和聘任等方面的争议被排除在人事仲裁诉讼之外。

法院受理事业单位与其工作人员之间因辞职、辞退及履行聘用合同所发生的争议。不属于法院受案范围的人事争议诉请参见3.4.3。当事人双方的争议即便属于法院受理的人事争议范围，也必须经过仲裁前置程序；未经过仲裁前置程序的，法院不予处理。

本案中法院没有支持倪某的诉求。因考核结果直接相关的工资、奖金等人事争议诉请，不属于仲裁诉讼的范围。

【法条链接】

《劳动人事争议仲裁办案规则》第2条，《事业单位人事管理条例》第37条、第38条。

【风险防范】

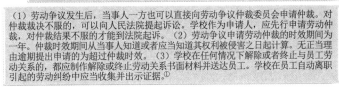

对于劳动争议，当事人必须向当地的劳动争议仲裁委员会申请仲裁，对仲裁裁决不服的才可以向人民法院提起诉讼。

（1）学校与员工发生纠纷后，没有申请劳动仲裁而直接向法院提起诉讼。（2）学校在员工辞职后发现员工有违反劳动法律规定导致学校受到损失，但经过一年半后才申请劳动仲裁。（3）员工自动离职举证。学校员工无故不正常上班，或无故旷工，学校把员工作自动离职处理，没有注意保留相关文书证明材料。

（1）法院不予受理或受理后裁定驳回起诉。（2）学校与员工发生纠纷后，没有在规定的期限内申请劳动仲裁，或超过仲裁时效申请劳动仲裁，又不能证明有中止、中断事由的，将承担丧失胜诉权的风险。（3）发生纠纷的，学校承担不利后果。

（1）劳动争议发生后，当事人一方也可以直接向劳动争议仲裁委员会申请仲裁。对仲裁裁决不服的，可以向人民法院提起诉讼。学校作为申请人，应先行申请劳动仲裁，对仲裁结果不服的才能到法院起诉。（2）劳动争议申请劳动仲裁的时效期间为一年。仲裁时效期间从当事人知道或者应当知道其权利被侵害之日起计算。无正当理由逾期提出申请的为超过仲裁时效。（3）学校在任何情况下解除或者终止与员工劳动关系的，都应制作解除或终止劳动关系书面材料并送达员工。学校在员工自动离职引起的劳动纠纷中应当收集并出示证据。[①]

① 收集并出示的证据：(1)员工自动离职（旷工）的事实根据；(2)学校依法制定的规章制度；(3)依法制定的规章制度已经公示或告知员工；(4)单位依规章制度作出了解除员工劳动合同的决定；(5)该员工"已经知道或应当知道"解除劳动合同决定的相关材料；(6)其他可以证明学校依法行使相关权利的资料。

第四节　学校教育中刑事法律纠纷的法律救济

一、未成年学生常见犯罪的原因

【典型案例】

2021年暑假期间,刚满17周岁的高中生小尹在网上结识了向某,并逐渐了解到向某正在利用信息网络实施诈骗。听说只需为向某提供简单帮助便可获得不菲"收入",小尹有些动心。在向某引诱下,小尹向其邮寄了自己名下的中国农业银行卡及其绑定的手机卡,并收取向某500元微信转账费用。此后,小尹的银行账户被向某用于电信网络诈骗,涉案金额高达1 370万元。案发后,小尹认清了自己行为的性质及严重危害,主动认罪认罚。检察机关考虑到小尹是初犯、偶犯,系受他人引诱实施的犯罪行为,主观恶性程度不高,且悔罪态度良好,决定对其开展附条件不起诉监督考察。在6个月的考验期内,小尹正常到校读书,检察机关则与其父母和学校共同对小尹进行帮教。考验期满后,小尹因遵纪守法、服从监督、专注学业,被检察机关作出不起诉决定。①

【法律问题】

高中生小尹的案件给我们什么提醒?

【法理解读】

(一) 未成年学生犯罪的特点

未成年学生犯罪,是指由已满12周岁不满18周岁的在校学生实施的危害社会、触犯法律、依法应受到刑法处罚的犯罪行为。

《刑法》将刑事责任年龄规定为3个阶段②:(1)完全无刑事责任年龄。(2)相对负刑事责任年龄。(3)完全刑事责任阶段。

未成年学生犯罪除了有成年人犯罪的共性外,还具有其自身的特殊性。(1)犯罪主体团伙化。(2)手段残忍,犯罪主体低龄化。(3)起因奇特,动机简单,具有突发性。(4)手段和方式智能化。如利用计算机进行盗窃、诈骗。(5)留守

---

① 载"中国教育报"微信公众号,2022年12月14日发布。

② "周岁"的计算,以生日的第二天(公历)为满周岁,12周岁生日当天为"不满"12周岁,不承担刑事责任。

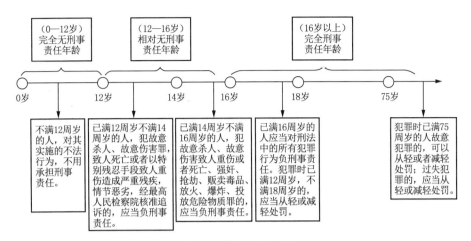

图 8-4　刑事责任年龄

儿童和流动儿童出现犯罪。(6)流失生犯罪率上升。①

(二) 未成年学生犯罪的原因

未成年学生犯罪的原因:(1)自身的原因。未成年学生在这一时期情绪极不稳定,容易冲动,特别是进入青春期以后,随着身体的快速发育,性的意识和需求逐渐增强。未成年学生日益增长的物质、安全、自尊的需要与他们获得上述需求的合法方式之间的冲突,导致未成年学生常常处在一种饥渴的状态,甚至走上犯罪道路。(2)学校教育的原因。如学校对未成年学生评价方式简单化,个别教师的素质较差,不良行为误导未成年学生,对辍学学生放任不管,对未成年学生心理健康教育忽视等,都可能成为未成年学生犯罪的诱因。(3)社会的原因。社会的原因很复杂,首先是不良传媒会对未成年学生产生负面影响。由于未成年学生正处于成长发育阶段,分辨是非能力较差,而模仿力却极强,许多暴力、凶杀、色情的情节正潜移默化地产生教唆未成年学生犯罪的负面影响。其次是不良社会风气会对未成年学生产生负面影响,其中拜金主义、享乐主义、消费主义、极端个人主义等意识也侵袭着未成年学生的身心健康。最后是不良交往会对未成年学生产生负面影响,甚至使他们走上犯罪的道路。(4)家庭的原因。家庭教育的失败、家庭道德的沦落以及不完整家庭等也是未成年学生走上犯罪道路的主要因素。随着独生子女家庭的增多,有些父母溺爱子女,养成子女唯我独尊、自私自利、占有欲极强、蛮横粗暴、

---

① 李建华:《未成年犯罪现状及其预防路径分析》,载《法制与社会》2021 年第 17 期。

不懂礼貌等缺点,当其需求得不到满足时,甚至会不惜触犯法律以达到其目的。离婚、死亡或其他原因形成的不完整家庭,对未成年子女健康成长影响极大。

(三) 对未成年学生不良行为的预防

不良行为是违反社会道德规范或者道德要求的行为。虽然不良行为不构成犯罪,但是不良行为是诱发犯罪的基础。因此,需要国家、社会、家庭、学校对未成年学生的不良行为给予及时的预防。

未成年学生的不良行为包括:(1)旷课、夜不归宿;(2)携带管制刀具;(3)打架斗殴、辱骂他人;(4)强行向他人索要财物;(5)偷窃、故意毁坏财物;(6)参与赌博或者变相赌博;(7)观看、收听色情、淫秽的音像制品、读物等;(8)进入法律、法规规定未成年人不适宜进入的营业性歌舞厅等场所;(9)其他严重违背社会公德的不良行为。

学校对有不良行为的未成年学生,应当加强管理教育,不得歧视;对拒不改正或者情节严重的,学校可以根据情况予以处分或者采取以下管理教育措施:(1)予以训导;(2)要求遵守特定的行为规范;(3)要求参加特定的专题教育;(4)要求参加校内服务活动;(5)要求接受社会工作者或者其他专业人员的心理辅导和行为干预;(6)其他适当的管理教育措施。学校可以根据实际情况组成由学校相关负责人、教师、法治副校长(辅导员)、司法和心理等方面专业人员参加的专业辅导工作机制,对有不良行为的学生进行矫治和帮扶;对有严重不良行为的学生,学校应当配合有关部门进行管教,无力管教或者管教无效的,可以依法向教育行政部门提出申请送专门学校接受专门教育。自2021年3月1日起施行的《中小学教育惩戒规则(试行)》进一步细化了相关规定。

(四) 对未成年学生严重不良行为的矫治

"严重不良行为"是指严重危害社会,尚不够刑事处罚的违法行为,包括:(1)纠集他人结伙滋事,扰乱治安;(2)携带管制刀具,屡教不改;(3)多次拦截殴打他人或者强行索要他人钱物;(4)传播淫秽的读物或者音像制品等;(5)进行淫乱或者色情、卖淫活动;(6)多次偷盗;(7)参与赌博,屡教不改;(8)吸食、注射毒品;(9)其他严重危害社会的行为。

对于有严重不良行为的未成年学生,可以送工读学校进行矫治和接受教育。工读学校应对就读的未成年学生严格管理和教育。工读学校除按照义务教育法的要求,在课程设置上与普通学校相同外,还应当加强法制教育的内容,针对未成年学生严重不良行为产生的原因以及有严重不良行为的未成年学生的心理特点,开展矫治工作。家庭、学校应当关心、爱护在工读学校就读的未成年学生,尊重他们的人格尊严,不得体罚、虐待和歧视他们。

对于有严重不良行为,构成违反治安管理行为的未成年学生,由公安机关依法予以治安处罚。对于不满 16 周岁不予刑事处罚的,责令其父母或者其他监护人严加管教;在必要的时候,也可以由政府依法收容教养。

(五) 对未成年学生重新犯罪的预防

依据法律规定,对犯罪的未成年人追究刑事责任,实行教育、感化、挽救的方针,坚持教育为主、惩罚为辅的原则。

对于被采取刑事强制措施的未成年学生,在人民法院的判决生效以前,不得取消其学籍。对于已满 14 周岁不满 16 周岁未成年人犯罪的案件,一律不公开审理。已满 16 周岁不满 18 周岁未成年人犯罪的案件,一般也不公开审理。

对未成年人犯罪案件,新闻报道、影视节目、公开出版物不得披露该未成年人的姓名、住所、照片及可能推断出该未成年人的资料。对被拘留、逮捕和执行刑罚的未成年人与成年人应当分别关押、分别管理、分别教育。未成年犯在被执行刑罚期间,执行机关应当加强对未成年犯的法制教育,对未成年犯进行职业技术教育。对没有完成义务教育的未成年犯,执行机关应当保证其继续接受义务教育。

未成年人的父母或者其他监护人和学校、城市居民委员会、农村村民委员会,对因不满 16 周岁而不予刑事处罚、免予刑事处罚的未成年人,或者被判处非监禁刑罚、被判处刑罚宣告缓刑、被假释的未成年人,应当采取有效的帮教措施,协助司法机关做好对未成年人的教育、挽救工作。

依法免予刑事处罚、判处非监禁刑罚、判处刑罚宣告缓刑、假释或者刑罚执行完毕的未成年人,在复学、升学、就业等方面与其他未成年人享有同等权利,任何单位和个人不得歧视。

本案例提醒教育工作者需要从犯罪原因的视角,高度重视并做好青少年犯罪的预防和教育工作。

【法条链接】

《预防未成年人犯罪法》第 14—17 条、第 31 条、第 62—63 条,《未成年人学校保护规定》第 44 条,《青少年法治教育大纲》等。

【风险防范】

1　对未成年学生犯罪的预防应坚持教育和保护相结合的原则，从小抓起，及时预防和矫治，学校、家庭、社会紧密配合，形成合力。学校应指导、督促家长履行对未成年子女的法制和预防犯罪教育监护职责，未成年人的父母或者其他监护人发现未成年人有不良行为的，应当及时制止并加强管教。

2　不履行预防未成年人犯罪工作职责，或者虐待、歧视相关未成年人的；教职员工教唆、胁迫、引诱未成年人实施不良行为或者严重不良行为。

3　学校及其教职员工违反《预防未成年人犯罪法》规定，不履行预防未成年人犯罪工作职责，或者虐待、歧视相关未成年人的，由教育行政等部门责令改正，通报批评；情节严重的，对直接负责的主管人员和其他直接责任人员依法给予处分。构成违反治安管理行为的，由公安机关依法予以治安管理处罚；教职员工教唆、胁迫、引诱未成年人实施不良行为或者严重不良行为、品行不良、影响恶劣的，教育行政部门、学校应当依法予以解聘或者辞退。在复学、升学、就业等方面歧视相关未成年人的，由所在单位或者教育、人力资源和社会保障等部门责令改正；拒不改正的，对直接负责的主管人员或者其他直接责任人员依法给予处分。

4　建立健全学生法治教育和预防学生犯罪工作机制：（1）要将法治教育纳入学校工作总体规划和年度计划，将所需经费纳入年度预算。学校应当将预防犯罪教育计划告知未成年学生的父母或者其他监护人。（2）学校应当利用入学教育、班会以及其他适当方式，向学生和家长宣传讲解校规校纪。同时应落实法治教育相关课程和活动，将法治教育纳入学校总体教育计划。（3）中小学生法治教育要以有机渗透在学校教育的各门学科、各个环节、各个方面为主，同时，利用课内、课外相结合等方式开展形式多样的专题教育和丰富多彩的课外活动。（4）应将预防犯罪的教育作为法治教育的内容纳入学校教育教学计划，结合常见多发的未成年人犯罪，对不同年龄的未成年人进行有针对性的预防犯罪教育。（5）教师特别是班主任老师要针对个别学生中出现的违法违纪行为，进行积极的教育和管理；要关注学生思想、情绪、行为等方面的变化，及时进行法律、道德、心理等多方面的辅导，帮助他们克服缺点、改正错误，健康成长。（6）学校应当配备专职或者兼职的心理健康教育教师，开展心理健康教育。（7）中小学要聘用1—2名法治教育专任或兼任教师，鼓励高校法律专业毕业生到中小学任教，鼓励其他教师参与法治教育。（8）要有计划、有针对性地对法治课教师进行法律知识的培训，可采取脱产进修、短期培训、专家辅导、以会代训等方式进行，有条件的中学要引进法律专业的毕业生充实师资队伍，同时也要重视整个教师队伍的普法教育，使广大教师在学法、守法、用法等各个方面都能为人师表。（9）应完善兼职法治副校长和法治辅导员制度，且可充分发挥本地高等学校法律院系教师和大学生、离退休法律工作者等专业人员的专长，为学校法治教育服务。（10）可通过聘请常年法律顾问的方式，为学校的法治教育提供长期、稳定、有力的支持。（11）要建立和完善青少年学生法治教育领导体制和工作机制，学校主要领导负责学校法治教育工作，由一名校级领导主抓学生法治教育，明确学校法治教育带头人和业务骨干，将法治教育和预防学生犯罪教育落实到相应的岗位职责，纳入工作计划、纳入日常管理、纳入绩效考核等。

二、教育者常见犯罪的法律风险

【典型案例】

　　被告人王某星被捕以前历任云南某学院音乐学院副院长、院长、云南某学院副院长。2010年至2016年期间，王某星利用分管某声乐艺术中心、负责音乐学院研究生招生工作等职务便利，在推荐留学、招生考试、求职、借读、参赛等事项上承诺为他人谋取利益，多次收受他人贿赂共计242万元。其行为已构成受贿罪,且数额巨大,应依法惩处。王某星犯受贿罪,判处有期徒刑五年,并处罚金人民币 100 万元。①

【法律问题】

王某星犯受贿罪的客体、客观方面、主体和主观方面是什么?

【法理解读】

(一)犯罪构成要件

犯罪构成要件,是指一行为要成立犯罪所必须具备的全部成立条件。犯罪构成则是认定犯罪的具体法律标准,是指一行为要成立犯罪必须同时具备四方面要件,具体包括客体、客观方面、主体和主观方面。

1. 客体

客体是指受刑法所保护而为犯罪行为所侵害的社会关系,实践中往往将其表述为法益。客体是犯罪构成的必要要件,一个行为如果没有侵犯具体的社会关系,没有侵犯具体罪名所保护的法益,则其即使具有社会危害性,也不构成该种犯罪。

2. 客观要件

客观要件指犯罪行为在客观上的具体外在表现,主要包括犯罪对象、危害行为、危害结果、因果关系、时间、地点、方法、数额、次数、情节等。

3. 主体

主体是指实施犯罪行为,并且依法应当对自己的行为承担刑事责任的人。这里的人包括自然人和单位。对于自然人来说,行为人要达到刑事责任年龄、具有刑事责任能力才能认定为犯罪主体。对于单位而言,只有刑法分则规定某一具体罪名,公司、企业、事业单位、机关、团体可以构成犯罪,才能成为单位犯罪主体。

4. 主观要件

主观要件指行为人对其所实施的危害行为及其危害结果所持有的心理态度,包括故意、过失、目的、动机等。故意又可以分为直接故意与间接故意,过失可以分为疏忽大意的过失和过于自信的过失。

教育者违反职务廉洁性的刑事风险是指在国有事业单位中依法从事公务的人员因利用其特殊身份或职务上的便利而实施的贪腐类犯罪所引发的刑事风险,包括贪污罪、挪用公款罪、行贿罪、受贿罪、巨额财产来源不明罪、隐瞒境外存款罪等。

---

① 云南省高级人民法院(2019)云刑终 332 号。

行贿罪,是指为谋取不正当利益,给予国家工作人员以财物的行为。对犯行贿罪的,处三年以下有期徒刑或者拘役,并处罚金;因行贿谋取不正当利益,情节严重的,或者使国家利益遭受重大损失的,处三年以上十年以下有期徒刑,并处罚金;情节特别严重的,或者使国家利益遭受特别重大损失的,处十年以上有期徒刑或者无期徒刑,并处罚金或者没收财产。单位行贿罪与一般行贿罪刑罚具有平等性,对单位受贿罪和行贿罪增加了刑罚力度,将法定最高刑从 5 年调整为 7 年。

受贿罪,是国家工作人员利用职务上的便利,索取他人财物,或者非法收受他人财物,为他人谋取利益的行为。该罪行为既会侵犯国家工作人员职务行为的廉洁性,也会对公私财物所有权造成侵犯。另外,与单位受贿罪相同,国家工作人员在经济往来中违反国家规定收受各种名义的回扣、手续费归个人所有时也以受贿论处。国有企业的国家工作人员触犯受贿罪的可能性也非常大,采取一定的防范措施是必要的。

巨额财产来源不明罪,是国家工作人员的财产或者支出明显超过合法收入,差额巨大,本人不能说明其来源合法的行为。该行为入罪的目的是严密法网,使司法机关易于证明犯罪而使腐败官员难以逃避裁判。因为按通常的司法程序,在官员贪污、受贿难以证实的情况下,司法机关应当按无罪推定的原则认定行为人无罪,但规定了此罪就把部分举证责任转移给了犯罪嫌疑人或被告人,当其不能说明被查的巨额财产的合法来源时就可以此罪论处。当然,此罪的认定要有严格的程序限制和必要的证据支持,否则会对国家工作人员造成不公。

隐瞒境外存款罪,是国家工作人员违反国家规定,故意隐瞒不报在境外的存款,数额较大的行为。其中"境外"应当指在大陆地区以外的国家或地区。因我国香港特别行政区、澳门特别行政区、台湾地区的金融管理体系、金融制度与大陆地区的仍然是不同的,所以这些地区目前在司法实践中,仍认定为该罪中的"境外"。"境外存款"不仅包括外汇,也应该包括人民币,但法律没有扩大解释至除存款以外的其他财产,如房产、投资公司的股权。

(二) 立案和量刑标准

本案中王某星为他人谋取利益,多次收受他人贿赂共计 242 万元,构成受贿罪。可从犯罪构成要件进行认定,具体包括以下四个方面:(1)王某星受贿行为违反了国家机关工作人员的职务廉洁性,符合受贿罪客体规定。(2)客观方面表现为行为人利用职务上的便利,非法收受他人财物,为他人谋取利益。(3)犯罪主体是其为学院副院长、院长,是国家工作人员。(4)主观方面为故意,收受他人财物,王某星知道后未退还或者上交的,应当认定具有受贿故意。

表 8-2　常见犯罪的定罪量刑标准

序号	罪名	定罪量刑标准
1	行贿罪	行贿数额 3 万元以上不满 100 万元,行贿数额 1 万元以上不满 3 万元,具有七种从重情形①或造成经济损失数额在 50 万元以上不满 100 万元的,处三年以下有期徒刑或拘役,并处罚金。
		行贿数额 100 万元以上不满 500 万元或具有其他严重的情节,行贿数额 50 万元以上不满 100 万元,具有七种从重情形或造成损失 100 万元以上不满 500 万元的,处三年至十年有期徒刑,并处罚金。
		行贿数额 500 万元以上或具有其他特别严重的情节,行贿数额 250 万元以上不满 500 万元,具有七种从重情形或造成损失 500 万元以上的,处十年以上有期徒刑或无期徒刑,并处罚金或没收财产。
2	受贿罪	3 万元以上(八种情形之一的,②1 万元以上),应予立案,处三年以下有期徒刑或者拘役,并处罚金;
		20 万元以上(八种情形之一的,10 万元以上),处三年以上十年以下有期徒刑,并处罚金或者没收财产;
		300 万元以上(八种情形之一的,150 万元以上),处十年以上有期徒刑、无期徒刑或死刑,并处罚金或者没收财产。
3	巨额财产来源不明罪	巨额财产来源不明罪涉嫌巨额财产来源不明,数额在 30 万元以上的,应予立案。
4	隐瞒境外存款罪	隐瞒境外存款罪涉嫌隐瞒境外存款,折合人民币数额在 30 万元以上的,应予立案。

【法条链接】

《刑法》第 232—238 条、第 382—385 条等。

---

① 《刑法修正案(十二)》规定七种从重情形:(1)多次行贿或者向多人行贿的;(2)国家工作人员行贿的;(3)在国家重点工程、重大项目中行贿的;(4)为谋取职务、职级晋升、调整行贿的;(5)对监察、行政执法、司法工作人员行贿的;(6)在生态环境、财政金融、安全生产、食品药品、防灾救灾、社会保障、教育、医疗等领域行贿,实施违法犯罪活动的;(7)将违法所得用于行贿的。

② 八种情形:(1)曾因贪污、受贿、挪用公款受过党纪、行政处分的;(2)曾因故意犯罪受过刑事追究的;(3)赃款赃物用于非法活动的;(4)拒不交代赃款赃物去向或拒不配合追缴工作,致使无法追缴的;(5)造成恶劣影响或者其他严重后果的;(6)多次索贿的;(7)为他人谋取不正当利益,致使公共财产、国家和人民利益遭受损失的;(8)为他人谋取职务提拔、调整的。

【风险防范】

1 认真学好法律，树立行为底线意识，做好预防犯罪教育。

2 从司法实践来看，学校教职工的违法行为可能涉及以下罪名：（1）教育设施重大安全事故罪。（2）故意杀人罪和故意伤害罪，如教师体罚学生至轻伤以上。（3）过失致人死亡罪和过失致人重伤罪。（4）强奸罪。如不论教职工采取什么手段，也不论不满14周岁的女学生是否同意，只要与不满14周岁的幼女发生性关系，就可能涉嫌强奸罪。（5）猥亵儿童罪。（6）非法拘禁罪。如教职工多次或长时间关学生禁闭，一旦造成不良后果（如诱发精神疾病、自伤）。（7）侮辱罪。如有的老师侮辱行为，如果导致受害学生自杀、自残等严重后果，就可能涉嫌侮辱罪。（8）侵犯公民个人信息罪和侵犯通信自由罪。如老师利用工作之便收集学生信息卖给教育培训机构等。学校也可能构成侵犯公民个人信息罪。（9）虐待被监护、看护人罪。（10）职务侵占罪。如公办学校不具有事业单位编制的教职工，将原本属于学校的财物非法占为己有，数额较大的。（11）故意毁坏财物罪。如学校教职工将学生价值在人民币5 000元以上的手机摔坏。（12）贪污罪。如具有国家工作人员身份的教师（具有事业单位编制的公办教师），利用职务上的便利，侵吞、窃取、骗取或以其他手段非法占有公共财物，就可能涉嫌贪污罪。（13）故意泄露国家秘密罪和过失泄露国家秘密罪。

3 对于犯罪行为，承担刑事责任。

4 校园内的犯罪行为，严重损害未成年学生的身心健康，也败坏学校、教师的良好社会形象，学校应予以高度重视并采取充分的教育和预防措施。

三、教育者职务犯罪的原因与预防

【典型案例】

被告人杨某国，原肇庆某学校校长，案发时是肇庆某教师发展中心教研员。2001 年至 2009 年，被告人杨某国利用担任肇庆启聪学校校长职务的便利，以非法占有为目的，以截留、套取等方式侵吞学生伙食费共计 292 198.75 元。利用担任肇庆启聪学校校长职务上的便利，为他人在工程或设备采购项目的承揽、验收、项目款支付上提供帮助，多次收受钱款共计 43 万元。肇庆市纪委监委根据群众信访举报及市委第二巡察组移转的情况专报后，于 2020 年 12 月 1 日立案审查调查，查清了上述事实。2020 年 12 月 4 日对杨某国采取留置措施。在留置期间，杨某国如实交代了其贪污的违法问题，主动供述肇庆市纪委监委还未掌握的受贿犯罪问题，并上缴 573 129.06 元违纪违法款项，其中贪污赃款 269 549.6 元，受贿赃款 9 万元，其余 213 579.46 元为廉洁自律款。①

---

① 广东省肇庆市端州区人民法院(2021)粤 1202 刑初 228 号。

【法律问题】

被告人杨某国将承担怎样的法律责任?

【法理解读】

(一) 职务犯罪的原因

实践中,教育领域职务犯罪有一定比例。其主要特点:(1)犯罪主体精英化。高学历特征明显,普遍受过良好教育,不乏教授、博士等高层次人才。(2)犯罪环节多重化。涉及校企管理、合作办学、教育采购、后勤以及招生、教育收费等多个环节,表明学校管理存在多方面廉政风险。(3)犯罪罪名集中化。主要为受贿罪和贪污罪。(4)犯罪手段多样化。表现为一是收受现金或代金卡(券);二是以"技术咨询""研讨会"等名义"报销"费用;三是接受旅游招待形式的贿赂;四是以投资理财、收受干股等形式受贿;五是私设"小金库"侵吞公款。(5)犯罪案值大额化。(6)犯罪影响较大化。一是诱发校园群体腐败,往往带出窝、串案,包括校长、教务处、财务科、基建科等部门人员共同涉案;二是破坏校园廉洁风气,对学生德育工作造成难以估量的负面影响,有碍青少年正确价值观和人生观的塑造。

教育领域职务犯罪的频发,除了社会观念和个人认知出现的偏差、社会潜规则盛行、缺乏对法律敬畏等主观原因外,更重要的是现行教育领域管理体制和机构尚不完善,监督管理尚存在缺陷。

1. 主观原因

(1)法律素养缺乏。学校在狠抓教学质量、科研能力、升学水平的同时,往往忽略了思想和法治教育,教育走过场,教育形式固化、内容单一、效果较差。在查办的案件中,大多是知识分子,甚至不乏博士、教授,他们学识渊博,但对法律的认知却相当浅薄。误将单位受贿当成为职工谋福利,错把收受回扣当作劳务报酬,对行为性质和后果缺乏理性认知。(2)从众心理作祟。在"潜规则"之下,产生"别人都拿,我也能拿"的从众心态,造成群体腐败。(3)贪利本性使然。在经济往来中,面对收入差距心理失衡,面对利益诱惑难以自控,面对贪腐机会心生侥幸,说到底是贪利心理作祟。

2. 客观原因

(1)制度不完善,执行不到位。目前,依法办学、自主管理、民主监督、社会参与的现代学校管理制度还不够完善,学校的决策和运行缺乏有效约束,不少教职工代表大会、校务会议等制度流于形式,部分学校在物资采购、基建工程、招生就业、资金使用等过程中,所依据的规章制度过于灵活,有些甚至缺乏必要的规章制度,导致制约不足。(2)学校"一把手"权力过度集中,导致权力失控。(3)校长权与教育行政权不当结合成为商业贿赂发生的条件,同时也使权力间的监督约束机制形同虚设,成为校长腐败的重要因素。(4)采购和招投标等关键制度不健全,导致程序失灵。(5)学校财务管理不透明和不规范,导致监督乏力。有的学校尽管也建立了一套财务规则,但执行随意,领导一句话便让规则成为摆设。有的学校财务根本就是一笔糊涂账,得不到及时有效的监管。(6)廉洁教育和系统监督不到位,导致行为失范。(7)行业"潜规则"和行贿者存在,导致诱惑放大。比如图书、教材、教辅书采购环节,供应商以"业务促销费"的形式将折扣返还采购人员。①

(二) 职务犯罪的预防

1. 加强制度建设,构建防范机制

进一步完善教育领域的管理和监督机制,不仅是反腐倡廉、保障民生的客观要求,也是深化教育体制改革的内在需要。一是完善权力运行机制。按照权力运行的特点评估廉政风险,建立健全相关防范机制。例如,对采购等重点岗位实行定期内部轮岗或外部交流制度,减少固定利益链的形成;将工程建设中的决策权、操作权、监督权予以分离,避免权力过于集中。二是完善监督机制。充分发挥纪检监察的作用,并通过加强教育部门与检察机关之间的信息沟通,建立信息共享与线索举报的渠道,加大查处腐败的力度;梳理各岗位的廉政风险点,加强对廉政风险较高岗位的监督和检查,制定切实有效的防范措施,如对招生中涉及的重大问题应由主管招生工作的领导、招生部门负责人、监察部门负责人等组成的招生工作领导小组集体讨论决定,形成会议记录,杜绝个人或少数人擅自决定特殊或者重大事项。三是引入廉洁准入制度。借助检察机关行贿犯罪档案查询系统,对学校工程建设、物资采购等环节实行廉洁防控,加大行贿犯罪的成本,从源头上防范贿赂的发生。

2. 加强校务公开,确保权力运行公开透明

一是信息公开。涉及学校建设、发展等重大事项,应通过学校网站公之于众。如在招生环节通过程序的公开最大化地保证结果的公正。二是过程公开。建立流程监控机制,注重权力运行全过程的监督。如在物资采购环节建立健全全市统一的采购平台,以公开的形式对校服、教材、教具等物资进行采购,并及时公示采购项目的招投标结果;强化采购、验收、使用三环节分离,加大对验货、后

---

① 上海市人民检察院编:《教育领域职务犯罪警示与预防》,上海人民出版社 2017 年版,第 139—141 页。

续服务等履约行为的监督力度。三是财务公开。明确公开的范围,细化公开的内容,丰富公开的形式。如定期将年度经费预决算、基建维修、经费收支等规定的内容予以公示;对外经济交往中取得的劳务费、服务费等属于回扣性质的收入统一入账列明,并在一定范围内适时公开,接受监督,确保资金使用规范,铲除"小金库"滋生的土壤。

3. 加强分权制衡,约束"一把手"权限

在现行教育体系中,学校"一把手"是一个特殊群体,既是管理者,又是教育者,对一个学校的发展起着至关重要的作用,为有效预防和遏制校园腐败,净化校园环境,需要在制度设计、流程设置上注重对"一把手"权力的制约。

4. 加强法治教育,增强学法敬法畏法意识

无论社会环境如何变化,教育工作者都必须清醒地认识到,教育者不仅要术业专攻,还要品德端正,为人师表。①

本案被告人杨某国作为国家机关工作人员,在担任肇庆某学校校长期间,利用职务上的便利,贪污学生伙食费,数额巨大;又利用职务上的便利,非法收受他人财物 43 万元,为他人谋取利益,数额巨大,其行为分别构成贪污罪、受贿罪,应数罪并罚。法院判决被告人杨某国犯贪污罪,判处有期徒刑三年,并处罚金二十万元;犯受贿罪,判处有期徒刑二年六个月,并处罚金十八万元;总和刑期五年六个月,数罪并罚,决定执行有期徒刑四年六个月,并处罚金三十八万元。已退出的违法所得共计 382 198.75 元,予以没收,由扣押机关依法上缴国库。

【法条链接】

《刑法》第 163 条、第 385 条等。

【风险防范】

有效防范和遏制职务犯罪,必须通过对法规、制度执行的真抓、严管。
(1) 严格落实工作责任。细化各岗位的廉政责任,健全追责措施和惩罚机制。
(2) 定期开展专项检查。一方面加强内部自查。另一方面加强外部自查。如何选择重大事项、重要时间节点,通过专业机构的审计,及时发现和纠正财务管理等方面存在的问题。此外,也可以借助大数据"互联网+"等科技手段保障制度的执行。

在学生招生录取、基建工程、食堂承包、房屋租赁等环节,利用职务上的便利索贿,或受贿并为他人谋取利益;或者在教材、教具、校服及其他物品的采购活动中,利用职务上的便利,索取销售方财物,或非法收受销售方财物,为销售方谋取利益;又或者在经济往来中,利用职务上的便利,违反国家规定,收受各种名义的回扣、手续费归个人所有,若行为人属于国家工作人员的教职工,就可能涉嫌受贿罪;若行为人属于非国家工作人员的教职工,就可能涉嫌非国家工作人员受贿罪。

---

① 上海市人民检察院编:《教育领域职务犯罪警示与预防》,上海人民出版社 2017 年版,第 132—135 页。

3 涉嫌非国家工作人员受贿罪和受贿罪，承担相应的刑事责任。

4 从完善监督体系，增强权力监督制约力度。（1）落实校务公开和民主决策制。一是推进"校园阳光计划"，完善校务公开机制。充分利用校园网和校外网站，将涉及招生、基建、采购、课题申报、人事安排、奖学金申请等方面的信息及时上网，方便监督；二是落实学校领导班子"三重一大"决策机制，积极推进教职工和学生代表的民主决策参与制，防止学校"一把手"权力过分集中；三是推动各校制定完善本校章程，将学校管理的主要事项明文规定，并公布执行。（2）实行定期轮岗、交流和离任审计机制。建议各级教育行政主管部门对中小学校长实行定期轮岗交流。高校内部可对二级学院院长等重点岗位定期轮岗。在轮岗交流时，实施离任审计机制。（3）中小学管理中引入家长委员会等外部监督。（4）将预防职务犯罪课程纳入校长定期轮训和提拔任用培训的课程安排。（5）全面推进廉洁文化进校园活动。建议各级教育主管部门、学校与监察委共同推进廉洁文化进校园活动，培育校园廉洁文化，营造廉洁校园氛围。

四、刑事诉讼流程和注意事项

【典型案例】

被告人王某某，2020 年 7 月 5 日，因殴打他人被永丰县公安局行政拘留十二日并处罚款 500 元。因涉嫌寻衅滋事罪、故意伤害罪，于 2020 年 7 月 18 日被永丰县公安局刑事拘留，2020 年 9 月 15 日被执行逮捕。

2020 年 4 月 21 日 14 时许，被告人王某某与集资参与人杨某林、熊某二人因维权一事发生冲突。王某某用铁棍和拳头打伤杨某林和熊某致二人轻微伤。另因王某某在维权过程中随意拿走游某家的财物，集资参与人员对王某某的行为很是不满。部分集资人员在"实实在在债权人追债群"表示不希望王某某继续担任债权人维权小组组长。

2020 年 6 月 7 日晚，集资人员罗某因不满王某某的做法在微信群里和王某某互相辱骂。次日上午，王某某乘车从永丰县城到鹿冈中学找罗某，两人当面发生争执，被学校老师劝开。当天下午，王某某再次来到学校教师办公楼一楼走廊找到罗某，两人再次发生争吵并发生打架。王某某用石头砸了罗某左肩处、左肋骨处、嘴角各一下。2020 年 6 月 24 日，经永丰县弘正法医学司法鉴定所鉴定，罗某口唇全层裂创，皮肤创口或瘢痕长度 1 cm 以上，损伤等级为轻伤二级。同年 7 月 14 日王某某申请对罗某伤情进行重新鉴定。2020 年 7 月 17 日，经司法鉴定中心鉴定，罗某的损伤程度仍为轻伤二级。

2020 年 7 月 23 日，在永丰县公安局沿陂派出所主持调解下，王某某家属与罗某就民事赔偿达成调解协议并履行完毕，王某某的行为取得了被害人罗某的谅解。寻衅滋事案中被害人游某出具了谅解书，故意伤害案中被告人家属与被害人达成刑事和解。①

【法律问题】

本案刑事和解对被告的量刑有何影响？

【法理解读】

（一）刑事案件中的公诉案件和自诉案件

公诉案件是指由人民检察院代表国家向人民法院提起诉讼。自诉案件是指由被害人自己或其法定代理人向人民法院提起诉讼。主要包括：（1）公然侮辱、诽谤他人的犯罪，以暴力干涉他人婚姻自由罪以及虐待家庭成员、情节恶劣的犯罪。不需要侦查的轻微刑事案件是指轻伤害罪，拒不执行法院生效判决和裁定罪，重婚罪以及拒绝抚养罪等轻微的刑事案件；（2）被害人有证据证明对被告人侵犯自己人身，财产权利的行为应当依法追究刑事责任，而公安机关或者人民检察院不予追究被告人刑事责任的案件。（3）被害人有证据证明的轻微刑事案件。

（二）刑事案件办案流程

1. 侦查阶段

（1）犯罪嫌疑人被拘留后，公安机关一般应在 3 日内提请检察院批准逮捕，在特殊情况下可以延长 1—4 日，对于流窜作案、多次作案、结伙作案的重大嫌疑分子，可以延长至 30 日。这也是我们通常说的 37 日内批捕。（2）人民检察院应当自接到公安机关提请批准逮捕书后 7 日内作出决定；（3）检察院批准逮捕后案件会退回公安机关继续侦查，侦查机关应当在 2 个月内侦查终结，提起审查起诉；对于案情复杂、期限届满不能终结的案件，可经上一级检察院批准延长 1 个月；对于交通十分不便的边远地区的重大复杂案件、重大犯罪集团案件、流窜作案的重大复杂案件、犯罪涉及面广，取证困难的重大复杂案件可以经省、自治区、直辖市检察院批准再延长 2 个月；对犯罪嫌疑人可能判处十年有期徒刑以上刑罚的可以经省、自治区、直辖市检察院批准再延长 2 个月；（一般案件公安机关侦查 2 个月就会移送检察院，申请延长的手续比较繁琐）；（4）对于犯罪嫌疑人不讲真实姓名、住址，身份不明的，侦查羁押期限自查清其身份之日起算；（5）对于在侦查期间，发现犯罪嫌疑人另有重要罪行的，自发现之日起重新计算侦查羁押期限。

---

① 江西省永丰县人民法院(2020)赣 0825 刑初 172 号。

表 8-3　拘留后、逮捕前,办案期限不超过 37 日

办案机关	项目	适用范围		期限
公安机关	拘留后提请批捕	一般犯罪嫌疑人	一般情况	3 日
			特殊情况	延长 1—4 日
		流窜、结伙、多次作案的		延长至 30 日
检察机关	批准逮捕	已拘留的,检察院作出批准、不批准决定		7 日(特殊情况下,决定逮捕的时间可以延长一日至三日)
		未被拘留的,检察院作出批准、不批准决定	一般情况	15 日
			重大、复杂案件	20 日
	公安复议	公安机关对不批准逮捕的决定要求复议		7 日
	公安复核	公安机关对经复议后仍不批捕的提请复核		15 日

表 8-4　逮捕后,侦查羁押阶段期限 2 个月至 7 个月

办案机关	项目	适用范围	期限
公安机关	侦查取证	犯罪嫌疑人逮捕后的羁押期限	2 个月
		案情复杂、期限届满不能终结	延长 1 个月
		刑诉法第 158 条四类案件:(1)交通十分不便的边远地区的重大复杂案件;(2)重大的犯罪集团案件;(3)流窜作案的重大复杂案件;(4)犯罪涉及面广,取证困难的重大复杂案件。	延长 2 个月
		对犯罪嫌疑人可能判处十年有期徒刑以上刑罚,在 158 条规定的期限满不能侦查终结的	再延长 2 个月
		侦查期间,发现犯罪嫌疑人另有重要罪行的;犯罪嫌疑人不讲真实姓名、住址,身份不明的	重新计算查明计算
		因特殊原因,在较长时间内不宜交付审判的特别重大复杂案件,由最高检报批延期审理	

2. 审查起诉阶段

检察院对于公安机关移送起诉的案件应当在 1 个月内作出是否提起公诉的决定,重大、复杂的案件可以延长半个月(在此期间内,对于需要补充侦查的,可以退回侦查机关补充侦查,退回以两次为限,每次不得超过 1 个月,补充侦查期限不计算在审查起诉期限内)。

表 8-5 审查起诉阶段期限 10 日至 6.5 个月

办案机关	项目	适用范围		期限
检察机关	审查起诉	对公安机关移送起诉的案件	符合速裁程序适用条件的	10 至 15 日
			一般案件	1 个月
			重大、复杂的案件	延长 15 日
		改变管辖的,从改变后的检察院收到案件之日		重新计算
公安机关	补侦	第一次补充侦查		1 个月
检察机关	审查起诉	第一次补充侦查后移送检察院	一般情况	1 个月
			延长期限	15 日
公安机关	补侦	第二次补充侦查		1 个月
检察机关	审查起诉	第二次补充侦查后移送检察院	一般情况	1 个月
			延长期限	15 日

3.审判阶段

(1)一审法院自受理公诉案件后一般应在 1 个月内宣判,至迟不超过 1 个半月;对于交通十分不便的边远地区的重大复杂案件、重大犯罪集团案件、流窜作案的重大复杂案件、犯罪涉及面广,取证困难的重大复杂案件可以经省、自治区、直辖市法院批准再延长 1 个月(在此期间内,对于需要补充侦查的,补充侦查期限不计算在内)。(2)在宣判后 10 日内,被告可以提起上诉,检察院可以提起抗诉(被害人不服一审判决的,有权自收到判决书后 5 日内请求检察院提起抗诉,检察院自收到被害人请求后 5 日内作出是否抗诉的决定)。(3)二审法院受理上诉、抗诉案件应当自受理之日起 1 个月内宣判,至迟不超过 1 个半月;对于交通十分不便的边远地区的重大复杂案件、重大犯罪集团案件、流窜作案的重大复杂案件、犯罪涉及面广,取证困难的重大复杂案件可以经省、自治区、直辖市法院批准再延长 1 个月;对于最高人民法院受理的上诉、抗诉案件,由最高人民法院决定。(4)对于被告被判处死刑的,自判决生效之日起 3 日内由最高人民法院或者省、自治区、直辖市高级人民法院进行死刑复核。(5)死刑复核后向一审人民法院下达死刑执行命令，一审人民法院自接到死刑执行命令之日起 7 日内执行死刑。上述所有时间不包含各机构之间案卷流转的时间。

表 8-6　一审审理阶段期限 10 日至 6 个月

办案机关	项目	适用范围		期限
人民法院	一审	适用简易程序审理案件		20 日至一个半月
		适用速裁程序审理案件		10 至 15 日
		审理自诉案件	被告人被羁押的	2—3 个月
			被告人未被羁押的	6 个月
		审理公诉案件	一般情况	2 个月
			至迟	3 个月
		可能判处死刑的案件或者附带民事诉讼的案件；刑诉法第 158 条规定的四类案件。		延长 3 个月
		改变管辖的，从改变后的法院收到案件之日		重新计算
检察机关	补侦	人民法院退回检察机关补充侦查的公诉案件		1 个月
人民法院	一审	检察院补充侦查完毕，移送人民法院的案件		重新计算
当事人以及检察机关	上诉、抗诉案件	上诉、抗诉案件	不服判决	10 日
			不服裁定	5 日

表 8-7　二审审理阶段期限 2 个月至 4 个月

办案机关	项目	适用范围	期限
上一级法院	二审	一般情况	2 个月
		可能判处死刑的案件或者附带民事诉讼的案件；《刑诉法》第 158 条规定的四类案件。	延长 2 个月
		因特殊情况还需要延长的，报请最高人民法院批准	
		最高人民法院受理上诉、抗诉案件的审理期限，由最高人民法院决定	

本案中，被告取得被害人谅解和解，可对被告人酌情处罚。被告人王某某不能正确处理与同为债权人的被害人罗某的矛盾，故意伤害罗某身体，致其轻伤二级，其行为触犯了《刑法》第234条之规定，应当以故意伤害罪追究其刑事责任。鉴于被告人王某某自愿认罪认罚，有劣迹；寻衅滋事案中取得被害人谅解，可对被告人酌情从轻处罚，判处拘役四个月；故意伤害案中已刑事和解，案发时为限定责任能力人，判处拘役二个月。

【法条链接】

《刑事诉讼法》第115条、第171条、第183条等。

【风险防范】

侦查阶段预防指南

侦查阶段是刑事案件的启动阶段，主要由公安机关负责。（1）当有足够的证据或线索指向某个可能的犯罪行为时，公安机关将进行立案。此后根据需要，可能进行传唤、拘留或逮捕等活动。在侦查过程中，嫌疑人有权知悉自己的权利和义务，比如有权聘请律师进行辩护。刑事案件中，公安首次讯问时长一般为24小时，可以适量延长至48小时，一旦被拘留，可以尽快找律师会见，了解案件事实真相、告知当事人应当的权利义务，争取取保候审。（2）这个阶段要保持冷静和配合，在刑事案件中，当事人和参与者应保持冷静和配合办案人员的工作。遵守法律和程序，不要阻碍、抗拒或干涉办案人员的工作。（3）尽早寻求法律援助。如果当事人无法承担较高的律师费用，可以尽早寻求法律援助，确保自己的合法权益得到保障。法律援助机构将为贫困当事人提供法律咨询和代理服务。（4）保护个人权益。当事人在接受调查过程中，有权要求合理的对待和尊重，确保自己的人身安全和合法权益。任何形式的虐待、恶意逼供和侵犯隐私的行为都应该得到谴责和制止。（5）合理运用沉默权。当事人有权保持沉默，不作任何不利于自己的陈述。如果当事人希望表达自己的观点和意见，建议借助律师的指导，以确保不给自己造成不良后果。（6）对于当事人来说，保全证据非常重要。尽可能收集和保留证据，包括实物、文件、录音、视频等，以备后续调查和辩护之用。

审查起诉阶段预防指南

此阶段主要由检察院负责，起到对侦查阶段的工作进行复核的作用。（1）检察院首先进行案件的审查。如果证据确凿，检察院可以批准逮捕。在某些情况下，检察院可能会退回案件要求公安机关补充侦查。在经过深入审查后，如果认为证据确凿，嫌疑人的行为构成犯罪，检察院将决定起诉。同样，嫌疑人和其辩护律师在此阶段也有特定的权利和义务。（2）检察院作出是否批捕的决定一般是在公安阶段拘留第二天开始计算的，在7+7、14+7、30+7天之内，这个时间节点也是刑事案件的"黄金37天"。这之后检察院一旦作出批捕的决定再想取保就很困难了。检察院阶段最长的时间是6.5个月，这期间需要做的工作有很多，选择一位经验丰富、富有专业素质和良好声誉的辩护律师非常重要。律师将在案件中担任重要角色，保护当事人的权益，为其提供合理的辩护。结合案件客观事实，判断是否可以争取不起诉，或者争取好的刑期。

审判阶段预防指南

审判阶段是刑事流程的终点。由法院负责，包括受理、开庭、庭审和判决等环节。（1）法院受理后，会确定开庭日期，并确保各方得到通知。在庭审中，将公开审理证据，听取各方意见，然后对案件进行裁决。被告人有权为自己辩护或由律师为其辩护，他们可以质疑证据、提问证人或呈现自己的证据。结案后，法院会作出判决。（2）准备好出庭材料。如果需要出庭应诉，当事人需要准备好相关的材料和证据，以支持自己的陈述和辩护。（3）关注案件进展。当事人应密切关注案件的进展和动态，了解自己的权益保障是否得到了充分考虑，有必要时可以与律师和公诉人进行交流。（4）遵守法庭规则和程序。参与刑事案件的当事人和相关参与者应遵守法庭规则和程序，尊重法官和法庭工作人员的权威，在庭审中进行合理陈述和抗辩。（5）关注判决结果和上诉权利。对于判决结果不满意的一方，有权利提起上诉，并在规定时间内准备上诉材料和辩护意见。

参 考 文 献

［1］吴江水：《完美的防范：法律风险管理及合规管理的解决方案》，北京大学出版社 2021 年版。

［2］雷思明：《校园安全制度手册》，华东师范大学出版社 2011 年版。

［3］雷思明：《学校安全管理：律师的建议清单》，中国人民大学出版社 2022 年版。

［4］雷思明：《依法治校与学校规范化管理操作指南》，教育科学出版社 2018 年版。

［5］梁枫主编：《大合规时代：企业合规建设指引与案例解析》，中国法制出版社 2023 年版。

［6］卓宇轩：《教育行业法律风险防控大全》，法律出版社 2013 年版。

［7］石连海：《校园安全事故分析与预防教师读本》，中国法制出版社 2016 年版。

［8］陈元、何力：《民法典背景下劳动人事法律操作指引》，法律出版社 2021 年版。

［9］杨颖秀主编：《教育法学》，中国人民大学出版社 2019 年版。

［10］劳凯声：《教育法学》，中国人民大学出版社 2023 年版。

［11］孙霄兵、马雷军：《教育法理学》，教育科学出版社 2017 年版。

［12］李晓燕主编：《教育法学》，高等教育出版社 2006 年版。

［13］张丽：《教育法律问题研究》，法律出版社 2007 年版。

［14］高家伟主编：《教育行政法》，北京大学出版社 2007 年版。

［15］周光礼：《教育与法律》，社会科学文献出版社 2005 年版。

［16］卢勇编著：《教育法律纠纷案例与实务》，清华大学出版社 2018 年版。

［17］佟丽华主编：《教师法治教育手册》，中国法制出版社 2021 年版。

[18] 蒋利、陈小英:《校园法律风险防控教师手册》,中国法制出版社 2021 年版。

[19] 张明楷:《刑法学》,法律出版社 2021 年版。

[20] 中央纪委驻教育部纪检组、监察部驻教育部监察局编:《教育系统职务犯罪案例辨析》,高等教育出版社 2009 年版。

[21] 池强主编:《教育领域职务犯罪预防与警示》,法律出版社 2013 年版。

[22] 张新祥主编:《职务犯罪风险与防控》,法律出版社 2017 年版。

[23] 凌征虎编著:《企业刑事法律顾问》,法律出版社 2021 年版。

[24] 上海市人民检察院编:《教育领域职务犯罪警示与预防》,上海人民出版社 2017 年版。

[25] 孙强主编:《刑法适用全指引:罪名要义、关联法规、立案追诉标准、定罪量刑标准》,中国法制出版社 2021 年版。

[26] 蔡飞编著:《一本书读懂你不知道的劳动用工风险》,中国法制出版社 2020 年版。

[27] 任康磊:《人力资源法律风险防控从入门到精通》,人民邮电出版社 2022 年版。

[28] 吴彬:《劳动人事争议裁判规则和实操指引》,中国法制出版社 2022 年版。

[29] 周开畅、洪桂彬:《劳动人事合规管理指南》,法律出版社 2023 年版。

[30] 洪桂彬:《HR 必备法律工具书:企业用工风险防范实务操作与案例精解》,中国法制出版社 2021 年版。

[31] 乔路主编:《公司法律顾问实务指引》,法律出版社 2022 年版。

[32] 朱锦清:《公司法学》,清华大学出版社 2019 年版。

[33] 曹志龙:《企业合规管理:操作指引与案例解析》,中国法制出版社 2021 年版。

[34] 娄秋琴:《守住底线:娄秋琴企业合规必修课》,法律出版社 2021 年版。

[35] 张扬、蒋丹青:《企业常见法律问题及风险防范》,中国法制出版社 2019 年版。

[36] 黄薇主编:《中华人民共和国民法典释义》,法律出版社 2020 年版。

[37] 黄薇主编:《中华人民共和国民法典人格权编解读》,中国法制出版社 2020 年版。

[38] 黄薇:《中华人民共和国民法典侵权责任编释义》,法律出版社 2020

年版。

[39] 最高人民法院民法典贯彻实施工作领导小组主编:《中华人民共和国民法典侵权责任编理解与适用》,人民法院出版社 2020 年版。

[40] 王利明等主编:《中国民法典释评》,中国人民大学出版社 2020 年版。

[41] 江必新、夏道虎主编:《中华人民共和国民法典重点条文实务详解》,人民法院出版社 2020 年版。

[42] 魏振瀛主编:《民法》,北京大学出版社 2021 年版。

[43] 王利明主编:《民法》,中国人民大学出版社 2020 年版。

[44] 马俊驹、余延满:《民法原论》,法律出版社 2010 年版。

[45] 〔德〕拉伦茨:《德国民法总论》,王晓晔等译,法律出版社 2004 年版。

[46] 王泽鉴:《民法总则》,北京大学出版社 2009 年版。

[47] 王泽鉴:《人格权法》,北京大学出版社 2013 年版。

[48] 王泽鉴:《侵权行为》,北京大学出版社 2009 年版。

[49] 王泽鉴:《损害赔偿》,北京大学出版社 2017 年版。

[50] 李适时主编:《民法总则释义》,法律出版社 2017 年版。

[51] 王利明:《合同法研究》,中国人民大学出版社 2015 年版。

[52] 韩世远:《合同法总论》,法律出版社 2018 年版。

[53] 王利明:《人格权法研究》,中国人民大学出版社 2018 年版。

[54] 王利明:《人格权重大疑难问题研究》,法律出版社 2019 年版。

[55] 最高人民法院民法典贯彻实施工作领导小组主编:《中华人民共和国民法典人格权编理解与适用》,人民法院出版社 2020 年版。

[56] 马特、袁雪石:《人格权法教程》,中国人民大学出版社 2007 年版。

[57] 王利明、杨立新、姚辉:《人格权法》,法律出版社 1997 年版。

[58] 姚辉:《人格权法论》,中国人民大学出版社 2011 年版。

[59] 王利明:《侵权责任法研究》,中国人民大学出版社 2016 年版。

[60] 程啸:《侵权责任法教程》,中国人民大学出版社 2020 年版。

[61] 程啸:《侵权责任法》,法律出版社 2021 年版。

[62] 程啸:《侵权行为法总论》,中国人民大学出版社 2008 年版。

[63] 杨立新:《侵权责任法》,法律出版社 2021 年版。

[64] 杨立新:《中华人民共和国民法典条文精释与实案全析》,中国人民大学出版社 2020 年版。

[65] 人民法院出版社编:《司法解释理解与适用全集》(民事总类卷、合同

卷、物权卷、侵权责任卷），人民法院出版社 2019 年版。

［66］宋纪连：《民法典人生导图》，上海人民出版社 2022 年版。

［67］宋纪连：《人格权与生活》，上海人民出版社 2022 年版。

［68］宋纪连、徐青英、郭艺蓓：《侵权责任与生活》，上海人民出版社 2022 年版。

［69］钱焕琦：《教师职业道德》，华东师范大学出版社 2011 年版。

［70］唐凯麟，刘铁芳主编：《教师成长与师德修养》，教育科学出版社 2007 年版。

［71］檀传宝：《走向新师德——师德现状与教师专业道德建设研究》，北京师范大学出版社 2009 年版。

［72］黄蓉生等：《教师职业道德新论》，人民教育出版社 2017 年版。

［73］姜明安主编：《行政法与行政诉讼法》，法律出版社 2019 年版。

［74］何海波：《行政诉讼法》，法律出版社 2022 年版。

［75］宋朝武主编：《民事诉讼法学》，中国政法大学出版社 2021 年版。

［76］陈瑞华：《刑事诉讼法》，北京大学出版社 2021 年版。

［77］林崇德主编：《21 世纪学生发展核心素养研究》，北京师范大学出版社 2016 年版。

后　记

　　党的二十大报告提出"努力使尊法学法守法用法在全社会蔚然成风"。习近平总书记深刻指出，"只有内心尊崇法治，才能行为遵守法律"。尊法学法是关键前提，守法用法是目的归宿，核心是正确行使权利和认真履行义务，努力将法律风险降到最低。教育者应当"言为士则、行为世范"，在建设法治中国的今天，带头尊崇法治、学法用法，以自身实际行动，使尊法学法守法用法在全社会蔚然成风。

　　法律并非浅薄的教条，而是智慧的结晶，需要正当运用，才能彰显法治的价值。教育者不仅要履行合法的教育职责，还要应对法律风险所带来的挑战，这是《教育者的法律风险防范指南》追求的目标。

　　本书将和教育者一同踏上探寻教育法律风险的旅程，透过130多个真实案例，直击法律风险现场的严峻挑战。书中呈现出400多个法律风险点，让教育者深刻感受到法律风险的重要性和现实性。

　　本书以系统而务实的法律风险思维，区分教育者行为的合规区、风险区和责任区，为教育者提供有效的防范措施，力求将法律风险控制在合理范围内。

　　本书结合最新的《爱国主义教育法》《公司法（2023修订）》《刑法修正案（十二）》《未成年人网络保护条例》《事业单位工作人员处分规定》《民法典合同编通则解释》等法律法规和司法解释，力求打破教育者对法律问题的忽视和侥幸心理，以法律风险意识为基础，通晓法律安全之道。通过认知和预防法律风险，让教育者在教师生涯中每一步都能够自信和安全地前行，在法治的阳光下，享受乐教爱生的美好时光。

　　《教育者的法律风险防范指南》是江苏省中小学生法治教育中心推出的实务类教育法学著作。本书是课题"新师范背景下师范生法治素养和师德素养协同培育研究""以教育家精神引领师范生师德素养和法治素养协同培育研究""中小学道德与法治课教师法治教育能力培训课程开发研究""高校重点领域监督机制改革、制度建设及廉政风险防控措施研究"和通识课程《师德与法治素养》的共同建设成果。本书编写过程中引用和参考了许多专家学者的相关著作和研究成果,在此真诚致谢!

本书由南京晓庄学院宋纪连独立撰写。本书最终得以付梓出版,要感谢上海人民出版社史尚华编辑给予的指导和关心,感谢南京晓庄学院中小学生法治教育中心、江苏新高的律师事务所的大力支持!感谢我的父母双亲、妻女,如温暖的阳光,默默支持,使我得以坚定地前行!

宋纪连

2023 年 12 月 31 日

于玄武湖畔

图书在版编目(CIP)数据

教育者的法律风险防范指南 / 宋纪连著. -- 上海 ：
上海人民出版社，2024. -- ISBN 978-7-208-19066-5

Ⅰ. D922.164-62

中国国家版本馆 CIP 数据核字第 2024JW6990 号

责任编辑　史尚华
封面设计　一本好书

教育者的法律风险防范指南
宋纪连　著

出　　版	上海人民出版社	
	（201101　上海市闵行区号景路 159 弄 C 座）	
发　　行	上海人民出版社发行中心	
印　　刷	上海商务联西印刷有限公司	
开　　本	720×1000　1/16	
印　　张	23.5	
插　　页	4	
字　　数	407,000	
版　　次	2024 年 6 月第 1 版	
印　　次	2024 年 6 月第 1 次印刷	

ISBN 978-7-208-19066-5/D·4373

定　　价　98.00 元